Management in berufsbildenden Schulen

Europäische Hochschulschriften

Publications Universitaires Européennes
European University Studies

**Reihe XI
Pädagogik**

Série XI   Series XI
Pédagogie
Education

Bd./Vol. 921

PETER LANG

Frankfurt am Main · Berlin · Bern · Bruxelles · New York · Oxford · Wien

Michael Szewczyk

Management
in berufsbildenden Schulen

Zur Funktion des Schulleiters

PETER LANG
Europäischer Verlag der Wissenschaften

Bibliografische Information Der Deutschen Bibliothek
Die Deutsche Bibliothek verzeichnet diese Publikation in der
Deutschen Nationalbibliografie; detaillierte bibliografische
Daten sind im Internet über <http://dnb.ddb.de> abrufbar.

Zugl.: Osnabrück, Univ., Diss., 2004

Gedruckt auf alterungsbeständigem,
säurefreiem Papier.

D 700
ISSN 0531-7398
ISBN 3-631-53307-1

© Peter Lang GmbH
Europäischer Verlag der Wissenschaften
Frankfurt am Main 2005
Alle Rechte vorbehalten.

Printed in Germany 1 2 4 5 6 7

www.peterlang.de

Für Petra, Inka und Justin

Vorwort

Die vorliegende Arbeit entwickelt auf der Basis der Kerngedanken Luhmannscher Systemtheorie ein theoretisches Spektrum interdisziplinärer Ansätze aus Soziologie, Betriebswirtschaftslehre sowie Berufs- und Wirtschaftspädagogik, mit dem es gelingt, gesellschaftlich notwendige Veränderungen berufsbildender Schulen systemisch zu analysieren und Gestaltungsmöglichkeiten zu begründen. Ausgangspunkt ist dabei die Fundamentalkritik an der Leistungsfähigkeit des Berufsbildungssystems, in dem Schülerinnen und Schüler mangelhaft auf die Arbeitswelt vorbereitet werden. Dieser Mangel wird als entscheidende Schwachstelle für die Erhaltung und Steigerung der Wettbewerbsfähigkeit der Wirtschaft interpretiert.

Mit einem innovativen Forschungssetting gelingt es, ein überzeugendes systemtheoretisch orientiertes Fundament für die notwendigen Veränderungsprozesse berufsbildender Schulen zu begründen. Die Kernerkenntnis der vorliegenden Untersuchung lautet: es besteht sowohl aus der Sicht der Gesellschaft als Systemumwelt als auch aus der Eigenbetrachtung des Mesosystems berufsbildender Schulen die Notwendigkeit zur Veränderung. Die Untersuchung unterstreicht deutlich die Chance berufsbildender Schulen, diese Veränderungen, in größerem Umgang als allgemein angenommen, selbstständig realisieren zu können, wenn bestimmte Entwicklungsbedingungen beachtet werden. Für die wissenschaftliche Analyse bieten die Forschungsergebnisse für die Zukunft neue Beobachtungsfenster an. Es wäre eine Herausforderung, mit einem strukturierten und problemoffenen, interdisziplinären Forschungsansatz aus Systemtheorie, Handlungstheorie, Theorie der Wirtschafts- und Berufspädagogik u. a. m. zu untersuchen, welche Ursachen für einzelne Veränderungen verantwortlich sein könnten und wie sie möglicherweise zu steuern bzw. zu korrigieren wären.

Ich bedanke mich bei Herrn Professor Dr. Rudolf Manstetten, dessen einfühlsame, konstruktive Betreuung mir stets Raum zum Denken gab und den Ansporn weckte, – für mich – neue Territorien des Wissens zu betreten. Herr Professor Dr. Lothar Beinke hat durch zahlreiche Anregungen die Qualität der Arbeit gesteigert. Mein ganz besonderer Dank gilt Herrn Dr. Peter-Jörg Alexander, der ein unersetzlicher freundschaftlicher „Sparringspartner" war.

Jedoch wäre ohne meine Frau Petra und meine Kinder Inka und Justin diese Arbeit weder entstanden noch beendet worden – sie sind die eigentlichen „Change Manager".

Bad Iburg, im Juli 2004
Michael Szewczyk

Inhaltsverzeichnis

11

13

15

Abbildungsverzeichnis

16

17

Tabellenverzeichnis

Abkürzungsverzeichnis [1]

ArbSchG	Arbeitsschutz- und Arbeitssicherheitsgesetz
AVO-GOFAK	Verordnung über die Abschlüsse in der gymnasialen Oberstufe, im Fachgymnasium, im Abendgymnasium und im Kolleg
BayEUG	Bayrisches Gesetz über das Erziehungs- und Unterrichtswesen
BbgSchulG	Brandenburgisches Schulgesetz
BbS-VO	Verordnung über Berufsbildende Schulen
BLK	Bund-Länder-Kommission für Bildungsplanung und Forschungsförderung
BremSchulG	Bremisches Schulgesetz
BremSchVwG	Bremisches Schulverwaltungsgesetz
bzgl.	bezüglich
EFQM	European Foundation for Quality Management
Erg.-Lfg.	Ergänzungs-Lieferung
GVBl	Gesetz- und Verordnungsblatt
H.	Heft
HmbSG	Hamburgisches Schulgesetz
HSchG	Hessisches Schulgesetz
i. d. R.	in der Regel
iwd	Informationsdienst des Instituts der deutschen Wirtschaft
MK	Kultusministerium
NRW	Nordrhein-Westfalen
NSchG	Niedersächsisches Schulgesetz
o. O.	ohne Ortsangabe
o. S.	ohne Seitenangabe
o. V.	ohne Verfasser(angabe)
Q.I.S.	Qualität in Schulen
QMS	Quality-Management-Service
QUABS	Qualitätsentwicklung an Berufsschulen
QuiBS	Qualitätsmanagement in Berufsbildenden Schulen
QuiN	Qualitätsentwicklung in Netzwerken
QuiSS	Qualitätsverbesserung in Schulen und Schulsystemen
RdErl.	Rund-Erlass
SchoG	Gesetz zur Ordnung des Schulwesens im Saarland
SchulG M-V	Schulgesetz für das Land Mecklenburg-Vorpommern

---

[1] In dieses alphabetische Verzeichnis wurden nur solche Abkürzungen aufgenommen, die nicht im DUDEN [redaktionelle Bearbeitung: Scholze-Stubenrecht/Wermke]: „Die deutsche Rechtschreibung", 21., völlig neu bearbeitete Auflage, Mannheim-Leipzig-Wien-Zürich 1996, durch eine eindeutige Auflösung festgelegt sind.

SchulVerfG	Gesetz über die Schulverfassung für die Schulen des Landes Berlin
SchumG	Schulmitbestimmungsgesetz (Saarland)
SGV. NW.	Schulverwaltungsgesetz des Landes Nordrhein-Westfalen
SH	Schleswig-Holstein
SPRE	Schulprogramm-Entwicklung
SVBl	Schulverwaltungsblatt
TQM	Total Quality Mangement
VO-GOF	Verordnung über die gymnasiale Oberstufe und das Fachgymnasium
WISU	Das Wirtschaftsstudium
www	world wide web (Internet)

1 Problemstellung und Grundlegung

1.1 Problemaufriss und konsekutive erkenntnisleitende Fragestellungen

Berufsbildende Schulen stehen in der Kritik. Es bestehen Zweifel an der Leistungsfähigkeit des Bildungssystems im Allgemeinen[1] und des dualen Systems als Kern beruflicher Bildung im Besonderen. In zugespitzter Form wird eine „Fundamentalreform des Bildungssystems" gefordert.[2] Die Kritiker sehen sich durch die Ergebnisse internationaler Studien wie TIMSS (Third International Mathematics and Science Study) und PISA (Program for International Student Assessment) gestützt, nach denen die deutschen Leistungen im Vergleich zu anderen entwickelten Ländern schlechter sind und die Schulen ihre Schülerinnen und Schüler mangelhaft auf die Arbeitswelt vorbereiten.[3] Dieser Mangel wird als entscheidende Schwachstelle für die Erhaltung und Steigerung der Wettbewerbsfähigkeit der Wirtschaft interpretiert.[4]

Kritikpunkte, die gegenüber berufsbildenden Schulen geäußert werden, sind u. a.:[5]

- Berufsbildende Schulen reagieren zu langsam auf gesellschaftliche Veränderungen.
- Neue didaktisch-methodische Lernkonzepte werden nicht umgesetzt oder substanziell unterwandert.
- Verbeamtete,[6] "überalterte" Lehrkräfte sind oder fühlen sich „ausgebrannt".
- Allgemein bestehen Zweifel am Qualitätsniveau des Kernprodukts der Schule – dem Unterricht.
- Insbesondere erfüllen berufsbildende Schulen ihre Unterrichtspflicht nicht auf dem technisch aktuellen Niveau.[7]

---

[1] Siehe auch die Ergebnisse einer Umfrage im Auftrag des Bundesverbandes deutscher Banken, nach der jeder zweite Befragte dem deutschen Bildungssystem schlechte Noten erteilte. In: Bundesarbeitsgemeinschaft SCHULE WIRTSCHAFT (Hrsg.) (2000, S. 1).

[2] Bundesvereinigung der Deutschen Arbeitgeberverbände (2001, S. 9).

[3] So steht z. B. Deutschland nach der TIMMS-Studie nur auf Rang 23, gemessen am Leistungsstand im Fach Mathematik bei 14-jährigen Schülern; vgl. Bundesvereinigung der Deutschen Arbeitgeberverbände (2001, S. 34).

[4] Posth (1991, S. 13).

[5] Vgl. die folgenden 4 Punkte bei Schmidt (1999, S. 6). Vgl. auch Bildungskommission NRW (1995, S. 263).

[6] Lanfer (1991, S. 184) sieht u. a. im Beamtenstatus ein Innovationshemmnis.

[7] Zu den folgenden 5 Punkten vgl. Breger (1998, S. 12f.).

- Ihr Kundenbewusstsein und die Beraterqualität ihrer Lehrkräfte ist zu entwickeln, wozu es möglicherweise der Bereitschaft zum Coaching und zur Supervision bedürfte.
- Berufsschulen profilieren sich zu wenig als Dienstleistungspartner der Unternehmen.
- Es wird mehr Flexibilität in der Organisation, ggf. mehr Dezentralisierung gefordert.
- Der Dialog mit Schülern, Eltern, Betrieben und anderen beteiligten Gruppen ist zu intensivieren.[8]
- Die Ausbildungsdauer und -inhalte sind zu flexibilisieren.[9] Das beinhaltet u. a. eine Abkehr von der umständlichen Syntax möglicher Ausbildungsverkürzungsgründe sowie ein optionales Qualifikationspaket, das unter Berücksichtigung betriebsspezifischer Belange begabungsgerechter[10] und passgenauer auf die Auszubildenden bezogen werden könnte.[11]
- Die Abschlussprüfung ist besser auf die Ausbildung abzustimmen.[12]
- Evaluierungsmethoden zur Leistungskontrolle der Lehrkräfte sollen eingeführt werden.[13]

Das Problembündel scheint derartig vielschichtig und komplex[14], dass Ratlosigkeit und Ratvielfältigkeit teilweise dazu führen, Verantwortlichkeiten unterschiedlichen Institutionen und Entwicklungen zuzuweisen, z. B. Politik, Elternhaus, Schule, Arbeitsmarkt und Globalisierung, ohne Verantwortung wirklich angemessen anzunehmen.[15]

---

[8] Lanfer (1991, S. 184) merkt an, dass aufgrund ungleicher Mitwirkungsrechte der Einfluss berufsbildender Schulen auf die Bildungsplanung zu gering ist.

[9] Vgl. Bundesverband der Lehrer an Wirtschaftsschulen e. V. (Hrsg.) (1999, S. 345).

[10] Der Begriff „begabungsgerecht" erfährt an dieser Stelle nicht die notwendige wissenschaftliche Reflexion, wie sie z. B. bei Manstetten (1995) und ders. (1996) zu finden ist.

[11] Dem Grunde nach handelt es sich bei der Modularisierungsdiskussion um eine Variante der frühen 90er Jahre des letzten Jahrhunderts. Vgl. Tessaring (1993, S. 159).

[12] Vgl. hierzu Seyfried (1997, S. 345 ff.), Szewczyk (1997, S. 3) und Perczynski (2000, S. 373). Vgl. auch Meyer-Dohm (1991, S. 28), der betont, dass die Berufsausbildung sich zu stark an externen Prüfungen und nicht an Praxisanforderungen orientiert.

[13] Vgl. u. a. Goeudevert (2001, S. 24f.). Eine sehr viel differenziertere, die Interessen der Lehrkräfte stärker berücksichtigende Position findet sich bei Rolff (1997, S. 7ff.). Siehe auch Radnitzky/Iby (1999, S. 31f.).

[14] Hinzu kommt u. a. eine Segmentverschiebung innerhalb berufsbildender Schulen, weil z. B. Großunternehmen aus Kostengründen weniger ausbilden. Dies führt zu einem Rückgang der Schülerzahlen in der Berufsschule und einem nicht problemfreien Anstieg in den Vollzeitschulformen, z. B. Berufsfachschulen und Berufsgrundbildungsjahr.

[15] Vgl. Goedevert (2001, S. 14).

Gerade berufsbildende Schulen müssen aber sowohl nach ihrem Selbstverständnis[16] als auch nach ihrem Bildungsauftrag[17] eine permanente Bereitschaft und Fähigkeit zur Weiterentwicklung generieren.[18] D. h. sie sollten in der Lage sein, auf der Basis ihrer breiten und tiefgehenden Potenziale, insbesondere im Bereich ihres Humankapitals, interne und externe Qualitätsanforderungen zu erfüllen. Gerade diese Potenziale sollten die Chance bieten, permanent nach der bestmöglichen Lösung zu streben und deren Gültigkeit stets aufs Neue zu verifizieren. Im Sinne einer „skeptischen Pädagogik" (Goeudevert) wäre dies ein Ansatz, der keine fremdbestimmten „ewigen Wahrheiten" akzeptiert, sondern sich selbstkritisch beobachtet, korrigiert und gerade deshalb handlungsfähig bleibt.

Spätestens an dieser Stelle stellt sich die Frage der Verantwortung. Am Beispiel des Landes Niedersachsen, für alle anderen Bundesländer gilt Vergleichbares[19], kann gezeigt werden, dass jede Schule eine Schulleiterin oder einen Schulleiter hat.[20] Dieser trägt z. B. gemäß § 43 Abs. 2 Satz 1 NSchG die Gesamtverantwortung für die Schule. In Niedersachsen steht diese Aufgabe bewusst an der ersten Stelle eines verwaltungsrechtlich dominierten Aufgabenkatalogs. Damit ist klar und unmissverständlich festgestellt, dass die Verantwortung für das Geschehen in der Schule bei einer konkreten Einzelperson liegt, die personale Verantwortung trägt.[21]

Nicht zuletzt aufgrund dieser traditionell verwaltungsrechtlich verankerten Funktionsbeschreibung scheint das Selbstverständnis der meisten Schulleiter

---

[16] Vgl. aus einer Vielzahl Szewczyk (2001, S. 5); QuiBS-Projekt-Team (1998), Liebe (1996, S. 18).

[17] Dies ließe sich sowohl aus § 2 Abs. 1 indirekt als auch aus § 15 direkt ableiten. Überaus deutlich wird dieser Sachverhalt im Modernisierungskonzept für die berufsbildenden Schulen 2000 in Niedersachsen. Vgl. Niedersächsisches Kultusministerium (1999).

[18] Allerdings können keine Zweifel darüber bestehen, dass sich die Veränderungen in der Berufsbildung und in der Arbeitswelt auch auf das allgemein bildende Schulwesen auswirken. Vgl. Bildungskommission NRW (1995, S. XX). Nicht zuletzt ist auch die Debatte um die Orientierungsschule in Niedersachsen auf diesen Sachverhalt zurückzuführen.

[19] Vgl. Punkt 1.3.2 dieser Arbeit.

[20] Vgl. Niedersächsisches Schulgesetz § 43. Die "political correctness" geböte es durchgängig, die maskuline Form "Schulleiter" und die feminine Form "Schulleiterin" inkl. aller geschlechtsspezifischen grammatikalischen Folgewirkungen zu benutzen. Damit würde aber der Satzbau und das Sprach-/Leseverständnis nachhaltig erschwert, ohne der wissenschaftlichen Zielsetzung dieser Arbeit dienlich zu sein. Deshalb wird durchgängig nur die maskuline Form benutzt. Dies gilt auch für vergleichbare semantische Probleme in dieser Arbeit. Selbstverständlich gebühren alle möglichen Schulleitermeriten den weiblichen Kolleginnen mindestens im gleichen Maße.

[21] Vgl. Woltering/Bräth (1994, S. 126). Siehe auch Metz (1997, S. 10ff.). Dies gilt auch für Schulen mit kollegialer Schulleitung (§ 44 Abs. 4 Satz 2 Nr.1 NSchG), weil sonst die Gefahr einer "vernebelten" Verantwortlichkeit bestehen würde.

weit von dem eines Managers entfernt zu sein. Dies gilt – möglicherweise eingeschränkt – auch für Schulleiter berufsbildender Schulen. Unstrittig wird allerdings eine gewisse Rollenvielfalt im Spektrum von „Profi, Oberkellner und Dompteur"[22] konstatiert, die sich typbedingt in „professionelle Pragmatiker, engagierte Pädagogen und behutsame Skeptiker"[23] ausdifferenzieren lassen, wobei selbst Letztgenannte dem folgenden Bild natürlich (nicht) entsprechen.

Schulmanagement

Abbildung 1: Hochbegabter Schulleiter, befähigt, durch die Erdumdrehung einen Eindruck von Geschwindigkeit zu empfinden.
(Aufgespürt von Yvan Francis Le-Louarn)[24]

Konfrontiert man diese karikierende Grundhaltung mit neueren Ansätzen der Schulmanagementdiskussion, dann wird ein signifikantes Spannungsverhältnis deutlich. Als primäre Schlüsseldimension für schulische Führungskräfte wird "Managen" genannt.[25] Was ist aber unter diesem Begriff zu verstehen? Welche Begriffstransfers sind für das Subsystem berufsbildende Schulen notwendig und sinnvoll? Welche problemorientierten Vernetzungen sind erforderlich, um die tatsächlichen Aufgaben der Schulleitung zu verstehen und die damit verbundenen Probleme zu lösen? Die Beantwortung dieser Fragen ist bedeutsam, da die Schulleitung berufsbildender Schulen per se als Dimension und Rahmenbedingung der jeweiligen Schulentwicklung interpretiert werden kann.[26]

---

[22] Sonderegger (1997, S. 168).
[23] Kleinschmidt (1996, S. 17).
[24] www.schulleitung.de Stichwort: Galerie berühmter Schulleiter (01-11-01).
[25] Vgl. Begley/Slater (2000) zusammengefasst in: Bertelsmann Stiftung (2001, S. 1). Vgl. auch Dubs (2003 (a), S. 261ff. und 2003 (b), S. 292ff.).
[26] Sloane/Euler (2001, Vorwort). Eine Beantwortung der Fragen erfolgt u. a. im Kontext der Abschnitte 1.2.1und 3.1.

25

Da Schulleitungen bisher nur unzureichend auf ihre Aufgaben vorbereitet werden, sinkt die Problemlösungswahrscheinlichkeit.[27] Dabei kann es nicht darum gehen, praktische Werkzeuge und mehr oder minder professionelle aus der Wirtschaft adaptierte Verfahren pädagogischen Leaderships zu vermitteln, sondern es bedarf zunächst der systematischen Durchdringung der Grundstrukturen und Probleme berufsbildender Schulen, um ein zukunftsfähiges Schulmanagement zu installieren und weiterzuentwickeln.

Innerhalb des Schulsystems haben gerade die berufsbildenden Schulen ihren besonderen Standort. Sie fassen die Schulformen mit dem engsten, systemimmanenten Kontakt zum Arbeitsmarkt und damit zum Unternehmensbereich zusammen. Daraus ließe sich schließen, dass in ihnen arbeitende Menschen grundlegenden Managementaspekten mit höherer Affinität begegnen als in anderen Schulbereichen. Wenn diese Aussage zuträfe, dann wäre der Folgeschritt relativ klein. Warum sollten/müssten/könnten Schulen im Allgemeinen und berufsbildende Schulen im Besonderen nicht wie erwerbswirtschaftlich orientierte Unternehmen geführt werden? Mit einer entsprechenden unternehmerischen Grundhaltung gelänge es dann leicht(er), die vorhandenen Probleme zu lösen, d. h. insbesondere auf die veränderten Anforderungen des Arbeitsmarktes adäquat zu reagieren. So bestechend die Grundidee ist, ihr Suggestionspotenzial sollte beachtet, theoretische Defizite, z. B. in den Bereichen Marktmechanismus, Berufsbildung als öffentliches Gut und Nonprofit-Unternehmen, sollten mit dem Ziel ausgeleuchtet werden, Fallen zu umgehen oder zu überbrücken, um ein für die spezifische Situation berufsbildender Schulen ausdifferenziertes Change Managementsystem zu gestalten.

In dieses Spannungsfeld ist auch der Untersuchungsgegenstand der vorliegenden Arbeit, das "Management in berufsbildenden Schulen – zur Funktion des Schulleiters als Change Manager" einzuordnen. Um dieses anspruchsvolle Vorhaben zu verwirklichen, bedarf es einer gründlichen Analyse theoretischer Erklärungsansätze, die sich mit der Veränderung sozialer Systeme, Elemente und Relationen beschäftigen. Dies umso dringlicher, als davon auszugehen ist, dass die gegenwärtig steigende Anzahl sozialer Krisen und Dilemmata ein deutliches Symptom dafür ist, dass die Art der Entscheider, mit sozialen Systemen umzugehen, grundlegende Fehler beinhaltet.[28] Frei nach dem Motto „Nichts ist so praktisch

---

[27] Vgl. Hasenbank (2001, S. 212ff.). Vgl. dazu auch erste richtungsweisende Angebote der Universität Dortmund (IFS - Prof. Rolff) und der Universität Kaiserslautern (postgradualer Fernstudiengang "Schulleitung: Qualitätsmanagement und Schulentwicklung als Leitungsaufgabe").
[28] Charajedaghi/Ackoff (1985), vgl. auch Pullig (1991, S. 33); grundlegend auch Dörner (2001).

wie eine gute Theorie"[29] bietet ein gut fundierter theoretischer Ansatz die Chance, Möglichkeiten des Wandels berufsbildender Schulen, gerade für ihre Entscheider, erkennbar und umsetzbar zu machen.

Für die Schulleiter berufsbildender Schulen ist es angesichts der steigenden Komplexität ihrer täglichen Entscheidungssituationen[30] zum einen wichtig zu wissen, ob es sich um einen wirklichen Wandel oder ob es sich nur um eine „pädagogische Welle" handelt. Zum anderen sollte überprüft werden können, ob und wie vorhandene kognitive, emotionale und materielle Ressourcen genutzt werden können, um die Herausforderungen eines neuen Wandels positiv gestalten zu können. Dabei ist zu bedenken, dass gerade in innovationsreichen Epochen die Wahrscheinlichkeit abnimmt, dass die Zukunft der Gegenwart gleicht.[31] Lerntheoretisch bedeutet das, dass "durch das steigende Tempo des Wirklichkeitswandels ... die Möglichkeit ab(nimmt), Erfahrungen zu Erwartungen zu stabilisieren und damit für spätere Situationen applikabel ... zu machen".[32] Wenn aber die Geschichte nicht mehr Lehrmeister des Lebens ist, dann muss der Wandel bewusst gestaltet und gesteuert werden.

Um so wichtiger ist es, dass Schulleiter sich ihrer zentralen Funktion im Veränderungsprozess und damit auch einem veränderten Anforderungsprofil[33] bewusst sind. Ob man sie dann als Change Agents, Veränderungsmanager , Promotoren des Wandels[34] oder anders bezeichnen sollte, wird mit zu untersuchen sein. Von ihren Fähigkeiten   oder Unfähigkeiten zur Entwicklung und Gestaltung des Changeprozesses hängt der Erfolg berufsbildender Schulen im entscheidenden Maße ab.[35] Sie müssen dazu beitragen, dass mit den knappen, individuell nicht erneuerbaren Ressourcen Schulzeit und Bildungszeit verantwortungsvoll umgegangen wird.[36]

Dies ist der Fokus der Qualitätsdiskussion. Dabei sollten die Überlegungen vor dem Hintergrund der Qualität des Gesamtsystems der Bildung[37] einen eindeutigen Schwerpunkt im Subsystem berufsbildender Schulen setzen. Berufsbildende

---

[29] Dreesmann/Kraemer-Fieger (1994, S. 21).

[30] Vgl. Zink (1994, S. 25)

[31] Vgl. Lübbe (1994, insbes. S. 229ff.)

[32] Marquard (1994, S. 78f.)

[33] Überträgt man das Anforderungsprofil von Führungskräften der Wirtschaft (vgl. Posth, 1991, S. 15) auf Schulleiter berufsbildender Schulen der Zukunft, dann werden auch diese die Welt verstehen, analysieren und prognostizieren können, Stichwort: "One-World-Schoolmanager".

[34] Kraemer-Fieger (1994, S. 129f.)

[35] Vgl. Kraemer-Fieger (1994, S. 130).

[36] Vgl. Bildungskommission NRW (1995, S. XVII).

[37] Vgl. zur Problematik mehrebenenanalytischer Betrachtungsweise Fend (1998, S. 199ff.).

Schulen haben interne und externe Qualitätsanforderungen zu erfüllen. Wollen sie dabei nicht stets als leicht manipulierbare Marionetten des Arbeitsmarktes funktionalisiert werden, müssen sie sich auf ihre Selbstkräfte im Sinne eines autopoietischen Systems[38] besinnen.

Dazu bedarf es u. a. der Festlegung von Qualitätskriterien. Diese müssen zunächst den Begriff der Qualität definieren, um dann die klassischen TQM-Ebenen Kunden-, Mitarbeiter- und Prozessorientierung schulbezogen zu bestimmen. Gerade Schulleiter dürfen sich in diesem Zusammenhang nicht mit dem Faktischen begnügen. Eine Vorstellung vom Besseren zu entwickeln ist notwendig: „denn, wer den ständigen Versuch aufgibt, besser zu sein, hat aufgehört gut zu sein!" (F. Schmidt).[39] Zudem verhindert die Vorstellung vom Besseren blinden Aktionismus. "Aber auch bei der Entwicklung von Visionen ist die Anschauung des Faktischen hilfreich, insbesondere wenn sie hilft, aus der Vielfalt des Vorgefundenen das Mögliche zu sehen."[40]

Es scheinen sich die Zeichen zu mehren, dass zur Gestaltung des Wandels, berufsbildende Schulen ihre organisatorischen Strukturen grundlegend neu durchdenken müssen. Es zeichnen sich gravierende Veränderungen ab, die dazu führen, dass der Einfluss zentraler Bildungssteuerung abnimmt und dezentrale, teilautonome Subsysteme an Bedeutung gewinnen.[41] Damit einher geht eine Verschiebung von hierarchischen Strukturen zu Netzwerken.[42] Wenn Schulleiter in einem notwendigen organisatorischen und inhaltlichen Innovationsprozess, z. B. Lernfelddiskussion, „proaktiv" handeln wollen, müssen sie sehr sorgfältig Veränderungschancen und -risiken analysieren, die mit den Begriffen „Lernortverbünde", „regionale Berufsbildungszentren"[43], „regionale Kompetenzzentren"[44] oder „Qualifizierungszentren in der Region"[45] verbunden sind.

---

[38] Vgl. zu Luhmanns Begriff des "autopoietischen Systems" Krause (1999, S. 21ff.) und die dort angegebene Literatur. Siehe auch Punkt 2.2.3 in dieser Arbeit.

[39] Überliefertes Zitat.

[40] Fend (1998, S. 375).

[41] Schneider (1991, S. 47).

[42] Vgl. z.. B. die Zielsetzung des Niedersächsischen Kultusministeriums "Qualifizierungsnetzwerke" zu bilden; www.nibis.ni.schule.de/haus/mk/proquali. (01-10-25).

[43] „Berufsbildungszentren" ist der Begriff, der von der Bildungskommission NRW (vgl. Bildungskommission NRW (1995, S. XIX) bevorzugt wird. In ihnen sollen u. a. berufliche Erstausbildung und berufliche Weiterbildung ihren Platz haben.

[44] „Kompetenzzentren" ist der in der bildungspolitischen Debatte Niedersachsens benutzte Begriff. Er wird u. a. von einem von allen im Niedersächsischen Landtag vertretenen Parteien verabschiedeten Entschließungsantrag gestützt. Vgl. O. V.: (2001, S. 15).

[45] Vgl. Galas (2001, S. 277) und www.nibis.ni.schule.de/haus/mk/proquali. (01-10-25).

Aus dem voranstehenden Problemaufriss lässt sich für die Menschen, die berufsbildende Schulen gestalten, in ihnen arbeiten, über sie entscheiden, eine zentrale Frage ableiten: „Wie müssen berufsbildende Schulen organisatorisch und inhaltlich entwickelt werden, um ihren Beitrag dazu zu leisten, dass sich ihre Schülerinnen und Schüler Wissen, Kompetenzen, Qualifikationen, Geisteshaltungen und Verhaltensweisen aneignen können, die sie befähigen, gegenwärtige und zukünftige – größtenteils noch unbekannte – Herausforderungen zu bewältigen?" Zugespitzt lautet die das Erkenntnis leitende Interesse dieser Untersuchung tragende Schlüsselfrage: „Wie kann es Schulleitern gelingen, den notwendigen Wandel berufsbildender Schulen erfolgreich zu managen?"

Daraus ergeben sich eine Reihe erkenntnisfördernder und strukturgebender Fragestellungen:

- Welche Beiträge leisten die benutzten wissenschaftstheoretischen Erklärungsansätze für eine solide Fundierung der Untersuchung?
- Warum ist es dennoch notwendig, spezielle Konstruktionselemente für einen Change Managementansatz berufsbildender Schulen zu entwickeln?
- Welche Anforderungen hat der Schulleiter zu erfüllen, um entsprechend seiner Funktion als Change Manager handeln zu können?
- Mit welchen Widerständen ist während eines Changeprozesses in berufsbildenden Schulen zu rechnen und wie können diese Widerstände überwunden werden?
- Welche Möglichkeiten und Grenzen von Changeprozessen können anhand aktueller Problemfelder dargestellt werden?
- Welche Konsequenzen ergeben sich für zukünftige Entwicklungen im Wandel berufsbildender Schulen?

1.2 Terminologische Klärung untersuchungsrelevanter Begriffe

Im folgenden Abschnitt werden untersuchungsrelevante Begriffe terminologisch geklärt. Dies geschieht, um dem Anspruch einer wissenschaftlichen Arbeit gerecht zu werden. Denn: „in der Wissenschaft müssen wir immer genau wissen, wovon wir reden."[46] Es handelt sich dabei um eine Normierung der Prädikatoren. Im Falle eines explizit eingeführten Prädikators wird von einem Terminus gesprochen. Aus dem System der Termini entsteht die Terminologie.[47]

D. h. es wird zunächst den Fachbegriffen systematisch eine übergeordnete Bedeutung zugeordnet. Den Seiffertschen Ausführungen folgend, können erst auf

---

[46] Seiffert (1975, S. 30).
[47] Vgl. Seiffert (1975, S. 31).

dieser Basis Definitionen eingeführt werden, weil eine Definition eine „... Gleichsetzung eines bisher noch unbekannten Terminus mit einer Kombination bereits bekannter Termini"[48] ist. Mit der terminologischen Klärung untersuchungsrelevanter Begriffe und im Verlauf der Arbeit erweiterbarer Definitionen[49] wird zugleich die Einführung in die Thematik dieser Untersuchung fortgesetzt und im Sinne begriffsbezogener Intension und Extension partiell vertieft.[50]

1.2.1 Zu den Begriffen „Management", „Change Management", „Schulmanagement", „schulisches Change Management", Change Agent", „Change Manager"

In diesem Abschnitt werden die sechs, für das Verständnis der Untersuchung bzgl. der Führung einer Institution, wichtigen Schlüsselbegriffe: „Management", „Change Management", „Schulmanagement", „schulisches Change Management", Change Agent", „Change Manager" geklärt. Diese stehen in einem logischem Sachzusammenhang, der in einem ersten Überblick veranschaulicht werden kann.

Begriffe			
Unternehmensebene	Management	Change Management	
		Change Agent	Change Manager
Schulebene	Schulmanagement	schulisches Change Management	

Tabelle 1: Schlüsselbegriffe im Überblick

• Management

Das Wort „Management" ist etymologisch aus dem Englischen bzw. Amerikanischen hergeleitet und bedeutet ursprünglich Handhabung [vgl. auch den lateinischen Ursprung: manus = die Hand, bzw. ital. maneggiare = handhaben], Len-

---

[48] Seiffert (1975, S. 33).

[49] Ebenso wie in der – wohl überwiegend „genaueren" Wissenschaft – Mathematik, nach Gödel, der Versuch, ein vollständiges und widerspruchsfreies mathematisches System zu errichten, für immer zum Scheitern verurteilt ist, soll auch bei dieser, auf Sprache basierenden, Untersuchung nicht behauptet werden, dass die terminologischen Klärungen zu durchgängig widerspruchsfreien Folgeerläuterungen führen. Es ist in Analogie zur Mathematik, die Unvollständigkeit der Sprache grundsätzlich festzustellen. Vgl. zum mathematischen Grundproblem: Singh (2000, S. 173ff.).

[50] Zu den Begriffen "Intension" und "Extension" vgl. Seiffert (1975, S. 42).

kung, (Geschäfts)führung. Wöhe klärt die Betriebsführung im Kontext der Funktion des dispositiven Faktors.[51] Dabei geht er von einer dualen Begriffsnutzung aus. Er versteht unter dem Begriff "Management" zum einen Führungskräfte, d. h. die „Gruppe von Personen, die anderen Personen Weisungen erteilen darf".[52] Zum anderen wird derselbe Begriff für die Funktionen verwendet, welche diese Führungskräfte ausüben.[53] In diesem Sinne definiert Hofmann: "Die Übernahme einer letztlich individuellen Gesamtverantwortung für eine klar definierte Zielerreichung, die nur arbeitsteilig und unter Bedingungen adäquater Machtausstattung und positiver und negativer Sanktionierung bewerkstelligt werden kann."[54] Nicht weiter verfolgt wird die Begriffsinterpretation im Sinne einer erweiterten Form der Theorie der (volkswirtschaftlichen) Produktionsfaktoren, nach der die Unternehmensleitung auch als vierter Produktionsfaktor neben Boden, Arbeit und Kapital angesehen und darüber hinaus als Sammelbegriff für Arbeitgeber verwendet werden kann.[55]

Folgt man Wöhes Gedankenführung, dann ist es die oberste Aufgabe des Managements, die konkreten betrieblichen Zielsetzungen zu fixieren und das „Endziel" (= langfristige Gewinnmaximierung) zu erreichen. Dazu bedarf es der Festlegung einer Betriebspolitik, um alle Ziele bzw. Teilziele zu erreichen, die in einer Zielfunktion formuliert werden können. „Erste und oberste Aufgabe des dispositiven Faktors ist es, in einer Zielentscheidung die Zielfunktion zu formulieren."[56] Führungsentscheidungen beziehen sich auf die Grundfunktionen des dispositiven Faktors. Zu ihnen zählen: Ziele setzen, planen, entscheiden, realisieren und kontrollieren. Nach Schubert können sie in einem Kreislaufmodell, dem sogenannten „Management-Kreis" visualisiert werden.[57]

---

[51] Wöhe (1973, S. 109). Zur Problematik einer überzeugenden Begriffsdefinition vgl. Drucker (1974, S. 26). Zur Entwicklung der Managementlehre im deutschen Sprachraum vgl. Hofmann (1988, S. 20ff.).

[52] Wöhe (1973, S. 109). Zum Unterschied zwischen „Managerunternehmer" und „Eigentümerunternehmer" vgl. Chmelik/ Kappler (1978, S. 193). Siehe auch Kosiol (1971, 159f.).

[53] Wöhe (1973, S. 109).

[54] Hofmann (1988, S. 24).

[55] Vgl. Werner, Bennett, König (1994, S. 235f.). Unbeschädigt davon ist der differenzierte „klassische" Gutenbergsche Ansatz, vgl. Gutenberg (1975, S. 131ff.); selbst wenn dieser aufgrund seines „nationalökonomischen Ansatzes" zu einem heftigen Methodenstreit geführt hat; vgl. Bellinger (1967, S. 68). Zur moderneren Interpretation der Produktionsfaktoren vgl. Ehebrecht (2001, S. 19).

[56] Wöhe (1973, S. 109f.).

[57] Schubert (1972, S. 43f.). Dieser benutzt allerdings eine „gegen den Uhrzeiger" angeordnete Darstellung. Die hier benutzte Darstellung hat den Vorteil, dass sie mit anderen schulischen Planungsansätzen übereinstimmt, z. B. dem der makrosequentiellen Unterrichtsplanung. Vgl. Szewczyk (1998, S. 81). Allerdings symbolisiert auch dieser Visualisierungsversuch noch die „hoffnungslose Unendlichkeit ewiger Wiederholung", ohne vorwärts zu kommen.

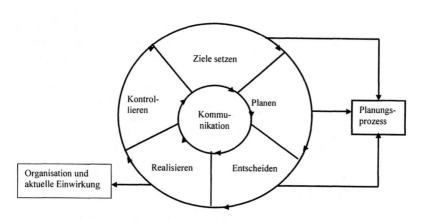

Abbildung 2: Management-Kreis

Zwischen den einzelnen Aufgaben bestehen Interdependenzen und Rückkopplungen. Nicht zuletzt deshalb sprechen andere Autoren im Bereich der konstitutiven Entscheidungen industrieller Organisationen von der Mehrdimensionalität der Aufgabenanalyse, die sie in Sachcharakter (Herstellung, Vertrieb), Rang (Leitung, Ausführung) und Phase (Planung, Realisation, Kontrolle) unterteilen.[58] Unstrittig scheint jedoch die Auffassung zu sein, das Management im entscheidungsspezifischen Sinn als „Kerngruppe" zu betrachten, um die sich mehrere Satellitengruppen, z. B. Arbeitnehmer, Kunden und staatliche Organe, anordnen lassen.[59] Dieses Verhältnis schließt jedoch keineswegs Konflikte aus. Vielmehr erscheint es sinnvoll, diese gedankliche Konstruktion im Zusammenhang mit der besonderen Situation eines „Schulmanagers" als in großen Teilen weisungsgebundener Beamter neu zu durchdenken. Dieser ist zwar bezogen auf berufsbildende Schulen der "Topmanager". Im Sinne der obersten Leitung ist er auch quasi "Nur-Instanz"[60]. Diesem Gedankengang folgend hätte er alle Grundsatzentscheidungen mit strategischem Charakter zu treffen. Selbst bei sehr patriarchalisch agierenden Schulleitern steht dem aber im Schulinneren das Organ der Gesamtkonferenz entgegen. Darüber hinaus üben Kultusministerium und Bezirksregierung als oberste und obere Schulbehörde, vergleichbar dem einer Muttergesellschaft bzw. einer Holding, externen Einfluss mit Gesetzes-, Verordnungs- und Erlasskraft aus.

---

[58] Chmelik/Kappler (1978, S. 199).
[59] Heinen (1974, S. 53f.).
[60] Vgl. Golas (1983, S. 47f.); von "Nur-Instanz" spricht man, wenn die Person nur entscheidend aber nicht ausführend tätig ist. Für Schulleiter von mittleren und großen berufsbildenden Schulen trifft dies weitgehend zu, da ihre wöchentliche Unterrichtsverpflichtung bei lediglich ca. 4 Stunden liegt.

Dennoch bestimmen auch bei einem beamteten Schulleiter die „ ... drei Schichten, die des Irrationalen, des Rationalen und des Gestaltend-Vollziehenden ... zusammen das Wesen und die Weite ...“[61] seiner Entscheidungen. In diesem Zusammenhang betont schon Gutenberg, dass „Unternehmen, deren oberste Instanz sich durch starke Impulse, durch Vorstellungskraft und Planung und durch organisatorische Leistung auszeichnet, (...) günstige Voraussetzungen für eine starke Widerstandskraft in schweren Zeiten und für gesundes Wachstum (besitzen).“[62] Interpretiert man die „starke Widerstandskraft in schweren Zeiten“ proaktiv auf einen Wandel bezogen, so bietet sie einen Ansatz für die Bestimmung des Begriffes „Change Management“.[63]

- Change Management

Bei dieser Begriffsbestimmung kann bzgl. des Wortteils „Management“ zunächst auf die oben erläuterte personelle und funktionelle Dualität zurückgegriffen werden. Der Wortteil „Change“ ist etymologisch aus dem Englischen hergeleitet und bedeutet ursprünglich Wechsel, Veränderung (vgl. auch frz. changer = vertauschen, verändern, anders machen). Würde man nun vereinfachend der Dualität des ursprünglichen Managementbegriffs folgen, dann würde der Begriff zum einen die leitenden Personen erfassen, welche unternehmerische Veränderungen bewirken wollen. Zum anderen ginge es wieder um die Funktionen, welche Führungskräfte ausüben, die ohnehin den Wandel wollen.

Schon an dieser begriffsbezogenen Stelle werden erste sprachlich-inhaltliche Verwerfungen deutlich. „Change Management“ als reiner Top-Down-Prozess im Wöheschen Sinne verstanden, würde bedeuten, dass die Manager untergebenen Mitarbeitern Weisungen zum Wandel erteilen würden und sich selbst in ihrer Funktion als Veränderungsorgan begreifen müssten. Mit einem derartigen Verständnis geriete der Untersuchungsansatz möglicherweise sehr schnell in die Falle klassischer Managementkonzepte, welche den komplexen, autoorganisatorischen, sich entwickelnden Charakter moderner Dienstleistungsunternehmen nicht ausreichend erfassen können.

Beim Change Management Ansatz geht es gerade nicht um die klassische Formulierung von Zielentscheidungen und Zielfunktionen, die von oben nach unten durchgesetzt werden. Vielmehr steht die Frage im Zentrum, wie es unter der

---

[61] Gutenberg (1975, S. 132). Allerdings benutzt Gutenberg historisch bedingt noch nicht die Begriffe „Manager“ oder „Management“. Diese finden sich konsequenterweise auch nicht im Sachverzeichnis.

[62] Gutenberg (1975, S. 132).

[63] Vgl. zu den Grundlagen des Change Managements: Doppler/Lautenburg (2000) sowie für den schulischen Bereich Schley (1998, S. 13f.) und die dort angegebene Literatur.

Prämisse *„aus Betroffenen Beteiligte werden zu lassen"* gelingen kann, strukturelle, organisatorische und inhaltliche Ziele zu setzen. Dieser reformerische Ansatz führt nach Schley[64] in der Fachdiskussion zu drei Fragestellungen:

1. Wie können rationale und emotionale Faktoren verbunden werden (Problemlösung und emotionale Intelligenz)?[65]
2. Wie können Strukturfragen auf der Basis einer zu entwickelnden „Unternehmenskultur"[66] gelöst werden?
3. Wie können die Kompetenzen und die Partizipationsrechte der Mitarbeiter
   gestärkt werden?

Auch wenn alle drei Problembereiche in dieser Arbeit, z. B. im Zusammenhang
des 3. und 4. Kapitels, noch eingehender untersucht werden müssen, ist bereits
jetzt auf der sprachlichen, begriffsbestimmenden Ebene ein deutlicher Unterschied zwischen traditionellem und Change Management festzustellen. Der traditionelle Managementansatz wird durch einen mehr oder minder starren Regel-
kreis widergespiegelt, der zwar Entscheidungen unter Unsicherheit zulässt, dennoch aber zu suggerieren scheint, dass das Management die Unternehmensge-
schicke stets sicher von der Kommandobrücke steuern könne. Demgegenüber
beinhaltet schon der Teilbegriff „Change" die Antizipation der gewollten, weil
notwendigen Veränderung. Gerade die Initiierung und Durchsetzung einer „kontinuierlichen Änderungs- bzw. Transformationsfähigkeit und -bereitschaft"[67]
stellen die Kernpunkte des Change Managements dar. Stichworte wie z. B. fraktale Organisation[68], vernetztes Denken[69] und Szenario-Technik[70] flankieren nicht
zufällig diesen neuen irritationsreichen Weg.[71] Folgerichtig bedarf es deshalb
auch einer „Lernenden Organisation"[72]. In deren Folge entstanden bzw. entstehen auch neue Formen der Visualisierung (vgl. Abb. 3).

---

[64] Schley (1998, S. 14)

[65] Letzten Endes ist dies möglicherweise nur für „sehr" traditionell positionierte Manager ein
Punkt der Innovation, da schon durch die Kommunikationsmodelle von Watzlawick et al.,
Birkenbihl sowie die auch im Business Trainingsbereich beachteten Arbeiten von De Bono
diesbezüglich deutliche Aussagen treffen. Vgl. de Bono (1990, S. 129): „Am Ende ist jedes
Denken emotional. Und so sollte es sein." Vgl. dazu auch Coleman: (1997)

[66] Schley benutzt (1998, S. 14) den etwas nebulösen Begriff der „Kulturentwicklung".

[67] Bea/Haas (2001, S. 439).

[68] Vgl. Rittmeister/Schnelle (1995, S. 278 f.).

[69] Vgl. grundlegend Probst/Gomez (1991) und Dörner (2001).

[70] Vgl. Alexander (1996, S. 11ff.).

[71] Trotz aller Unwägbarkeiten und möglicher Schwächen des Ansatzes, stellt das Konzept des
Change Managements weit mehr dar, als Hoerner/Vitinius (1997, S. 82ff) in ihrer populisti-
schen Kritik glauben nachweisen zu können.

[72] Grundlegend Senge (1997); vgl. auch Rittmeister (1996) sowie Thiel/Szewczyk (2003).

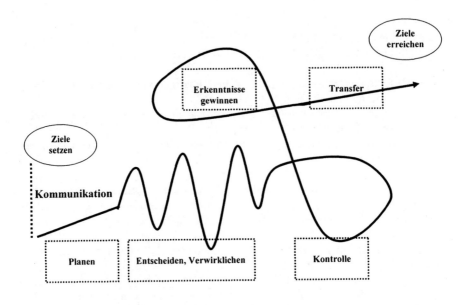

Abbildung 3: Dispositiver Prozess im Change Management[73]

- Schulmanagement

Der Begriff „Schulmanagement" ist nicht weniger unproblematisch. Zum einen scheint ein Widerspruch in diesem Begriff per se zu existieren. Versteht man unter dem Begriff "Schule", etymologisch vom griechischen Wort "scholé" abgeleitet, einen Ort der Muße, der Ruhe, der freien Zeit[74], somit eine nicht nach wirtschaftlichen bzw. Effizienzaspekten organisierte Institution[75], so ist der Begriff „Management" in diesem Zusammenhang ein Fremdkörper mit der Folge, dass der Begriff in Schulen zum kontraproduktiven Reizwort werden kann. Dies ist selbst in Kollegien berufsbildender Schulen feststellbar, denen originär eine höhere Affinität zum Managementbegriff[76] zu unterstellen ist, wird dieser doch in diversen Curricula explizit behandelt.[77]

---

[73] Zur Idee vgl. Schley (1998, S. 23 – Abb. 2: Partitur des Lernens).

[74] Meyer (1994, S. 57).

[75] Das es auch so etwas wie effizientes Lernen und Lehren gibt, wird an dieser Stelle von den „Kontemplativisten" ausgeblendet. Gleichzeitig werden dadurch implizit – und wohl eher unbedarft – Theorien des Lernens in den Papierkorb geschoben.

[76] Vgl. Szewczyk (2000 (b), S. 150f.).

[77] Aus der großen Auswahl an Richtlinien vgl. Niedersächsisches Kultusministerium (1997) Richtlinien für den berufsspezifischen Unterricht im Ausbildungsberuf „Industriekaufmann/ Industriekauffrau", Lerngebiet 13: Führung und Gestaltung des Unternehmens durch das Ma-

Es ist deshalb zunächst bedingt nachvollziehbar, dass für den Bereich der Schulen ein anderer Begriff, z. B. „Schulleitung" bzw. „Direktor" verwendet wurde. Begriffssynonyme anderer Dienstleistungsinstitutionen, z. B. Universitäten, Krankenhäuser, Streitkräfte, spiegeln vergleichbare Situationen wider. „Doch allen diesen Institutionen ist die Management-Funktion, die Management-Aufgabe und die Management-Arbeit gemein."[78] Drucker begründet nachhaltig, warum derartige Institutionen des öffentlichen Bereiches ein Management benötigen, um als tragende Säulen einer modernen Gesellschaft, ihre Leistungen erbringen zu können.[79]

"Schulmanagement" kann verstanden werden als das auf die einzelne Schule bezogene Setzen von Zielen – soweit es in den Kompetenzbereich der Schulleitung fällt[80], gefolgt von den Prozessen der Planung, der Entscheidung, der Realisierung und der Kontrolle. Dabei ist jeder einzelne Prozessabschnitt unterschiedlichen Partizipationseinflüssen der am Prozess Beteiligten ausgesetzt. So ist es möglich, dass das Schulmanagement Ziele setzt, die von der Gesamtkonferenz formal beschlossen werden, von einer Teilgruppe des Kollegiums, z. B. Fachgruppe, geplant und ausgeführt werden. Die Kontrolle und die Zielsetzung zum Transfer auf andere Prozesse könnte wiederum in den Aufgabenbereich der Schulleitung fallen.

Dabei kommt es weniger darauf an zu entscheiden, welche der einzelnen Tätigkeiten des Schulmanagements die wichtigste ist, vielmehr kommt es in berufsbildenden Schulen, wie in einem Unternehmen, darauf an, alle Tätigkeiten und Aktivitäten möglichst gut zu koordinieren. „Coordination is perhaps the closest thing to a true synonym for management."[81] Insofern scheint zunächst eine Benutzung des Managementbegriffs für den Schulbereich haltbar. Davon unbeeindruckt sind Ausdifferenzierungen und inhaltliche Divergenzen zwischen Unternehmens- und Schulmanagement, die im weiteren Verlauf (Kapitel 3) dieser Arbeit untersucht werden, z. B. Besonderheiten der Lehrkräfte als „Mitarbeiterin-

---

nagement; vgl. auch die besonderen Rechtsvorschriften für die IHK-Fortbildungsprüfung zum/zur Tourismusfachwirt IHK/Tourismusfachwirtin IHK – Bachelor of Tourism (CCI) – die u. a. explizit Managementstrategien/Qualitätsmanagement als handlungsfeldspezifische Qualifikationen einfordern.

[78] Drucker (1974, S. 210).

[79] Vgl. Drucker (1974, S. 211).

[80] Auf den semantischen Versuch, zwischen „Leitung" und „Führung" berufsbildender Schule zu unterscheiden, wie es Hasenbank versucht, wird an dieser Stelle verzichtet, weil es m. E. im Bereich des Schulmanagements im traditionellen Sinn u. a. der Sprachwirklichkeit widersprechen würde, von einem „Schulführer" zu sprechen. Vgl. Hasenbank (2001, S. 78f.) und die dort angegebene Literatur. Intentional anders ist dieser Zusammenhang im Bereich schulischen Change Managements zu beurteilen.

[81] Fulmer (1978, S. 63).

nen und Mitarbeiter", fehlende Mess- und Beurteilungsverfahren schulischer Leistungen, die von den Lehrkräften erbracht werden,[82] kaum vorhandene positive (z. B. Gehaltsverbesserungen) und negative (z. B. Kündigungen) Sanktionsmöglichkeiten.[83]

• Schulisches Change Management

"Schulisches Change Management", ein Wortungetüm, stellt begrifflich eine Innovation dar. Es soll gleichzeitig einen grundlegenden schulischen Innovationsprozess zum Ausdruck bringen. Die drei Teilbegriffe sind bereits inhaltlich ausgefüllt worden, so dass an dieser Stelle der Versuch einer ersten Definition unternommen werden kann.

Unter dem Begriff „Schulisches Change Management" soll die demokratisch legitimierte Führung einer Schule verstanden werden, die sich durch Initiierung und Durchsetzung einer „kontinuierlichen Änderungs- bzw. Transformationsfähigkeit und -bereitschaft"[84] auszeichnet, um sowohl stabile als auch sich verändernde externe und interne Zielsetzungen realisieren zu können. Dabei sollte jeder substanziell neue prozessuale Interventionsschritt im Kontext der vernetzten schulischen Gesamtsituation durchdacht und mit den Betroffenen abgestimmt werden.

Mit dieser Definition ist die Argumentation Hasenbanks kompatibel, der die Führungsfunktion von einer zielorientierten interpersonellen Einflussnahme ableitet, die nicht ausschließlich auf der vermeintlichen Autorität des Amtes basiert. Diese unterstreicht zugleich das erforderliche Kompetenzbündel im kommunikativen und sozialen Bereich, sowie die Verträglichkeit im Sinne systemischer Modelle.[85] Die Definition spiegelt ebenso die dynamische und komplexe Situation wider, in der sich die Mitglieder der Führung einer Schule, verstanden als Schulmanagement, befinden.

---

[82] Zumindest für den Bereich öffentlicher Schulen gilt weitgehend, dass eine Gruppe von Lehrkräften jeglichen Versuchen ihre Leistung zu „messen" bzw. zu bewerten ablehnend gegenüberstehen. Teilweise setzen sich die selben Lehrkräfte im Bereich nebenamtlicher Tätigkeiten diesen Verfahren jedoch (mehr oder minder) klaglos aus. Ebenso werden vergleichbare „nicht quantifizierbare" Leistungen ohne nennenswerte „Skrupel" zensiert.

[83] Vgl. Dubs (1992, S. 443f.).

[84] Bea/Haas (2001, S. 439).

[85] Hasenbank (2001, S. 79).

37

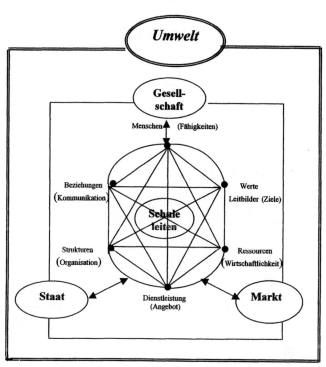

Abbildung 4: Schulleitung als komplexes System[86]

Die Abbildung 4 verdeutlicht dabei „nur" einige Beziehungen im Kontext vernetzter gesellschaftlicher Rahmenbedingungen. Sie visualisiert sozusagen im Kern vorrangig die gesetzlich fundierte Grundaussage: „Der Schulleiter vertritt die Schule nach außen."[87]

- Change Agent

Um Prozesse des Wandels zu steuern, bedarf es Menschen, die den Wandel wollen. Dies gilt sowohl für die Unternehmens- als auch auf die Schulebene. Im Unternehmensbereich wird den sogenannten Change Agents eine bedeutsame Rolle zugeordnet. Begrifflich abgeleitet aus dem Amerikanischen bedeutet

---

[86] In Anlehnung an Sonderegger (1997, S. 170). Die Darstellung entspricht im Detail nicht den Ergebnissen der systemtheoretischen Analyse. Sie veranschaulicht aber dennoch die Komplexität von Schulleitung.
[87] Vgl. dazu die detaillierten Ausführungen im Abschnitt 4.1 dieser Arbeit.

Rolle zugeordnet. Begrifflich abgeleitet aus dem Amerikanischen bedeutet „Change" (Wechsel, Veränderung).[88] Der Begriff "Agent" wird im Deutschen inhaltlich als "Spion, Vermittler von Engagements; veraltet für Geschäftsvermittler, Vertreter"[89] bestimmt. Daraus ließe sich ein "Vertreter des Wandels" konstruieren.

Für den Bereich der Wirtschaft ist der Gebrauch des Begriffes "Change Agent" als gängig zu beschreiben. Es wird zwischen „externen" und „internen Change Agents" unterscheiden.[90] „Externe Change Agents" sind als von außen kommende Organisationsberater eher in der Lage, Defizite objektiver und deutlicher zu benennen.[91] „Interne Change Agents" sind Personen, die innerhalb der zu verändernden Organisation arbeiten. Dies träfe beispielsweise auf Schulleiter zu. Sie befinden sich stets im Dilemma, notwendige Veränderungen nicht als reine Top-Down-Prozesse zu gestalten und ihre Beraterfunktion deutlich herauszuarbeiten. Möglich ist auch ein mehrphasiger Prozess, der zunächst von externen Change Agents initiiert und begleitet wird. Anschließend werden die Veränderungen von internen Change Agents umgesetzt.[92]

Die Verwendung des Begriffes im Kontext von Veränderungen im Schulbereich ist eher ungewöhnlich.[93] Sieht man vom künstlerischen Bereich, z. B. Theater ab, ist der Begriff sogar als stigmatisierende Bezeichnung („Geheimdienstagenten") zu werten, dessen begriffliche Akzeptanz auch nicht durch die Gleichsetzung des Schulleiters als "Abgesandten eines Staates, der ... einen besonderem Auftrag erfüllt und meist keinen diplomatischen Schutz besitzt"[94] gesteigert werden könnte. Daher scheint es ausgesprochen problematisch zu sein, im Sinne einer Veränderungsakzeptanz sogar potenziell kontraproduktiv, ihn für Veränderungsprozesse im Schulbereich zu nutzen. Damit werden nicht die mit der Person des Change Agents verknüpfbaren wichtigen Funktionen in Frage gestellt.[95]

---

[88] Vgl. Definition „Change Management".
[89] Duden (1996, S. 99).
[90] Vgl. Bleicher (1979, S. 192) und Hoffmann (1976, S. 112f.).
[91] Vgl. ECOS Japan Consult (2001, S. 12) und Bea/Göbel (1999, S. 423f.).
[92] Vgl. dazu beispielsweise die Erarbeitung und Umsetzung eines Markteintrittskonzeptes für den japanischen Umweltmarkt. In: ECOS Japan Consult (2001).
[93] Schratz (1998, S. 160) verwendet den Begriff „change agent" für die Schulleitung, ohne ihn allerdings zu definieren.
[94] Bibliographisches Institut: Duden Fremdwörterbuch, 3. Aufl. (1974) eine Begriffsbestimmung für "Agent".
[95] Vgl. dazu den für den Schulbereich grundlegenden Aufsatz „Schulleitung als change agent" von Schratz (1998, S. 160ff.). Allerdings findet sich auch dort keine begriffliche Herleitung. Dazu auch Kapitel 3 und 4 dieser Arbeit.

• Change Manager

Besser geeignet erscheint unter Akzeptanzaspekten der Begriff "Change Manager", der ins Deutsche mit dem Begriff „Veränderungsmanager" übersetzbar ist..[96] Dieser könnte in seiner externen Ausprägung sinnvoll benutzt werden.[97] Im innerschulischen Bereich könnte der Schulleiter dies als Teilfunktion seiner Managementaufgaben betrachten und/oder andere Kolleginnen und Kollegen würden diese Aufgaben (mit)wahrnehmen, beispielsweise die Mitglieder der Steuergruppe der Schulprogrammentwicklung oder Lehrkräfte, die das Qualitätsmanagement einer Schule koordinieren.[98] Inhaltlich muss sowohl auf betrieblicher als auch auf schulischer Ebene mit dem Begriff die Funktion der „Schrittmacher des pulsierenden Veränderungsprozesses"[99] verbunden sein. Ihnen wird eine Schlüsselrolle im Veränderungsprozess zugeschrieben. Sie sind die Garanten des Erfolgs oder Misserfolgs bei der Entwicklung und Gestaltung der Innovationsprozesse. Dementsprechend sind die Ansprüche, die an ihre Veränderungskompetenzen zu stellen sind, sehr hoch.[100]

1.2.2 Zu den Begriffen "Schulleiter", "Schulleitung"

• Schulleiter

"Jede Schule hat eine Schulleiterin oder einen Schulleiter"[101] Dieser im rechtlichen Sinn natürlichen Person werden eine Fülle von Aufgaben zugeordnet [102]. Die Aufgaben werden mehr oder weniger genau beschrieben und damit der Schulleiter organisations-theoretisch positioniert, ohne dass eine exakte Begriffsdefinition erfolgt. Ebenso wenig finden sich in öffentlichen Ausschreibungstexten diesbezügliche Stellenbeschreibungen, die den Anforderungen eines Wirtschaftsunternehmens entsprechen würden. Geht man nun, im Sinne eines "Common Sense", davon aus, dass der Schulleiter die Person ist, welche die

---

[96] Kraemer-Fieger (1994, S. 129), die „Change Manager" auch als „Moving-Manager" bezeichnet.
[97] So ist z. B. im Projekt „Qualitätsentwicklung in Netzwerken" des Landes Niedersachsen ein "kritischer Begleiter" vorgesehen; vgl. Niedersächsisches Kultusministerium (2001). Für berufsbildende Schulen erscheint es durchaus nutzbringend, wenn man z. B. den Leiter des Qualitäts-/Umweltmanagements eines renommierten Ausbildungsbetriebes für diese Funktion gewinnen könnte.
[98] Vgl. Szewczyk (2002); wobei von einem ganzheitlichen Qualitätsmanagementansatz ausgegangen wird, der nicht nur die Aufgabenstellung einer speziellen Abteilung darstellt.
[99] Kraemer-Fieger (1994, S. 129).
[100] Vgl. Kraemer-Fieger (1994, S. 129ff.).
[101] Niedersächsisches Schulgesetz § 43.
[102] Zu den einzelnen Aufgaben vgl. Abschnitt 1.3.2.

Schule leitet, bewegt man sich rechtlich in eine Falle. Je nach Bundesland ist festzustellen, dass andere Organe der Schule, z. B. die sogenannte "Schulleitung" oder ggf. auch eine "kooperative Schulleitung" Teile der Leitungsfunktion für sich reklamieren. Was ist nun aber ein Schulleiter?

Es ist die, auf die innere Organisation der Einzelschule bezogene, ranghöchste natürliche Person, die bestimmte Weisungen erteilen kann und die Gesamtverantwortung trägt.[103] In berufsbildenden Schulen wie im Bereich der Gymnasien ist für diese Person die traditionelle Amtsbezeichnung Direktor vorgesehen, während z. B. Schulleiter von Haupt- und Realschulen als Rektoren bezeichnet werden. Damit sind besoldungstechnische Unterschiede, divergierende Unterrichtsverpflichtungen und besonders schwerwiegende Kompetenzgewichtsverschiebungen verbunden. Der (Oberstudien)direktor berufsbildender Schulen ist nicht nur Vorgesetzter sondern bedingt auch Dienstvorgesetzter, d. h. er kann über dienstliche Weisungen hinaus Entscheidungen treffen, welche die persönlichen Rechtsstellungen der ihm unterstellten Lehrkräfte tangieren, z. B. Untersagung bestimmter Nebentätigkeiten, Abnahme des Diensteides und beförderungsrelevante Beurteilungen.[104]

Die Gesamtverantwortung, die der Schulleiter als Einzelperson zu tragen hat, ist von grundlegender Bedeutung für die Funktionsfähigkeit des sozialen Rechtsstaates.[105] Damit mangelt es allerdings immer noch an einer Konkretisierung des Begriffes "Gesamtverantwortung des Schulleiters". Ein Rückgriff auf die betriebswirtschaftliche Literatur würde nahe legen, dass auch der Schulleiter als Aufgabenträger die Pflicht hat, für die Erfüllung seiner Aufgaben einzustehen. Mit anderen Worten, es müsste nach dem "Gesetz der Einheit" eine Kongruenz zwischen Aufgabe, Kompetenz (= Befugnis) und Verantwortung bestehen.[106] Diese immateriellen Stellenelemente gelten hierarchieunabhängig für jede Stelle einer Organisation. Erst durch die Kongruenz der Elemente wird der Aufgabenträger in die Lage versetzt, optimal seine Aufgaben zu erfüllen. Der einzige Unterschied zu untergeordneten Stellen liegt darin, dass Schulleiter zusätzlich über besondere Befugnisse und Verantwortung verfügen müssen, die sich auf den ihnen unterstellten Bereich beziehen.

Das "Gesetz der Einheit" erfasst nicht die Wirklichkeit der Schulleiter. Nichts desto trotz wird von ihnen aus der Sicht des Kultusministeriums erwartet, dass sie verantwortlich für das "Funktionieren der Schule" und die "Funktionsfähig-

---

[103] Vgl. Wirries (1995, S. 10ff.).
[104] Vgl. Metz (1998, S. 2); vgl. auch das Hessische Schulgesetz § 88, Abs. 1. Vgl. auch Bott (1999, S. 1ff.).
[105] Wirries a.a.O.
[106] Vgl. Steinbuch (1979, S. 179).

keit der Schule" sind.[107] Allerdings kann es dabei nicht um ein mechanistisch gedachtes Funktionieren, im Sinne eines stumpfen Einhaltens der Rechts- und Verwaltungsvorschriften, gehen. Vielmehr werden damit (berechtigterweise) Erwartungen bzgl. der pädagogischen Qualität einer Schule verknüpft. Es handelt sich bei der "Gesamtverantwortung" um eine hochgradig problematische Sprachhülse, die zum einen harte, überprüfbare Fakten des Rechts- und Verwaltungsbereichs enthält und softe, aber evaluationsresistente Ansprüche an die pädagogische Qualität. Dieser Sachverhalt ist gleichzeitig ein Erklärungsansatz, warum sich bestimmte Schulleiter in ihrem schulischen Agieren sehr stark an der leichter fassbaren Rechts- und Verwaltungsebene ausrichten.

- Schulleitung

Die untersuchte organisationstheoretische Problematik gewinnt an Schärfe, wenn man sich dem Begriff der "Schulleitung" zuwendet. Die Begriffsbestimmungen unterscheiden sich von Bundesland zu Bundesland und werden zudem unterschiedlich weit interpretiert. Während beispielsweise in Niedersachsen zur Schulleitung nur der Schulleiter und (in dessen Abwesenheit) der jeweilige Stellvertreter zuzurechnen sind,[108] lautet die Formulierung im Hessischen Schulgesetz § 87: "(1) Die Schulleiterin oder der Schulleiter, die Stellvertreterin oder der Stellvertreter und die Lehrerinnen und Lehrer, die besondere Funktionsstellen innehaben (Lehrkräfte mit besonderen Funktionen), bilden die Schulleitung."[109] Weit über diese rechtliche Normierung geht die Interpretation, dass alle Personenkreise, die Entscheidungen bzw. Entscheidungsbildungsprozesse "massiv beeinflussen" zur Schulleitung zu zählen sind. "Danach bilden Schulleiter und sein Stellvertreter, bestimmte formelle und informelle Funktionsstellen(inhaber) und Arbeitsgruppen, die Schülermitverantwortung/-verwaltung, der Berufsschulbeirat, der Personalrat und die verschiedenen Konferenzen (Klassen, Fach-, Lehrerkonferenz) die Schulleitung."[110] Auch wenn es sich hierbei um keine rechtliche, sondern um eine "faktische Modellierung" handeln soll, führt sie gerade unter dem Aspekt des Faktischen in ein Leitungs- und Entscheidungsnirvana. Weder große Teile eines Kollegiums, noch Personalrat oder Kon-

---

[107] Wirries (1995, S. 13).

[108] Vgl. NSchG § 33, in dem es heißt, dass "Die Entscheidungen der Schule ... von der Schulleitung" getroffen werden. Im weiteren Verlauf, insbes. § 43, wird allerdings nur noch von der Schulleiterin/dem Schulleiter gesprochen. Selbst die stellvertretende Person wird im Gesetz nicht genannt. Erst im Kommentar wird er als "Abwesenheitsvertreter" beschrieben. Vgl. Woltering/Bräth (1994, S. 134).

[109] Hessisches Schulgesetz vom 17. Juni 1992 (GVBL. I S.233), zuletzt geändert durch das Erste Gesetz zur Qualitätssicherung in hessischen Schulen vom 30. Juni 1999 (GVBL. I S. 354) (Schulgesetz - HSchG). Vgl. auch das Landesgesetz über die Schulen in Rheinland-Pfalz § 21, Abs. 6 sowie Brandenburgisches Schulgesetz (BbgSchG) § 69, Abs. 1.

[110] Hasenbank (2001, S. 77f.).

ferenzen (inkl. Schüler-, Eltern- und Arbeitgeberteilnehmer) würden für sich diesen Anspruch reklamieren. Schon aus seinem Selbstverständnis heraus würde z. B. kein Personalrat sich als Teilorgan der Schulleitung definieren. Er ist noch nicht einmal Teilorgan der Gesamtkonferenz. Schülervertretungen würden sich zu Recht überfordert fühlen; die noch zu untersuchende Stellung schulischer Nachfrager würde in einem pervertierten Sayschen Theorem[111] enden. D. h. allerdings nicht, dass eine Fülle schulischer Entscheidungen nicht auf der Basis eines breiten kollegialen und schülerorientierten Informations- und Meinungsaustausches getroffen werden (sollten). Gerade das Niedersächsische Schulgesetz erfasst diesen Ansatz sprachgenau, indem es die Entscheidungen der Schule den Konferenzen **oder** der Schulleitung zuordnet.[112]

Es ermöglicht darüber hinaus, unter bestimmten Bedingungen, die Bildung einer "kollegialen Schulleitung".[113] Aber selbst beim Vorhandensein einer "kollegialen Schulleitung" kann davon ausgegangen werden, dass "die Verantwortung für das Geschehen in der Schule bei einer konkreten Einzelperson liegt, die personale Verantwortung trägt"[114], um die notwendigen Entscheidungen nicht durch Kollegialorgane zu "vernebeln". In diesem Sinn wird auch die schulumgangssprachliche Begrifflichkeit "erweiterte Schulleitung", zu der die Schulleitung im engeren Sinn und die Studiendirektoren schulfachlicher Aufgaben zählen, in dieser Arbeit nicht verwendet, weil sie kein originäres schulisches Entscheidungsorgan abbildet.[115]

Daraus folgt für diese Arbeit, dass unter dem Begriff "Schulleitung" eine monokratische Struktur subsumiert werden kann, die den Schulleiter sowie die jeweilige Stellvertretung fasst[116] und ihre normativ herausragende Stellung unterstreicht.

1.2.3 Zum Begriff "Funktion"

Der Begriff "Funktion" kann etymologisch aus der lateinischen Sprache: functio, -onis (f) abgeleitet und mit "Verrichtung", "Leistung", "Zahlung" übersetzt werden. Allgemeinsprachlich umfasst der Begriff die Position eines Menschen oder

---

[111] Zur Problematik des Sayschen Theorems vgl. Woll (1974, S. 398).
[112] Vgl. NSchG § 33 und Woltering/Bräth (1994, S. 93).
[113] Vgl. NSchG § 44.
[114] Wirries (1995, S. 10).
[115] Vgl. Niedersächsisches Kultusministerium (1997, S. 302).
[116] Bundesländerspezifische Abweichungen können im Rahmen dieser Arbeit nur angedeutet werden; vgl. dazu insbesondere Abschnitt 1.3.2 .

den Arbeitsbeitrag eines technischen Aggregats in einer Organisation.[117] Eine spezifische Begriffsausprägung wird von der Mathematik vorgenommen. Danach versteht man unter einer Funktion eine Abbildung, d. h. die Beziehung einer Größe zu einer anderen. Nach traditioneller Auffassung werden gewisse Zahlen x (den Argumenten) wieder Zahlen $y = f(x)$ (die Funktionswerte) zugeordnet. Man bezeichnet x gewöhnlich als unabhängige, y als abhängige Variable.[118]

In der Soziologie bezeichnet der Begriff „Funktion" die Leistung oder den Beitrag eines sozialen Elements, den dieses für den Aufbau, die Erhaltung oder die Veränderung eines bestimmten Zustandes des gesamten Systems, zu dem das Element gehört, erbringt.[119] Nach Luhmann sind Funktionen "... immer Synthese einer Mehrzahl von Möglichkeiten. Sie sind immer Gesichtspunkte des Vergleichs der realisierten mit anderen Möglichkeiten."[120] Bezieht man diese Interpretation auf die Funktion des Schulleiters als Change Manager, dann handelt und entscheidet dieser immer aus einem Bündel von Möglichkeiten heraus. Er vergleicht – bzw. sein Handeln ist vergleichbar – durch die Identität und Differenz von ex-ante und ex-post Status. Somit dienen Funktionen nach Luhmann sowohl zur Selbstsimplifikation als auch zur Komplexierung des Systems.[121]

Für den Schulleiter als Change Manager gilt zu vermuten, dass dieser bestimmte Funktionen im Kontext der gesellschaftlichen Funktionen von Schule übernimmt. Er übernimmt somit Funktionen als Systemelement und fördert sowie modifiziert Funktionen im Sinne aktiver Gestaltung von Relationen im Sys-

---

[117] Meyers Neues Lexikon (1979, S. 192).

[118] Vgl. Lambacher/Schweitzer (2001, S. 14). Vgl. auch Meyers Handbuch über die Mathematik (1972, S. 13), nachdem eine Funktion einer Menge A in eine Menge B eine Vorschrift ist, die jedem Element a Є A genau ein Element b Є B zuordnet. D. h. eine Funktion kann als "rechtseindeutige Relation" (Füssel/Jansen/Schwermann 1986, S. 95) verstanden werden. Vgl. auch Hempfling (2001) zur Theorie der Funktionen einer oder mehrerer komplexer Veränderlicher.

[119] Aus diesem Ansatz (vgl. Münch 2002, S. 21ff.) entwickelten u. a. Spencer, Durkheim und Pareto die sozialwissenschaftliche Theorie des Funktionalismus. Vgl. ebenso die sozialanthropologisch orientierte Soziologie von Malinowski und Radcliffe-Brown (Encarta 2001), wonach bestimmte Elemente aber auch Prozesse Funktionen übernehmen, um die Gesellschaft als Ganzes aufrechtzuerhalten. Der Funktionalismus bildet seinerseits die Grundlage für die strukturell-funktionale Theorie Parsons und die entgegengesetzte funktional-strukturelle Position von Luhmann; vgl. Luhmann (1999 (a), S. 147ff.) und die Ausführungen im Abschnitt 2.1.3 dieser Arbeit.

[120] Luhmann (1999 (c), S. 405).

[121] Luhmann (1999 (c), S. 406). Er vermutet, dass "... in der Funktionsorientierung ein Ordnungsmodus bereitgehalten wird, der immer dann erstrangige Bedeutung gewinnt, wenn Systeme zu komplex werden für Hierarchisierung."

44

tem.[122] Die vier Hauptfunktionen, die Schule in entwickelten Gesellschaften ü-
bernimmt, sind in Anlehnung an Klafki:[123]

(1) Qualifizierungs- oder Ausbildungsfunktion
(2) Selektions- und Allokationsfunktion
(3) Integrations- und Legitimationsfunktion
(4) Kulturüberlieferungsfunktion.

Ohne für berufsbildende Schulen eine besondere Akzentuierung der Qualifizie-
rungs- oder Ausbildungsfunktion im Sinne extrafunktionaler Qualifikationen
negieren zu wollen[124], soll grundsätzlich davon ausgegangen werden, dass das
Verhältnis der vier Hauptfunktionen zueinander und nach ihrer Gewichtung bewusst offen gehalten wird.[125] Der Schulleiter hat somit quasi eine Überfunktion
zu erfüllen, indem er für die Wirksamkeit der vier Hauptfunktionen an seiner
Schule zu sorgen hat.[126] Die Funktion des Schulleiters berufsbildender Schulen
als Change Manager mag in diesem Sinne auch die klassische Idee Spencers widerspiegeln: "Jede tätige Kraft produziert mehr als einen Wandel – jede Ursache
produziert mehr als einen Effekt."[127]

1.2.4 Zum Begriff „berufsbildende Schulen"

Unter dem Begriff "Schulen" werden (im rechtlichen Sinn) auf Dauer eingerich-
tete Bildungsstätten verstanden, " in denen unabhängig vom Wechsel der Lehrkräfte sowie der Schülerinnen und Schüler nach einem in sich geschlossenen
Bildungsplan allgemein bildender oder berufsbildender Unterricht in einem
nicht nur auf einzelne Kenntnisgebiete oder Fertigkeiten beschränkten Umfang
für mindestens zwölf Schülerinnen und Schüler und mindestens für die Dauer
von sechs Monaten erteilt wird."[128]

---

[122] Er kann somit sowohl – mathematisch gesprochen – abhängige als auch unabhängige Variable sein. Letztere sollte der Funktion des Change Managers eher entsprechen.
[123] Klafki (2002, S. 43ff.), der sich in seiner Herleitung der Funktionen u. a. auf Durkheim
und Parsons bezieht. An dieser Stelle soll aus Gründen unterschiedlicher Schwerpunktsetzungen auf eine ausführliche Darstellung der Funktionen verzichtet werden.
[124] Vgl. Klafki (2002, S. 47) und Offe (1975, S. 217ff.).
[125] In Anlehnung an Klafki (2002, S. 45) entspricht dies auch dem Bildungsauftrag berufsbildender Schulen, die u. a. der Förderung der Allgemeinbildung und übergeordneter staatsbür-
gerlicher Fähigkeiten verpflichtet sind. Vgl. NSchG § 2 und §§ 15ff.
[126] Zu Detailfunktionen des Schulleiters, die sich aus den einschlägigen Rechtsgrundlagen
ergeben, vgl. Abschnitt 4.1.1 in dieser Arbeit.
[127] Spencer (1857), zitiert nach Münch (2002, S. 37).
[128] NSchG § 1, Abs. 2, Satz 1. Vgl. auch Heckel/Avenarius (2000, S. 5).

Der Begriff "berufsbildende Schulen" ist in den Kontext des beruflichen Bildungswesen einzuordnen. Zum beruflichen Bildungswesen zählen alle Schulen, die unmittelbar oder mittelbar der beruflichen Qualifizierung dienen und von öffentlichen und/oder privaten Trägern angeboten werden. Jedoch ist nach berufs- und wirtschaftspädagogischem Sprachgebrauch der Hochschulbereich davon ausgeschlossen.[129] Aus der Komplexität des beruflichen Bildungswesens resultiert der vielschichtige Terminus "berufsbildende Schulen". Er umfasst eine Vielzahl unterschiedlicher Schulformen. In Niedersachsen zählen dazu: Berufsschule, Berufsfachschule, Berufsaufbauschule, Fachoberschule, Berufsoberschule, Fachgymnasium und Fachschule.[130] Das hat für die terminologische Ebene zur Folge, dass der im Singular benutzte Begriff "berufsbildende Schule" im engeren Sinne nur dann zutreffend ist, wenn es sich um eine Schule handelt, die gerade nur eine dieser Schulformen anbietet. Für alle anderen Schulen im berufsbildenden Sektor – und dies trifft für die überwiegende Mehrheit aller entsprechenden realen Schulen zu – ist der Begriff im Plural, z. B. Berufsbildende Schulen am Schölerberg, Osnabrück, zu verwenden.

Ebenso wird damit deutlich, dass der umgangssprachlich häufig verwendete Begriff "Berufsschule", der nur die Schüler, hier auch Auszubildende genannt, erfasst, die sich in der beruflichen Erstausbildung befinden, nicht als Synonym für den Terminus "berufsbildende Schulen" benutzt werden kann. Denn er erfasst u. a. nicht die extrem heterogenen Aufnahmebedingungen, Bildungsansprüche, Curricula und Bildungszeiten der verschiedenen Schulformen. Das Spektrum z. B. bestehend aus Klassen der Berufsfachschule ohne Eingangsvoraussetzungen (d. h. Schülerinnen und Schüler, die ihren Hauptschulabschluss noch nicht geschafft haben), Klassen des Fachgymnasiums (Eingangsvoraussetzung: Erweiterter Sekundarabschluss I), die zur Allgemeinen Hochschulreife führen und z. B. 2-jährige Klassen des Ausbildungsberufs Bankkaufmann/ Bankkauffrau, deren Schüler i. d. R. ihr Abitur besitzen, reflektiert schulische Welten und erfordert differenzierte Organisationsformen. Bei Betrachtung der gesamten Landschaft berufsbildender Schulen, zu denen neben den oben genannten noch Fachakademien, Berufskollegs, Berufsakademien und diverse Mischformen, z. B. Kooperationsmodelle zwischen berufsbildenden und Ver-

---

[129] Ebenso sind nach NSchG (§ 1, Abs.2, Satz 2) Einrichtungen der Erwachsenenbildung keine Schulen im Sinne des Gesetzes.

[130] §§ 15-20 NSchG. Die grundlegende Struktur ist auch in den anderen Bundesländern vorzufinden, wobei spezifische Schulformen , z. B. Berufskolleg in Nordrhein-Westfalen, die Gesamtpalette anreichern. Auf eine eingehende Untersuchung der unterschiedlichen Schulformen wird verzichtet, da dies den Rahmen dieser Arbeit sprengen würde. Vgl. dazu Weete/Rüdiger (1997, S. 1ff.).

waltungs- und Wirtschaftsakademien[131], gehören, ist festzustellen, dass das berufsbildende Schulwesen mehr als 100 verschiedene Bildungsgänge, in Teilzeit- oder Vollzeitangeboten, duale Ausbildungen in über 300 Ausbildungsberufen, geblockt oder tageweise, in unterschiedlichen Jahrgängen umfasst.[132] Der Trend zu weiteren Ausdifferenzierungen scheint dabei zu steigen, weil der Arbeitsmarkt bzw. die Wirtschaft entsprechende Forderungen stellt und politisch durchsetzen kann.[133]

Damit wird zugleich eine Besonderheit des berufsbildenden Schulwesens markiert. Zwar gilt für das berufsbildende Schulwesen, wie auch für das allgemein bildende Schulwesen, die Kulturhoheit der einzelnen Bundesländer, jedoch hat die Wirtschaft, auf der Basis des Art. 74, Ziff. 11 Grundgesetz ein verbrieftes Recht, den betrieblichen Teil der beruflichen Bildung zu gestalten. Das Berufsbildungsgesetz und das Berufsbildungsförderungsgesetz fixieren dabei den Gestaltungsspielraum.

Fasst man alle wesentlichen begriffsbestimmenden Faktoren zusammen, so soll für den weiteren Verlauf dieser Arbeit unter dem Begriff "berufsbildende Schulen" Folgendes verstanden werden: Schulen in öffentlicher Trägerschaft, die mit der Gesamtheit der von ihr angebotenen Unterrichte, pädagogischen Maßnahmen, Einrichtungen und ihrer Organisation auf den Erwerb und/oder die Erhaltung beruflicher Qualifikationen ausgerichtet sind.[134]

Daraus folgt u. a., dass jede einzelne Institution "berufsbildende Schulen" ein Unikat darstellt, weil sich ihr spezifisches Bildungsangebot von allen anderen berufsbildenden Schulen des Landes unterscheidet. Daraus ergeben sich eine Fülle, sich u. a. im jeweiligen Schulprogramm[135] niederschlagender, pädagogischer, didaktisch-methodischer, bildungspolitischer und auf das Schulmanagement bezogener Probleme der Mesoebene.[136]

---

[131] Vgl Verwaltungs- und Wirtschaftsakademie Osnabrück-Emsland (2001) Presseinformation über das sogenannte "Abiturientenmodell".

[132] Vgl. Weete/Rüdiger (1997, S. 1f.).

[133] Dies schließt die Forderung nach einer übergreifenden Grundbildung, z. B. in den kaufmännischen Berufen, nicht aus. Vgl. Bundesinstitut für Berufsbildung (2003, S. 99).

[134] Vgl. Raddatz (1999, S. 58).

[135] Zum Schulprogramm vgl. Niedersächsisches Kultusministerium (1998).

[136] Es wird davon ausgegangen, dass die Makroebene das Schulsystem, ggf. eingeengt das berufliche Schulsystem, die Mesoebene die Ebene der einzelnen berufsbildenden Schulen und die Mikroebene die Unterrichtsebene umfasst. Vgl. Fend (1998).

1.3 Berufs- und wirtschaftspädagogische Bezüge – zum Kontext von Schulmanagement, Schulleiter und Berufs- und Wirtschaftspädagogik

Der Kontext von Schulmanagement, Schulleiter und Berufs- und Wirtschaftspädagogik ist eingebettet im disziplinären Selbstverständnis.[137] In diesem wird die
Vielschichtigkeit der Sichtweisen schon beim semantischen Zugang zum Dop-
pelbegriff „Berufs- und Wirtschaftspädagogik" deutlich.[138] Angesichts der ba-
bylonischen Terminologieverwirrungen[139] erscheint es deshalb sinnvoll, das entsprechende Selbstverständnis dieser Arbeit zu formulieren. Es wird davon ausgegangen, dass berufs- und wirtschaftspädagogische und damit auch pädagogische Kategorien zu beachten sind. Dazu sind u. a. auch – gerade im Bereich des
Schulmanagements – (rein) ökonomische und organisationssoziologische Momente zu bedenken. Diese sind nicht frei von wissenschaftstheoretischen, philosophischen und politischen Strömungen,[140] die bei aller wissenschaftlichen Red-
lichkeit nicht immer trennscharf zu identifizieren und ggf. zu isolieren sind, weil
eine permanente Metakognition unrealistisch ist. Dennoch bzw. gerade deshalb
ist es wichtig, sich der Forderung nach Wissenschaftlichkeit zu stellen, da „wir
... erkenntnismäßig gewissermaßen Gefangene unserer Kategorien und Begriffe
[sind], deren Wahl nicht zuletzt vom wertenden Erkenntnisinteresse gesteuert
ist."[141]

Die daraus u. a. resultierende fehlende Konsistenz der Disziplin Berufs- und
Wirtschaftspädagogik, erweitert durch die Managementfassette, führt in Teilen
über den kritischen Rationalismus Poppers[142] hinaus. Es wird davon ausgegangen, dass ein angemessenes Erkenntnisverfahren für die spezifische Gegens-
tandsrubrik des Geistigen und seiner Verwirklichung in Systemtheorie und

---

[137] Vgl. grundlegend Pleiß (1986, S. 79) und die dort angegebene Literatur. Vgl. auch Kiehn
(1962, S. 107).

[138] Hier sollen nur kurze Literaturhinweise auf ausgewählte Vertreter bestimmter Perspektiven
gegeben werden: Feld (1944), Abraham (1966), Ritzel (1961), Schlieper (1963), Baumgardt
(1967), Dörschel (1971), Blankertz (1977), Bunk (1982), Zabeck (1984).

[139] Manstetten (1982, S. 11).

[140] Vgl. Pleiß (1986, S. 80).

[141] Pleiß (1986, S. 80).

[142] Im Sinne, dass Popper sich sowohl gegen „... die falsche Wissenschaftstheorie, die seit
Bacon geherrscht hatte – die Theorie, daß die Naturwissenschaften induktive Wissenschaften
sein ..." als auch gegen den sogenannten „Wiener Kreis" und dessen Kriterium der Verifizier-
barkeit, mit dem Kriterium der Falsifizierbarkeit durchsetzte. Vgl. Popper (1971, S. 108ff.).
Das "über ... hinausführen" ist im Sinne von Fortschritt zu verstehen. Es folgt Poppers eigener
Betrachtungsweise: "Der Fortschritt unseres Wissens besteht in der Modifikation, in der Kor-
rektur von früherem Wissen." Popper (1976, S. 49). Vgl. auch Morgenstern/Zimmer (2002,
S. 56ff.).

Handlungstheorie gefunden werden kann.[143] Im Rahmen dieser Arbeit ist substanziell ein dreifacher Handlungsbezug festzustellen. Zunächst gelten auch hier die beiden klassischen Zusammenhänge der Berufs- und Wirtschaftspädagogik in der Form, dass zum einen die zukünftigen Handlungssituationen der Schüler in Zielkonzeptionen zu überführen sind. Zum anderen ist das zur Zielrealisierung optimale „erzieherische Handeln" (Pleiß) zu finden. Im Verhältnis beider Handlungsbezüge spiegelt sich u. a. das originäre Verhältnis von Didaktik und Methodik im Klafkischen Sinne.[144] Diese grundlegende Relation findet sich auch in zeitgemäßen Qualifizierungsbereichen angehender Lehrkräfte wieder. Dort werden die Kategorien[145] „Unterrichten", „Erziehen", „Beurteilen", „Beraten", „Innovieren" und „Mitwirken" verwendet.[146] Es geht also beim Schulmanagement schlussendlich auch um das Kernprodukt berufsbildender Schulen – den Unterricht. Die grundlegende Zielsetzung des Unterrichts besteht darin, den Schüler das Erbringen sinnvoller Lernleistungen zu ermöglichen. Sinnvolle Lernleistungen umfassen nach Dubs Inhalte, Themen und Problembereiche, die für die Lebensbewältigung und Berufs- bzw. Erwerbsfähigkeit von Bedeutung sind.[147]

Gerade daraus ergibt sich der dritte Handlungsbezug. Er stellt in diesem Sinne einen derivativen Faktor dar: die Managementfunktion des Schulleiters. Er hat zum einen für die bestmögliche Realisierung der beiden originären Handlungsbezüge zu sorgen. Zum anderen ist damit die von der Pädagogik unabhängige Dimension wirtschaftlichen Handelns zu durchdenken. Hier wird der Position Zabecks gefolgt, nach der das „Kulturgut" Wirtschaft per se keine pädagogische Zielsetzung beinhaltet.[148] Im Rahmen dieser Arbeit bedeutet das ressourcenbezogen den Input, den Prozess und den Output des Schulleiterhandelns.[149] Gerade in der Person des Schulleiters, die besonders häufig in berufsbildenden Schulen Wirtschaftspädagogen sind, wird in besonderer Weise das Spannungsfeld ökonomischer und pädagogischer Rationalität deutlich.[150] In Zeiten der Managementorientierung von Schulleitern verliert ein ausbalanciertes Verhältnis jedoch an Wahrscheinlichkeit. Eine durchaus sinnvolle Fokussierung auf das "Anthropion schlechthin"[151] verwischt sich in den Nebelschwaden gesellschaftlich ge-

---

[143] Vgl. Pleiß (1986, S. 81).

[144] Klafki (1964); vgl. auch Manstetten (1983, S. 82ff.).

[145] Zur Problematik der Kategorienbildung in der Tradition von Aristoteles und Kant vgl. etwa Diederichsen (1970, S. 63ff.).

[146] Niedersächsisches Kultusministerium (2001, S. 490f.).

[147] Dubs (1995, S. 17f.).

[148] Zabeck (1984, S. 158).

[149] Vgl. Betzl (1996, S. 40ff); vgl. auch Szewczyk (2002 (b)).

[150] Die Problematik der Komplementarität als Prinzip im Sinne Jongebloeds scheint auch an dieser Stelle deutlich zu werden. Vgl. Jongebloed (1998, S. 22ff.).

[151] Kiehn (1962, S. 108).

forderter wirtschaftlicher Effizienz bei zeitgleichem Beklagen sozialer Wertver-
luste.[152] Dennoch gilt es, das bildungspolitische und -praktische Problem zu lösen, "... an welcher Bezugsnorm das Programm wirtschaftsberuflicher Bildung
und Erziehung zu orientieren sein (wird): an den Qualifikationsanforderungen
des Beschäftigungssystems, konkretisiert in den Rekrutierungskriterien einzelner Unternehmen, oder an den Bildungsbedürfnissen derer, auf deren professionelle Kompetenz wettbewerbsfähige Unternehmen angewiesen sind."[153]

An dieser Problemstellung wird deutlich, dass auf der ökonomischen Ebene häufig normative Ansprüche zu erfüllen sind, deren wissenschaftliche Begründbar-
keit nicht oder nur teilweise gegeben ist. Das führt dazu, dass die zu erörternden
Lösungsvorschläge nur mit einer relativen Gültigkeit versehen sind. Dennoch
kann grundsätzlich innerhalb dieser Arbeit unterstellt werden, dass „ ... jedwede
Tatsachenbehauptungen begründende und Normen rechtfertigende Argumentation, die wegen ihres rationalen Diskurses intersubjektiv nachprüfbar ist und die
auf Systematik angelegt ist, als eine wissenschaftliche zu verstehen"[154] ist.

Es wird somit von einem pragmatisch orientierten, historisch gewachsenen
Selbstverständnis der Teildisziplinen ausgegangen, das für die wissenschaftliche
Durchdringung zukunftsfähiger, auf das Schulmanagement bezogener Entwick-
lungen in berufsbildenden Schulen ein solides Fundament bietet.

In diesem Zusammenhang gilt es auch die Frage zu beantworten: Welchen Einfluss das Schulmanagement, in Person des Schulleiters, auf berufs- und wirtschaftspädagogische Faktoren der Praxisebene hat.[155] Diese Frage bezieht sich
entsprechend der Leitungskompetenz nur auf die einzelnen berufsbildenden
Schulen im Sinne der Mesoebene. Berufsbildende Schulen können nach Wohlgemuth als Organisation verstanden werden, d. h. " ... als ein zielbezogenes, relativ dauerhaftes, offenes, sozio-technisches System mit formalen und informa-
len Strukturen, einem Entstehungs- sowie einem kontinuierlichen Verände-

---

[152] Schon vor mehr als 100 Jahren hat die schwedische Reformpädagogin Ellen Key bezogen
auf die Schülerinnen und Schüler davor gewarnt, in den Schulen die Rohstoffe der Persönlichkeit zu ersticken, denen wir dann vergebens im Leben zu begegnen hoffen. Goeudevert
(2001, S. 35). Vgl. auch Statistics Sweden (2000, S. 51). Vgl. auch zum Wertewandel
Nibbrig (1990, S. 118ff.).
[153] Heid (1999, S. 292).
[154] Pleiß (1986, S. 83).
[155] Der Einfluss auf die Theorieebene (als wissenschaftliche Disziplin) steht hier nicht zur
Diskussion.

rungsprozeß."[156] Derartige Organisationen sind auch Objekte berufs- und wirtschaftspädagogischen Erkenntnisinteresses.[157]

1.4 Methodologische Orientierung

Auf der Grundlage der beschriebenen erkenntnisleitenden Fragestellungen, der vorgenommenen terminologischen und rechtlichen Klärungen sowie insbesondere der berufs- und wirtschafts-pädagogischen Bezüge wird in dieser Arbeit von einer pragmatischen methodologischen Orientierung ausgegangen. Stachowiaks Fundament des pragmatischen Entschlusses (intentionsbewusste Erkenntnis) und die dazugehörigen zwei Supplemente (Verzicht auf das "*Uneigentlich*-Pragmatische", kein "*metatheoretisches* Transzendieren" des Erkenntnisbegriffes) werden genutzt.[158] Dabei stützt sich die wissenschaftliche Vorgehensweise in dieser Arbeit auf eine Informationsbasis interdisziplinärer Wissensgebiete, vorrangig der Berufs- und Wirtschaftspädagogik, der Betriebwirtschaftlehre, mit dem Schwerpunkt Management- und Change Managementtheorien sowie grundlegender systemtheoretischer und organisationssoziologischer Literatur. Nachprüfbares subjektives ("privates") Erkenntniswissen wird analog zum "pragmatischen Entschluss" akzeptiert und genutzt.[159]

Daraus folgt, dass neben den dominierenden analytischen Methoden auch die direkte Erfassung schulischen Managements berufsbildender Schulen durch den Verfasser als Schulleiter, als eine Grundlage eigener Arbeits- und Lebenssituationen – nolens volens – berücksichtigt wird. Somit steht ein aus subjektiver Verfassersicht ganzheitlicher Ansatz auf dem Prüfstand, der im grundlegenden methodischen Vorgehen als hermeneutisch zu kennzeichnen ist.[160] Die als Quellen benutzten Texte, Reflexionen, Theorien und Berichte werden mit dem komplexen Untersuchungsobjekt durch Analyse und Interpretation in einen inhaltlichen Zusammenhang gebracht. Eine derartige hermeneutische Vorgehensweise lässt sich in die Segmente Verstehen, Auslegung und Anwendung ausdifferenzie-

---

[156] Wohlgemuth (1982, S. 37).

[157] In diesem Zusammenhang kann auch die Betrachtungsweise Twardy hilfreich sein, dass "... Personen, die berufs- und wirtschaftspädagogisch agieren, präventive vorausschauende sozialökonomische Gesellschaftsgestaltung" leisten. Für das Handeln von Schulleitern kann in diesem Zusammenhang von einem normativ gewendeten Hempel-Oppenheim-Schema, als Nukleus des deontologisch-pragmatischen Paradigmas, ausgegangen werden. Twardy (1990, S. 11ff.) sowie Jongebloed/Twardy (1983, S. 29ff.).

[158] Vgl. zur grundlegenden Problematik pragmatischer Vorgehensweise Stachowiak (1973, S. 50ff.).

[159] Vgl. Seiffert (1977, S. 16f.).

[160] Vgl. zu den Grundlagen der Hermeneutik Gadamer (1990).

ren.[161] Während in den Segmenten Verstehen und Auslegung in der üblichen wissenschaftlich formulierenden und interpretierenden Weise vorgegangen wird,[162] ist für den Bereich der Anwendung auf einige Besonderheiten hinzuweisen.

Im erweiterten Klafkischen Sinne des "hermeneutischen Zirkels" zur "hermeneutischen Spirale"[163] wird davon ausgegangen, dass es nicht vollständig auszuschließen ist – wenn es nicht sogar wünschenswert erscheint –, dass die im Untersuchungsprozess gewonnenen Erkenntnisse, durch Akte des Verstehens und der Auslegung, zu mittel- und/oder unmittelbaren subjektiven Veränderungen bzgl. der Anwendung im Sinne praktischen Schulleiterhandelns führen können und von dort wieder die Reflexionsebenen beeinflussen. D. h. der subjektive Faktor des Forschers, insbesondere im Bereich subjektiven Wissens, aber eben auch Nichtwissens, muss bedacht werden.[164]

Daraus ergibt sich idealtypisch ein ganzheitlicher, theorie-praxisbezogener Untersuchungsansatz.[165] Wobei sich der Begriff der Ganzheitlichkeit auf drei Ebenen interpretieren lässt:

- Prinzip der vollständigen Handlung[166]
  im Sinne von Planung – Durchführung – Kontrolle sowohl auf der Ebene der theoreti-schen Erarbeitung als auch der praktischen Durchführung realen Schulleiterhandelns;
- Interdisziplinarität
  im Sinne der Integration mehrerer Wissenschaftsgebiete;
- Kopf, Herz und Hand
  "Sie sahen, dass in allem was ihre Kinder vom Morgen bis an den Abend thaten, ihr Kopf, ihr Herz und ihre Hand, folglich die drey Grundkräfte, von den alles Fühlen, Denken und Handeln der Menschen ausgeht, gemeinsam und in Übereinstimmung unter sich selbst angesprochen, belebt, beschäftigt und gestärkt werden."[167]

---

[161] Gadamer (1990, S. 312).
[162] Vgl. Alexander (1996, S. 50) und die dort angegebene Literatur.
[163] Zum "hermeneutischen Zirkel" vgl. Gadamer (1993, S. 57); zur "hermeneutischen Spirale" vgl. Klafki (1976, S. 150).
[164] Vgl. Seiffert (1977, S. 116f.).
[165] Vgl. Adorno (1972, S. 129).
[166] Vgl. Szewczyk (1998, S. 81).
[167] Pestalozzi (1940, S. 349).

1.5 Struktur und Aufbau der Arbeit

Die Abbildung 5 gibt einen Überblick über die Struktur und den Aufbau der Arbeit. Leicht erkenntlich sind daran die sechs Kapitel, die den gesamten komplexen Untersuchungsgegenstand mehrschichtig strukturieren. Im 1. Kapitel werden auf der Grundlage der Problemskizze erkenntnisleitende Fragestellungen abgeleitet und untersuchungsrelevante Begriffe geklärt. Ferner erfolgt ein Aufzeigen berufs- und wirtschaftspädagogischer Bezüge zur Untermauerung der Legitimation der wissenschaftlichen Auseinandersetzung mit der Thematik.

Das 2. Kapitel dient der theoretischen Grundierung und Entwicklung. Ausgehend von Essentials der Systemtheorie wird eine exemplarisch orientierte Kette von Erklärungsansätzen zur Veränderung sozialer Systeme, deren Elementen und Relationen geknüpft. Die Kettenglieder Systemtheorie (Luhmann), Organisationssoziologie (Mayntz), Management- (Bea/Haas) und Change Managementtheorie (Dreesmann/Karmer-Fieger et. al.) werden mit der Zielsetzung geknüpft, tragfähige Elemente für Change Managementprozesse berufsbildender Schulen ableiten zu können.

Die Konstruktionselemente eines spezifischen Change Managementansatzes für berufsbildende Schulen folgen im 3. Kapitel, wobei insbesondere darauf geachtet wird, die Besonderheiten des "Unternehmens berufsbildende Schulen" zu erfassen. In diesen Schulen hat der Schulleiter eine (die) zentrale Funktion im Veränderungsprozess, die im 4. Kapitel ausgeleuchtet wird. Ausgehend von der rechtlichen Positionierung des Schulleiters berufsbildender Schulen werden die Schlüsseldimensionen des Schulleiters als Change Manager untersucht. Dabei liegt ein besonderes Gewicht auf dem Qualitätsmanagement sowie dem Umgang mit bestimmten Widerständen. Das 5. Kapitel beendet den zentralen Untersuchungsblock mit einer Darlegung der Möglichkeiten und Grenzen des Change Managementansatzes anhand dreier Problemfelder in berufsbildenden Schulen.

Im abschließenden 6. Kapitel werden Konsequenzen für das Management berufsbildender Schulen und die Funktion des Schulleiters in der Zukunft gezogen. Diese beziehen sich auf die Analyse der theoretischen Erklärungsansätze und auf die aktuellen Problemfelder der Praxis. Damit werden die Voraussetzungen für das Setzen eines wissenschaftlich begründeten Schluss- und Ausblickspunktes geschaffen.

53

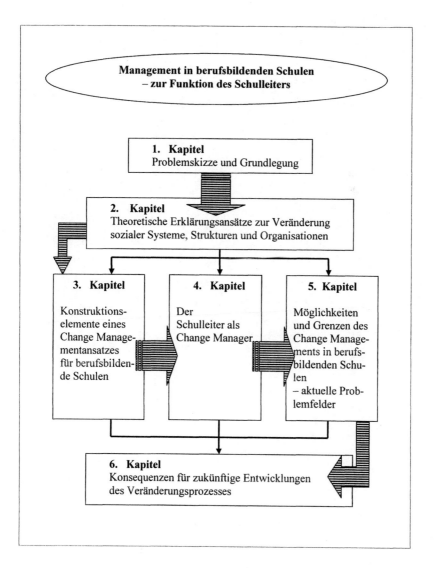

Abbildung 5: Struktur und Aufbau der Arbeit

2 Theoretische Erklärungsansätze zur Veränderung sozialer Systeme, Elemente und Relationen

2.1 Grundlagen der Systemtheorie

2.1.1 Ausgangsüberlegungen

"The most ingenious way of becoming foolish, is by a system."[168] Dennoch scheint das Denken in Systemen, gerade im Bereich der wissenschaftlichen Theorienbildung sehr ergiebig. Unter dem Stichwort "Systemtheorie" bietet eine der besten Suchmaschinen für das Internet 34.000 Resultate an.[169] Diese sind fachlich extrem breit gestreut[170] und unterstreichen damit den Anspruch der Systemtheorie auf Interdisziplinarität. Von den drei klassischen Säulen[171] Biologie, Mathematik und Soziologie über die Wirtschaftswissenschaften zur Kunst, Linguistik und vergleichenden Literaturwissenschaft ist der Forschungskanon differenziert aufgefächert.[172] Nicht zuletzt deshalb spricht Luhmann von der Systemtheorie als einer "besonders eindrucksvollen Supertheorie."[173] Dies mag als ein Indiz dafür gelten, dass die Chancen begründet sind, in der Systemtheorie erste theoretische Erklärungsansätze zur Veränderung sozialer Systeme, Elemente und Relationen zu finden.

Dennoch bleibt zu fragen: "Warum Systemtheorie?"[174] bzw. welchen speziellen Nutzen die Systemtheorie für begründete Veränderungen berufsbildender Schulen bieten könnte. Ausgangspunkt ist der Begriff "System".[175] Er stammt vom griechischen "sýstēma" ab und bedeutet soviel wie das "Zusammengestellte", das "Zusammengeordnete".[176] Er ist einer der "zentralen Begriffe der Philosophie und Wissenschaftstheorie überhaupt".[177] Folgt man Seiffert, dann gab es

---

[168] Shaftesbury (1968, S. 290).

[169] Vgl. www.google.de, getestet am 28. März 2002.

[170] Vgl. Manstetten (1988, S. 13).

[171] Die drei "Urväter" Ludwig von Bertalanffy (1901-1972, Biologe), Norbert Wiener (1894-1964, Mathematiker) und Talcott Parsons (1902-1979, Soziologe) gelten als die Begründer der wichtigsten Ströme der Systemtheorie. Vgl. Seiffert (1992, S. 125).

[172] Vgl. www.google.de: Stichwort "Systemtheorie".

[173] Luhmann (1999 (c), S. 19).

[174] Luhmann (1994, S. 1); vgl. auch Forcht: "Wozu die Allgemeine Systemtheorie?" (2002, S. 1). Watzlawick/ Beavin/Jackson (2000, S. 125) merken allerdings kritisch an, dass die ursachenbezogene Frage: „Warum ...?" vergangenheitsorientiert ist. Im Sinne der Äquifinalität offener Systeme müsste die Frage lauten: „Wie funktioniert ...?"

[175] Zum Systembegriff im Bereich der Pädagogik und der Wirtschaftspädagogik vgl. Manstetten (1988, S. 13f.).

[176] Seiffert (1992, S. 95).

[177] Seiffert (1992, S. 95), vgl. auch die dort aufgeführte grundlegende Literatur. Grundlegend auch Hall/Fagen (1971, S. 94ff.).

schon in der Antike zwei Ausprägungen des Systembegriffs. Zum einen konnte es ein Gebilde der Wirklichkeit ("gegenständliches System") sein, zum anderen eine Zusammenordnung von Begriffen ("gedankliches System") darstellen. In beiden Fällen handelt es sich um "ein Gebilde, das irgendein Ganzes ausmacht und dessen einzelne Teile in ihrer Verknüpfung irgendeine Ordnung aufweisen."[178] Diese Grundaussage findet sich an vielen Stellen der Fachliteratur als Definition umformuliert, z. B.: "Ein System ist ganz allgemein ein Ganzes, das aus miteinander in wechselseitigen Beziehungen stehenden Elementen zusammengesetzt ist."[179] Die drei Definitionsteile System, Elemente und Relationen haben dabei konstituierenden Charakter.

2.1.2 Richtungen der Systemtheorie

Ausgehend von der obigen Definition lassen sich nach Seiffert[180] drei Richtungen der Systemtheorie ausmachen, die auch als Reflexionsbasen für das Gebilde "berufsbildende Schulen" dienen können.

Erste Richtung: Die Allgemeine Systemtheorie

Begründet wurde die Allgemeine Systemtheorie vom österreichischen Biologen Ludwig von Bertalanffy.[181] Ihm wird die zentrale Aussage zugeschrieben: "Das Ganze ist mehr als die Summe seiner Teile."[182] Beispielhaft erwähnt er die menschliche Gesellschaft als System vieler Individuen, die in den verschiedensten Beziehungen zueinander stehen. Er macht in diesem Zusammenhang auf drei Probleme aufmerksam:

1. Kennen der Elemente, als jeweils das, was für ein System als nicht weiter auflösbare Einheit fungiert.[183]
2. Kennen der bestehenden Relationen zwischen den Elementen. "So wenig wie es Systeme ohne Umwelten gibt oder Umwelten ohne Systeme, so wenig gibt es Elemente ohne relationale Verknüpfung oder Relationen ohne Elemente."[184]

---

[178] Von der Stein (1968, S. 5), zit. nach: Seiffert (1992, S. 98).

[179] Mayntz (1972 (a), S. 40) als ein Beispiel aus einer großen Zahl. Vgl. auch Hall/Fagen (1956, S. 18) und Luhmann (1999 (a), S. 56).

[180] Vgl. Seiffert (1992, S. 125ff.).

[181] Bertalanffy, v. (1956).

[182] So Seiffert (1992, S. 124). Andere Autoren beziehen die Aussage (Bertalanffy [1972, S. 18] zitierend) auf Aristoteles; vgl. Alexander (1978, S. 5). Vgl. auch Luhmann (1999 (c), S. 22) sowie zur Mehrdeutigkeit dieses Satzes: Nagel (1955, S. 519ff.).

[183] Luhmann (1999 (c), S. 43).

[184] Luhmann (1999 (c), S. 41).

3. Einsicht in die Verwandtschaft des Systembegriffs zu denen der Ordnung oder Organisation von Elementen zu "höheren Einheiten".[185]

Auf einen weiteren wichtigen Gesichtspunkt weisen Watzlawick/Beavin/Jackson[186] hin. Gerade in Bezug auf die Bedeutsamkeit kommunikativer Prozesse bei der Leitung berufsbildender Schulen muss bedacht werden, dass Kommunikationsabläufe eine innere zeitbedingte Ordnung besitzen. „Zu jedem System gehört implicite eine Zeitspanne. Seiner ganzen Natur nach besteht ein System aus einer Interaktion, und das bedeutet, daß ein Folgeprozeß von Aktion und Reaktion stattzufinden hat, bevor wir einen Zustand des Systems oder eine Zustandsänderung beschreiben können."[187] Bei dieser kommunikativen Interaktion sind die unterschiedlichen Ebenen, insbesondere die Inhalts- und die Beziehungsebene, zu berücksichtigen, denn zwischenmenschliche Systeme sind „... zwei oder mehrere Kommunikanten, die die Natur ihrer Beziehung definieren."[188] Dies macht Beobachtungen systemischer Handlungen und das Handeln im System selbst nicht einfacher. Es ist aber für ein planvolles Management bzw. Change Management zu bedenken.

Überträgt man diese Aspekte auf das System berufsbildender Schulen, dann ist evident, dass die Kenntnis der Elemente, z. B. im institutionellen und personellen Bereich, von Bedeutung ist. Ebenso bedeutsam sind ein fundierter Einblick in die Beziehungen der Elemente, z. B. Schüler-Lehrer-Verhältnis, zeitliche Abläufe sowie das Wissen über das System berufsbildender Schulen als Subsystem bzw. Teilsystem einer noch näher zu bestimmenden Umwelt. Gerade der letzte Aspekt führt den Systemgedanken aus einem vorrangig binnenstrukturierten Gebilde heraus. „Für ein gegebenes System ist die Umwelt die Summe aller Objekte, deren Veränderung das System beeinflußt, so wie jener Objekte, deren Merkmale durch das Verhalten des Systems verändert werden."[189] Mit Mayntz ließe sich sagen, dass "...erst die Abgrenzung zu einem Außen ein System zu einem System macht. Das entscheidende Definitionskriterium wäre dann, dass es ein Ganzes ist, das in einer komplexen und veränderlichen Umwelt seine Identität bewahrt."[190] In diesem Sinne stellt die Umwelt systemtheoretisch ein äußeres geschlossenes Supersystem dar.[191] Allerdings ist es keineswegs eindeu-

---

[185] Vgl. Seiffert (1992, S. 125).

[186] Vgl, Watzlawick/Beavin/Jackson (2000, S. 115ff.).

[187] Lennard/Bernstein (1960, S. 13f.); zit. nach Watzlawick/Beavin/Jackson (2000, S. 116).

[188] Watzlawick/Beavin/Jackson (2000, S. 116).

[189] Halls/Fagen (1956, S. 20); zit. nach Watzlawick/Beavin/Jackson (2000, S. 117). Vgl. auch Parsons (1974, S. 147).

[190] Mayntz (1972 (b), S. 758). Vgl. dazu auch die systemtheoretisch angelegte Strukturanalyse zur betrieblichen Umwelt von Alexander (1978) und die dort angegebene Literatur.

[191] Pfeiffer/Randolph (1976, S. 66).

tig, wann ein Objekt dem System und wann es der Umwelt angehört. Möglicherweise ist es auch ein Element ihrer Schnittmenge. Diese partielle Willkür-
lichkeit ändert nichts am heuristischen Wert der Systemtheorie. Wird das System berufsbildender Schulen mit seinem deutlichen Fokus zwischenmenschli-
cher Beziehungen als offenes System betrachtet, in dem Sinne, dass es mit seiner Umwelt Elemente und Beziehungen in Form von Stoffen, Energien und Informationen austauscht, dann kann dies die gedankliche Durchdringung von Interaktionen zwischen dem System und seiner Umwelt fördern..

Nach Watzlawick/Beavin/Jackson zeichnen sich derartige offene Systeme besonders durch die Eigenschaften Ganzheit und Übersummation sowie die kybernetisch orientierten Merkmale Rückkopplung und Äquifinalität aus.[192] Unter
Ganzheit wird hierbei die potenzielle Verknüpfung eines Elements mit anderen
Elementen des Systems verstanden. Diese führt dazu, dass eine Änderung in einem Element eine Änderung in allen Systemteilen und somit im ganzen System
verursacht. D. h. Systeme besitzen ein bestimmtes Maß an Komplexität.[193] Daraus ergibt sich die Eigenschaft der Übersummation eines Systems, also eine „ü-
ber die Summe" der einzelnen Elemente hinausgehende Gestalt anzunehmen.
Mit anderen Worten, es geht um die Fähigkeit von Systemen, durch – zunächst
wie auch immer ausgelösten – Veränderungen der Elemente zu einander, neue
Organisationsformen zu produzieren. Diese Neubildungen („emergent qualities")[194] sollten als eine zentrale Transferhypothese für Changeprozesse berufsbildender Schulen vorgemerkt werden.[195]

Zweite Richtung: Die Kybernetik

Die Kybernetik, vom griechischen Wort „kybernētēs" („Rudergänger, Kom-
mandant") abgeleitet, lässt sich auf den amerikanischen Mathematiker Norbert
Wiener zurückführen.[196] Im Luhmannschen Sinne ist die Kybernetik "... ein anderer Ausdruck für die sich auf selbstreferentielle Verhältnisse einlassende, an
Differenzen orientierte Theorie der Beobachtung als Konstrukttheorie der Erkenntnis."[197] Unter eher pragmatischer Orientierung handelt es sich auch bei der
Kybernetik – wie auch bei der Allgemeinen Systemtheorie – um einen interdis-

---

[192] Watzlawick/Beavin/Jackson (2000, S. 118ff.).
[193] Watzlawick/Beavin/Jackson (2000, S. 119).
[194] Watzlawick/Beavin/Jackson (2000, S. 120).
[195] Vgl. Abschnitt 3.3 dieser Arbeit.
[196] Wieners ursprüngliche Forschungsgebiete der formalen Logik und der Brownschen
Molekularbewegung wurden durch den 2. Weltkrieg in den Bereich automatischer
Berechnungen und Rückkopplungstheorien (für Flugabwehrmethoden) umgelenkt. Vgl.
Microsoft: Encarta Enzyklopädie 2001 - „Wiener, Norbert".
[197] Krause (1999, S. 12). Vgl. Luhmann (1999, S. 157ff.).

ziplinären Wissenschaftsansatz. So ist es stringent, dass Ergebnisse, die zunächst im primär technischen Bereich, z. B. Dampfmaschine, Thermostat und Cola-Automaten evident wurden, analog auf die Kommunikations- und Steuerungssysteme lebender Organismen zu übertragen versucht werden. Im Prinzip geht es darum, dass eine bestimmte zukünftige Leistung – bei Mensch und/oder Maschine – angestrebt wird. Um diese realisieren zu können, bedarf es der Informationen über Wirkungszusammenhänge der Elemente. Eine Kausalkette, in der z. B. das Ereignis A (Schüler stört Unterricht) Ereignis B (Lehrkraft unterbricht die Gruppenarbeit) verursacht, B dann C (Konzentration und Motivation anderer Schüler bei der Erarbeitung schwindet) bewirkt und C ein D (Beschwerde beim Schulleiter über die Führungsschwäche der Lehrkraft) auslöst usw., hat den Charakter eines deterministischen linearen Systems. Erst wenn in diesem System das „Opfer" D eine Rückwirkung beispielsweise an den „Täter"A[198] abgibt, erhält es – möglicherweise – eine neue Qualität.[199] Diese Rückwirkung wird Rückkopplung oder Rückmeldung bzw. Feedback genannt. Sie entspricht einem gegenseitigen austauschenden Bewirken und Reagieren der Elemente, um den weiteren Handlungsablauf zu bestimmen. Folgt man der Informationstheorie,[200] so wird angestrebt, die dazu notwendigen Informationen rechnerisch zu erfassen und sie mit Wahrscheinlichkeiten zu bewerten. Das Maß der Wahrscheinlichkeit für das Eintreten dieser Information wird in Anlehnung an die Thermodynamik „Entropie" genannt. Nach dem 2. Gesetz der Thermodynamik streben „natürliche Prozesse" dabei einen Zustand des Chaos an.[201] Diese Unordnung tritt ein, wenn eine Steuerung des Prozesses ausbleibt bzw. zu schwach ist. Demzufolge ist kybernetisch betrachtet das Chaos im Sinne erhöhter Entropie wahrscheinlicher als das Erreichen einer Ordnung (Entropiereduzierung). Daraus folgt z. B. – stark vereinfachend – für die Leitung berufsbildender Schulen, dass ordnungserhaltende Steuerungsmechanismen notwendig sind, um dem natürlichen Streben nach Unordnung entgegenzuwirken.

Diese eher mechanistisch anmutende Betrachtung lässt sich durch wissenschaftliche Erkenntnisse der menschlichen Kommunikation erweitern. Feedbacks können in positiver und in negativer Form geäußert werden. Dabei sind es gerade – was zunächst paradox klingen mag – die negativen Rückkopplungen, die

---

[198] Die begriffliche Illustration stammt von Seiffert (1992, S. 126) – dort bezogen auf einen Fliehkraftregler.

[199] Wobei eine adäquate Rückkopplung im Bereich der Elemente B an A bzw. C an A, ggf. vernetzt C und B an A, in aller Regel sinnvoller wäre.

[200] Begründer der Informationstheorie ist der amerikanische Mathematiker und Ingenieur Claude E. Shanon, der erstmals 1948 in seinem Artikel "A mathematical theory of communication" sein Konzept veröffentlichte. Vgl. auch Schürger (1998, S. 319).

[201] Zur Chaostheorie Gleick (1988); vgl. auch Krohn/Küppers (1989, S. 69ff.) und Jaeger (1989, S. 149ff.), sowie weitere kritische Beiträge in Michel/Spengler (1989) Kursbuch 98 "Das Chaos".

zur Herstellung und Stabilisierung des ursprünglichen Systemzustands führen. Dagegen führen positive Feedbacks zu Systemveränderungen.[202] Die Begründung dafür liegt in folgender Überlegung: Wenn eine prozessuale Veränderung eintritt, beinhaltet ein negatives Feedback die Information, zurück zum alten Zustand vor der Veränderung, zu gelangen. Demgegenüber verstärkt die positive Rückkopplung die Botschaft, den Veränderungsprozess fortzusetzen.[203]

Dies unterstreicht, dass das Ergebnis der Veränderung in offenen Systemen unter Umständen nicht vorrangig durch den Ausgangszustand bestimmt ist, sondern auf die in der Zwischenzeit eingetretenen Prozesse zurückgeführt werden kann. Schon von Bertalanffy wies auf das Prinzip der „Äquifinalität" hin. Danach können – im Gegensatz zu geschlossenen Systemen – verschiedene Anfangszustände zu gleichen Endzuständen führen.[204] Ebenso können unterschiedliche Ergebnisse auf dieselbe Ausgangssituation zurückgeführt werden.[205] Daraus folgern Watzlawick/Beavin/Jackson für den Bereich der gegenseitigen Beeinflussung von Menschen, dass der Entstehung und den Ergebnissen weniger Bedeutung beizumessen ist als ihrer Organisation.[206]

Dritte Richtung: Die strukturell-funktionale Theorie

Die strukturell-funktionale Theorie wurde von Talcott Parsons[207] begründet. Sie stellt eine sozialwissenschaftliche Systemtheorie dar, die sich auf den humangesellschaftlichen Bereich beschränkt.[208] Parsons Ziel war es, eine allgemein gültige Theorie gesellschaftlichen Handelns zu formulieren. Darin ist die Gesell-

---

[202] Watzlawick/Beavin/Jackson (2000, S. 32).

[203] Vgl. Watzlawick/Beavin/Jackson (2000, S. 32). Die kybernetisch orientierte Psychologie scheint möglicherweise in Zukunft starke Partner zu bekommen. Da ein hohes Maß an Forschungsaktivitäten u. a. im Bereich der Neurophysiologie, Aufbau künstlicher neuraler Netze und künstlicher Intelligenz zu beobachten ist. Gerade die beiden letztgenannten Aspekte sollten von den Akteuren im Schulsystem mit professionellem Interesse verfolgt werden. Zur Literatur künstlicher Intelligenz vgl. einführend Turing (1967), Coy (1984) und eher technisch-pragmatisch orientiert Neumann (1967) sowie graphentheoretisch Loerick (1978). Zu neuralen Netzen: Vester (1981), Spitzer (1996).

[204] V. Bertalanffy nach Watzlawick/Beavin/Jackson (2000, S. 122).

[205] Dieser Sachverhalt kann in komplexen Tests nachgewiesen werden. Vgl. „Das nicht ganz so beklagenswerte Schicksal von Lohhausen"; Dörner (2001, S. 32ff.).

[206] Watzlawick/Beavin/Jackson (2000, S. 122ff.). Diese Schlussfolgerung scheint für die Organisation menschlicher Beziehungen in einer berufsbildenden Schule durchaus übertragbar.

[207] Vgl. u. a. Parsons: The Structure of Social Action (1949) und "Gesellschaften als Systeme der Wirklichkeitsbeherrschung" (1971 (a)) sowie "Das System moderner Gesellschaften" (1972) und "Einige Paradigmata zur Analyse sozialer Systeme" (1974). Als gedanklichen Vorläufer sei (zumindest) auf Herbert Spencer und Emile Durkheim hingewiesen. Vgl. für einen ersten Überblick auch Mayntz (1972 (c), S. 836ff.).

[208] Narr (1976, S. 110).

schaft als ein ganzheitlicher Organismus zu begreifen. In diesem ist jedes Handeln auf ein Ziel ausgerichtet, jedes Element erfüllt einen bestimmten Zweck. D. h. es geht – trotz einer fundamental anderen Zielsetzung als in der Kybernetik – um die „funktionalen" Wirkungszusammenhänge[209] zwischen den Elementen und dem Ganzen, hier: dem sozialen System. Parsons Modell ist in wesentlichen Zügen ein Gleichgewichtsmodell mit den Merkmalen:[210]

1. Stabile Integration eines Aktionssystems durch die harmonisierten Teilsysteme: kulturelles, soziales und Persönlichkeitssystem.[211]
2. Anpassung des Gesamtsystems an die Umgebung.
3. Setzung und Ausrichtung der Mitglieder des Systems auf individuelle und kollektive Ziele. Alle Individuen behalten dennoch die Entscheidungsfreiheit zwischen unterschiedlichen Handlungsmöglichkeiten, jedoch bei relativer Konfliktlosigkeit und normativem Konsens.
4. Aufrechterhaltung von Grundstrukturen und Spannungsbewältigung.

Allerdings ging Parsons nicht davon aus, dass reale Gesellschaften seinem Systemmodell entsprechen würden. Dennoch war/ist die Kritik an Parsons Vorstellungen fundamental, selbst unter der Einschränkung, dass es sich nur um ein heuristisches Systemmodell handelt. Wichtige Kritikpunkte sind u. a. die fehlende Unterscheidungsmöglichkeit kausaler und funktionaler Erklärungen[212], die Unvereinbarkeit mit einer Analyse (endogenen) sozialen Wandelns, der begrenzte Erklärungswert nur für soziale Systeme mit der Tendenz zur Homöostase[213] bzw. die ausschließliche Nutzung als Ordnungskonzept für die Untersuchung sozialer Systeme mit dem Verzicht auf Kausalerklärungen für die Existenz bestimmter sozialer Strukturelemente.[214]

Trotz dieser Kritik bietet die strukturell-funktionelle Systemtheorie Parsons Elemente an, die das gedankliche Fundament stützen und zur weiteren kritischen Auseinandersetzung, insbesondere mit den Ansätzen von Luhmann und Mayntz, nützlich sind. Dies gilt beispielsweise für den Struktur- und den Funktionsbegriff.

---

[209] Wobei jedoch wenigstens temporär funktionslose oder dysfunktionale Elemente vorstellbar sind. Vgl. u. a. Merton (1949) und Mayntz (1972 (c), S. 837).

[210] Vgl. Mayntz (1972 (c), S. 837f.); vgl. auch Luhmanns kritische Position zu Parsons (1999 (a), S. 147ff.).

[211] Die integrative Systemfunktion hat für Parsons einen besonderen Stellenwert: "Wir glauben, dass Integrationsprobleme in sozialen Systemen das wichtigste Thema soziologischer Theorie darstellen." (Parsons (1974, S. 155)). Vor dem Hintergrund der Ergebnisse der PISA-Studie erhält diese Aussage eine höchst aktuelle bildungspolitische Bedeutung.

[212] Vgl. Mayntz (1972 (c), S. 837f.) und die dort angeführte Literatur.

[213] Vgl. auch im anderen Zusammenhang Watzlawick/Beavin/Jackson (2000, S. 131f.).

[214] Vgl. Luhmann (1962, S. 617ff.).

2.1.3 Systemstrukturen und -funktionen

Während der Strukturbegriff auf eine gewisse Konstanz der Systemelemente hinweist, betont der Funktionsbegriff die Dynamik sozialer Systeme.[215] Beide Systemausprägungen führt Parsons im Sinne "funktionaler Imperative" im sogenannten "AGIL-Schema" zusammen.[216]

Nach Ropohl[217] lassen sich drei Darstellungsmöglichkeiten von Systemstrukturen unterscheiden, die das funktionale, das strukturale und das hierarchische Konzept abbilden. Die Absicht ist es, die drei Konzepte in eine gegliederte Visualisierung zu integrieren, weil es mit Hilfe grafischer Darstellungen gelingen kann, grundlegende Zusammenhänge der Systemtheorie zu verdeutlichen.[218]

Dabei sind die konzeptionellen Grundgedanken zu berücksichtigen. Beim funktionalen Konzept geht es um die Darstellung einfacher Input – „black box" – Output-Relationen.[219] Beispielhaft für das System berufsbildender Schulen würde dies bedeuten, dass bestimmte Mengen an Schülern in dem System beginnen und nach Durchlauf durch die „black box" mit bestimmten Abschüssen, Kompetenzen und Qualifikationen in das Hochschulsystem oder in das System Arbeitsmarkt wechseln. Für eine quantitative Steuerung des gesamten Bildungssystems sind derartige Daten nicht ohne Bedeutung.[220] Für eine qualitative Steuerung sind sie nicht bzw. nur begrenzt aussagefähig, weil sie letztlich die pädagogische Arbeit in der „black box" ausblenden. Der vor allen im technischen Segment der Kybernetik mitgedachte Aspekt der sogenannten „Zustände", d. h. im binären Bereich reduziert auf 0 und 1 bzw. an und aus, reicht nicht aus, komplexere Lehr-Lernsituationen widerzuspiegeln. Im übertragenen Sinne würde dies für den Unterricht bedeuten, dass endlich viele Zustände, z. B. 0 (Heizung aus) und 1 (Heizung an), Tafel gewischt (ja/nein), Hausaufgaben kontrolliert (ja/nein) usw. registriert werden, die sich dann „irgendwie" auf das Unterrichtsergebnis, als Output betrachtet, auswirken müssten. Die Befürworter des funktionalistischen Systemkonzepts fragen dementsprechend auch nicht nach dem Ding per se, sondern nach dem Verhalten des Systems als Ganzem in seiner

---

[215] Vgl. Parsons (1974, S. 148f.).
[216] Parsons (1974, S. 152ff.) und (1971 (b), S. 166ff.). Das "AGIL-Schema" beinhaltet die Funktionen der Institutionserhaltung, der Zielverfolgung, der Adaption und der Integration.
[217] Vgl. Ropohl (1978, S. 14ff.).
[218] Seiffert übernimmt zwar die Einzeldarstellungen, ohne jedoch den Kerngedanken zu realisieren. Vgl. Seiffert (1992, S. 127). Anders z. B. Krause (1999, S. 55), der explizit funktionale und organisatorische Aspekte in einer Abbildung darstellt.
[219] Vgl. Manstetten (1988, S 15f.).
[220] Vgl. zum Steuerungsversuch des niedersächsischen Bildungssystems unter dem Titel "Selbstständige Schule" die vertraglich fixierte Messung bestimmter Outputs; Niedersächsisches Kultusministerium (2002, S. 5).

Umgebung.[221] Ob dieses Verhalten jedoch nicht gerade von der Systemsubstanz mitabhängt, also dem was im Inneren der „black-box" vorgeht, bleibt fraglich.

Bei der zweiten Konzeptdarstellung geht es um die schon inhaltlich beschriebene Systemstruktur, die sich aus den Relationen der Elemente zueinander ergibt. Hierbei spielt die Herstellung von Relationen, die sogenannte „Integration" im Sinne eines Prozesses der Systembildung, eine wichtige Rolle. Häufig sprengt die quantitative Ausgangsmenge der möglichen oder tatsächlichen Relationen eine adäquate grafische Darstellung. Dies kann an einem einfachen aber durchaus realitätsnahen Beispiel gezeigt werden. Ein Lehrerkollegium besteht aus 80 stimmberechtigten Personen. Jede dieser Personen kann mit den 79 anderen Personen in Relation stehen, also 79 Beziehungen aufweisen. D. h. es sind 80 x 79 = 6.320 Relationen möglich.[222] Geht man nun von der vereinfachenden Annahme aus, dass jede Relation nur 2 Formen haben kann, nämlich z. B., stimme ich dem Antrag des Schulleiters auf Teilnahme der berufbildenden Schulen an einem landesweiten Qualitätsnetzwerk zu oder lehne ich den Antrag ab, dann erhält man 2^{6320} mögliche verschiedene Beziehungsgeflechte im Kollegium. So führt diese Integration letztlich zu einer immens großen Anzahl unterschiedlicher Systemausprägungen.[223]

Das hierarchische Konzept bringt zum Ausdruck, dass „...die Elemente eines Systems wiederum als Systeme, das System selbst aber seinerseits als Element eines umfassenderen Systems angesehen werden können."[224] D. h. jede Ganzheit einer niedrigeren Stufe ist gleichzeitig ein Teil der nächsthöheren Stufe. Anders ausgedrückt, spiegelt das hierarchische Konzept die Verhältnisse von Supersystem zu System zu Subsystem wider. So bietet jede Betrachtung eines rangniederen Systems die Chance, ein vertiefendes, detaillierteres Verständnis zu erhalten. Eine Aufwärtsbetrachtung des Systems kann dagegen seinen universellen Stellenwert deutlich machen.[225] Konkret könnte z. B. gefragt werden: Welchen Stellenwert hat das System einer bestimmten Unterrichtsstunde im Lernfeld „Grundlagen des Rechnungswesens" im System der berufsbildenden Schulen der Stadt X im systemischen Zusammenhang zur gesamten Berufsausbildung im Wirtschaftssystem des Landes Y für das System einer „globalisierten Weltwirt-

---

[221] Vgl. Ropohl (1978, S. 16).

[222] Vgl. auch das „einfachere" Beispiel bei Ropohl (1978, S. 14f.). Allgemein formuliert, gilt bei n Elementen n (n-1) Relationen. Deutlich muss darauf hingewiesen werden, dass eine Funktion – im mathematischen Sinn – eine rechtseindeutige Relation darstellt.

[223] Ropohl (1978, S. 14f.) spricht hier von der Erzeugung „verschiedener Systeme". Da es aber in dem Beispiel die gleiche Schule bleibt bzw. das System der berufsbildenden Schulen, benutze ich an dieser Stelle den Begriff der "Systemausprägung".

[224] Ropohl (1978, S. 18).

[225] Vgl. Manstetten (1988, S. 16).

schaft"? Selbst wenn der Einfluss dieser Unterrichtsstunde infinitesimal klein
wäre, könnte sie für die gedankliche Struktur, das System einer kognitiven
Landkarte der Schülerinnen und Schüler, von größter Bedeutung sein. Es kommt
also auf die Betrachtung der Systemebene an.

Dabei ist zu bedenken, dass bei der wissenschaftlichen Analyse mittels
Systemtheorie auch Abstraktionen benutzt werden, "... die dem konkreten
Milieuwissen und der laufenden Selbsterfahrung des beobachteten Systems nicht
gerecht werden."[226] Dennoch scheint gerade die funktionale Methode als
vergleichende Methode gut geeignet zu sein, um das Vorhandene auch
hinsichtlich möglicher Veränderungen zu überprüfen,[227] z. B. das Change
Management berufsbildender Schulen. In diesem Zusammenhang kann auf den
Funktionsbegriff[228] zurückgegriffen werden, der Vergleichsintention,
Kontingenzausweitung und Beobachtungsperspektive umfasst.[229] Er eröffnet
selbstreferentiellen Systemen die Chance, sich selbst zu beobachten, zu
beschreiben und Funktionsbezüge zu entdecken.[230]

Zusammenfassend können die drei unterschiedlichen Konzepte in Abbildung 6
dargestellt werden. Deutlich wird daran u. a., dass die Grundlagen der Systemtheorie erste Ansätze für die Analyse des Untersuchungsgegenstandes bieten.
Konkrete Werkzeuge, z. B. im Sinne von Handlungsanweisungen zur Leitung
und zur Veränderung berufsbildender Schulen, fehlen jedoch. Deshalb erscheint
es notwendig, zum einen das theoretische Instrumentarium zu erweitern und zu
verfeinern. Zum anderen wird dem Ratschlag von Seiffert gefolgt: „Es gibt nur
eine Möglichkeit, sich mit dem Begriff des Systems vertraut zu machen – und
die besteht darin, so viele praktische Beispiele zu betrachten, wie man nur findet."[231]

---

[226] Luhmann (1999 (c), S. 88). Luhmann weist auf die Gefahr hin, dass die funktionale Methode ihren Gegenstand komplexer erscheinen lässt, als er es für sich selbst ist. "In diesem
Sinne überfordert sie die selbstreferentielle Ordnung ihres Gegenstandes. Sie untergräbt seine
intuitiven Evidenzen. Sie irritiert, verunsichert, stört und zerstört möglicherweise, wenn die
natürliche Lethargie ihren Gegenstand nicht ausrechend schützt."
[227] Vgl. Luhmann (1999 (c), S. 85).
[228] Vgl. Abschnitt 1.2.3 in dieser Arbeit.
[229] Luhmann (1999 (c), S. 87).
[230] Luhmann (1999 (c), S. 87).
[231] Seiffert (1992, S. 133). In diesem Sinne verfolgt die sich anschließende Auseinandersetzung mit dem Ansatz Niklas Luhmanns auch beide Zielsetzung, nämlich: theoretische Differenzierung und/bzw. mittels Erschließung weiterer praktischer Beispiele.

65

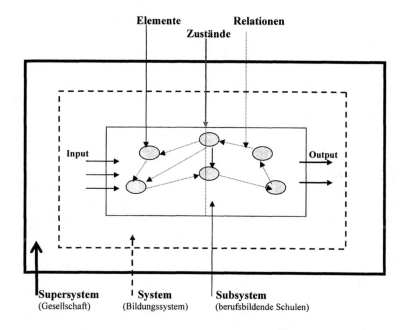

Abbildung 6: Visualisierung funktionaler, struktureller und hierarchischer Aspekte der Systemtheorie in Anlehnung an Seiffert[232]

2.2 Der systemtheoretische Ansatz von Niklas Luhmann
2.2.1 Ausgangsüberlegungen

Die Luhmannsche Systemtheorie zu nutzen, um das theoretische Fundament für die Untersuchung von Change Managementprozessen in berufsbildenden Schulen zu erweitern und zu verfeinern, ist ein wagnisreiches Unterfangen. Dies liegt u. a. daran, dass keine verlässliche, allgemein anerkannte Analyse des Gesamtwerks Luhmanns und seiner vielen theoretischen Bausteine existiert.[233] Dies soll jedoch nicht heißen, dass nicht ein strukturierter Gesamteindruck mit unterschiedlichen Schwerpunkten vermittelt werden könnte.[234] Insofern stellt die

---

[232] Vgl. Seiffert (1992, S. 127).

[233] Das beinhaltet gleichzeitig die Chance einer undogmatischen, offenen Herangehensweise, die umso berechtigter erscheint, als Luhmann (1999 (c), S. 24) selbst dazu auffordert, die offene Situation der Theoriebildung selbstreferentieller Systeme zu nutzen.

[234] Aus einer Vielzahl vgl. Kneer/Nassehi (2000), Fuchs (1993), Baraldi/Corsi/Esposito (1997), Dallmanns (1994), Bendel (1993).

Luhmannsche Gedankenwelt ein ausgesprochen reizvolles Territorium dar. Sie verspricht für die Zielsetzung dieser Arbeit, sie als einen ertragreichen gedanklichen "Steinbruch"[235] nutzen zu können, der allerdings von einem ideen- und verweisungsreichen Dschungel umwuchert ist. Deshalb dient die latente Fragestellung, welche Orientierungshilfe die Systemtheorie für die zentrale erkenntnisleitende Fragestellung dieser Arbeit bietet, sozusagen als "wissenschaftliche Machete".[236]

Für das grundlegende Verständnis der Luhmannschen Systemtheorie ist es wichtig, vorab darauf hinzuweisen, dass das vorrangig zu Untersuchende nicht das „System als Ding" ist, sondern die Unterschiede von System und Umwelt in der Sachdimension, die Unterschiede von vorher und nachher in der Zeitdimension sowie die Unterschiede zwischen einzelnen normativen Orientierungen in der Sozialdimension.[237] D. h. im Verständnis Luhmanns kann jeder soziale Kontakt als System begriffen werden "... bis hin zur Gesellschaft als Gesamtheit der Berücksichtigung aller möglichen Kontakte."[238] Zur Bündelung und Strukturierung des Ansatzes Luhmanns scheint eine Begrenzung auf vier Problemschwerpunkte angemessen:[239]

1. Probleme der Komplexität
2. Probleme autopoietischer Systeme
3. Probleme der Kopplung
4. Probleme der Beobachtung.

Diese können und müssen weiter ausdifferenziert werden, so dass sich als erste gedankliche Landkarte ein Mindmap (Abb. 7) skizzieren lässt.[240] Die im Mindmap verwendeten Begriffe weisen prima vista eine hohe Affinität zur Gesamtproblematik dieser Arbeit aus. Exemplarisch kann das an je einem Zweig der vier Äste: System/Umwelt; Erziehung/Wirtschaft; Person/Organisation und Realität verdeutlicht werden, wobei weitere Aspekte, z. B. Handlungs- und Organisationssysteme, Werte, Moral und Beobachtung die Analyse komplettieren.

---

[235] Dieser "Steinbruchansatz" ist durchaus in Einklang mit Luhmannscher Kontingenz. (Vgl. Krause 1999, S. 140).

[236] Vgl. die auf des Ebene des Unterrichts bezogene Analyse der Erfassung von Interaktionen auf der Basis systemtheoretischer Referenzen bei Manstetten (1988, S. 17ff.).

[237] Vgl. Luhmann (1999 (c), S. 31 u. S. 114ff.); vgl. auch Dürr (1990, S. 106f.).

[238] Luhmann (1999 (c), S. 33).

[239] Vgl. Krause (1999, S. 4ff.).

[240] Vgl. die Darstellung bei Krause (1999, S. 5).

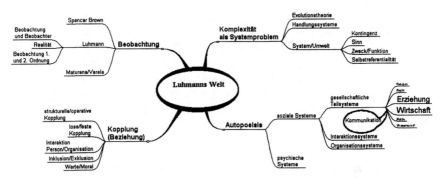

Abbildung 7: Mindmap zu Luhmanns Beobachtungsschwerpunkten[241]

2.2.2 Probleme der Komplexität

Eine Möglichkeit, sich den Problemen der Komplexität in Luhmanns Werk zu nähern und für die Weiterbearbeitung der eigenen Aufgabenstellung zu nutzen besteht darin, sie als Systemproblem zu fassen. Luhmann definiert Komplexität wie folgt: "Als komplex wollen wir eine zusammenhängende Menge von Elementen bezeichnen, wenn auf Grund immanenter Beschränkungen der Verknüpfungskapazität der Elemente nicht mehr jedes Element jederzeit mit jedem anderen verknüpft sein kann."[242] Hierbei muss der Grundsatz der Kontingenz als "... Einheit der Differenz von Bestimmbarkeit und Unbestimmbarkeit"[243] beachtet werden. Danach existiert in komplexen Handlungssituationen keine alleinige, einzig richtige Problemlösung.[244] Das liegt u. a. daran, dass im Problemkern der Komplexität die Teilprobleme Zweck-Mittel-Beziehung, Handeln und Sinn zu identifizieren sind, die als Bezugsprobleme eines Systems angesehen werden können.

Unter der Annahme, dass Handeln kontingent ist, bedeutet Handeln, aus einer Möglichkeitenpalette (aktualisierte) Möglichkeiten auszuwählen. Damit beinhaltet Komplexität einen unvermeidlichen Überschuss der wählbaren über die gewählten Alternativen.[245] Zweckhandeln wird zur Komplexitätsreduktion.[246] So-

---

[241] Eine andere Darstellung findet sich bei Krause (1999, S. 5).

[242] Luhmann (1999 (c), S. 46).

[243] Krause (1999, S. 140.)

[244] Vgl. u. a. Dörner (2001, S. 58ff.) sowie Probst/Gomez (1993, S. 5ff.).

[245] Anders akzentuieren Probst/Gomez den Komplexitätsbegriff. Sie stellen die hohe Dynamik und Vernetzung zwischen den Faktoren in den Mittelpunkt. Vgl. Probst/Gomez (1993, S. 5).

mit stellt sich die Frage der Beziehung von Handlungs- und Systemproblem.[247] Für Luhmann begründen Handlungssysteme Handlungen. Nach diesem Verständnis können Handlungssysteme als "...kontingent-selektive Antworten auf die Komplexität der Welt"[248] interpretiert werden. Sie sind ein Hilfsmittel zur Ordnung eines Bereichs sozialen Handelns, um die in toto nicht verarbeitbare Informationsfülle zu reduzieren. Gleichzeitig wird dadurch ein heuristisches Schema zur Entdeckung von Alternativen aufgezeigt. Diese ermöglichen im Sinne einer reduzierten Kausalstruktur eine "... opportunistische Wertverwirklichung im Nacheinander der Zeit."[249]

Einen Versuch, zentrale Aspekte des Komplexitätsproblems im Kontext System – Umwelt zu erfassen, stellt die Abbildung 8 dar. Dabei steht im Zentrum des Systems die Selbstreferentialität von Komplexität. Das System ist komplex, weil die Menge der Möglichkeiten größer ist als die Menge, der in ihm verwirklichten Ereignisse. Im Zusammenhang zur Umwelt wird eine größere Möglichkeitsmenge der Ereignisse deutlich. Die außerhalb des System vorhandenen Elemente bleiben für die evolutorische Systembildung erhalten.[250] Die Weltkomplexität ist als Korrelat von Systemkomplexität zu verstehen. Grundsätzlich führt der Informationsmangel dazu, dass das System sich selbst bzw. seine Umwelt nur unvollständig beobachten kann (vgl. Abb. 8).

Mit Luhmann gesprochen: "Ein System kann nur sehen, was es sehen kann. Es kann nicht sehen, was es nicht sehen kann. Es kann nicht sehen, dass es nicht sehen kann, was es nicht sehen kann."[251]

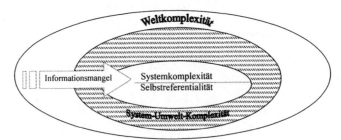

Abbildung 8: Aspekte des Komplexitätsproblems

[246] Vgl. Luhmann (1971, S. 346ff.).

[247] Vgl. Luhmann (1999 (a), S. 7ff.).

[248] Krause (1999, S. 8).

[249] Luhmann (1999 (a), S. 50).

[250] So ist Luhmanns Ansatz durchaus mit evolutionstheoretischen Grundvorstellungen vereinbar, vgl. Luhmann (1985, S. 122). Diese Auffassung vertritt auch Dürr (1990, S. 107).

[251] Zitiert nach Schmidt (2002 (a), S. 2).

Auch wenn sich die Systembildung als Lösungsansatz des Komplexitätsproblems einem deskriptiven Zugang nicht verschließt, lässt es sich im klassischen[252] Sinn letztlich nicht erklären.[253] Dennoch ist die Existenz von Systemen unstrittig. Sind sie erst einmal gebildet, erzeugen sie Umwelt und damit eine wie auch immer geartete Beziehung zu ihr. Integrativer Bestandteil dieser Beziehung ist das Tripel Variation, Selektion und Stabilisierung.[254]

Illustrierend auf das System berufsbildender Schulen übertragen heißt das, dass das System irritierende Ereignisse seiner Umwelt, z. B. massive, unstrukturierte Kritik[255] mit der Folge eines dramatischen Schülerrückgangs in der Berufsschule, als Information (Variation – 1. Schritt) realisiert. Diese Information wird mit den eigenen systemimmanenten Reaktions- und Handlungsmöglichkeiten verglichen (Selektion – 2. Schritt). Im dritten Schritt erfolgt auf einer modifizierten Basis, z. B. Erschließen neuer Betätigungsfelder in der Fort- und Weiterbildung, Qualitätssteigerungen oder Ressourcenreduzierung, das Weiterbestehen des Systems (Stabilisierung). Somit werden zugleich Entwicklungsmöglichkeiten offenbar. Als Ergebnis der Evolution von Systemen sind Systemunterscheidungen festzustellen. Im Rahmen der Luhmannschen Systemtheorie haben die autopoietischen Systeme einen zentralen Stellenwert.

2.2.3 Probleme autopoietischer Systeme

Um den Stellenwert autopoietischer Systeme deutlich herausschälen zu können, erscheint es sinnvoll, einen Überblick (Abb. 9) über Systemarten zu geben.[256]

- Der Begriff "Autopoiese" ist griechischen Ursprungs. Zusammengesetzt aus "autos" [selbst] und "poien" [gestalten, machen] hat Maturana damit einen Begriff für "Selbstgestaltung" kreiert. Er wollte damit zum Aus-

---

[252] Hier wird der Sicht von Gadamer gefolgt. D. h. der Begriff "klassisch" "... soll illustrieren, wie sehr in die Zeitlosigkeit dessen, was man klassisch nennt (und was allerdings eine normative Komponente enthält, aber keine Stilbezeichnung ist), geschichtliche Bewegtheit eingegangen ist, so dass Verstehen sich ständig wandelt und erneuert." Gadamer (1993, S. 13).

[253] Im Rahmen dieser Arbeit wird auf die Entstehungsgeschichte der Systeme, inkl. der Probleme doppelter Kontingenz als konstitutive, permanente, wechselseitige Unbestimmtheit und Unbestimmbarkeit der Relationen zwischen Sinnsystemen sowie der sozialen Evolution als Evolution sozialer Systeme verzichtet. Vgl. dazu Krause (1999, S. 14ff.); zur Problematik doppelter Kontingenz Luhmann, z. B. (1985); zur Problematik soziale Evolution vgl. Luhmann, z. B. (1996).

[254] Vgl. Krause (1999, S. 16f.).

[255] Vgl. Abschnitt 1.1 dieser Arbeit

[256] Vgl. Krause (1999, S. 21ff.) und die dort angegebene Literatur. Zur Problematik "Autopoiesis der Wirtschaft" vgl. Luhmann (1999 (b), S. 9ff.).

70

druck bringen, wie sich Systeme als Produkt ihrer eigenen Operationen realisieren.[257] Luhmann hat diesen Begriff auf die Beschreibung sozialer Prozesse und Phänomene übertragen.[258] Bei Luhmann kann zwischen allopoietischen und autopoietischen Systemen unterschieden werden[259] (vgl. Abb. 9).

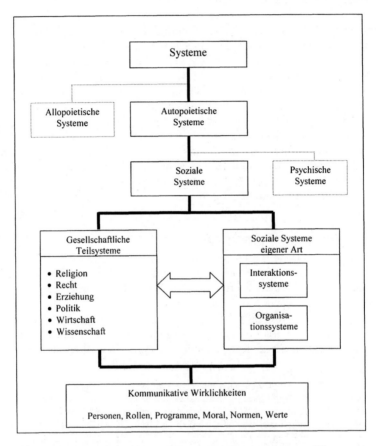

Abbildung 9: Systemarten nach Luhmann im Überblick [260]

[257] Vgl. Maturana/Varela (1980) und Maturana (2001 (a)).
[258] In der Zwischenzeit hat sich Maturana stark von der Luhmannschen Adaption des Begriffes für soziale Prozesse distanziert. Vgl. Maturana (2001(b), S. 106).
[259] Vgl. Krause (1999, S. 20ff.).
[260] Die Abbildung orientiert sich an den Darstellungen und Ausführungen von Krause (1999, S. 20ff.).

Allopoietische Systeme[261] entsprechen trivialen kybernetischen Input/Black-Box/Output-Relationen. Demgegenüber besitzen autopoietische Systeme vier Komplexitätsmerkmale:

- Operative Geschlossenheit, d. h. Systemoperationen finden im Rahmen des durch die Systemelemente begrenzten Systems statt.
- Kognitive Offenheit, d. h. Umweltkontakt erfolgt auf der Basis eigener Initiative (Selbstkontakt).
- Strukturdeterminiertheit, d. h. die Relationen zwischen den Elementen des Systems sind relativ stabil.
- Umweltangepasstheit, d. h. jedes System ist Teilsystem seiner Umwelt. Es ist damit operativ begrenzt.

Bei den autopoietischen Systemen kann zwischen psychischen und sozialen Systemen unterschieden werden,[262] deren Verhältnis zueinander sich allerdings durch "Interpenetrationen zwischen psychischen und sozialen Systemen als Konstitutionsbeziehungen"[263] beschreiben lässt. Im Rahmen dieser Arbeit wird entsprechend dem Untersuchungsgegenstand das Hauptaugenmerk auf die „sozialen Systeme" gelegt. Diese können grob in „gesellschaftliche Teilsysteme" und „soziale Systeme eigener Art" eingeteilt werden.[264] Bezieht man „soziale Systeme" auf sogenannte "Kommunikationswirklichkeiten", dann lassen sich die Elemente: Personen, Rollen, Programme, Moral, Normen und Werte feststellen. Gerade die gesellschaftlichen Teilsysteme sind Kernstück Luhmannscher Systemtheorie. Sie sind " ...kontingent-selektive codegeführt ausdifferenzierte soziale Systeme."[265] Sie können als über Entwicklungen entstandene Problemlösungen für die Bewältigung komplexer Kommunikationen interpretiert werden. Für diese Arbeit sind die gesellschaftlichen Teilsysteme Erziehung[266] und Wirtschaft von besonderem Interesse. Krause unternimmt den Versuch, ihr Verhältnis zueinander anhand von ausgewählten Beobachtungseinheiten zu skizzieren, die er aus Arbeiten Luhmanns filtert (Tabelle 2).

---

[261] Eine Trivialmaschine wandelt auf der Basis fester Algorithmen Inputs in Outputs um. Sie kann nicht selbstreferentiell operieren.

[262] Die Sinnhaftigkeit dieser Unterscheidung wird bestritten. Vgl. Krieger (1996, S. 62ff.).

[263] Krause (1999, S. 31).

[264] Zu diesen beiden Arten müssten der Vollständigkeit halber noch die sogenannten anderen Sozialsysteme,

z. B. Intimbeziehungen, Familien, soziale Bewegungen, Kunst und Massenmedien hinzugefügt werden. Diese können aber im Rahmen dieser Arbeit als untersuchungsfern eingestuft werden. Deshalb wird auf ihre Analyse verzichtet.

[265] Krause (1999, S. 32).

[266] In dieser Arbeit wird in Anlehnung an die angelsächsische Nutzung des Begriffs „education", der die deutschen Begriffe „Erziehung" und „Bildung" abdeckt, die Begriffe „Erziehungssystem" und „Bildungssystem" synonym verwendet.

Beobachtungs- einheit gesellschaft- liches Teilsystem	Funktion	Leistung	Medium	Code	Programm
Erziehung	Selektion für Karrieren 1	Ermöglichen von Kommu- nikation 2	Lebenslauf 3	schlechter/ besser lernen Lob/Tadel 4	Bildung, Lehr- und Lernpläne 5
Wirtschaft	Lösung des Knappheits- problems 6	Bedürfnis- befriedigung 7	Geld 8	Zahlung/ Nichtzahlung 9	Budget, Haushalts- pläne 10

Tabelle 2: Beobachtungsmomente der gesellschaftlichen Teilsysteme Erziehung und Wirtschaft in Anlehnung an Krause[267]

Mögen die Beobachtungseinheiten noch als üblich zu klassifizieren sein, so sind einige der Felder(1-10) der Tabelle 2 erklärungsbedürftig. Dies trifft exemplarisch betrachtet für die Felder 1 und 8 zu. Die Erziehung (Feld 1) ausschließlich auf die Selektion für Karrieren zu reduzieren, darf als hochgradig problematisch angesehen werden.[268] Eher geht es hierbei um die Gestaltung von Erziehungsprozessen. Die Leistung der Erziehung (Feld 2) ist vorrangig dem Erwerb von Kompetenzen zuzuordnen. Ebenso ist das Medium Lebenslauf (Feld 3) höchst strittig. Luhmann selbst führt an anderer Stelle aus: "So gibt es kein Medium für Erziehung und auch kein Medium für Krankenbehandlung, denn das sind Fälle, in denen der Erfolg nicht allein im Gelingen von Kommunikation, sondern in der Veränderung der Umwelt besteht."[269] Dennoch ist die Stoßrichtung durchaus in der gegenwärtigen Bildungsdiskussion wiederzufinden, z. B. unter den Schlagworten "ökonomische Grundbildung", die Rolle der Schüler als "Selbständige" im Kontext zum "praxisintegrierten Lernen".[270] Insofern scheint gerade diese Zuspitzung für die Funktionalität berufsbildender Schulen als Teilaspekt einen Beitrag zur Diskussion der Ökonomisierung der Bildung zu leisten.[271]

Dieser Zusammenhang kann durch die Betrachtung des Teilsystems Wirtschaft unterstrichen werden. Luhmann fasst symbolisch das Geld (Feld 8) als generali-

---

[267] Die Inhalte sind aus der Abbildung Krauses (1999, S. 36) herausgefiltert und teilweise modifiziert worden.

[268] Vgl. dazu Abschnitt 1.3 dieser Arbeit. Vgl auch Kirchhöfer (2002, S. 69ff.), der mit der Stoßrichtung "Ent-grenzung der Arbeit als sozialen Prozess" die Problematik des "Arbeitskraftunternehmers" herausarbeitet.

[269] Luhmann (1999 (b), S. 304).

[270] Staatskanzlei: Bildungsrat für Förderung lebensnahen Lernens (2001).

[271] Vgl. die kritische Position u. a. unter systemtheoretischen Aspekten von Wimmer (2002, S. 45ff.); vgl. auch Luhmann (1997).

siertes Medium der Kommunikation auf. Es bezeichnet nicht nur den Unterschied von Zahlen und Nichtzahlen, sondern auch " ... die Wiederanwendbarkeit der Differenz auf sich selbst."[272] Krause steigert sich zu der irritierenden Aussage: "Nur Kommunikationen im Medium des Geldes sind möglich, diese sind aber von allen personalen und sozialen, sachlichen und zeitlichen Rücksichten grundsätzlich freigestellt."[273] Dieses Verständnis setzt einen relativ unreflektierten Geldbegriffe,[274] eine grundsätzliche Käuflichkeit[275] und eine in Preisen feststellbare Wertzuweisung[276] voraus. Es kann aber selbst für die Wirtschaftstheorie (Felder 6 und 7), die u. a. an berufsbildenden Schulen gelehrt wird, nicht davon ausgegangen werden, dass diese Auffassung der Intention und dem Wortlaut entsprechender Curricula (Feld 5) gerecht wird.[277]

Diese Kritik macht deutlich, dass die Gemeinsamkeit der Beobachtungseinheiten per se nicht zu einer nahtlosen Kompatibilität der gesellschaftlichen Teilsysteme führt. Vielmehr wirkt zunächst jedes Teilsystem, z. B. Erziehung und Wirtschaft, für die Gesellschaft exklusiv funktionsspezifisch.[278] Eine Verschmelzung, wie sie gerade in kaufmännisch orientierten berufsbildenden Schulen unterstellt werden kann,[279] führt möglicherweise geradewegs zu den Verwerfungen und Widerständen, die systembedingt in den differierenden Funktionsspezifika der beiden Systeme Erziehung und Wirtschaft ihre Ursache haben.

Mögliche Gemeinsamkeiten sind in der Verbindung gesellschaftlicher Teilsysteme zu den sogenannten sozialen Systemen eigener Art, den Interaktions- und Organisationssystemen zu erkennen. Interaktionssysteme und Organisationssysteme können sich im Zusammenhang zu den Teilsystemen Wirtschaft und Erziehung kontingent verhalten. Im Sinne einer Möglichkeit mit Plausibilitätscharakter, gekoppelt an einen pragmatischen Entschluss, lässt sich die in Abbildung 10 dargestellte Konstruktion als Erklärungsgrundlage nutzen.

---

[272] Vgl. Luhmann (1999 (b), S. 230ff.)

[273] Krause (1999, S. 33).

[274] Vgl. grundlegend zur Geldtheorie Ehrlicher (1973, S. 329ff.).

[275] Unstrittig scheint wirtschaftstheoretisch zu sein, dass nicht alle preistechnisch bewertbare Elemente auch tatsächlich käuflich sind, z. B. Freizeit; abgesehen von der Problematik kommunikativer Wirklichkeiten Moral, Normen und Werte.

[276] Das Preissystem als Wertmaßstab funktioniert keineswegs störungsfrei. Vgl. zur Allokationsproblematik: Musgrave/Musgrave/Kullmer (1975, S. 54ff.). Grundsätzlich müsste auch die Inflationsproblematik bedacht werden.

[277] Vgl. exemplarisch Niedersächsisches Kultusministerium (1997(b)).

[278] Vgl. Luhmann (1985).

[279] Vgl. Wimmer (2002, S. 47).

74

Auch wenn dabei eine Fusion der beiden Teilsysteme Wirtschaft und Erziehung
theoretisch nicht zwingend ist, möglicherweise in systemischer Sicht, aufgrund
unterschiedlicher Codes, Medien und Funktionen sogar kontraproduktiv erscheint, ist durch Einschluss von Interaktions- und Organisationssystemen ein
synchrones Wirken denk- und beschreibbar. Dabei wird nicht übersehen, dass
jedes Teilsystem bezogen auf seine Theorie dem jeweils anderen nur einen se-
kundären Platz zuweist, obgleich ihr Verhältnis eigentlich durch Komplementarität geprägt ist.[280]

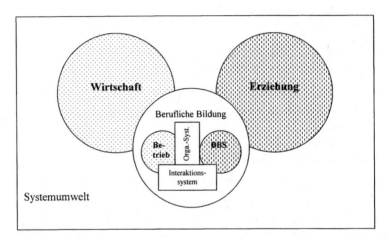

Abbildung 10: Gesellschaftliche Teilsysteme Wirtschaft und Erziehung im Zusammenhang
zu den sozialen Systemen eigener Art Interaktion und Kommunikation

Versteht man Interaktionen als wechselseitige Wahrnehmungen der beteiligten
psychischen Systeme, z. B. informelle Gruppen in einer Organisation, Ge-
sprächsrunden, Teams, so kann der stattfindende Informationsaustausch sowohl
im Einzelsystem Erziehung sowie im Teilsystem berufsbildender Schulen als
auch im übergreifenden "gemeinsamen Teilsystem" berufliche Bildung zu Veränderungen bei den Teilnehmern im Sinne veränderten Denkens und Handelns
führen.[281] Es scheint deshalb auch möglich, berufliche Bildung als gemeinsames

---

[280] Vgl. Luhmann (1999 (a), S. 60). In diesem Zusammenhang muss unbedingt auf die neueren Überlegungen zum Problem: "Wirtschaftspädagogik: Gedanken zu einem Verhältnis" und
"Komplementarität als Verhältnis: Lernen in dualer Struktur" hingewiesen werden. Vgl. Jongebloed (1998, S. 9ff. und S. 259ff.).
[281] Vgl. Krause (1999, S. 40).

Organisations- und Interaktionsystem der Teilsysteme Wirtschaft und Erziehung mit autopoietischen Merkmalen zu interpretieren, welches sich beispielsweise im Rahmen des "Dualen Systems"[282] in Betrieb und Berufsschule konkretisiert. Damit wird ein Modell eines selbstreferentiellen sozialen Systems[283] unter Einschluss kollektiver Lernprozesse beschrieben.[284]

Dies scheint insoweit mit der Luhmannschen Systemtheorie vereinbar, als Entscheidungen als Elemente von Organisationen[285] zu verstehen sind, die der Entscheidungsalternativen bedürfen. Diese Entscheidungen werden von Personen, als Mitglieder der Organisationen, getroffen. Die Innenverhältnisse dieser Organisationen sind durch Organisationsgrundsätze, Stellen, deren Auswahl und Besetzung usw. strukturiert. Im Außenverhältnis agieren die Organisationen zweckorientiert. Soweit deckt sich der Organisationsbegriff mit bekannten Organisationslehren.[286] Allerdings wird die Luhmannsche Theorie an der Stelle unauflösbar paradox, an der sie sich dem Begriff und der Beobachtbarkeit von "Gesellschaft" nähert. Gesellschaft besteht nach Luhmann negativ abgegrenzt nicht aus Menschen und/oder den Beziehungen zwischen ihnen. Sie ist nicht territorial abgegrenzt, ist auch nicht durch Konsens, Werte oder Normen verbunden und lässt sich nicht von außen beobachten.[287] Positiv formuliert ist die Gesellschaft ein autopoietisches System, dessen Elemente Kommunikationen sind.

---

[282] Zur Problematik des Begriffes "Duales System" vgl. Manstetten (1988, S. 14).

[283] Im Sinne Luhmanns (1999 (c), S. 31f.), d. h. ein System "... mit der Fähigkeit, Beziehungen zu sich selbst herzustellen und diese Beziehungen zu differenzieren gegen Beziehungen zu [seiner] Umwelt."

[284] Vgl. Sikora (1990, S. 80).

[285] Vgl. zur Problematik von Organisationssystemen bei Luhmann (1999 (a), S. 55ff.) und (1999 (b), S. 302ff.).

[286] Vgl. z. B. Grochla (1973), Steinbuch (1979, S. 19), Braun (1998, S. 7).

[287] Krause (1999, S. 137). Luhmann (1997). Menschen sind in diesem Systemarrangement Elemente der externen Umwelt der Gesellschaft. Diese gewöhnungsbedürftige Luhmannsche Sichtweise führt u. a. dazu, dass die Beobachtung der Gesellschaft aus sich heraus nicht möglich scheint. Wer sollte dies tun, wenn kein "wer" existiert? Diese rigide Position steht allerdings im Widerspruch zu bestimmten Formen der Kopplung und der Beobachtung, vgl. Krause (1999, insbes. S. 49 f.). Dort wird konzediert, dass es die Beobachtungseinheit Person (natürliche und juristische) gibt. Vgl. auch Kneer/Nassehi (2000, S. 155ff.); vgl. auch Abschnitt 2.2.5.

2.2.4 Probleme der Kopplung

Der Begriff "Kopplung" kann als Synonym zum Begriff "Beziehung" benutzt werden.[288] Luhmann unterscheidet Kopplungen von Systemen zur Gesellschaft und zu sich selbst. Für eine Analyse konkreter Systeme kommt es dabei stets darauf an, die Systemebenen, z. B. Makro-, Meso- und Mikroebene zu unterscheiden, wobei bezogen auf den Untersuchungsgegenstand dieser Arbeit im gesellschaftlichen Subsystem berufsbildende Schulen der Unterricht als ggf. curricular zu bestimmendes Element betrachtet werden kann, während auf der Mikroebene der Unterricht ein Teilsystem darstellt, das beispielsweise die agierenden Elemente Lehrkräfte und Schüler enthält (vgl. Abb. 11).[289]

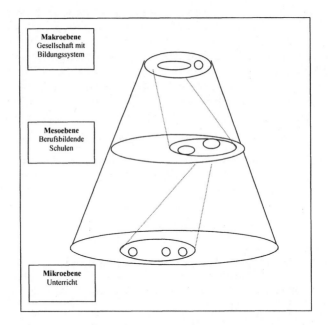

Abbildung 11: Systemaufbau und Lenkungsebenen im Bildungsbereich

---

[288] Krause (1999, S. 45). Hier wird nicht dem Systematisierungsversuch Krauses nach Grundformen, weiteren Formen und Kopplung durch Werte und Moral gefolgt, weil dieser Versuch weder hinreichend trennungsscharf zu sein scheint noch zwingend den Intentionen Luhmanns dienlich ist.

[289] Vgl. eine ähnliche Darstellung bei Probst/Gomez (1991, S. 16) und Zimmermann (1991, S. 98).

Systembeziehungen zur Gesellschaft können auch nach funktionalen und Leistungsbeziehungen differenziert werden. Wie in Tabelle 2 dargestellt, nimmt das gesellschaftliche Teilsystem Wirtschaft die Funktion wahr, ökonomische Knappheitsmerkmale zu reduzieren. Es erbringt somit die gesellschaftliche Leistung der Bedürfnisbefriedigung. Auch an dieser Stelle wird deutlich, dass Gesellschaft mehr sein muss als kommunikative Elemente. Bedürfnisbefriedigung versteht sich gerade unter ökonomischer Perspektive für den Menschen als Konkretum, selbst wenn es dazu den Einsatz immaterieller Güter bedarf. Auch im Falle höherer Bedürfnisstufen im Sinne Maslows[290], z. B. soziale Kontakte, Kompetenz und der Entfaltung individueller Fähigkeiten, würde einer theoretisch menschenlosen Gesellschaft als autopoietisches System möglicherweise gerade ihre autopoietische Qualität verloren gegangen sein.

Gerade die Fassette der Kopplung, z. B. im Zusammenhang von Inklusion durch Exklusion[291] macht die Position des Menschen deutlich. Menschen können nur selektiv an verschiedenen gesellschaftlichen Teilsystemen, hier: Wirtschaft und Erziehung, partizipieren. Diese Partizipation ist temporär begrenzt aber wiederholbar. Diese Systeme – oder wie es scheint, die Menschen in diesen Systemen – registrieren in ihren jeweiligen Umwelten (ausschließlich) jene Reize, denen sie Informationswert für sich selbst zuordnen. Derartige Formen der Wahrnehmung unterscheiden sich ggf. zwischen den Systemen, auch hinsichtlich ihrer Intensitäten. Damit können bei starken Irritationen Gefährdungen der Systemgleichgewichte verbunden sein. Gleichwohl sind beispielsweise beide Systeme, Wirtschaft und Erziehung, gezwungen, die Umweltanforderungen in Systemanforderungen zu transferieren. Geht man das Wagnis ein, diesen systemtheoretischen Zusammenhang auf eine Situation der beiden Realsysteme Wirtschaft und Erziehung zu übertragen,[292] dann wäre eine Hypothese vom "Urknall" bzw. der Entstehung eines eigenständigen sozialen Teilsystems "berufliche Bildung"[293] an der Stelle zu markieren, an denen weder die Einzelsysteme Wirtschaft und Erziehung noch das Zusammenwirken beider Systeme, im Sinne einer mehr oder minder losen Bindung, den Umweltanforderungen entsprechen konnten.[294]

---

[290] Maslow (2002, S. 179ff.).

[291] Vgl. Luhmann (1994 (b), S. 477ff.).

[292] Es bleibt bei diesem Versuch die Grundproblematik jeder sozialen Kommunikation erhalten. D. h. sie muss sehen lernen, dass sie das, was sie sieht, selbst erzeugt und nicht eine gegebene Wirklichkeit ihrer Umwelt abbildet. Vgl. Kneer/Nassehi (2000, S. 14).

[293] Diese Annahme scheint in der Gegenwart allerdings mit der Beobachtung konfrontiert, dass das mögliche Teilsystem "Berufsbildung" seine Kopplung zum System "Wirtschaft" intensiviert.

[294] Die Aufhebung des Gegensatzes von Allgemeinbildung und Berufsbildung durch Integration in ein neues gesellschaftliches Teilsystem reichert die Interpretationsfassetten Kerschensteiners (1931, S. 27) bekannten Zitats an, dass die Berufsbildung „...an der Pforte zur Menschenbildung" steht. Vgl. auch Manstetten (2002, S. 4).

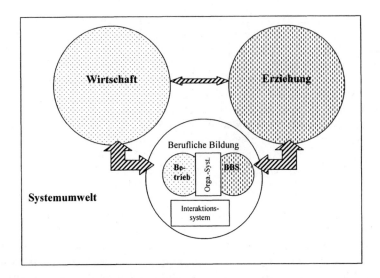

Abbildung 12: Gesellschaftliche Teilsysteme Wirtschaft, Erziehung und ein selbstständiges gesellschaftliches Teilsystem "berufliche Bildung"

Es bedurfte einer partiellen Zellteilung beider Systeme, wobei die abgeschiedenen Zellen beider Systeme zu einem neuen System "dem Berufsbildungssystem"[295] fusionierten. Dieses neue Teilsystem ist wiederum nur überlebensfähig, wenn es ihm gelingt, Umweltanforderungen zu genügen oder es gerät in eine existenzielle Krise.[296] Die Abbildung 12 soll diesen Sachverhalt zum Ausdruck bringen. Geht man davon aus, dass es Akteure in allen drei Teilsystemen gibt, dann lassen sich diese sowohl in den Beziehungen der Akteure innerhalb eines Systems als auch zwischen den Systemen mit alltäglichen Anschauungsgehalt verdeutlichen. Exemplarisch sei auf den Prozess der Herauslösung der Vorschriften des Abiturs an Fachgymnasien aus den Vorschriften der Allgemeindung in die der Berufsbildung verwiesen[297] oder das Outsourcen ehemals innerbetrieblicher Ausbildungsabteilungen.[298]

---

[295] Hier zu verstehen als System, das Berufsvorbereitung, berufliche Grundbildung, Erstausbildung, Fort- und Weiterbildung umfasst.

[296] Es ist evident, die gegenwärtige Stellung des Berufsbildungssystems entsprechend zu interpretieren.

[297] Fachgymnasien unterliegen seit dem 1. August 2001 den rechtlichen Rahmenbedingungen der BbS-VO. Die ehemalige VO-GOF ist nicht mehr maßgebend. Die AVO-GOFAK bleibt weiterhin gültig.

[298] Z. B. haben die Unternehmen Volkswagen AG und Continental AG (Reifen) rechtlich unabhängige, der beruflichen Bildung zurechenbare Unternehmen gegründet: VW-Coaching und CONTUR-GmbH.

Mit dem Teilsystem Berufsbildung kann auch die Inklusions-Exklusions-Thematik verknüpft werden. Aus ihr folgt, dass priviligierte organisationale Mitgliedschaften besondere Handlungs- und Steuerungschancen bieten. „Systeme dieser Art erweisen sich als von einer Spitze aus steuerbar und eröffnen die Chance, das eigene Handeln als Organisation als Prämisse des Handelns anderer Organisationen und auch sozialer Systeme und Personen zu setzen. Aus dieser Sicht gibt es ein beachtliches Steuerungs- oder Rationalitäts- oder Integrationspotential in der funktional differenzierten Gesellschaft."[299] Dennoch bleibt in der Welt Luhmanns die autopoietische Orientierung erhalten, weil beispielsweise eine Begrenzung wirtschaftlichen Handelns nur über das systembezogene interne Medium Geld wirksam werden kann.

2.2.5 Probleme der Beobachtung

Der systemtheoretische Begriff „Beobachtung" bzw. „Beobachter" unterscheidet sich deutlich vom Beobachtungsbegriff der Alltagssprache. Soziale Systeme sind beobachtende Systeme. Dies können sie nur sein, wenn ein allgemeiner Beobachtungsbegriff verwendet wird. In der Tradition von George Spencer Brown[300] bestimmt Luhmann eine Beobachtung als Bezeichnung anhand einer Unterscheidung.[301] Mit diesem kontingent selektiven Sachverhalt gehen eine Reihe erkenntnistheoretischer Implikationen und Probleme einher.

"Unterscheiden" und "bezeichnen" sind die beiden Elemente einer einzigen Handlung. Die Unterscheidung hat die Prüfung "geschafft" oder "nicht geschafft" wird gewählt und eines der beiden Elemente, z. B. geschafft, wird bezeichnet. Die entspricht der Logik von Spencer Brown „draw a distinction" und schaffe eine Indikation. Allerdings ist zu beachten, dass meistens nur eines der beiden Elemente, nämlich die Bezeichnung „geschafft", ausdrücklich genannt wird. Es kann allerdings nur bezeichnet und somit beobachtet werden, wenn es von etwas anderem unterschieden wird.[302] Beobachtung ist also immer die Bezeichnung einer Seite in einem bestimmten Unterscheidungskontext. Dies unterstreicht zugleich den begrenzten Rahmen von Beobachtungen. In Adaption eines Bildes von Maturana besteht folgerichtig die physikalische Eigenschaft der Augen darin, das Sehen zu begrenzen.[303] Anders ausgedrückt, ist es bei einer Beobachtung nicht möglich, beide Seiten der Beobachtung zeitgleich zu bezeichnen.

---

[299] Krause (1999, S. 52f.).
[300] Spencer Brown (1971).
[301] Luhmann (1992, S. 119ff.), Kneer/Nassehi (2000, S. 96); vgl. auch Maturana (2001(a), S. 24) und seinen programmatischen Untertitel: „Die Welt entsteht im Auge des Betrachters".
[302] Kneer/Nassehi (2000, S. 97).
[303] Vgl. Maturana (2001 (a), S. 27).

Zunächst muss eine Seite bezeichnet werden; dann kann mit einer zweiten Operation die fehlende Seite bezeichnet werden. Ein „Crossing" im Sinne „...doch nicht bestanden" erfordert immer einen zusätzlichen Vorgang und Zeit.

Die Konsequenzen aus diesem Beobachtungsbegriff sind weitreichend.[304] Nach Luhmann ist zwischen Beobachtungen erster und zweiter Ordnung zu unterscheiden.[305]

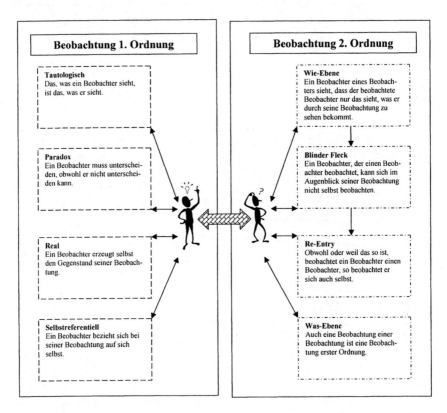

Abbildung 13: Aspekte der Beobachtung erster und zweiter Ordnung

---

[304] Vgl. einführend Kneer/Nassehi (2000, S. 97ff.) und Krause (1999, S. 59ff.), dessen Darstellungen auch die Grundlage für die Abbildung 11 sind.
[305] Vgl. Luhmann (1992, S. 126ff.).

Beobachtungen erster Ordnung sind monokontextural,[306] d. h. allerdings, dass die zugrunde liegende Situation zweiwertig ist. Entweder ist die Prüfung "geschafft" oder "nicht geschafft". Womit nicht gesagt ist, dass ein anderer Beobachter nicht zu einem genau entgegengesetzten Ergebnis kommen könnte. Selbst wenn beide identische Kriterien verwenden würden, hieße das nicht, dass beide diese gleichstark mit Leistungsattributen besetzt werten und zuordnen müssten. Beobachtungen zweiter Ordnung sind polykontextural. Darunter versteht man die Möglichkeit, über eine Vielzahl von Unterscheidungen zu verfügen, die von keinem archimedischen Urpunkt beobachtet oder in diesen integriert werden können. Es gibt demnach keine absolut „richtige" Sicht der Dinge.[307] Woraus als Konsequenz keineswegs Beliebigkeit oder Fatalismus zu folgern ist. Es spricht sozusagen schon für die Qualität eines sozialen Systems, ob es überhaupt eine Beobachtung zweiter Ordnung zulässt.[308] Zudem muss daran erinnert werden, dass es sich unter autopoietischen Annahmen um strukturdeterminierte Systeme handelt.[309] Die Beobachtung geschieht somit nicht willkürlich. Sie ist strukturabhängig, z. B. im Sinne von Erfahrungswelten bzw. ihrer Vergangenheit.

Gerade die Beobachtung eines anderen Beobachters lässt erkennen, „... wie der Beobachter erster Ordnung sich durch Unterscheidungen ersetzt und verstellt, wie er unbestimmbare in bestimmbare Komplexität umwandelt und damit zu endlichen Informationslasten kommt. Der Beobachter zweiter Ordnung ist dann keineswegs gehalten, es ebenso zu machen. Aber er kann wenigstens sehen, daß es möglich ist, und vielleicht ist er Funktionalist genug, um nach anderen, funktional äquivalenten Lösungen für das Problem Ausschau zu halten."[310]

Damit ist der Beobachter zweiter Ordnung keineswegs der bessere oder priviligiertere Beobachter. Nicht zuletzt, weil er in Gleichzeitigkeit immer auch Beobachter erster Ordnung ist. "Der Beobachter zweiter Ordnung kann sich, wie gewohnt, zum Beobachter erster Ordnung 'kritisch' einstellen, er kann sich ihm gegenüber ablehnend oder belehrend verhalten, kann Übernahmeangebote unterbreiten ..., aber er muss sich in seinem eigenen Beobachten beobachten bzw. beobachten lassen. Er muss seine Instrumente offen legen, muss sich Wie-Fragen stellen."[311] Diese Problematik scheint auf die Praxis schulbezogener Eva-

---

[306] Vgl. zur Problematik: Kontextur, Monokontexturalität und Polykontexturalität; Günther (1976, 1979).

[307] Vgl. Kneer/Nassehi (2000, S. 103). Für Dogmatiker eine inakzeptable Erkenntnis – wenn sie zu dieser überhaupt in der Lage sind. Gleichsam eine heilsame Hilfestellung im kollegialen Umgang mit Lehrkräften – aber auch in anderen sozialen Teilsystemen hilfreich.

[308] Kneer/Nassehi (2000, S. 103f.).

[309] Vgl. Maturana (2001 (a), S. 29).

[310] Luhmann (1991 (a), S. 128).

[311] Luhmann (1991 (b), S. 149f.).

luationen übertragbar, bei der zwischen internen und externen Evaluationen unterschieden werden muss.[312]

2.2.6 Kritische Würdigung der Systemtheorie Luhmanns und Schlussfolgerungen für das Change Management berufsbildender Schulen

Die theoretischen Positionen Luhmanns haben sich im Laufe seines Lebens verändert. Geblieben ist die Spaltung bzw. Polarisierung der Community der Wissenschaft in Hinblick auf die Systemtheorie Luhmanns.[313] Ausgewählte Pro- und Contra-Positionen werden in der Tabelle 3 exemplarisch gegenübergestellt. Dabei sind die jeweiligen Positionen, sowohl im Auge des Lesers als auch des Verfassers, nicht frei von den oben beschriebenen Beobachtungsphänomenen, z. B. "blinder Flecken".

Der nicht negierbare Erkenntniszuwachs durch die Behandlung der Systemtheorie Luhmanns führt zu Konsequenzen für den Fortgang der Arbeit. Der Verfasser, wie der Leser, bekommt nur das zu sehen, was er zu sehen bekommt. Diese Erkenntnis mag auf den ersten Blick mager erscheinen. Die darin innewohnende Bescheidenheit könnte aber beispielsweise die Chancen erhöhen, Fehlentscheidungen, aufgrund nicht erkannter Komplexität und Kontingenz, zu verringern. Luhmanns Theorie ist eine Theorie auf dem Niveau der Beobachtung zweiter Ordnung, mit der Möglichkeit, Elemente der Kritik im Sinne der Beobachtung erster Ordnung zu erfassen.

Sie scheint durchaus für einem Transfer auf bestimmte Spezifika und Umweltbedingungen des Change Managements an berufsbildenden Schulen geeignet zu sein, z. B.:

- Mögliche intransparente, latente Strukturen der gesellschaftlichen Teilsysteme, z. B. berufliche Bildung, zu erfassen.
- Alternative Entwicklungen im Bereich beruflicher Bildung zu markieren.
- Situationen gesellschaftlicher Gefährdungen im Kontext mit beruflicher Bildung zu identifizieren und aufzuklären.
- Auf Selbst- und Fremdbeobachtungen mit kritischer Gelassenheit zu reagieren.

---

[312] In diesem Zusammenhang scheint es sinnvoll zu überprüfen, ob bzw. inwieweit interne Evaluationen Beobachtungen erster Ordnung, externe Evaluationen Beobachtungen zweiter Ordnung entsprechen. Vgl. Abschnitt 5.3.3 in dieser Arbeit.

[313] Vgl. Münch (2002).

83

Pro-Argumente	Contra-Argumente
Vermittlung von Einsicht durch Fernsicht Luhmanns Theorie bietet die Chance, neue Dinge sehen zu lernen. Und zwar in dem Sinne, dass über eine angeregte Aufklärung, mit der Wirklichkeit (anders) umzugehen, ein komplexes Denkangebot geschaffen wird.	**Nutzlosigkeit abstrakten Philosophierens** Luhmanns „Flug über den Wolken" ist nicht in eine nützliche, wirklichkeitsnahe Theorie zu überführen.[314] Umso erstaunlicher ist es, welche Wellen Luhmanns Systemtheorie noch immer schlägt und in welchen Bereichen sie „Verwendung" findet.
Logische Entfesselung des Denkens Die scheinbar naive Aufforderung mit dem Denken (neu) anzufangen, weil jeder Anfang einen Anfang hat – und auch dies nur eine anfängliche Annahme darstellt, mag verwirren. Die Verwirrung wird gesteigert durch die Aussage, dass „traditionelle" Wahrheiten als kontingent und konstruiert einzustufen sind. Dies initiiert neue Erkenntnisprozesse – allerdings ohne probate Problemlösungen anzubieten – allerdings auch keine falschen.	**Begriffliche Unschärfe als Werkzeug der Verschleierung** Luhmann selbst fordert begriffliche Genauigkeit ein, ohne sich seinerseits eindeutiger wissenschaftlicher Begriffsbildungen zu bedienen.[315] Er erschwert damit den Zugang zur Systemtheorie und eröffnet Interpretationsbreiten, die konsensual nicht mehr zu schließen sind.
Distanz zu bekannten kausalen Erklärungen sozialer Wirklichkeit Nichts lässt sich zwingend als notwendige, planbare gesellschaftliche Entwicklung interpretieren. Es mag kausale Zusammenhänge geben, ebenso wie Moral, Werte und Normen. Doch alle Größen hängen von den Beobachtungsleistungen ab – Irrtümer inklusive.	**Ablehnung der Beobachtungsfigur Autopoiesis** Die theoretische Konstruktion autopoietischer Systeme wird als Täuschungsmanöver betrachtet.[316] Sie verschließt sich empirischer Sozialforschung und hat keinen Akteursbezug.
Ernsthafte Spielfreude Luhmann scheint bei aller Ernsthaftigkeit m. E. auch ein Gaugler der Worte und Gedanken, des Logischen und seines Gegenteils zu sein. Es reizt zum Lesen und Verstehen und macht es gleichzeitig unmöglich. Der angeregte Gedankentransfer für andere soziale Teilsysteme endet oftmals an der Grenze fehlender „Benutzerfreundlichkeit".	**Sozialtechnologisches, konservatives Erkenntnisinteresse** Habermas bescheinigt mehrfach und nachhaltig dem Luhmannschen Ansatz ein grundlegend sozialtechnologisches, konservatives Erkenntnisinteresse.[317] Es fehlt letztlich am normativen Ideal. Die Komplexitätssteigerungen in der Gesellschaft erhalten durch die Systemtheorie affirmativen Begleitschutz.

Tabelle 3: Überblick über Pro- und Contra-Argumente zu Luhmanns Systemtheorie[318]

Auch wenn dem so ist, kann kritisch angemerkt werden, dass trotz des Erkenntniszuwachses, ein für die Zielsetzungen der Arbeit[319] tragfähiges theoretisches

---

[314] Vgl. Giegel (1991) und Weyer (1994).
[315] Vgl. Bußhoff (1976).
[316] Vgl. Bühl (1987).
[317] Vgl. Habermas (1985, S. 426ff.).
[318] Vgl. Krause (1999, S. 72 ff.) und Kneer/Nassehi (2000, S. 186ff.).

Fundament zu erarbeiten, mit Luhmanns Systemtheorie bisher nur bedingt erfüllt werden konnte. Die Theorie muss noch weiter gedacht und modifiziert werden, bevor sie einen Beitrag dazu leisten kann, z. B. die Ursachen der Gefährdung des Systems beruflicher Bildung genau zu identifizieren, zu markieren, letztlich zu eliminieren und gangbare Alternativen vorschlagen zu können. Dabei sollte nicht übersehen werden, dass die folgenden theoretischen Ansätze von Luhmanns Systemtheorie signifikant beeinflusst sind.

Wendet man dieses Zwischenergebnis positiv, dann ist es durchaus mit den Vorstellungen Luhmanns kompatibel, da er sich Mitstreiter erhofft, die "...hinreichend Geduld, Phantasie, Geschick, Neugier mitbringen um auszuprobieren, was bei solchen Umschreibversuchen in der Theorie passiert."[320]
Dabei wird es möglicherweise verstärkt darum gehen, Lösungen zu finden, mit denen "... die bei jeder organisatorischen Lösung vorhandenen Grundspannungen von Tag zu Tag zu bewältigen"[321] sind. Es geht also – das Ziel des spezifischen Change Managements nicht aus den Augen verlierend – u. a. darum, den Versuch fortzusetzen, theoretische Ansätze zu untersuchen, um für die Praxis Alternativen anbieten zu können, "...den Tiger zu reiten, die Spannungen auszugleichen und das Abgleiten in das eine oder andere Extrem zu verhindern."[322]

2.3 Gesellschaftliche Dynamik und Veränderungen
– der soziologische Ansatz von Renate Mayntz
2.3.1 Ausgangsüberlegungen

Aufbauend auf, weil kompatibel mit den Gedanken der Systemtheorie, kann nun der Fokus enger auf das Innere eines Systems eingestellt werden, ohne die Umwelt und ihre Einflüsse damit zu negieren.[323] Mayntz[324] fasst die Gesellschaft als

---

[319] Nämlich das Management berufsbildender Schulen, unter besonderer Berücksichtigung der Funktion des Schulleiters als Change Manager, zu analysieren und Alternativen zukünftiger Entwicklungen aufzuzeigen.

[320] Luhmann (1985, S. 14).

[321] Mayntz (1985 , S. 32); vgl. auch Twardy (1990, S. 22).

[322] Mayntz (1985, S. 31).

[323] Grundsätzlich kann auch an dieser Stelle gefragt werden, welche Argumente für das Heranziehen des Ansatzes von Mayntz sprechen. Alternativen könnten/müssten abgewogen werden. Letztlich ist diese Entscheidung aus der methodologischen Orientierung dieser Arbeit (vgl. Abschnitt 1.4) begründbar. Konkret sprechen für den Ansatz von Mayntz u. a. die folgenden Gesichtspunkte: Systemorientierung, organisationssoziologische Fundierung unter Einbeziehung der öffentlichen Verwaltung, wissenschaftliche Erfassung gesellschaftlicher Veränderungen.

[324] Vgl. Mayntz (1997, S. 12f.).

soziales System auf. Dieses besteht aus diversen Subsystemen. In den Subsystemen gibt es – als Elemente – funktionell spezialisierte Organisationen. Darin spielen Individuen Rollen zur Erfüllung bestimmter Aufgaben. Die systemischen Elemente zeichnen sich durch unterschiedliche Autonomie- und Abhängigkeitsgrade aus. Zur Koordinierung und Strukturierung der Aufgaben bedarf es der Kommunikation. Dies umso dringender, je stärker auf der einen Seite die partielle Eigenständigkeit eines Subsystems bei der Festlegung der eigenen Struktur und ihrer Funktionsweise ist. Auf der anderen Seite gilt es, die tatsächliche Interdependenz mit anderen Subsystemen zu berücksichtigen.

Mayntz weist in diesem Zusammenhang explizit auf das Beispiel der Beziehung zwischen Wirtschafts- und Ausbildungssystem hin.[325] Wie andere Teilsysteme moderner Gesellschaften auch, z. B. Gesundheitssystem, Hochschulsystem und staatliche Verwaltungssysteme, wird das Berufsbildungssystem durch Organisationen geprägt. Organisationen sind " ... soziale Gebilde, die dauerhaft ein Ziel verfolgen und eine formale Struktur aufweisen, mit deren Hilfe Aktivitäten der Mitglieder auf das verfolgte Ziel ausgerichtet werden sollen."[326] Systemisch betrachtet handelt es sich um " ... rational konzipierte, natürliche, umweltoffene und symbolisch konstituierte Kooperationsformen."[327]

Im System der Berufsbildung befindet sich die Organisation "berufsbildende Schulen" in der Krise.[328] Auch wenn nicht in jedem Punkt eindeutig feststeht, ob es tatsächlich eine ist. "Unbestreitbar ist aber wohl die Existenz einer verbreiteten Furcht vor krisenhaften Entwicklungen, die möglich scheinen, obwohl niemand sie will."[329] Einher geht damit die Skepsis, ob gesellschaftliche Entwicklungen steuerbar sind. Dies umso mehr, als auch die Soziologie krisenhafte Erscheinungen zwar post factum (meist) trefflich erklären kann, von ihrem Eintreten aber stets überrascht zu sein scheint.[330] Ursache für " ... das Fehlen einer erklärungskräftigen Theorie gesellschaftlicher Dynamik ist nun allerdings kaum

---

[325] Mayntz (1997, S. 13). Dies deckt sich auch mit langjährigen Beobachtungen des Verfassers bzgl. des Systems beruflicher Bildung. Dabei ist auch unter soziologischen Aspekten die Problematik "Beobachter versus Teilnehmerperspektive" zu bedenken; vgl. Scherer (2001, S. 27ff.). In diesem Sinne auch Lueken (1992, S. 19): "Die Vernünftigkeit von Maßstäben stützt sich nicht allein auf Regeln und Maßstäbe, die sich einfach anwenden lassen. Auch sie ist eine gemeinsame Sache von Teilnehmern, nicht primär eine Sache von Prinzipien und Definitionen."
[326] Kieser/Kubicek (1992, S. 4). Vgl. auch Mayntz (1972, S. 587ff.).
[327] Heidenreich (2000, S. 1).
[328] Vgl. Abschnitt 1.1 dieser Arbeit.
[329] Mayntz ((1985), 1997, S. 15).
[330] Die tragische Ereignisse in Erfurt im Frühjahr des Jahres 2002, bei denen ein Schüler Amok lief und mehrere Menschen tötete mögen ein trauriges Indiz dafür sein. Zur Problematik der Schuldzuweisungen vgl. Ehebrecht (2002, S. 201).

die Folge einer leicht vermeidbaren, sozusagen schuldhaften Ignoranz."[331] Mayntz führt die kognitiven Schwierigkeiten der Akteure auf die enorme Komplexität und die damit zusammenhängende spezifische Dynamik des Untersuchungsgegenstandes zurück.[332] Die Komplexitätsbeschreibungen für moderne Gesellschaften lassen sich in toto auf ihr Teilsystem berufliche Bildung transferieren. Es ist "... gleichzeitig segmentär differenziert, in mehrfacher Hinsicht geschichtet und hochgradig arbeitsteilig, so dass [es] sich als ein System komplex ineinander geschachtelter, einander überlagernder und miteinander verwobener Handlungssysteme präsentier[t]."[333]

In diesem Kontext sind die unterschiedlichen Beobachtungspositionen mikro-, meso- und makrosoziologischer Provenienz zu beachten,[334] deren sinnvolle Verknüpfung bisher nach Mayntz noch nicht überzeugend geleistet werden konnte.[335] So scheint es verständlich, dass bestimmte Binnenstrukturen funktioneller Teilsysteme, z. B. berufliche Bildung und ihre Changeprozesse bisher nicht hinreichend erkannt und analysiert werden konnten, um sie im besten Fall optimiert zu steuern. Dabei ist von besonderer Bedeutung, dass die Dynamik komplexer sozialer Systeme von diversen Effekten überlagert und beeinflusst wird, die häufig außerhalb des individuellen Sinnhorizonts liegen.[336] Für das Subsystem Berufliche Bildung ist es aber dennoch von besonderem Erkenntnisinteresse zu fragen, welche motivationalen und strukturellen Bedingungen für bestimmte Arten individueller und kollektiver Phänomene verantwortlich sind. An diesem Knotenpunkt der Betrachtung wird der Mensch als zentrales agierendes Subjekt wieder – im Gegensatz zu Luhmanns Ansatz – zum inneren Subsystemelement. Folgt man den Vorstellungen von Mayntz,[337] dann sind die theoretischen Ansätze von Elias[338], Boudon[339] und Crozier[340] zu kombinieren, um die Konturen eines analytischen Paradigmas zu erkennen. Dieses scheint besonders gut geeig-

---

[331] Mayntz ((1985), 1997, S. 17).

[332] Vgl. Mayntz ((1985), 1997, S. 17).

[333] Mayntz ((1985), 1997, S. 18).

[334] Vgl. Mayntz ((1985), 1997, S. 20f.); vgl. auch Mayntz ((1991), 1997, S. 312ff.). Der Gesichtspunkt der "Mesobetrachtung" in der Organisationssoziologie findet sich z. B. bei Büschges/Abraham (1997; S. 75ff.).

[335] Ironisch kommentiert Mayntz ((1985), 1997, S. 22), dass diejenigen, die in der bekannten systemtheoretischen Sprache argumentieren, im Zweifelsfall wohl meinen, von der Wirklichkeit zu sprechen. "Trotzdem können wir auf dieser Abstraktionsebene oft nicht mehr sicher sein, ob wir nicht in den Ästen semantischer Bäume herumturnen und als eine Art Scholastiker des 20. Jahrhunderts die Glöckchen eines begrifflichen Glasperlenspiels klingen lassen."

[336] Vgl. Mayntz ((1985), 1997, S. 23).

[337] Vgl. Mayntz ((1985), 1997, S. 27ff.).

[338] Elias (1976 und 1981).

[339] Boudon (1984).

[340] Crozier (1977).

net zu sein, dynamische Vorgänge in hochkomplexen Teilsystemen zu erklären. Es wird davon ausgegangen, dass "... Systemprozesse nicht nur in ihrer struktur-verändernden Wirkung, sondern auch als Folge bestimmter struktureller Konfigurationen und der in ihnen beschlossenen Abhängigkeitsbeziehun-gen..."[341] verstanden werden können. Im Sinne eines makrosoziologischen Phänomens "M" definiert Boudon "M" als eine "... fonction des actions m, lesquelles dépendent de la situation S de l'acteur, cette situation étant elle-meme affectée par des données macrosociales M'."[342] Im Kern geht es somit um eine austarierte Verknüpfung von Struktur und Dynamik, Handeln und System.

In Abb. 14 kommt erstens zum Ausdruck, dass Strukturen über das Handeln der Individuen dynamische Konsequenzen haben. Zweitens lösen dynamischer Vorgänge über Systemeffekte Rückwirkungen auf Strukturen aus.[343]

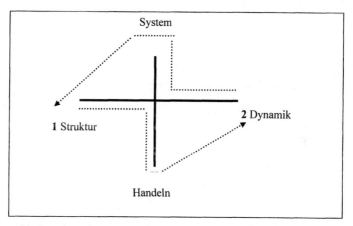

Abbildung 14: Interdependenzen zwischen individuellem Handeln und Systemstrukturen[344]

Dem Grunde nach geht es um eine Verknüpfung der Grundlagen der Systemtheorie mit einer individuellen Handlungstheorie. Diese Verknüpfung kann auch zur Erklärung bestimmter Zusammenhänge im Berufsbildungssystem, seiner Organisationen und Akteure beitragen. So scheint es beobachtbar, dass von den in berufsbildenden Schulen Agierenden erlebte Abhängigkeiten sowie erfahrene Stärkungen und Schädigungen, deren Verursacher keineswegs immer personell

---

[341] Mayntz ((1985), 1997, S. 27).

[342] Boudon (1984, S. 40), der die Formel: M = M {m [S (M')]} aufstellt; zitiert nach Mayntz ((1985), 1997, S. 27f.).

[343] Zur empirischen Fundierung vgl. die Literaturhinweise bei Mayntz ((1985), 1997, S. 29ff.).

[344] Leicht modifizierte Übernahme der Darstellung von Mayntz ((1985), 1997, S. 28).

88

zuzuordnen sind, Aktivitäten der Veränderung auslösen. Die daraufhin einsetzenden Steuerungsversuche, z. B. von Schulleitern, Bezirksregierungen und Kultusministerien, können die Handlungssituationen der Betroffenen verändern " ... und so am Ende z. B. neben oder sogar anstatt der erstrebten Handlungskoordination eine gegenseitige Blockierung bewirken."[345]

Illustrierend kann beispielsweise auf die zur Stabilisierung politischer Machtstrukturen benutzten Diskreditierungsaktionen der Lehrerschaft, z. B. Rufschädigungen, relative Herabstufung von Gehältern, Verschlechterungen der sozialen Fürsorge und steigende Arbeitsbelastungen, durch Politiker hingewiesen werden.[346] Diese Aktionen tragen im entscheidenden Maße mit dazu bei, beispielsweise die Rekrutierungspotenziale von Lehrkräften zu gefährden und letztlich auf der Basis von Demotivation und gesundheitsgefährdenden Arbeitsüberlastungen, Qualitätsverluste zu verursachen.

Zu diesen relativ leicht festzustellenden Wirkungszusammenhängen treten eine Reihe von nicht immer deutlichen interaktiven Effekten, Kompositionseffekten und Eskalationsmechanismen.[347] Dabei spielen insbesondere strukturelle Spannungen ein Rolle, die aus der Gleichzeitigkeit von Bedürfnissen und Handlungszielen resultieren, deren Höchstwerte sich ausschließen, z. B. innovative Qualitätssteigerungen und Kostenminimierung, motivierte Lehrkräfte und Diskreditierung eines Berufsstandes, Schaffen von Leistungsanreizen und Abbau von Förderungs- und Sanktionsinstrumenten. Deutlich wird dabei, dass gesellschaftliche Entwicklungen, auch im Subsystem Berufliche Bildung, seinen Organisationen und Akteuren, das Ergebnis des Wechsels von Eigendynamik und Steuerungsversuchen ist. "Ob wir diese Entwicklung besser zu beherrschen lernen, hängt nicht nur von guten Absichten, sondern auch von rechtzeitigen Einsichten ab."[348]

2.3.2 Funktionelle Teilsysteme

Zum Erlangen dieser rechtzeitigen Einsichten scheint es sinnvoll, funktionelle Teilsysteme im Rahmen der Theorie sozialer Differenzierung genauer zu betrachten. Mayntz setzt bei system-theoretischen Überlegungen an und erweitert diese um handlungstheoretische Ansätze.[349] Historisierend wird zunächst eine differenzierungstheoretische Perspektive eingenommen, um die Bildung von Teilsystemen innerhalb eines größeren Ganzen zu analysieren. Funktionelle Teilsysteme werden als " ... gesellschaftsweit institutionalisierte funktionsspezi-

[345] Mayntz ((1985), 1997, S. 32).
[346] Vgl. Neue Osnabrücker Zeitung vom 1./2. Juni 2002, S. 41 (Leserbriefe).
[347] Vgl. Mayntz ((1985), 1997, S. 32f.).
[348] Mayntz ((1985), 1997, S. 34).
[349] Mayntz ((1988), 1997, S. 38ff.).

89

fische Handlungszusammenhänge..."[350] bestimmt. Als solche werden sie auch von den Gesellschaftsmitgliedern wahrgenommen. Ihr Systemcharakter ergibt sich – ganz im Sinne Luhmanns[351] – auch aus der Fähigkeit zur Grenzerhaltung und Identitätsbewahrung gegenüber ihrer Systemumwelt. In diesem Sinne kann ihnen auch ein spezielles Leistungsangebot zugeordnet werden, das definierbare Produzenten für definierbare Konsumenten erstellen. Eine innere Differenzierung der Teilsysteme ist möglich und lässt sich, wie die anderen Merkmale auch, mit dem System beruflicher Bildung schlüssig veranschaulichen. Die Funktion des Berufsbildungssystems als Teilsystem der Gesellschaft ist es demnach, einen gesellschaftlich anerkannten Zentralwert "berufliche Bildung" bereitzustellen.[352]

Das Besondere einer auf das System beruflicher Bildung übertragbaren funktionellen Differenzierung liegt in einer sinnhaften Spezialisierung. Organisationen, Rollen, Tätigkeiten usw. in diesem Teilsystem können durch einen bestimmten Zweck, eine Leistung oder einen anerkannten Selbstwert bestimmt und empirisch überprüft werden. Die derartig bestimmten Handlungszusammenhänge könnten von einer entsprechenden sinnstiftenden Bildungspolitik auf bestimmte gesellschaftliche Ziele bzw. die Herstellung kollektiv-verbindlicher Entscheidungen ausgerichtet werden.[353]

Folgt man den Überlegungen von Mayntz, dann lässt sich die Ausdifferenzierung als Prozess der (Teil)systembildung interpretieren, ohne damit eine eindeutige Genese zu unterstellen. Die Abbildung 15 soll ein Stufenmodell verdeutlichen.[354] Die unterste Stufe umfasst eine einzelne sozial anerkannte Handlung, Handlungssituation oder Interaktion eines Individuums, z. B. eine Sequenz im Rechnungswesenunterricht. Auf der zweiten Stufe der Ausdifferenzierung agieren bestimmte Funktionsrollen, z. B. Lehrkräfte. Diese Rollen kennzeichnen sich durch eine gewisse Kontinuität einer möglicherweise zunächst nur situativ ausgegrenzten Tätigkeit. Die dritte Stufe wird von formalen spezialisierten Organisationen besetzt, die in der Gesellschaft zu bestimmten Handlungszusammenhängen vernetzt wird, z. B. berufsbildende Schulen.

[350] Mayntz ((1988), 1997, S. 44).
[351] Vgl. Luhmann (1999 (c), S. 242ff.).
[352] Vgl. zu einigen semantischen Problemen in diesem Zusammenhang Mayntz ((1988), 1997, S. 45), die den Bereich Bildung als mögliches Bezugsfeld anspricht.
[353] Vgl. Mayntz ((1988), 1997, S. 46).
[354] Vgl. Mayntz ((1988), 1997, S. 47).

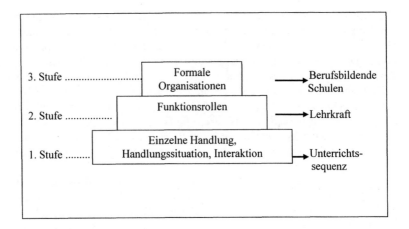

Abbildung 15: Stufenmodell – Ausdifferenzierung als Prozess der Bildung von Teilsystemen

Das Stufenmodell unterstreicht für die 3. Stufe die institutionelle Verfestigung berufsbildender Schulen, da diese in sozialstruktureller Hinsicht über die Stufe der Ausdifferenzierung spezieller Funktionsrollen hinausgehen. Berufsbildende Schulen sind somit auch unter diesem Blickwinkel mehr als ein unsystematisches, diskontinuierliches Angebot von modularisierten Bildungsinhalten durch sporadisch agierende private Bildungsträger, weil auf sie typische Merkmale gesellschaftlicher Teilsysteme zutreffen, u. a.:[355]

- Organisatorische Zusammenfassungen, zumindest informelle Netzwerke bzgl. der Rolleninhaber.
- Institutionen, die für den Transfer von Wissen und Fertigkeiten an die künftigen Rolleninhaber sorgen.
- Für den betreffenden Handlungszweck spezialisierte formale Organisationen.

Somit können die formalen Organisationen berufliche Bildung und berufsbildende Schulen zweifelsfrei als Elemente eines gesellschaftlichen Teilsystems mit abgrenzbarem Institutionenkomplex beschrieben werden.[356] Ein Alleinanspruch für einen bestimmten Funktionsbereich im Sinne eines Monopolisie-

---

[355] Mayntz ((1988), 1997, S. 47).
[356] Damit wird ein bestimmter Gebildecharakter eines gesellschaftlichen Teilsystems in den Blickpunkt gerückt, der sich von Luhmanns Begrifflichkeit des gesellschaftlichen Funktionssystems als spezialisierten Kommunikationszusammenhang unterscheidet.

rungsgrades ist damit allerdings noch nicht zwingend gegeben. Dieser hängt im starken Maße davon ab "... wie weit es den Inhabern einer bestimmten Kategorie von Funktionsrollen bzw. den formalen Organisationen gelingt, die Exklusivität ihrer Zuständigkeit für eine bestimmte Leistung oder Art von Tätigkeit durchzusetzen ..."[357]

Führt jedoch ein gesellschaftliches Teilsystem aufgrund seiner etablierten Stärke zu einem wachsenden Grad der Inklusivität, d. h. einer Angebotsgeneralisierung, dann verliert es gleichzeitig den Reiz der Exklusivität für bestimmte Nachfragergruppen.[358] Der systembedingte Mangel der Abgrenzung wird evident. Bildung – auch bestimmte Formen beruflicher Bildung, z. B. für Banken, Versicherungen oder in der Informationsverarbeitung – wird allen zugänglich. Sie stabilisiert nicht mehr im ausreichenden Maße die Macht bestimmter korporativer Akteure. Sie gefährdet diese eher und verändert die "Schwelle der legitimen Indifferenz".[359] Als Reaktion darauf lässt sich der Versuch zur Schaffung bestimmter kostenintensiver modularisierter Bildungsangebote verstehen.[360] Diese werden auf dem Fundament eines allgemein verbindlichen, relativ schmalen Kompetenzniveaus aufgesetzt. Bezogen auf die Situation in den USA können die von privaten Bildungsanbietern offerierten teuren Module zu einer schichtenspezifischen Nachfrage führen und ihren Nachfragern höhere Lebenseinkommen im klassischen Verständnis eines messbaren Return on Investments sichern.[361]

Dieses Nachfragerverhalten könnte zu einer Schwächung des bekannten Berufsbildungssystems führen. Die Gesellschaftsmitglieder würden das traditionelle Berufsbildungssystem weniger bzw. nicht mehr positiv wahrnehmen. Die positive Wahrnehmung ist aber " ... eine wichtige Voraussetzung für die Durchsetzung von Ansprüchen der exklusiven Zuständigkeit, besonderer Zugangsbedingungen oder auch spezieller Aufmerksamkeit seitens des politischen Systems."[362] Betrachtet man die Innendifferenzierung des Teilsystems, dann ist die Beschreibung von Strukturen als Akteurskonfigurationen wichtig, weil innerhalb eines abgesteckten Rahmens von Handlungsalternativen erst aus einer bestimmten Akteurskonstellation bestimmte Handlungen erfolgen.[363] D. h. der innere Organisationsaufbau entscheidet über die Dynamik und die Handlungsfähigkeit

---

[357] Mayntz ((1988), 1997, S. 48f.).
[358] Extremes Nachfrageverhalten ist u. a. durch den sogenannten "snob value-Effekt" bekannt. Vgl. Woll (1974, S. 102).
[359] Tyrell (1978, S. 175ff.).
[360] Vgl Wimmer (2002, S. 47). Vgl. auch Lohmann (2002, S. 89ff.).
[361] Vgl. Steiner-Khamsi (2002, S. 133ff.). Allerdings hat schon Jencks (1973, S. 287) festgestellt, dass Chancengleichheit durch Bildung erreichen zu wollen, (weitgehend) eine Illusion ist.
[362] Mayntz ((1988), 1997, S. 49).
[363] Vgl. Mayntz ((1988), 1997, S. 50ff.).

mit. Somit erhalten die in einer Organisation handelnden Menschen eine entscheidende Bedeutung – und zwar nicht nur auf der Ebene der Erklärung – für
einen strukturellen Wandel, Möglichkeiten politischer Steuerung, sektorale
Selbstorganisation aber auch für personenabhängige Widerstände, Reformblockaden usw.

Aus- und Innendifferenzierungsprozesse können sowohl exogen als auch endo-
gen sowie kombiniert ablaufen. Exogene Prozesse werden durch Vorgänge in
der Systemumwelt ausgelöst, z. B. Verlangen nach bestimmten Ausbildungsleis-
tungen für das Wirtschaftssystem. Endogene Entwicklungen sind beispielsweise
zunehmende Innendifferenzierungen im Bereich der IT-Fort- und Weiterbildung.[364] Die kombinierte Prozessvariante ergibt sich durch Aggregation bzw.
Synthese, z. B. wenn die Schulung der später im System tätigen Fachkräfte nicht
mehr im Berufsbildungssystem sondern unternehmensintern stattfindet.[365]

Kritisch kann angemerkt werden, dass jedes funktionelle Teilsystem mit aus-
schließender Kompetenz zu sozialstrukturellen Ausdifferenzierungen und institutionellen Verfestigungen führt. Damit geht die Gefahr asymmetrischer Abhängigkeiten zwischen Produzenten und Konsumenten einher. Gleiches gilt für das
Verhältnis unterschiedlicher Teilsysteme zueinander, z. B. Wirtschaft und Erziehung. Derartige Abhängigkeiten erschweren die politische Steuerung, erhöhen aber gleichzeitig deren Dringlichkeit. Ein zunehmender Steuerungsverlust
würde zu einer ungewollten, möglicherweise gesellschaftlich nicht akzeptierba-
ren Verselbständigung bestimmter Teilsysteme führen, inkl. ihrer Möglichkeiten, externe Interventionen abzuwehren und Umwelteinflüsse zu neutralisieren.
In anderen Teilsystemen gelänge es den Akteuren nicht mehr, ihre Interessen zu
wahren und zu entwickeln. Zugespitzt formuliert bedeutet dies, dass z. B. die
zentrale Schulform berufsbildender Schulen, die Berufsschule, als Auslaufmo-
dell[366] keine Chancen mehr für ein systemerhaltendes Changeszenario hätte,
weil sie schlichtweg obsolet werden würde. Umso wichtiger ist es, Möglichkeiten und Probleme gesellschaftlicher Steuerung funktioneller Teilsysteme zu untersuchen.

2.3.3 Möglichkeiten und Probleme gesellschaftlicher Steuerung

Geschichte scheint sich zu wiederholen. 2002 war das Jahr des "PISA-
Debakels".[367] Jedoch stellte Mayntz bereits 1987 fest, dass ein "Staatsversagen"

---

[364] Vgl. Ehrke/Hesse (2002, S. 4ff.).
[365] Vgl. Mayntz ((1988), 1997, S. 55).
[366] Vgl. Manstetten (2002, S. 3ff.).
[367] Schröder (2002, S. 33).

seit etwa zwanzig Jahren beklagt würde.[368] Sie führt dieses Versagen auf drei nicht mangelfreie zentrale Staatsfunktionen zurück: die Ordnungsfunktion, die Wohlfahrtssicherungsfunktion und die Gestaltungsfunktion. Auch wenn alle drei Funktionen nicht unabhängig voneinander sind, soll hier das Augenmerk weitgehend auf die Gestaltungsfunktion gelegt werden. Sie kann als Beziehungsgrundlage für die Möglichkeiten und Probleme gesellschaftlicher Steuerung bzw. des Steuerungsversagens benutzt werden. Es geht somit um die Frage, inwieweit der Staat, das System, ein einzelner Akteur oder ein Team in der Lage ist, identifizierte Probleme, z. B. Leseschwächen nach PISA oder Mängel des Berufsbildungssystems, zu lösen und die Entwicklung in die angestrebte Richtung zu lenken. Zielbezogen kann jedoch nur gesteuert werden, wenn die Diagnose solide gestellt ist. Stets scheint ein Wechsel in der Steuerung bzw. der Steuerungsinstrumente nur dann sinnvoll, wenn die Ursachen der Mängel offen liegen. Aber selbst dann bedarf es eines gesicherten Zusammenhangs zwischen Reformstrategie und Problemursache, weil bei einem Fehlen dieses Kontexts die "... spätere Enttäuschung über die Unwirksamkeit einer möglichen Reform bereits vorprogrammiert[ist]".[369] Um politischen Kurzschlusshandlungen zu widerstehen, scheint es sinnvoll, wissenschaftsbasiert den Begriff der "Steuerung" zu definieren.[370]

Grundsätzlich bieten sich auf der Makroebene mehrere Ansätze an:

- Steuerung ist die Fähigkeit zur konzeptionell orientierten Gestaltung der gesellschaftlichen Umwelt durch politische Einrichtungen.[371]
- Nach dem Verständnis von Parsons und Luhmann ist u. a. das Geld das generalisierte Kommunikations- bzw. Steuerungsmedium. Damit wird der "Markt" zum grundlegenden Steuerungsinstrument.[372]
- Die Gemeinschaft oder Solidarität der Bürger ist das zentrale Steuerungsforum.[373]

---

[368] Mayntz ((1987), 1997, S. 186). In diesem Zusammenhang kann z. B. auch an den "Sputnik-Schock" und die Bildungskatastrophe erinnert werden; vgl. Picht (1964).

[369] Mayntz ((1987), 1997, S. 188). Vgl. z. B. den eiligen Ruf nach einem "Zentralabitur" in Niedersachsen als Reaktion auf die PISA-Studie.

[370] Vgl. zur Geschichte der Definitionsversuche Mayntz ((1987), 1997, S. 188ff.).

[371] Mayntz ((1987), 1997, S. 189).

[372] Dies entspricht üblichen ökonomischen Überlegungen zur Theorie des Marktgleichgewichts. Vgl. aus einer Vielzahl Samuelson (1973, S. 63ff.), Woll (1974, S. 45ff.). Kritisch dazu u. a. Robinson (1972, S. 63ff.). Eine radikal marktwirtschaftliche Position zum Bildungswesen vertritt Friedman (1976, S. 115ff.). Nach dem Verständnis von Mayntz ist der Markt zwar eine Ordnungsform, jedoch kein Modus der Steuerung bzw. kein Akteur, weil er selbst nicht handelt, wohl kann er aber von handelnden Personen als Instrument eingesetzt werden. Vgl. Mayntz ((1990), 1997, S. 210).

[373] Hegner (1986, S. 407ff.).

- Möglich wäre grundsätzlich auch eine Kombination mehrerer der genannten Instrumente, ggf. nach unterschiedlichen gesellschaftlichen Teilbereichen gegliedert.

Mayntz koppelt den Steuerungsbegriff in handlungstheoretischer Hinsicht an die Akteursperspektive.[374] Sie differenziert zwischen Steuerungssubjekt bzw. Steuerungsakteur und Steuerungsobjekt. Als Akteure sind z. B. je nach Systemebene Regierung und Schulleiter zu verstehen. Ebenso können auch Gruppen als Akteure klassifiziert werden. Bei ihnen muss aber stets die Problematik kollektiver Entscheidungsprozesse mitbedacht werden. Auch für teambezogene Steuerungsaktivitäten gilt, dass komplexe Interaktionszusammenhänge aus der selektiven Perspektive des Handelnden gesehen und verstanden werden können.[375]

Steuerungsobjekte besitzen nach Mayntz eine autonome Existenz.[376] Diese Selbständigkeit versetzt sie in die Lage, sich systematisch selbst zu entwickeln. "... durch die Steuerung soll eine *autonome Dynamik gezielt* geändert werden, sei es, dass eine bestimmte Struktur entgegen bestehenden Veränderungstendenzen bewahrt, ein spontaner Wandlungsprozeß umgelenkt oder auch eine aus sich heraus stabile Struktur verändert werden soll."[377]

Neben den Elementen Steuerungssubjekt und -objekt sind eine Steuerungsintention bzw. ein Steuerungsziel sowie Maßnahmen zur Zielerreichung zu unterstellen. Ebenso ist es wichtig, eine Vorstellung von den Relationen zwischen Aktivitäten und Ergebnissen zu haben. Konkret müssten z. B. die Steuerungssubjekte, eine genaue Diagnose einmal unterstellt, davon überzeugt sein, dass zwischen der Aktivität "Einführung eines Zentralabiturs in Niedersachsen" und der Qualitätssteigerung im Sinne der PISA-Ergebnisse ein zwingender Zusammenhang besteht. Mit Nachdruck verweist Mayntz in diesem Zusammenhang darauf, dass bei der Analyse komplexer Sozialsysteme mit mehreren Akteursebenen stets klar sein muss, aus wessen Perspektive die Steuerung betrachtet wird.[378] Aus der Perspektive des dezentralen Akteurs bedeutet eine Zentralisierung, einen Steuerungsverzicht hinzunehmen. In der Bundesrepublik Deutschland würde z. B. eine Aufgabe der Kulturhoheit der Länder systembedingt eine Föderalismusdiskussion zur Folge haben.[379] Bundesstaatliche Elemente, z. B. im Sinne

---

[374] Mayntz ((1987), 1997, S. 190).
[375] Dies könnte sich als ein wichtiger Aspekt für Change Managementprozesse erweisen.
[376] Mayntz ((1987), 1997, S. 191).
[377] Mayntz ((1987), 1997, S. 191).
[378] Vgl. Mayntz ((1987), 1997, S. 192).
[379] Vgl. Schröders widersprüchliche Aussagen "Ein Gesetz für alle Schulen" und "Wir brauchen selbständige und eigenverantwortliche Schulen." (2002, S. 33). Möglicherweise bestün-

festgeschriebener Curricula, bergen die Gefahr, sich kontraproduktiv zur Forderung nach marktaktiveren "autonomen" Schulen zu verhalten.

Weitere Ursachen für das Scheitern staatlicher Steuerungsversuche sind vielfältig. Häufig ist das Scheitern in den Bereichen Implementation und Motivation angesiedelt. Derartige Probleme können u. a. sein:[380]

- Der ausgewählte Steuerungsansatz ist grundsätzlich nicht implementierbar.
- Vollzugsinstanzen vermögen nicht die Normen durchzusetzen, z. B. Vollzugsdefizite beim Schulbau oder der Renovierung von Schulen, obwohl die finanziellen Mittel bereits genehmigt worden sind.
- Mangelndes Wissen des Gesetzgebers über steuerungsrelevante Wirkungszusammenhänge.
- Falsche bzw. fehlende Steuerungsinstrumente.
- Mangelhafte Informationssysteme der politischen Steuerungssubjekte.
- Adressaten verweigern, verwässern die Befolgung, insbesondere bei restriktiver Verhaltensnormierung.

Eine deutlich andere Sichtweise und damit auch ein anderer Lösungsansatz ergibt sich, wenn der Fokus der Steuerung auf Eigenarten des Steuerungsobjekts gelegt wird. Steuerungsobjekte sind in dieser Betrachtungsweise nicht mehr Personen, Haushalte oder Institutionen, sondern funktionelle Teilsysteme, z. B. das Berufsbildungssystem, das Gesundheitswesen und das Hochschulsystem.[381] Für externe Steuerungssubjekte erscheint die interne Dynamik dieser Teilsysteme weder kognitiv noch bzgl. einer zielbezogenen Beeinflussung transparent. Teubner und Willke vertreten die Auffassung, dass Selbstreferenz und Eigendynamik derartiger gesellschaftlicher Teilsysteme eine zentrale politische Steuerung durch traditionelle Rechtsformen nicht mehr zulassen.[382] Sollte diese Auffassung zutreffen, dann würde beispielsweise das Berufsbildungssystem in einen Zustand geraten, in dem es sich von einem zentralen politischen Steuerungsakteur nicht mehr steuern lässt, weil u. a. nicht mehr sicher prognostiziert werden kann, wie sich die Akteure der funktionellen Teilsysteme verhalten werden. Deshalb scheint ein Ausweg aus dieser politischen Gestaltungssackgasse gerade die Forderung nach einer verstärkten Selbständigkeit der Akteure der Teilsysteme zu sein. Damit könnte gleichzeitig die systemische Anpassungs-, Reaktions- und Problemlösungsfähigkeit erhöht werden. So schien z. B. die sogenannte "Ver-

---

de eine theoretische Lösung in einem "letzten Erlass", der alle bestehenden Erlasse außer Kraft setzt.

[380] Vgl. Mayntz ((1987), 1997, S. 194f.).

[381] Vgl. Mayntz ((1987), 1997, S. 196).

[382] Teubner/Willke (1984, S. 5).

waltungsreform" in Niedersachsen, die u. a. zu einer extremen Verlagerung e-
hemals zentralistisch von Ministerium oder Bezirksregierungen wahrgenomme-
ner Aufgaben auf die einzelnen Schulen, ein Schritt auf dem richtigen Weg zu
sein, nicht zuletzt um die Probleme dort zu lösen, wo sie auftreten.[383]

Ob die zentralen politischen Instanzen jedoch bereit sind, den damit verbundenen tatsächlichen Steuerungsverzicht hinzunehmen, scheint fraglich. Möglicherweise besteht aber der Königsweg auch in einem kombinierten Steuerungsprozess, bei dem die übergeordneten zentralen politischen Instanzen den großen
Rahmen setzen und die Feinsteuerung im Sinne einer Selbststeuerung den untergeordneten Ebenen überlassen. Dieses Steuerungsverfahren setzt aber gegensei-
tiges Vertrauen der Ebenen voraus und eine Kreuzaktions-Enthaltsamkeit. D. h.
beispielsweise, dass die zentralistischen Akteure nicht genau festlegen sollten,
wann, wer, was, wo, wie, mit welcher Intensität, in welchem Lernfeld unterrichtet.[384]

Eine zunehmende Verselbständigung von funktionellen Teilsystemen scheint
zudem eine Vernetzungstendenz innerhalb der Teilsysteme und unterschiedlicher Teilsysteme zueinander auszulösen.[385] Vergleichbare Tendenzen sind auch
auf der Ebene formaler Organisationen festzustellen.[386] Die teilweise vorhandene Netzwerk-Euphorie[387] ist nur bedingt zu rechtfertigen. Weder sind Netzwerke
per se besonders leistungsfähige Organisationsstrukturen, wenn sie z. B. an den
Kriterien "Innovationsfähigkeit" und Problemlösungsfähigkeit durch gemeinsame Entscheidungen" gemessen werden,[388] noch entscheidet die Größe des
Netzwerkes über seine Güte.[389] "Formale Organisationen können genauso
selbstsüchtig und kurzsichtig handeln wie der individuelle Mensch, der ja Hob-

---

[383] Vgl. auch das Projekt "Selbstständige Schule"; Niedersächsisches Kultusministerium
(2002).
[384] Der langjährige Prozess der Neuordnung des Ausbildungsberufs "Industriekauf-
mann/Industriekauffrau", dem größten im Bereich Wirtschaft und Verwaltung, ist ein deutlicher Beleg für die Schwierigkeiten, die Redundanzen und minimalen Veränderungserfolge
(nach maximalen Irritationen), wenn unterschiedliche Akteure ohne rechten Einigungswillen
gestalterisch fungieren.
[385] Vgl. Mayntz ((1990), 1997, S. 234f.).
[386] Zur möglichen Genese von Netzwerken vgl. Mayntz ((1993), 1997, S. 246ff.).
[387] Vgl.Lohmann (1999, S. 183ff.) und die von ihm in Niedersachsen initiierte Aktion "Qualitätsentwicklung in Netzwerken".
[388] Vgl. Mayntz ((1993), 1997, S. 247).
[389] Deutlich werden die Schwierigkeiten in sehr großen "heterogenen" Netzwerken, beispielsweise wenn Grundschulen, Haupt- und Realschulen, Gymnasien, Sonderschulen und
berufsbildende Schulen in einem Netzwerk zusammenarbeiten. Möglicherweise würde z. B.
ein "issue network" der berufsbildenden Schulen oder der Grundschulen wesentlich sinnvolle-
re Ergebnisse zu Tage fördern. Vgl. Mayntz ((1993), 1997, S. 249).

bes zufolge nur vom Leviathan gezähmt werden kann."[390] Dies schließt nicht aus, dass sich ein relativ großer "Systemnutzen" ergibt, z. B. das Lernen voneinander oder ein Benchmarking, der gesellschaftlich höher einzuschätzen ist als die Domänensicherung oder der Ressourcengewinn einzelner formaler Organisationen ohne Netzwerk.

Folgt man u. a. Mayntz [391], Dörner[392] und Probst/Gomez[393] dann führen komplexe, vernetzte Situationen dazu, dass es extrem schwierig, wenn nicht gar unmöglich ist, Fern- und Nebenwirkungen der Steuerungsmaßnahmen festzustellen, abzuschätzen und ggf. zu kontrollieren. Diese Schwierigkeiten ergeben sich u. a. aus unüberschaubaren, weiträumigen "Ouput-Input-Verpflechtungen"[394] zwischen den diversen Akteuren und deren kognitiven Grenzen sowie aus dem Entstehen von Kumulations- und Aggregationseffekten. Versuche, diese Zusammenhänge zu erfassen, zu visualisieren[395] und zu steuern, stoßen an Grenzen.

2.3.4 Schlussfolgerungen für die Steuerung sektoraler Organisationsstrukturen am Beispiel berufsbildender Schulen

Kritisch kann mit Mayntz festgestellt werden, dass beim aktuellen Stand der Theoriebildung nicht verbindlich gesagt werden kann, "auf welchen strukturellen Voraussetzungen die Steuerbarkeit eines sozialen Teilsystems im positiven Sinne beruht."[396] Dennoch sind bestimmte steuerungsrelevante Elemente u. a. Komplexität, Zentralisierungsgrad, Kommunikationsstruktur, Präferenzen der Akteure, Professionalisierung und der Organisationsgrad der Akteure erkennbar. Da diese Elemente aber keineswegs im Sinne einer überzeugenden Feinabstimmung aufeinander bezogen sind bzw. auf demokratisch vereinbarte Ziele, Wertebündel etc. abgestimmt werden können, bleiben die Steuerungsprobleme grundsätzlich erhalten. Es entsteht sogar der Eindruck, dass die besondere Dynamik komplexer instrumenteller Teilsysteme und die "Widerstandsfähigkeit durchorganisierter Regelungsfelder"[397] die Steuerungsprobleme verschärfen.

---

[390] Mayntz ((1993), 1997, S. 247).
[391] Vgl. Mayntz ((1987), 1997, S. 198f).
[392] Vgl. Dörner (1983).
[393] Vgl. Probst/Gomez (1993), die ihren Ansatz auch auf die betriebliche "Mikroebene" beziehen. Dazu kritisch Kieser/Woywode (1998, S. 276ff.).
[394] Mayntz ((1987), 1997, S. 198).
[395] Vgl. Probst/Gomez (1993, S. 11) und beispielhaft zum komplexen Problem der Arbeitslosigkeit (Horstmann/Wilheine-Rusch/Szewczyk (1998, S. 522).
[396] Mayntz ((1987), 1997, S. 203).
[397] Mayntz ((1987), 1997, S. 204).

Eine zentrale Gesellschaftssteuerung erhält zunehmend utopische Züge.[398] Unterschiedliche gesellschaftliche Teilsysteme stellen, so legt dieser Theorieansatz nahe, unterschiedliche Steuerungsanforderungen. Überträgt man diesen Gedanken auf das Gesamtsystem Gesellschaft, dann sind die Teilsysteme "berufsbildende Schulen" als formale Organisationen systembedingt vor Ort zu steuern und entziehen sich weitgehend einer zentralen (Fein)steuerung. Dies bietet gleichzeitig die Chance einer adäquaten ziel- und bedarfsgenauen Positionierung. Insofern ist Mayntz auf das System beruflicher Bildung übertragend zuzustimmen, dass die aufgezeigten Defizite politischer Steuerung durchaus produktiv genutzt werden können, weil "... sie die wissenschaftliche Aufmerksamkeit doch auf die in der systemischen Eigenart eines Regelungsfeldes liegenden Voraussetzungen und Schranken staatlichen Handelns"[399] lenken.

Als Konsequenz für diese Arbeit ergibt sich u. a. die Erkenntnis, dass die Akteure in berufsbildenden Schulen stärker als in der Vergangenheit, ihre spezifischen Situationsanalysen selbst durchführen, Stärken und Schwächen markieren und in Kommunikation mit ihren Partnern, z. B. Schülern, Ausbildungsbetrieben und Eltern, vereinbarte Prozesse zielbezogen steuern müssen. Allerdings bietet Mayntz selbst kein Instrumentarium zur Gestaltung des (Change) Managements auf der Mesoebene an. Der Schulleiter als potenzieller Change Manager erkennt seine zentrale Funktion im System, kann sie aber, ohne ein solides Basiswissen betriebswirtschaftlicher Sachverhalte und Methoden, nicht ausfüllen. Dazu benötigt er das entsprechende managementorientierte Know-how.

2.4 Der managementorientierte Ansatz von Franz X. Bea und Jürgen Haas
2.4.1 Ausgangsüberlegungen

Anknüpfend an den vorhergehenden Abschnitt (2.3.4) ist der Forderung Rechnung zu tragen, dass Schulleiter über ein solides Managementgrundwissen verfügen und dieses auch anwenden können sollten, um schulische Prozesse sachgerecht und zielbezogen steuern zu können. Allerdings ist nicht nur der Begriff "Management" schillernd.[400] Auch die Auswahl für einen bestimmten Managementansatz bzw. ein Autorenteam ist zu begründen.

Für den Ansatz „Strategisches Management" spricht, dass er als Antwort auf und Instrument für eine sich rasch und grundlegend verändernde Umwelt verstanden werden kann.[401] Er scheint geeignet, einer aktiven, rationalen Gestaltung

[398] Mayntz ((1996), 1997, S. 270f.).
[399] Mayntz ((1987), 1997, S. 204f.).
[400] Vgl. zur Definition Abschnitt 1.2.1 dieser Arbeit.
[401] Bea/Haas (2001, S. 1).

der Unternehmung, unter Berücksichtigung der Beziehung zu seiner Umwelt, zu dienen. Die theoretische Fundierung des Ansatzes des Strategischen Managements ist von einer Reihe Wissenschaftler beschrieben, weiterentwickelt und in Kooperation mit unternehmerischer Praxis instrumentell verfeinert worden.[402] Für die Auswahlentscheidung zu Gunsten des strategischen Managements in der Ausprägung von Bea/Haas im Rahmen dieser Arbeit spricht u. a.:

- Das Beinhalten systemtheoretischer Basiselemente;[403]
- Die Berücksichtigung "moderner" Sachverhalte und Techniken, z. B. Shareholder Value, Balanced Scorecard, Wissensmanagement und Netzwerkorganisationen;
- Das Reflektieren – zumindest in Ansätzen – von Nonprofit-Organisationen;
- Die Integration der Bereiche: strategische Führungs- und Leistungspotenziale und Unternehmenskultur.[404]

Darüber hinaus spricht für Bea/Haas u. a. auch, dass sie sich adressatengenau an Wissenschaftler und Praktiker wenden. Der Praktiker "Schulleiter" wird in die Lage versetzt, vorrangig sein instrumentelles Wissen aufzubauen bzw. zu ergänzen. Für die wissenschaftliche Auseinandersetzung bieten Bea/Haas eine Fülle von Impulsen für die kritische Reflexion und die Weiterentwicklung der eigenen Ansätze. Dabei enthält ihr Ansatz drei wissenschaftliche Zielebenen:[405]

1. Beschreibung der Realität - deskriptives Wissenschaftsziel
2. Erklärung der Realität - theoretisches Wissenschaftsziel
3. Gestaltung der Realität - pragmatisches Wissenschaftsziel

2.4.2 Strategisches Management

Als "Geburtsjahr" des Strategischen Managements gilt 1976.[406] Begünstigt wurde der Erfolg des Strategischen Managements durch eine Zunahme der Dynamik und Komplexität der Umweltveränderungen – respektive deren Wahrnehmung. Damit wuchs die Abhängigkeit der Unternehmen von der Umwelt. Gleichzeitig stiegen die Anforderungen an Unternehmen. Dies führte zu einem Wandel in

---

[402] Vgl. zum Überblick Bea/Haas (2001, S. 14). Vgl. auch Becker/Fallgatter (2002, S. 34ff.).
[403] Vgl. Bea/Haas (2001, S. 15ff.).
[404] Vgl. Gurbaxani (2001).
[405] Bea/Haas (2001, S. 23). Es entspricht somit einer Zielsetzung dieser Arbeit.
[406] 1976 publizierten Ansoff/Declerck/Hayes ihr Buch "From Strategic Planing to Strategic Management".

den Managementkonzeptionen, die sich in vier Entwicklungsphasen einteilen lassen:[407]

1. Phase: Planung (1945 - 1960)
2. Phase: Langfristige Planung (1960 - 1973)
3. Phase: Strategische Planung (1973 - 1980)
4. Phase: Strategisches Management (1980 - ...).

Grundsätzlich scheinen Elemente der Ursachenerklärung für das Entstehen des Strategischen Managements auch auf den Bereich berufsbildender Schulen übertragbar. Die erhöhten Anforderungen der Unternehmen im Bereich der Anpassungs- und Innovationsfähigkeit, die gesellschaftliche Relevanz sogenannter "soft facts", die Bedeutung der Faktoren Information und Unternehmenskultur markieren sich auch in der berufsbildungspolitischen Diskussion, z. B. in der Diskussion um Fach-, Methoden- und Sozialkompetenz[408], Handlungsorientierung[409] und Schulprogramme[410].

Aufbauend auf dem Grundgedanken "structure follows strategy"[411] hat das Kompetenzprofil einer Unternehmung bestimmten Anforderungen zu folgen. Diese sind zum einen außenorientiert im Sinne der Unternehmensumwelt, zum anderen binnenorientiert. In diesem Zusammenhang entwickeln Bea/Haas einen eigenen Strategieansatz "den strategischen Fit". Dieser komplexe Ansatz berücksichtigt drei Sichtweisen bzw. Orientierungen der Strategieforschung: Marktorientierung, Ressourcenorientierung und Evolutionsorientierung, die als sich ergänzende Betrachtungsebenen verstanden werden.[412]

Bea/Haas gliedern ihr Konzept innerhalb eines "System-Umwelt-Fits" in sechs "Teilsysteme" (Abbildung 16). Diesen "... Komponenten [wird] eine gleichberechtigte und eigenständige strategische Funktion ..."[413] zugeschrieben. Sie werden im folgenden Abschnitt weiter vorgestellt.

---

[407] Bea/Haas (2001, S. 11ff.). Zu einer anderen historischen Einteilung kommt Regenthal (1996, S. 39).
[408] Vgl. Beck (1993); Schmidt (2002 (b), S. 10).
[409] Vgl. Arnold/Müller (1993, S. 323ff.); Moormann/Schmidt (1994, S. 73ff.).
[410] Vgl Niedersächsisches Kultusministerium (1998). Vgl, auch Joseph (2002, S. 18f.).
[411] Chandler (1962, S. 385ff.) siehe auch Utikal (2002, S. 68).
[412] Zur tieferen wissenschaftlichen Fundierung vgl. Bea/Haas (2001, S. 24ff.).
[413] Bea/Haas (2001, S. 17).

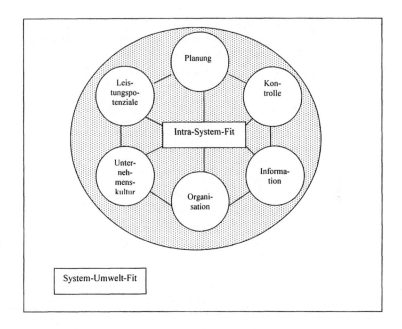

Abbildung 16: Ansatz des Strategischen Managements nach Bea/Haas[414]

2.4.2.1 Strategische Planung

Grundsätzlich besteht die strategische Planung aus den fünf Teilen: Zielbildung, Umweltanalyse, Unternehmensanalyse, Strategiewahl und Strategieimplementierung. Ihre Gesamtaufgabe besteht, entsprechend der von Ansoff transferierten Teilbegrifflichkeit „strategos" [griechisch: Heerspitze], in der Sicherung des langfristigen Unternehmenserfolges.[415]

- Zielbildung

Für die fünf Teile der strategischen Planung weisen Bea/Haas 33 Techniken aus.[416] Ohne der Versuchung zu erliegen, diese Techniken insgesamt auf das Unternehmen „Berufsbildende Schulen" zu übertragen, lassen sich einige Basisüberlegungen transferieren. Dies gilt beispielsweise für die Zielhierarchie im

---

[414] Bea/Haas (2001, S. 18).
[415] Ansoff (1965); zit. nach (Bea/Haas 2001, S. 50).
[416] Vgl. Bea/Haas (2001, S. 58).

Strategischen Management (vgl. Abbildung 17). Eine gemeinsame Vision, z. B. „Die erlassfreie, selbstständige Schule" steht an der Spitze der Hierarchie. Eine Stufe tiefer ist das Schulleitbild angesiedelt. Eine beispielhafte Formulierung könnte lauten: „Wir fördern und fordern den Menschen in seiner beruflichen und persönlichen Entwicklung."[417]

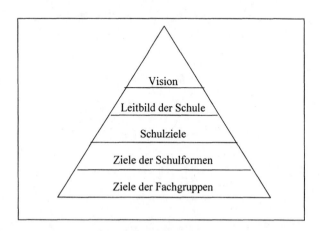

Abbildung 17: Schulische Zielhierarchie auf der Basis strategischen Managements nach Bea/Haas[418]

Auf der Ebene der „Unternehmensziele" könnten exemplarisch folgende quantifizierbare bzw. empirisch überprüfbare Angaben gemacht und als Schulziele deklariert werden, z. B. : "Wir wollen die qualitativ besten berufsbildenden Schulen der Region sein. Dafür notwendige Evaluationen sind für uns eine Selbstverständlichkeit." Die einzelnen „Geschäftsbereichsziele" ließen sich auf vorhandene Schulformen übertragen, z. B.: "Die Durchschnittsnote unserer Berufsschülerinnen und -schüler ist besser als 2,8"; oder: "50 Prozent unserer Berufsfachschülerinnen und -schüler erhalten einen Ausbildungsplatz."

Auf der Ebene der Fachgruppen könnten diese operationale Ziele formulieren, beispielsweise bzgl. der Anzahl und des Niveaus der Klassenarbeiten, fachgruppenspezifischer Fortbildungskonzepte inkl. ihrer Budgetierung und wechselseitige Hospitationsvorhaben. Dabei sollte klar sein, dass die Unterschiede zu er-

---

[417] Leitsatz des Leitbildes der Berufsbildenden Schulen am Schölerberg. Vgl. www.bbs-schoelerberg.de
[418] Vgl. Bea/Haas (2001, S. 68).

werbswirtschaftlichen Unternehmen, die auf dieser Ebene mit „harten Fakten", z. B. nach dem Du-Pont-Kennzahlensystem und Balanced Scorecards rechnen, gravierend sind.[419] Dennoch ist auch für Nonprofit-Organisationen die Funktion konkreter Zielformulierung bedeutsam. Gemeinsame Ziele erleichtern und verbessern auch bei ihnen Entscheidungen, Koordinierungen, Motivation, Informationen, Kontrolle und Legitimation der Organisation.

- Umweltanalyse

Bea/Haas unterscheiden bei ihrer Umweltanalyse zwischen „engerer, aufgabenspezifischer Unternehmensumwelt" und „weiterer Unternehmensumwelt (globale Umwelt)".[420] Die engere, aufgabenspezifische Unternehmensumwelt wird durch den Markt bestimmt. Hier beschreiben die beiden Autoren relativ knapp das betriebswirtschaftliche Spektrum von „Marktdynamik", „Marktattraktivität", „Marktanalyse", „Marktstruktur" und „Gutbeschaffenheit".[421] Zunehmend finden sich diese Gedanken auch in der Diskussion berufsbildender Schulen wieder.[422] Begriffe wie z. B. „Wettbewerb" und „Kernprodukt" bzw. deren Konnotationen werden dabei jedoch für denn Bereich von Nonprofit-Organisationen teilweise sinnentleert oder fahrlässig falsch verwendet.[423]

In die Analyse der weiteren Unternehmensumwelt werden die Segmente: gesamtwirtschaftliche, demografische und technologische Entwicklungen sowie die Veränderungen im politischen Umfeld (Wertewandel) eingebunden.[424] Dieses Veränderungsszenario ist für den Bereich berufsbildender Schulen ebenso bedeutsam, weil es eine nahezu deckungsgleiche Umwelt ist.[425] Eine kleine Fiktion mag diese Aussage untermalen:[426]

---

[419] Vgl. Bea/Haas (2001, S. 70f.).

[420] Bea/Haas (2001, S. 88f.).

[421] Bea/Haas (2001, S. 90ff.).

[422] Vgl u. a. Lohmann (2002, S. 89ff.) und Wimmer (2002, S. 45ff.). Eine markttheoretische Analyse findet im Abschnitt 3.1.2 statt.

[423] Vgl. Szewczyk (2002 (b), S. 35ff.).

[424] Vgl. Bea/Haas (2001, S. 100ff.).

[425] Vgl. die Abbildung: "Schulleitung als komplexes System" im Abschnitt 1.2.1 dieser Arbeit.

[426] Es handelt sich hier um eine Fiktion im Sinne einer "Mixtur" aus tatsächlichen Presseberichten, Kommentaren sowie einer vom Verfasser gezogenen möglichen Konsequenz im letzten Satz.

Berlin, 30. September 2002

Nach Aussage der neuen, alten Bundesregierung ist die Wachstumsprognose
für 2003 mit 2 % Anstieg des BIP nicht zu halten. Aufgrund steigender Zahlen
bei den Rentnern und Pensionären und der Flaute in der IT-Branche müssen
für dringend notwendige Bildungsinvestitionen neue Wege beschritten werden.
Ein neuer „Generationenvertrag" muss her, der für mehr intergenerative Gerechtigkeit sorgen soll. Berufsbildende Schulen soll sich deshalb als erwerbs-
orientierte Anbieter auf dem Markt positionieren.

- Unternehmensanalyse

Ziel einer Unternehmensanalyse ist es, die Stärken und Schwächen eines Unternehmens zu identifizieren, die strategischen Erfolgsfaktoren zu markieren und
als Basis für weiteres Handeln im positiven Bereich auszubauen. Gleichzeitig
gilt es, die Schwächen zu minimieren. Diese Basisüberlegung lässt sich auf die
Situation berufsbildender Schulen grundsätzlich übertragen.[427] Die anwendbaren
Techniken unterscheiden sich jedoch stark.[428] Dies gilt sowohl für die Betrachtung von Wertketten nach Porter[429] als auch für deren Weiterentwicklung im
Sinne strategischer Erfolgsfaktoren und Portfoliobetrachtungen, da u. a. die
Zielsetzung Gewinnspanne im Bereich berufsbildender Schulen fehlt. Dennoch
scheint beispielsweise gerade eine nähere Betrachtung der Leistungs- und Führungspotenziale im Sinne strategischer Erfolgsfaktoren nützlich. Ein modifizier-
ter Transfer ist möglich (vgl. weiter unten Tabelle 7), der als Basis für die gedankliche Durchdringung schulischer Handlungsfelder dienen kann.

- Strategiewahl

Auf der Grundlage der festgestellten Stärken und Schwächen sind Strategien zu
wählen, um die angestrebten Ziele verwirklichen zu können. „Entscheidungs-
theoretisch stellen Strategien Handlungsalternativen dar, deren Zielerträge die
Alternativwahl bestimmen."[430] In der betriebswirtschaftlichen Literatur sind

---

[427] Vgl. Regenthal (1996, S. 12f.); vgl. auch Alexander/Joseph (2002, S. 121ff.).
[428] Vgl. Bea/Haas (2001, S. 106ff.) Dieser mehr als 50-seitige Abschnitt stellt ein Kernstück
ihrer Arbeit dar. Er ist aber für öffentliche berufsbildende Schulen (zur Zeit noch) von sehr
begrenzter Bedeutung. So bleibt das wichtige Instrument der Portfolio-Analyse ohne voll-
ständige Budget- und Produktverantwortung erklärungsarm. Nicht auszuschließen ist jedoch
eine steigende Bedeutsamkeit in der Zukunft, wenn berufsbildende Schulen sich mit ihren
Produkten stärker am Markt orientieren müssen. Die Akzeptanz von Portfolio-Ansätzen dürfte
u. a. steigen, weil sie häufig leicht verständliche Visualisierungsangebote mittransportieren.
[429] Vgl. Porter (1999, S. 68).
[430] Bea/Haas (2001, S. 162).

strategische Managementüberlegungen spätestens seit 1965 durch Ansoff bekannt.[431] Für den Schulbetrieb ist dagegen strategisches Denken eher unbekannt. Dies mag u. a. daran liegen, dass bisher kein marktadäquates Verhalten notwendig schien, die eigentliche Unternehmensleitung im Kultusministerium angesiedelt war und primär nach politischem Kalkül entschied.

- Strategieimplementierung

Strategien sind nur dann als wirklich erfolgreich zu bezeichnen, wenn es gelingt, sie in die Praxis umzusetzen. Die Strategieimplementierung stellt jedoch besondere Herausforderungen an die Akteure. Dazu werden in der Theorie des strategischen Managements verschiedene Konzepte angeboten. Nach Bea/Haas müssen drei Aufgaben gelöst werden:[432]

1. Organisatorische Aufgabe: Die Strategieimplementierung ist in eine Ablauforganisation einzubinden.
2. Sachliche Aufgabe: Die Gesamtstrategie ist in Einzelmaßnahmen zu zerlegen.
3. Personale Aufgabe: Personale Voraussetzungen und Verantwortungen müssen geschaffen und festgelegt werden.

Die sachliche Aufgabe folgt dem Leitgedanken, dass alles was messbar auch managebar ist.[433] Für die Praxis eines Unternehmens bedeutet dies, dass aus diversen Einzelplänen, z. B. Umsatz-, Produktions-, Absatz-, Personal- und Finanzplänen, ein Budget in monetären Messeinheiten erstellt wird. Mittels eines Deduktionsprozesses sind dann konkrete Einzelmaßnahmen abzuleiten, die mit personalen Verantwortungen zu verknüpfen sind. Gerade an dieser Stelle können nachhaltige Implementierungshindernisse entstehen, insbesondere dann, wenn die Personen nicht oder ungenügend in den Planungsprozess eingebunden worden sind. Es bedarf deshalb organisationsabhängiger Verfahren, die eine Verknüpfung unterschiedlicher Perspektiven sicherstellen.[434]

---

[431] Vgl. Ansoff (1966, S. 132). Gegenwärtig haben sie besonders unter dem Aspekt der Unternehmenskultur eine starke Publikationswirkung, auch wenn derartig bearbeitete Inhalte nicht immer frei von Trivialitäten sind. Vgl. Lundin/Paul/Christensen (2001) und Johnson (2001).

[432] Bea/Haas (2001, S. 188).

[433] Vgl. Bea/Haas (2001, S. 189).

[434] Nach Bea/Haas (2001, S. 190ff.) stellt die von Kaplan/Norton (1996) entwickelte sogenannte „Balanced Scorecard" ein geeignetes Verfahren dar. Vgl. Abschnitt 4.2.2.2 in dieser Arbeit.

Die organisatorische Aufgabe der Einbindung der Strategieimplementierung in die Ablauforganisation hat die vorhandene Aufbauorganisation zu berücksichtigen, ggf. ist diese zu modifizieren. Wie in jeder Ablauforganisation stellt sich auch hier das Reihenfolge- und Koordinationsproblem. Ob dem Leitbild synoptischer oder dem Leitbild inkrementaler Planung gefolgt bzw. eine Kombination beider angestrebt werden sollte, ist in der Fachliteratur strittig.[435] Für berufsbildende Schulen dürfte i. d. R. eine Kombination anzustreben sein, weil z. B. der Problemhorizont einer Strategieimplementierung im Bildungsbereich eher langfristig ist (synoptische Planung), während die berücksichtigten Alternativen eher begrenzt sein dürften (inkrementale Planung).[436]

Im Bereich der Koordinationsproblematik sind zeitliche, horizontale und vertikale Aspekte zu berücksichtigen. Besonders die vertikale Problematik „top down" oder „bottom up" bedarf einer gründlichen Analyse.[437] Im Entscheidungsfall hängt sie stark von den personalen Voraussetzungen ab. Denn so gründlich auch die Strategieimplementierung ex ante durchdrungen wird, es gilt: „The head thinks, the body acts."[438] D. h. die Widerstandspotenziale sind zu berücksichtigen. Dabei ist davon auszugehen, dass jeder Implementierungsprozess Widerstände systembedingt beinhaltet. Die entscheidende Frage ist demzufolge nicht, ob es Widerstände gibt, sondern wie wird gehandelt, damit diese Widerstände nicht zu einem Scheitern der Strategieimplementierung führen. Auf den Schulbereich übertragen heißt das, sich der Problematik: „Die lernende Schule lernt vom Widerstand im Kollegium."[439] zu stellen.

2.4.2.2   Strategische Kontrolle

Die strategische Kontrolle stellt nach Bea/Haas einen fortlaufenden Prozess dar, der die Planung begleitet.[440] Er besteht aus der strategischen Prämissen- und Planfortschrittskontrolle sowie der Kontrolle der strategischen Potenziale. Grundsätzlich versteht man unter dem Begriff „Kontrolle" eine Handlung oder einen Prozess zur Ermittlung von Abweichungen zwischen Plangrößen und Vergleichsgrößen. Der bekannteste Vergleich, der auch wesentlicher Bestandteil

---

[435] Vgl. Ansoff (1966, S. 208f.); Quinn (1980, S. 104) und Bea/Haas (2001, S. 196).
[436] Bei der synoptischen Planung werden langfristige Zielsetzungen unterstellt. Die zur Zielrealisation notwendigen Prozesse werden systematisch, ganzheitlich, schrittweise abgearbeitet. Bei der inkrementalen Planung handelt es sich um die "Science of muddling through", d. h. eine Strategie systemisch nicht zusammenhängender Aktionen.
[437] Vgl. Szewczyk (2002 (b), S. 39).
[438] Bea/Haas (2001, S. 198).
[439] Meyer, H. (1998, S. 22). Vgl. auch die Abschnitte 2.5.4.1 und 4.4 in dieser Arbeit.
[440] Bea/Haas (2001, S. 211).

107

des Schulalltags ist, ist der Soll-Ist-Vergleich als Ergebniskontrolle. Daneben sind zu berücksichtigen Zielkontrolle[441] (Soll-Soll-Vergleich), Planfortschrittskontrolle (Soll-Wird-Vergleich), Prognosekontrolle (Wird-Wird-Vergleich) und Prämissenkontrolle (Wird-Ist-Vergleich).

Im Gegensatz zur traditionellen Managementsicht, bei der die Kontrolle am Ende eines Managementprozesses steht, wird die strategische Kontrolle „... zu einer eigenständigen gewichtigen Managementfunktion mit eigenem Steuerungspotenzial."[442] Sie begleitet den Planungsprozess und sichert ihn ab. Schreyögg/Steinmann haben die grundlegende Idee der strategischen Kontrolle schematisch dargestellt (vgl. Abb.18).[443]

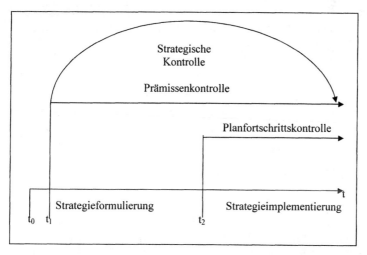

Abbildung 18: Strategische Kontrolle in Anlehnung an Schreyögg/Steinmann

Der kontinuierliche Entwicklungsprozess einer Unternehmung oder einer Schule sollte somit stets auch eine kontinuierliche Kontrolle beinhalten. Die jeweiligen Konzepte und Techniken können sich dabei unterscheiden. So ist beispielsweise eine systematische Kontrolle aller strategischen Potenziale berufsbildender Schulen weitgehend unbekannt, obwohl die Messbarkeit strategischer Erfolgsfaktoren durchaus gegeben ist.[444]

---

[441] Bea/Haas (2001, S. 214f.).
[442] Bea/Haas (2001, S. 217).
[443] Schreyögg/Steinmann (1985, S. 391ff.) und Bea/Haas (2001, S. 220).
[444] Vgl. Abschnitt 2.4.3 in dieser Arbeit.

2.4.2.3   Information

Der Begriff „Information" erfreut sich einer großen Definitionsbandbreite.[445] Bea/Haas definieren Information zunächst (zu) knapp als „Zuwachs an zweckorientiertem Wissen", ergänzen ihn aber einen Absatz später um die Bedeutungen „führungsrelevante Daten", „Gehalt einer Nachricht", „effektives, potenzielles, entscheidungsrelevantes Wissen".[446] Eine derartige Begriffsbestimmung macht deutlich, dass Information ein strategischer Erfolgsfaktor ist. Dies umso mehr, als die wachsende Dynamik im Unternehmen sowie in dessen Umwelt gut funktionierende Informationssysteme notwendig machen, um erfolgreiches unternehmerisches Handeln zu sichern.

Unter einem "strategischen Informationsmanagement" verstehen Bea/Haas demzufolge „... die Gesamtheit aller Aktivitäten der Informationsbedarfsanalyse, Informationsbeschaffung und Informationsverarbeitung sowie der dabei eingesetzten Instrumente zur Unterstützung des Strategischen Managements."[447] (Vgl. Abb.19).

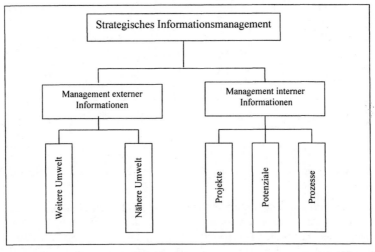

Abbildung 19: Konzeption eines strategischen Informationsmanagements[448]

---

[445] Vgl. Hambusch (1980, S. 20); Hrubi (1988, S. 59ff.) und unter psychologischen Aspekten Watzlawick/Beavin/Jackson (2000, S. 31ff.).
[446] Vgl. Bea/Haas (2001, S. 247) und die dort angegebene Literatur. Vgl. zum Bereich der Führungsinformationssysteme auch Hichert (1996, S. 657ff.).
[447] Bea/Haas (2001, S. 249).
[448] Bea/Haas (2001, S. 250).

Daraus folgt, dass sowohl externe als auch interne Informationen benötigt werden, um die beiden zentralen Fragen beantworten zu können:[449]

Welche Informationen aus der Umwelt sind für die Unternehmung wichtig?
Welche Informationen über die eigene Unternehmung werden benötigt?

Die gleiche Frage- bzw. Argumentationsfigur bildet auch die Situation berufsbildender Schulen ab, so dass die Basiskonzeption eines strategischen Informationsmanagements übertragbar erscheint. Angesichts der unübersehbaren Informationsmenge, z. B. World Wide Web, Medien, muss der „führungsrelevante Informationsbedarf" begrenzt werden.[450] Ohne stets im Vorgriff zu wissen, welche Informationen sich als notwendig erweisen werden, lassen sich die Kriterien[451]: Relevanz, Differenziertheit, Operationalität, Präzision, Sicherheit, Aktualität und Exklusivität zur Selektion der Informationen benennen. Diese Problematik lässt sich auch durch computergestützte Informationssysteme nicht grundlegend eliminieren.[452] Stets kommt es bei der Arbeit mit computergestützten Informationssystemen darauf an, die Mensch-Maschine-Beziehung richtig einzuschätzen. Die Vorteile der Rechnerunterstützung: schnelle, genaue Verarbeitung großer Datenmengen, Entlastungen von Routineaufgaben, Verbesserung von organisatorischen Aktivitäten sind zu nutzen. Jedoch dürfen auch die teilweise folgenschweren Nachteile: Zahlengläubigkeit, Informationsverlust durch Aggregation, Informationsüberflutung und Probleme der Standardisierung nicht unterschätzt werden.[453] Letztlich kommt es beim strategischen Informationsmanagement im Unternehmen – und in berufsbildenden Schulen – auf einen optimalen Mix aus „harten Fakten", die auch computergestützt verarbeitet werden können, und „weichen" spontanen, intuitiven menschlichen Elementen an.

Gerade der menschliche Bezug ist bei der Entwicklung vom Informations- zum Wissensmanagement von großer Bedeutung. Wissen als „vierter Produktionsfaktor" ist untrennbar mit Menschen verknüpft. Es ist bemerkenswert, dass scheinbar erst im Zuge aktueller Schlagwörter, wie „intelligente Produkte und Dienstleistungen", „Fuzzy Logik", „IuK-Technologie" usw. die Gestaltung der Wissensprozesse große ökonomierelevante Beachtung findet. Gerade für berufs-

---

[449] Bea/Haas (2001, S. 249).

[450] Auf die Formen der Informationsbeschaffung und -verarbeitung sowie bestimmter Prognose- und Projektionsverfahren und der damit verbundenen Techniken wie z. B. Target Costing und Prozesskostenrechnung wird im begrenzten Rahmen dieser Arbeit verzichtet u. a., weil wesentliche Schlüsselgrößen z. B. kumulierte Produktionskosten im Schulbereich (noch) nicht erfasst werden können. Vgl. dazu Bea/Haas (2001, S. 257ff.) und die dort angegebene Literatur. Zur Problematik von Prognoseverfahren vgl. Alexander (1996).

[451] Bea/Haas (2001, S. 251f.).

[452] Vgl. Bea/Haas (2001, S. 332ff.).

[453] Vgl. Bea/Haas (2001, S. 340).

bildende Schulen könnte dies eine Chance sein, sich in den Bereichen Wissensgenerierung, -transfer, -speicherung und -nutzung zu positionieren. In kaum einer anderen Bildungseinrichtung kann der Kanon der Produktionsfaktoren so wirklichkeitsnah dargestellt und inhaltlich tiefgehend untersucht werden. Berufsbildende Schulen ermöglichen sozusagen ein Lernen im und am „Modell: Wissen".[454]

2.4.2.4 Organisation

Die strategische Bedeutsamkeit der Organisation wird deutlich, wenn sie als systemisches Element betrachtet wird.[455] Nach Bea/Haas[456] lassen sich der „Situative Ansatz"[457], der „Institutionenökonomische Ansatz"[458] und der „Selbstorganisationsansatz"[459] konsequent mit einer strategischen Managementorientierung verknüpfen. Sie lassen aber offen, welcher dieser Erklärungsansätze für die Bewertung und Gestaltung organisatorischer Alternativen tatsächlich zu nutzen ist. Vielmehr leiten sie zu traditionellen Organisationsmodellen über.[460]

Für einen in die Zukunft weisenden Ansatz eines strategisch angelegten schulischen Change Managementprozesses scheinen jedoch die sogenannten „neuen Organisationsmodelle" von größerer Bedeutung zu sein.[461]

- Prozessorganisation

Die sogenannte „Prozessorganisation" beinhaltet Prozesse als Gegenstand der Strukturierung von Unternehmen. Konkret ist damit die Schaffung organisatorischer Einheiten mit Prozessverantwortung verbunden. Viele der neueren „betriebswirtschaftlichen Lehren", z. B. KANBAN[462], Total Quality Manage-

---

[454] Vgl. Wyssusek/Schwartz/Kremberg/Mahr (2002, S. 238ff.).

[455] Vgl. S. 46 in dieser Arbeit.

[456] Bea/Haas (2001, S. 366); vgl. auch Bea/Göbel (1999, S. 44ff.).

[457] Vgl. Kieser (2001, S. 169f.) und Kieser/Kubicek (1992, S. 57).

[458] Vgl. Ebers/Gotsch (2001, S. 199ff.). Vgl. auch grundlegend Coase (1937, S. 386ff.) und Picot (1982, S. 267ff.).

[459] Vgl. Probst (1987) und Göbel (1998).

[460] Vgl. Bea/Haas (2001, S. 382 ff.). Die Ausführungen folgen bekannten Pfaden, so dass an dieser Stelle auf eine beschreibende Wiedergabe verzichtet werden kann. Für berufsbildende Schulen mögen in der Realität ausgesprochen vielfältige Modelle existieren, da sie sich sozusagen auf der Basis des Selbstorganisationsansatzes – mehr oder minder – frei entwickeln können; allerdings mit der einen wichtigen Ausnahme, dass die Rolle des Schulleiters (vgl. Abschnitt 4.1.1) gesetzlich bestimmt ist.

[461] Vgl. Bea/Haas (2001, S. 402ff.).

[462] Vgl. Wildemann (1996, S. 949f.).

ment[463], Business Reengineering[464], Benchmarking[465] und Lean Production[466] können unter dem Blickwinkel der Prozessorganisation analysiert werden. Kernpunkt der Prozessorganisation ist die Ausrichtung der Aufbauorganisation an der Ablauforganisation. Damit geht u. a. eine Abkehr vom klassischen Hierarchieprinzip einher. Als strategische Vorteile werden erwartet:[467]

- Prozessbeschleunigung: Die Strukturierung der Leistungs- und Informationsprozesse erfolgt stellen- und abteilungsübergreifend entsprechend den optimalen Prozessabläufen. Prozessbeschleunigung ist damit ein systembedingtes Ziel.
- Übernahme von Gesamtverantwortung: Die Prozessausführenden sind gleichzeitig Prozessverantwortliche. Ihre Kompetenz wird genutzt, ihr Verantwortungsgefühl und damit ihre Identifikation mit der Unternehmung gefördert. Damit lässt sich gleichzeitig ein Prozess kontinuierlicher Verbesserungen initiieren.
- Reduktion der Schnittstellenproblematik: In Abkehr vom Taylorismus werden Aufgaben vermehrt zusammengefasst. Die Komplexität der Aufgaben steigt bei gleichzeitiger Verminderung isolierter, singulärer Tätigkeiten. Dies führt zu einer Minimierung prozessbehindernder Schnittstellen.
- Kundenorientierung: Kunden werden als Teil eines überbetrieblichen Gesamtprozesses begriffen. Der Informationsaustausch zwischen Kunden – Unternehmen – Lieferanten wird ausgebaut. Die gegenseitigen Abstimmungsprozesse können u. a. aufgrund elektronischer Medien wesentlich verkürzt werden. Dies macht sich insbesondere bei internationalen Geschäftstätigkeiten bemerkbar.

Für berufsbildende Schulen scheinen sich die Anzeichen zu mehren, dass ihre Organisationsstrukturen ebenfalls neu zu durchdenken sind. Angesichts ohnehin recht flacher Hierarchien, zunehmender Komplexität und gesetzlich gesicherter Partizipationsmöglichkeiten könnten die strategischen Vorteile genutzt werden, wenn berufsbildende Schulen ihre Prozesse definieren und sich entsprechend strukturell verändern.[468]

---

[463] Vgl. Betzl (1996, S. 40ff.).
[464] Vgl. Betzl (1996, S. 47ff.).
[465] Vgl. Zinser (1996, S. 982f.).
[466] Vgl. Betzl (1996, S. 43ff.).
[467] Vgl. Bea/Haas (2001, S. 406f.).
[468] So sind beispielsweise alle wesentliche Prozesse von den ersten Informationen für die "Kunden" (Eltern und Schüler), über die Einschulung bis zum Abitur am Fachgymnasium der BBS am Schölerberg eindeutig beschrieben und mit entsprechenden Materialien EDV-mäßig unterlegt sowie mit personeller Verantwortung verknüpft.

- Teammodelle

Es existieren in Theorie und Praxis diverse Teammodelle. Ihr gemeinsames Kennzeichen ist die Übertragung von Entscheidungsbefugnissen auf die Gruppe; die Einzelperson bekommt einen anderen Stellenwert. Bea/Haas beschreiben fünf Merkmale des Teams, die allerdings in den Bereichen Lebensdauer, Zielsetzungen und Autonomie ebenso auf Einzelpersonen übertragbar erscheinen.[469] Per definitione besteht ein Team aus mehr als einer Person. Optimale Teamgrößen hängen stets von der übertragenen Aufgabe ab bzw. der Möglichkeit, die Aufgabe noch zu teilen. Prägnantes Merkmal aller Teamarbeit ist die Arbeitsform an sich. Sie impliziert veränderte Koordinierungsinstrumente und die besondere Beachtung einer teambezogenen Binnenstruktur. Die Leistungsfähigkeit des Teams hängt u. a. ab von der Kohäsion, der Affektstruktur, der Aufgabenintegration und der Mitverantwortung. Unabhängig von den Formen der Teammodelle[470] empfiehlt es sich, einen gruppenfördernden Prozess des Formings, Stormings, Normings und Performings zu durchlaufen bzw. übertragen auf die Organisationsentwicklung heißt das: Pionier-, Differenzierungs-, Integrations- und Transformationsphasen einzurichten.[471] Insgesamt erwachsen aus der Teamarbeit eine Reihe strategischer Vorteile: verbesserte Selbstorganisation, erhöhtes Innovationspotential usw., die auch auf berufsbildende Schulen übertragbar erscheinen.[472]

- Lernende Organisation

Senge bietet mit seinen grundlegenden Ausführungen zur „Lernenden Organisation" die Basis für die Untersuchung von Prozessen organisierten Lernens. Obwohl Bea/Haas dort anknüpfen und sich mit Zielen, Trägern, Dauer, Auslöser, Struktur und Inhalt auseinandersetzen, lassen sie die fünf charakteristischen Merkmale Senges:[473] "Systemdenken", "Personal Mastery", "Mentale Modelle", "gemeinsame Vision" und "Team-Lernen" unbehandelt. Diese erscheinen jedoch für innovative Prozesse in berufsbildenden Schulen von großer strategischer Bedeutung zu sein, so dass sie bei Change Managementansätzen beachtet werden sollten.[474] Gleiches gilt für Kooperationsmodelle.[475]

[469] Vgl. Bea/Haas (2001, S. 407f.).

[470] Bea/Haas (2001, S. 408ff.) stellen vor: Modell überlappender Gruppen nach Likert (Vgl. auch Rittmeister/ Schnelle (1995, S. 280)), Projektgruppen (zur schulischen Projektarbeit vgl. Szewczyk (2000, S. 215ff.)), teilautonome Gruppen (vgl. auch Bea/Göbel (1999, S. 302ff.)) und Qualitätszirkel (vgl. Antoni/Hofmann/Bungard (1996, S. 491f.)).

[471] Vgl. Schley (1998 (a), S. 23ff.) und (1998 (b), S. 111ff.).

[472] Vgl. Instrumente zur Teamentwicklung bei Thiel/Szewczyk (2003, S. 156ff.).

[473] Senge (1997, S. 171ff.).

[474] Nicht zuletzt deshalb übertragen Thiel/Szewczyk (2003) zentrale Gedanken auf die "Lernende Organisation Schule".

• Reorganisation

Von besonderer Bedeutung für die Organisation einer Unternehmung ist ihre Fähigkeit sich spezifischen Umweltsituationen anzupassen und sich ggf. zu verändern. Die Veränderungsanlässe können externe und interne Ursachen haben. Zu den externen Ursachen zählen z. B. veränderte Marktbedingungen, Entstehung neuer Produkte oder Produktionsverfahren, politische und gesellschaftliche Veränderungen. Als interne Ursachen gelten u. a. Strategieänderungen, Veränderungen der Leistungspotenziale oder der Unternehmenskultur.

In diesem Zusammenhang definieren Bea/Haas: „Reorganisation ist das bewusste und geplante Ändern der inneren Struktur bzw. der Aufgabenverteilung zwischen Unternehmung und Umwelt zur (Wieder-)Herstellung des Fit zwischen der Unternehmung und ihrer Umwelt bzw. zwischen der Organisation und den anderen Elementen des Strategischen Managements."[476] Sie sehen die Reorganisation als eine projektorientierte Aufgabe mit den drei Schritten Projektplanung (Zielbildung, Alternativensuche, Alternativenbewertung und -auswahl), Projektrealisation (Macht- und Partizipationsstrategie) und Projektkontrolle.[477]

So schwierig im konkreten Fall sich die Reorganisation gestalten mag, sie ist für das Überleben der Unternehmung notwendig. Sie ist häufig der erste Schritt von einer einmaligen Veränderung hin zur Bereitschaft kontinuierlicher Änderungs- bzw. Transformationsfähigkeit. Womit ein grundsätzlicher Anfang für ein schulisches Change Management gemacht wäre,[478] der vor allem im Denken der Handelnden stattfinden muss. Dieser Prozess ist gerade für die Menschen in berufsbilden Schulen von zentraler Bedeutung, um nicht von dynamischen Prozessen anderer korrespondierender Teilsysteme, z. B. Arbeitsmarkt und Sozialsystem abgekoppelt zu werden.

---

[475] Bea/Haas erarbeiten einen rechtsbegrifflich abgestützten Überblick von Kooperationsformen und grenzen diese von der Fusion und der Konzernbildung ab. Diese Gedanken reflektieren gängiges betriebswirtschaftliches Wissen. Ihre Übertragbarkeit auf Kooperationsformen in der beruflichen Bildung scheinen aufgrund der unterschiedlichen Rechtsproblematik äußerst begrenzt. Vgl. Bea/Haas (2001, S. 417ff.). D. h. nicht, dass nicht vielfältige Kooperationsformen, z. B. Austausch von Lehrkräften, gemeinsame Außenstellen und didaktisch-methodische Netzwerke, den Alltag berufsbildender Schulen mitprägen. Sie müssen demzufolge auch bei einem Change Managementansatz mitbedacht werden.

[476] Bea/Haas (2001, S. 433).

[477] Vgl. Bea/Haas (2001, S. 433ff.).

[478] Vgl. Bea/Haas (2001, S. 439).

2.4.2.5 Unternehmenskultur

„Unternehmenskultur ist ein im Kern unsichtbares und ungreifbares menschen-geschaffenes Phänomen, das sich in Sozialisations- und Lernprozessen entwi-ckelt. ... Sie hat ihrerseits maßgeblichen Einfluss auf die Strategie und die Struk-tur."[479] Hauptgrund für eine betriebswirtschaftliche Durchdringung dieser The-matik ist neben der wirtschaftsethischen Dimension[480] der sogenannte „Japan-Schock"[481]. Die Kernthese des Schocks lautet: Neben der Organisationsstruktur ist die Unternehmenskultur der entscheidende Faktor für den Unternehmenser-folg. Was ist nun aber unter dem Begriff "Unternehmenskultur" zu verstehen? Bea/Haas definieren: „Unternehmenskultur ist die Gesamtheit von im Laufe der Zeit in einer Unternehmung entstandenen und akzeptierten Werten und Normen, die über bestimmte Wahrnehmungs-, Denk- und Verhaltensmuster das Ent-scheiden und Handeln der Mitglieder der Unternehmung prägen."[482]

Die Unternehmenskultur lässt sich auf drei Ebenen beobachten (vgl. Abb. 20). Kern der Unternehmenskultur ist das Normen- und Wertesystem. Dieses baut auf einem System von Grundannahmen auf. Als äußere, sichtbare Ebene rundet ein Symbolsystem diese Modellbetrachtung ab. Nach Schein lässt sich das Ebe-nenmodell der Unternehmenskultur auf alle Kulturbereiche (Individual-, Grup-pen-, Unternehmens-, Branchen- und Gesellschaftskultur) anwenden.[483] Somit sollte es auch für einen Transfer in den Bereich berufsbildender Schulen geeig-net sein.[484] Es ist zudem mit den Kulturmerkmalen (Art und Stärke) im Sinne unterschiedlicher Typologien von Unternehmenskulturen vereinbar, z. B. mit denen von Bleicher[485], Deal/Kennedy[486] und Bea/Haas[487].

---

[479] Bea/Haas (2001, S. 447). Keinesfalls sollte aber der Eindruck entstehen, dass die skizzier-ten Fragmente schon eine in sich schlüssige Theorie der Unternehmenskultur darstellen. Eine derartige, in das Strategische Management implementierte Theorie, ist auf der Basis hier vor-liegender Literatur nicht auszumachen.

[480] Rusche (1993) formuliert in diesem Sinne: "Menschliche Sozialsysteme streben nach Sinn. Die kommunikative Konstitution der Normen, Werte und Sinngehalte ist Aufgabe des norma-tiven Managements, welches die Unternehmenskultur ethisch begründet."

[481] Vgl. Imai (1991).

[482] Bea/Haas (2001, S. 457). Damit grenzen die Autoren den Begriff der "Unternehmenskul-tur" von den Begriffen "Betriebsklima" und "Corporate Identity" ab. Anderer Meinung ist Regenthal (1996, S. 10), der zwischen Corporate Behavior, Corporate Communication und Corporate Design unterscheidet.

[483] Vgl. Bea/Haas (2001, S. 459).

[484] Erste Spiegelungen der Schulkultur sind in den jeweiligen Leitbildern der Schule auszu-machen. Vgl. Abschnitt 5.3.1 in dieser Arbeit.

[485] Bleicher (1999, S. 235ff.).

[486] Deal/Kennedy (1982, S.107ff).

[487] Bea/Haas (2001, S. 464) in Anlehnung an Bleicher (1999, S. 235ff.).

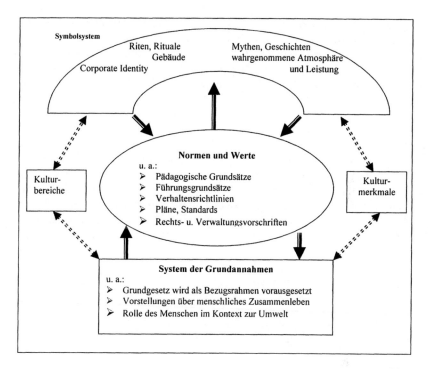

Abbildung 20: Kulturebenen, -merkmale und -bereiche in Anlehnung an Schein[488]

Äußerungen im Bereich der „Theorie" einer Unternehmenskultur haben häufig nur Plausibilitätscharakter. Ihre empirische Überprüfung ist aufgrund mangelnder Operationalisierung von Kultur schwierig, bzw. scheint teilweise nicht möglich.[489] Dennoch sind Wirkungen der Unternehmenskultur deutlich in den Bereichen Koordination, Integration, Motivation und Repräsentation erkennbar.

Für die strategische Unternehmensführung ist die Frage der Gestaltung der Unternehmenskultur von großer Bedeutung. Bea/Haas können zu ihrer Beantwortung auf die Vorgehensweise ihres „strategischen Fits", d. h. strategische Zielbildung, Strategiewahl und Strategieimplementierung zurückgreifen. Dabei muss die Gestaltung der Unternehmenskultur immer mit dem Gesamtplan der strategischen Unternehmensführung kompatibel sein. Sie sollte sich langfristig entwickeln, um im Unternehmen von allen Beteiligten gelebt werden zu können. Ein richtungsweisendes Leitbild kann dabei als flankierende Maßnahme von be-

---

[488] Vgl. Schein (1986, S. 14).
[489] Vgl. Hofstede (1980, Sp. 1174).

116

sonderer Bedeutung sein.[490] Insbesondere dem Schulleiter als originären Leistungsträger sollte die duale Perspektive eines integrierten Controllings, bestehend aus strategischer Managementfunktion und umfassender Entwicklung der Unternehmenskultur bewusst sein. Auf berufsbildende Schulen übertragen heißt das u. a., dass die Schulkultur einer Schule nur durch komplexe soziale Prozesse behutsam verändert werden kann.[491]

2.4.2.6 Leistungspotenziale

Die Leistungspotenziale Beschaffung, Produktion, Absatz, Kapital, Personal und Technologie lassen sich als Speicher spezifischer Stärken des Unternehmens interpretieren. Ihre optimale strategische Nutzung ist Aufgabe der Unternehmensleitung mit ihren Führungspotenzialen. Für berufsbildende Schulen scheint es sinnvoll, in Analogie zu Bea/Haas, insbesondere die Leistungs-potenziale am schulischen Kernprozess „Unterricht" auszurichten (vgl. Abb. 21).

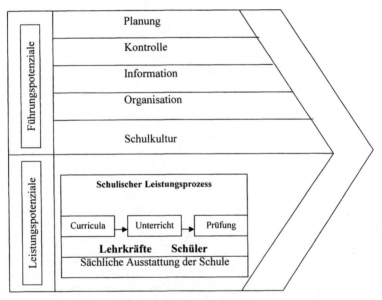

Abbildung 21: Strategische Potenziale in berufsbildenden Schulen
in Anlehnung an Bea/Haas[492]

---

[490] Vgl. Reiß (1998, S. 269).
[491] Vgl. Jahns (2002, S. 216).
[492] Bea/Haas (2001, S. 110). Vgl. auch zum schulischen Leistungsprozess „CUP" Szewczyk/ Seemann-Weymar/ Alexander (2002, S. 20).

Es können dann die strategischen Erfolgfaktoren (= „kritische Erfolgsfaktoren") als erfolgsrelevante Stärken und Schwächen berufsbildender Schule benannt werden.[493]

	Schulische Potenziale	Strategische Erfolgsfaktoren
Führungspotenziale	**Planung** z. B. Gesamtstundenplan	• Geschlossenes Planungssystem • Flexibilität der Planung • Einsatz von Planungstechniken
	Kontrolle z. B. Wahrnehmung der Lehrtätigkeit, Klassenbücher, Pausenaufsicht	• Schulspezifisches Kontrollsystem • Abstimmung, Planung und Kontrolle • Einsatz von Kontrolltechniken
	Information z. B. Homepage	• Früherkennung von Chancen/Risiken • Personelle Netzwerke • Computergestützte Informationssysteme
	Organisation z. B. Vertretungsregelungen	• Hierarchieebenen • Delegationsfähigkeit der Schulleitung • Flexibilität der Organisation • Lernfähigkeit der Organisation • Kooperation mit anderen Schulen
	Schulkultur z. B. Leitbild, Schulkontrakt, Schulzeitung	• Entwicklung und Pflege einer eigenständigen Schulkultur • Imagepflege und Außenorientierung • Innovationsfähigkeit
Leistungspotenziale	**Curricula** z. B. Rahmenrichtlinien für einen Ausbildungsberuf	• Qualität der Curricula • Akzeptanz in den Kollegien • Abstimmung mit der Praxis
	Unterricht z. B. Blockunterricht für Fachklassen „Industriekaufmann/-frau"	• Qualität des Unterrichts • Vielfältigkeit der Unterrichtsangebote • Zeitliche Flexibilität im dualen System • Vermeidung von Unterrichtsausfall • Sinnvoller Vertretungsunterricht
	Prüfung z. B. Abschlussprüfung IHK, Abitur im Wirtschaftsgymnasium, Erweiterter Sek. II Abschluss in der Berufsfachschule	• Qualität des Unterrichts • Feedback für die Beteiligten • Benchmarking mit anderen Schulen
	Lehrkräfte/Schüler z. B. gemeinsam gesetzte Lernziele erreichen	• Qualifikation • Motivation und Engagement • Lernfähigkeit • Identifikation mit der Schule
	Sächliche Ausstattung z. B. funktionierende EDV-Netzwerke und deren Administration	• Schulstandort, Gebäude, Räume • schulische Infrastruktur • unterrichtsadäquate Einrichtungen • Regenerationsmöglichkeiten

Tabelle 4: Schulische Potenziale und strategische Erfolgsfaktoren in Anlehnung an Bea/Haas[494]

---

[493] Bea/Haas (2001, S. 110). Reiß (1998, S. 266) spricht von einem "Erfolgsfaktoren-Portfolio".

Exemplarisch kann mit der Tabelle 4 gezeigt werden, welche konkreten Handlungen, z. B. Aufstellen des Gesamtstundenplans, Leitbild, Blockunterricht für Fachklassen usw. im Bereich der Potenziale mit den entsprechenden Erfolgsfaktoren verknüpft werden können.

Die schulischen Potenziale könnten in einem Scoring Modell[495] (Tabelle 5) quantifiziert und mit anderen Schulen verglichen werden. Ein Scoring Modell ist ebenso für Vergleiche im Zeitablauf oder für die differenzierte Analyse eines (oder weniger) Leistungspotenziale, z. B. Unterricht verwendbar.

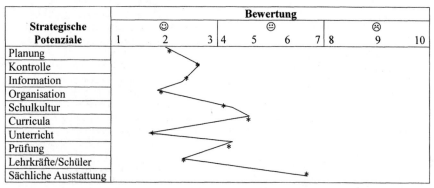

Tabelle 5: Scoring-Modell mit Stärken Schwächen Profil in Anlehnung an Bea/Haas[496]

Letztlich könnte mit dem beschriebenen Instrumentarium der langfristige strategische Erfolg ermittelt werden. Gerade im Schulbereich mit seinen relativ vielen soft facts (qualitative Ziele) gestaltet sich eine genaue Ermittlung wesentlich schwieriger als bei einem „harten", messbaren Return on Investment-Konzept.[497]

---

[494] Vgl. Bea/Haas (2001, S. 111f.). In der Tabelle 4 werden die gleichen Ordnungsprinzipien verwendet, mit der Ausnahme, dass im Bereich der Führungspotenziale der Begriff "Unternehmenskultur" durch "Schulkultur" ersetzt wurde und die Leistungspotenziale schulbezogen gefasst sind.

[495] Vgl. Bea/Haas (2001, S. 112f.).

[496] Vgl. Bea/Haas (2001, S. 165). Es handelt sich hierbei um fiktive Daten, die allerdings realitätsnah die Situation berufsbildender Schulen widerspiegeln, die einen großen Nachholbedarf im IT-Bereich haben.

[497] Bei zunehmenden Wettbewerb zwischen öffentlichen und privaten Bildungsanbietern müsste eine Konkurrentenanalyse in die Gesamtstrategie einbezogen werden. Zu möglichen Techniken vgl. Bea/Haas (2001, S. 113ff.).

2.4.3 Schlussfolgerungen für die Managementorientierung berufsbildender Schulen

Welche Schlussfolgerungen können aus dem Ansatz von Bea/Haas für die Managementorientierung berufsbildender Schulen gezogen werden? Von grundsätzlicher Bedeutung ist seine „strategische Perspektive".

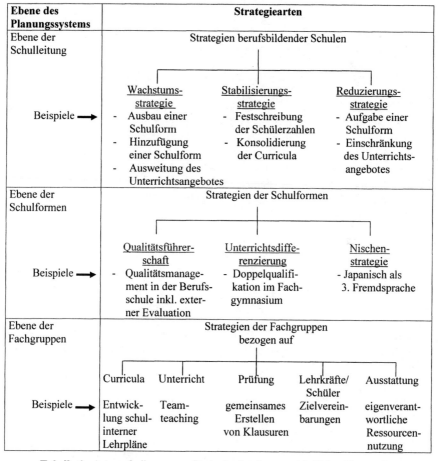

Tabelle 6 : Arten schulbezogener Strategien bzgl. unterschiedlicher Ebenen des Planungssystems in Anlehnung an Bea/Haas[498]

---

[498] Vgl. Bea/Haas (2001, S. 165).

In diesem Sinne soll in Anlehnung an Bea/Haas mit der Tabelle 6 ein erster Versuch unternommen werden, Strategiearten zu systematisieren. Auf der Ebene der Schulleitung wird im Sinne einer „Richtlinienkompetenz" innerhalb der geltenden Rechts- und Verwaltungsvorschriften die grundlegende Stossrichtung der Schule festgelegt. Im Bereich der Schulformen können eigene Strategien gewählt werden, solange sie mit der generellen Richtung der Schulleitung kompatibel sind. Ist beispielsweise die generelle Strategie auf Wachstum angelegt, dann macht es Sinn, in der Schulform Fachgymnasium eine Doppelqualifikation anzubieten, um das Angebot attraktiver zu machen und die Nachfrage zu steigern. Dementsprechend müssten auf der Ebene der Fachgruppen die schulinternen Stoffverteilungspläne ausgestaltet werden.

Mit dieser ebenenbezogenen abgestimmten Vorgehensweise könnten die strategischen Potenziale berufsbildender Schulen als „Speicher spezifischer Stärken"[499] genutzt werden, um die Schule auch in einem wettbewerbsorientierten Umfeld erfolgreich aufzustellen und langfristig ihre Existenz zu sichern. Ein entsprechender Implementierungsprozess wäre mit dem Instrumentarium von Schreyögg/Steinmann (vgl. Abb. 18) zu kontrollieren. Dazu könnte in Anlehnung an Bea/Haas[500] exemplarisch die Tabelle 4 modifiziert und um bestimmte Messverfahren erweitert werden. Daran wird deutlich, dass auch die Entwicklungsfähigkeit berufsbildender Schulen einem kontinuierlichen Kontrollprozess unterzogen werden kann.

Es ist nicht zu verkennen, dass Zahlen einerseits nur bedingt qualitative Entwicklungsprozesse zum Ausdruck bringen. Andererseits sollte auf eine gezielte Implementierung einer Kontrolle der strategischen Potenziale nicht gänzlich verzichtet werden, weil schlussendlich alle berufsbildenden Schulen einer externen „Kontrolle" durch Ausbildungsbetriebe, Schüler, Eltern, Bezirksregierung usw. ausgesetzt sind. Um sich nicht der Gefahr eines negativen Urteils dieser Kontrolleure auszusetzen, scheint eine schulinterne proaktive strategische Kontrolle dringend empfehlenswert. Sie bietet die Chance für eine selbstinitiierte Korrektur.

---

[499] Bea/Haas (2001, S. 181).
[500] Vgl. Bea/Haas (2001, S. 225).

	Potenziale	Strategische Erfolgsfaktoren	Messverfahren
Führungspotenziale	**Planung** z. B. Gesamtstundenplan	Flexibilität der Planung	Anzahl der Springstunden
	Kontrolle z. B. Klassenbücher, Pausenaufsicht	Einsatz von Kontrolltechniken	Häufigkeit von Kontrollvorgängen
	Information z. B. Homepage	Computergestützte Informationssysteme	Tag der letzten Bearbeitung
	Organisation z. B. Vertretungsregelungen	Flexibilität der Organisation	Anzahl der Vertretungen bzw. Prozentsatz des Unterrichtsausfalls
	Schulkultur z. B. Leitbild, Schulzeitung	Schulkultur und Außenorientierung	Befragungen, Häufigkeit von Außenkontakten
Leistungspotenziale	**Curricula** z. B. Rahmenrichtlinien für einen Ausbildungsberuf	Qualität der Curricula	Zahl der fachlichen Mängel
	Unterricht z. B. Bockunterricht für Fachklassen „Industriekaufmann/-frau"	Zeitliche Flexibilität im dualen System	Zufriedenheitsmessung „scoring" durch die Ausbildungsbetriebe
	Prüfung z. B. Abschlussprüfung IHK,	Benchmarking mit anderen Schulen	Ergebnisse der Abschlussprüfungen
	Lehrkräfte/Schüler z. B. gemeinsam gesetzte Lernziele erreichen	Qualifikation	Häufigkeit von Fort- und Weiterbildungsmaßnahmen
	Sächliche Ausstattung z. B. funktionierende EDV-Netzwerke und deren Administration	unterrichtsadäquate Einrichtungen	Entwicklung der Kosten im EDV-Bereich

Tabelle 7: Kontrollmöglichkeiten der strategischen Potenziale berufsbildender Schulen

Zusammenfassend kann davon ausgegangen werden, dass für die Funktion eines Schulleiters berufsbildender Schulen der Ansatz des strategischen Managements von Bea/Haas eine Reihe von Elementen enthält, die es zu nutzen gilt. Allerdings müssen diese hinsichtlich der spezifischen Problematik von Change Managementprozessen berufsbildender Schulen noch genauer analysiert werden.

2.5   Der Change Managementorientierte Ansatz von Helmut Dreesmann und
        Sabine Karmer-Fieger et. al.

2.5.1 Ausgangsüberlegungen

Die Notwendigkeit, weiter den Fokus zu verengen und zu schärfen, lässt sich
aus dem vorausgegangenen Abschnitt ableiten. Managementprozesse des Wandels, des „Changes", des „Movings", um nur einige synonyme Begrifflichkeiten
aufzuzählen, finden einen reichhaltigen Niederschlag in der Fachliteratur. Allerdings haftet ihnen häufig eine idealistische Grundposition an und nur wenige der
Ansätze genügen wissenschaftlichen Ansprüchen.[501] Im Gegensatz dazu zeichnen sich die Arbeiten von Dreesmann und Karmer-Fieger et. al. dadurch aus,
dass sie auf einem wissenschaftlich begründeten systemtheoretisch orientierten
Ansatz fußen,[502] Theorie- und Praxisbezüge der Thematik durch wissenschaftliche Literatur gestützt und abgesichert sind[503] und darüber hinaus Transferele-
mente für Changeprozesse berufsbildender Schulen enthalten. Insgesamt reprä-
sentiert der Ansatz "reife Managementfunktionen".[504]

Dreesmanns Arbeit „Innovationsprozesse: Die Systematik des Erfolgs"[505] basiert
auf einer empirischen Untersuchung über das Scheitern von Innovationsprozessen in deutschen Industrieunternehmen. Die Gründe für das Scheitern liegen neben EDV-bezogenen Problemen zu vierzig Prozent im Bereich personeller, sozialer oder organisatorischer Faktoren.[506] Dreesmann leitet daraus ein fehlendes
Verständnis für die Erfolgs- und Misserfolgsfaktoren von Change Managementprozessen ab.[507] Im Umkehrschluss fordert er eine systematische Bedingungsfeldanalyse.[508] Zu dieser zählt auch eine Stärken- und Schwächenanalyse, um
nach Beseitigung der Schwächen die Changeprozesse nach den Regeln des Pro-

---

[501] Vgl. z. B. Doppler/Lauterburg (2000), die scheinbar das Change Management "erfunden"
haben. Gleiche Phänomene finden sich in der amerikanischen „Managementliteratur", z. B.
Lundin/Paul/Christensen (2001) und Johnson (2001), die alle ohne den Hinweis auf vorhandene Fachliteratur auszukommen scheinen.

[502] So sind Zink (1994, S. 23ff.) und Dreesmann (1994 (a), S. 82ff.) zu verstehen.

[503] Vgl. Dreesmann (1994 (a), S. 85).

[504] Vgl. zum Begriff "reife Managementfunktionen" Reiß (1998, S. 264).

[505] Dreesmann (1994 (a), S. 55ff.).

[506] Vgl. Dreesmann (1994 (a), S. 55), der sich auf die Arbeit von Knetsch (1987) bezieht.

[507] Dreesmann (1994 (a), S. 55).

[508] Der Begriff „Bedingungsfeldanalyse" ist einerseits im Schulalltag durch den Teil der Un-
terrichtsplanungen besetzt, der sich mit den sozialen und anthropogenen Rahmenbedingungen
des Unterrichts Faktoren auseinandersetzt. Vgl. grundlegend zur „Berliner Schule der Didaktik" Manstetten (1983, S. 87ff.) Andererseits scheint der Begriff für den Transfer geeignet zu
sein, weil auch durch den Unterricht, z. B. Inhalte, Prozesse und Verhaltensweisen in die
Klasse implementiert werden sollen. Je besser die Analyse ist, so effizienter ist auch hier das
didaktisch-methodische Instrumentarium adressatengenau einzusetzen.

jektmanagements zu verwirklichen. Grundsätzlich geht es bei jeder Innovation um:

- Eine Veränderung des Ist-Zustandes. Die Zielsetzungen, gleichgültig ob im Bereich von Systemen, Elementen oder Relationen, wird als angestrebter Soll-Zustand mehr oder minder eindeutig bestimmt.[509] Derartige Veränderungen sind gekennzeichnet durch Neuheit, Komplexität, Unsicherheit und Konfliktpotenzial.
- Erfolgreiche Veränderungen sind stets auch im Zusammenhang zur Systemumwelt zu betrachten. Dies gilt auch für Berufsbildende Schulen. Sogar unter der Annahme autopoeitisch induzierter Veränderungen, beeinflussen diese Veränderungen mit hoher Wahrscheinlichkeit ihre Umwelt und erhalten von dieser Feedbacks, die wiederum Changepotenziale beinhalten können. Für Dreesmann ist es dabei von entscheidender Bedeutung, wie sich die Menschen innerhalb der sich verändernden Systeme verhalten. D. h. es ist zu fragen, ob sie eher zu einer konstruktiven oder destruktiven Haltung neigen. Diese Position Dreesmanns scheint die Wirklichkeit verengt abzubilden. Zum einen gibt es Anzeichen für eine Dreiteilung der Einstellung von Menschen in Organisationen bzgl. ihrer Veränderungsbereitschaft.[510] Zum anderen ist der Widerstand nicht unbedingt per se als destruktiv zu klassifizieren, weil er ein systemimmanentes Prozesselement darstellt, das deutlich machen kann, dass die Implementierungsmaßnahmen noch nicht optimal vorbereitet und/oder kommuniziert worden sind.

2.5.2 Implementierung von Changeprozessen
2.5.2.1 Bedingungsebenen

Veränderungsprozesse sind ohne veränderungsbereite Menschen zum Scheitern verurteilt. Auch wenn Organisationen einen Grad an Eigendynamik entwickeln, sind es letztlich die handelnden Menschen, die innovationsbezogene Entscheidungen treffen. Deshalb ist für Dreesmann " ... der Mensch in seiner Individualität die erste Grundkomponente ..."[511], die es bei der Implementierung von Changeprozessen zu berücksichtigen gilt. Zwar sind Menschen als Träger des Veränderungs-prozesses die conditio sine qua non, daneben gilt es aber im Bereich der

---

[509] Hierfür mögen die Aussagen „Der Weg ist das Ziel." (Beck (1993, S. 113)) und „Wer im Leben kein Ziel hat, verläuft sich. " (A. Lincoln) zitiert nach Regenthal (1992) als illustrierende Belege gelten.

[510] Vgl. Weinbrenner (1994, S. 16), der drei Reaktionstypen unterscheidet: "Verweigerer", "Erneuerer", "zögernde Skeptiker".

[511] Dreesmann (1994 (a), S. 58).

ersten Dimension das soziale Umfeld zu bedenken,[512] z. B. Vorgesetzte, Kollegen und Teams. Ebenso sind das organisatorische Umfeld, u. a. Aufbau- und Ablauforganisation sowie das Innovationssystem[513] inkl. der Partizipationsrechte der Mitarbeiter zu untersuchen.

Es ergeben sich somit vier Schichten, die im Sinne einer Matrix von sechs Kompetenzbereichen durchschnitten werden (vgl. Tabelle 8).

Kompetenz-bereiche / Bedingungs-ebenen	Fachliche Kompetenz (FK)	Persönliche Kompetenz (PK)	Konstruktive Kompetenz (KK)	Soziale Kompetenz (SK)	Methoden Kompetenz (MK)	Partizipative Kompetenz (PK)
Individuum (A)	Qualifikation Wissen Erfahrung	Reife Emotionale Stabilität Ambiguitäts-toleranz	Intelligenz Kreativität Flexibilität	Offenheit Kommunika-tions- u. Ko-operations-bereitschaft	Methoden Instrumente Verfahren	Verantwortung Entschei-dungswille Mitwirkung
Soziales Umfeld (Gruppe) (B)	Qualifikationsniveau	Gruppen-identifikation mit Innovation	Erfahrungs-austausch	Unterstützung	Funktionaler Arbeitsstil	Aktivitäts-orientierung
Organisatorischer Rahmen (Abt./Unternehmen) (C)	Qualifikationsanforderungen	Innovations-kultur	Informationsmanagement	Partizipativer Führungsstil	Projektmanagement	Entschei-dungsfrei-raum
Innovationssystem (D)	Komplexität	Nutzen	Gestaltbarkeit	Soziale Wirkung	Systematik	Beherrsch-barkeit

Tabelle 8: Erfolgsbedingungen für Innovationen in Anlehnung an Dreesmann[514]

Diese Kompetenzbereiche stellen die zweite Dimension der Erfolgsbedingungen von Innovationsvorhaben dar. Die Bedeutsamkeit der Kompetenzbereiche begründet Dreesmann mit der Stellung der Betroffenen vor und/oder während des Veränderungsprozesses, in dem sie über bestimmte Kompetenzen verfügen

---

[512] Dreesmann (1994 (a), S. 62). Zur Problematik des Begriffes „Feld", vgl. Alexander (2002, S. 36).
[513] Hier wird ein doppelter semantischer Bruch deutlich. Zum einem wird vom Feldbegriff abgerückt. Zum anderen wäre zu überlegen, ob das Innovationssystem per se nicht eine dritte Dimension darstellt, die im Bezug zu den Bedingungsebenen Individuum, soziales Umfeld und organisatorisches Umfeld steht.
[514] Kombinierte Tabelle aus Dreesmann (1994 (a), S. 63) und Dreesmann (1994 (b), S. 336).

müssen.[515] Die Verdichtung der Untersuchung auf Kompetenzbereiche ermöglicht einen Brückenschlag zu didaktisch-methodischen Fragestellungen in berufsbildenden Schulen.[516] Allerdings nimmt Dreesmann keine Trennung der Begriffe „Kompetenz" und „Qualifikation" vor. Beide Begriffe müssten im Kontext berufsbildender Schulen voneinander abgegrenzt werden.[517] So definiert der Deutsche Bildungsrat deutlich: "Kompetenzen bezeichnen den Lernerfolg im Hinblick auf den Lernenden selbst und seine Befähigung zu selbstverantwortlichem Handeln im privaten, beruflichen und gesellschaftlichen Bereich. Im Hinblick auf die berufliche Verwertbarkeit ist der Lernerfolg eine Qualifikation."[518] Ebenso ist die Abgrenzung der einzelnen Kompetenzbereiche: fachliche Kompetenz, persönliche Kompetenz, konstruktive Kompetenz, soziale Kompetenz, Methodenkompetenz und partizipative Kompetenz weder absolut trennscharf, noch ist sie für berufsbildende Schulen bruchfrei übertragbar.[519] Dennoch scheint die Vorgehensweise vom Untersuchungssinteresse Dreesmanns aus betrachtet, gerechtfertigt zu sein, weil sie eine große Bandbreite relevanter subjektiver Erfolgsbedingungen abdeckt.

2.5.2.2 Kompetenzbereiche

- Fachliche Kompetenz

Für die Mitarbeiter einer Unternehmung ist es wichtig, fachlich kompetent bzw. qualifiziert zu sein, um einen Arbeitsplatz zu bekommen und zu erhalten. Dabei stellen sich zwei zentrale Fragen:

1. Was ist unter dem Begriff „fachliche Kompetenz" zu verstehen?
2. Wie reagieren die Mitarbeiter selbst, ihr soziales und ihr organisatorisches Umfeld, um stets Wissen, Erfahrung, Qualifikation, Qualifikationsniveau

---

[515] Dreesmann (1994 (a), S. 59f.).
[516] Vgl. Bank/Reckstadt (1998, S. 143ff.) und die dort angegebene Literatur zur Problematik der Kraft und Leere des von Mertens (1974, S. 36ff.) eingeführten Begriffs „Schlüsselqualifikation". Vgl. auch Reetz (1999, S. 32ff.) und mit anderer Strukturierung und Schwerpunktsetzung Schneider (1991, S. 52ff.).
[517] Vgl. Schmidt (2002, S. 10).
[518] Deutscher Bildungsrat (1974).
[519] Die Problematik wird dadurch vergrößert, dass auf der Seite der berufsbildenden Schulen wenig Begriffseinheit festzustellen ist. So variieren Anzahl und Inhalte der Kompetenzen, die im Unterricht anzustreben sind. Vgl. u. a. Steinmann (1995, S. 12); Nöthen/Thelen (1996, S. 19); Lenzen (1997, S. 16).

und Qualifikationsanforderungen auf dem "state of the art" zu halten sowie der Komplexität des Innovationssystems entsprechen zu können?[520]

Die erste Frage kann in Anlehnung an Lenzen[521] wie folgt definierend beantwortet werden: Fachliche Kompetenz beinhaltet die Fähigkeit und Bereitschaft, auf der Basis inhaltlichen Wissens Aufgabenstellungen selbstständig oder im Team fachlich richtig und methodengeleitet zu bearbeiten und das Arbeitsergebnis zu beurteilen.[522]

Der wesentliche Ausgangspunkt für das Schaffen fachlicher Kompetenz liegt im Bildungssystem, wobei die berufliche Erstausbildung von besonderer Bedeutung ist. Somit besetzen die berufsbildenden Schulen eine Schlüsselrolle, insbesondere die Berufsschule im dualen System.

Bei der Beantwortung der zweiten Frage geht es um die Fort- und Weiterbildungsmöglichkeiten der Mitarbeiter. Effiziente Fort- und Weiterbildung zur Stabilisierung und Entwicklung fachlicher Kompetenz ist an verschiedene Voraussetzungen gebunden. Die Mitarbeiter müssen Fort- und Weiterbildungswillen entwickeln. Derartige Aktivitäten sollten auf die Wertschätzung der Vorgesetzten und Kollegen stoßen.[523] Es bedarf adäquater und finanzierbarer Fort- und Weiterbildungsangebote.[524]

- Persönliche Kompetenz

Unter dem Begriff „persönliche Kompetenz" sind die Fähigkeit und Bereitschaft des Mitarbeiters zu verstehen, als Individuum die Innovationschancen und -risiken im Beruf zu durchdenken und zu beurteilen, eigene Fähigkeiten und Fertigkeiten zu entfalten, berufsbezogene Zukunftspläne zu fassen und im Innovationsprozess konstruktiv fortzuentwickeln.[525] Sie umfasst Eigenschaften wie:

---

[520] Vgl. Dreesmann (1994 (a), S. 63ff.), der abgeleitete innovationsrelevante Fragen zur Fachkompetenz auf die vier "Ebenen": Individuum, Gruppe, Organisation und innovatives System bezieht.

[521] Lenzen (1997, S. 16).

[522] Vgl. Arbeitsstab Forum Bildung (2001, S. 10).

[523] Vgl. Dreesmann (1994 (a), S. 65).

[524] Im Bereich berufsbildender Schulen sind die Budgets teilweise so karg, dass Fortbildungskonzepte an ihrer Finanzierung zu scheitern drohen. So verfügten beispielsweise die BBS am Schölerberg in Osnabrück im Jahr 2002 über ein Budget von ca. 2.400 € für ca. 90 Kolleginnen und Kollegen.

[525] Diese Begriffsbestimmung ist in weiten Teilen deckungsgleich zum Begriff „Humankompetenz" von Lenzen (1997, S. 16).

Selbstständigkeit, Kritikfähigkeit, Selbstvertrauen, Zuverlässigkeit, Verantwortungs- und Pflichtbewusstsein.[526]

Diese Eigenschaften sind wichtig, weil jeder Innovationsprozess mit Ungewissheiten, Befürchtungen, Ängsten der Mitarbeiter besetzt ist.[527] Diese zu negieren oder zu überdecken, erweist sich meist als wenig innovationsfördernd, weil darunter die Empfindsamkeit für sogenannte "schwache Signale"[528] leidet. Gerade der bewusste Umgang mit dem Faktor Sensibilität ist keine Effizienzstörung sondern betriebliche Notwendigkeit zur Akzeptanzförderung des Innovationsprozesses. Er bietet u. a. den für Veränderungen notwendigen "Spielraum".[529] Veränderungsprozesse werden umso eher gelingen, je kongruenter das Unternehmensklima dazu beiträgt, positive Erfahrungswerte mit vergangenen Innovationen zu verknüpfen und auf neue zu transferieren. Gelungene Innovationen tragen ihrerseits dazu bei, ein bestimmtes Unternehmensklima zu entwickeln. D. h. das gesamte Innovationssetting muss mit der Unternehmenskultur harmonieren. Übertragen auf die Situation berufsbildender Schulen bedeutet das, dass beispielsweise eine Schule ohne nennenswerte Innovationserfahrungen gerade erste Innovationsvorhaben sorgfältig auswählen sollte. I. d. R. sollten diese relativ risikoarm gestaltet sein,[530] um erste positive Erfahrungen sammeln zu können. In berufsbildenden Schulen könnte dies beispielsweise die Erarbeitung einer neuen Intranet-Konzeption sein.

- Konstruktive Kompetenz

Unter dem Begriff „konstruktive Kompetenz" versteht Dreesmann die Fähigkeit "... mit Kreativität und entschlossenem Handeln die Veränderung herbeizuführen."[531] Aufbauend auf dem persönlichkeitspsychologischen Ansatz vom Mischel[532] wird die „constructive competency" zu den Primärfähigkeiten gerechnet, die ein Mensch benötigt, um sich in Problemsituationen seiner Umwelt zu behaupten. Wesentliche Merkmale der konstruktiven Kompetenz sind: Intelligenz, Problemlösungsfähigkeit und Kreativität.[533]

---

[526] Kultusministerkonferenz (2002, S. 4).

[527] Vgl. Dreesmann (1994 (a), S. 67).

[528] Vgl. Bea/Haas (2001, S. 287), die sich in Anlehnung an Ansoff mit dem Konzept der „schwachen Signale" auseinandersetzen.

[529] Vgl. DeMarco (2001, S. 14f.), der den "Mythos von der fungiblen Ressource „Mitarbeiter" deutlich macht.

[530] Vgl. Reiß (1998, S. 268).

[531] Dreesmann (1994 (a), S. 69).

[532] Mischel (1976).

[533] Dreesmann (1994 (a), S. 69).

Diese wesentlichen Merkmale sind nicht isoliert zu betrachten. Sie sind mit einem Bündel weiterer Eigenschaften verknüpft: breit angelegtes Allgemeinwissen, Erfahrungen im Umgang mit „undefinierten Definitionen", grundlegend systemisches und zukunftsorientiertes Denken. Eine derartige psychologische Disposition erleichtert prozessorientiertes Denken und Handeln. Es gelingt Mitarbeitern mit konstruktiver Kompetenz eher (auch kleine) Fortschritte als positive Handlungsergebnisse bei einer Problemlösung zu interpretieren. Sie geben sich sozusagen selbst ein positives Feedback und motivieren sich für die nächsten Herausforderungen.

Auf der Teamebene spiegelt sich die konstruktive Kompetenz in den Wertschöpfungsergebnissen von Qualitätszirkeln wider.[534] Systemisch betrachtet ist der über konstruktive Kompetenz im Team realisierte positive Veränderungsprozess gleichzusetzen mit der bekannten These der Allgemeinen Systemtheorie, dass das Ganze mehr als die Summe seiner Teile ausmacht.[535]

Zur Förderung der Konstruktiven Kompetenz der Mitarbeiter durch die Unternehmensleitung bedarf es eines guten Informationsmanagements[536] inkl. einer internen Kommunikationskultur, die eine Suche nach "Excellence"[537] unterstützt. Gerade in diesem Punkt scheint es in berufsbildenden Schulen einen großen Nachholbedarf zu geben. Bisher werden häufig von Lehrkräften eingebrachte effizienzfördernde Verbesserungsvorschläge u. a.:

- Nicht angemessen ideell und materiell honoriert.
- Als Antichambrieren bei der Schulleitung diskreditiert.
- Von den eigenen Kollegen als Verschlechterung der Arbeitsbedingungen bzw. als Gefährdung des "Arbeitsfriedens" gebrandmarkt.

Dass diese destruktiven Erscheinungsformen nicht selten unter dem Mantel einer scheinbaren "sozialen Kompetenz" versteckt werden, macht die Implementierung von Veränderungsprozessen nicht einfacher.

- Soziale Kompetenz

Im Unternehmen wie in berufsbildenden Schulen wirken sich Veränderungen i. d. R. auf mehrere Elemente, Relationen bzw. Personen und deren Arbeits- und Beziehungsgeflechte aus. D. h. es gilt, das soziale Umfeld in die Überlegungen zur angestrebten Veränderung mit einzubeziehen. Menschen scheinen dazu

---

[534] Zur Arbeitsweise schulischer Qualitätszirkel vgl. Philipp (1998, S. 63ff.).

[535] Vgl. Abschnitt 2.1.2 dieser Arbeit. Vgl. auch Bennett/Brown (1995, S. 175.).

[536] Vgl. Bauer (1996, S. 101).

[537] Vgl. Peters/Waterman (2000).

mehr oder weniger fähig zu sein.[538] Sozialkompetenz umfasst demnach: "Die Fähigkeit und Bereitschaft, soziale Beziehungen und Interessenlagen, Zuwendungen und Spannungen zu erfassen und zu verstehen sowie sich mit anderen rational und verantwortungsbewusst auseinander zusetzen und zu verständigen."[539] Oder wie es Dreesmann zugespitzt formuliert, geht es darum, "... in der Problemsituation "Change" eine flüssige Kommunikation herzustellen."[540]

Von besonderer Wichtigkeit erscheint es dabei, die unterschiedlichen Interessen und Fähigkeiten, z. B. zwischen aktiven Innovierenden und passiven Begleitern sowie zwischen Macht- und Fachpromotoren[541] zu analysieren. Das angestrebte Ziel in diesem Zusammenhang ist eine möglichst optimale Abstimmung der Interessen – ohne "Gesichtsverluste" zu produzieren, die ihrerseits wieder zu Verweigerungsstrategien führen können. Aus der Organisationsperspektive der Unternehmung ist die geforderte Sozialkompetenz eng mit möglichen Teambildungsprozessen verknüpft.[542] Fördert die Unternehmensleitung den Teamgedanken, z. B. über Arbeitsbedingungen, Gratifikationen und öffentliche Anerkennungen, erhält die Gruppen- und Teamarbeit eine wesentliche Stärkung.

Sie bietet damit zugleich eine wirkungsvolle Vorkehrung gegen Formen "gespielter Sozialkompetenz". Darunter können "Egotaktiken" verstanden werden, bei denen sich die Mitarbeiter nach außen sozial verhalten, jedoch ihren Fokus klar auf das persönliche Gelingen und Vorankommen gerichtet haben. In diesem Zusammenhang scheint es nicht zuletzt aufgrund empirischer Erkenntnisse zum kooperativen Lernen wichtig, besondere Anstrengungen auf die Beobachtung und Integration passiver Gruppenmitglieder zu entwickeln.[543] Entmutigte, unbeachtete, verzagte, unmotivierte, gelangweilte und intellektuell-snobistische Mitarbeiter müssen in Teams besser integriert werden. Ihr Beitrag und ihre Verantwortung für das Gruppenergebnis müssen transparent werden.[544]

---

[538] Im Sinne der Erkenntnis des Individuellen und der Gattung soll das heißen, dass jeder Mensch einzigartig ist, aber auch idiosynkratisch reagiert. Dies schließt Gruppierungen und Klassifizierungen nicht aus. Vgl. Maslow (2002, S. 236ff.).

[539] Lenzen (1997, S. 16). Vgl. auch grundlegend Euler (1997, S. 263ff.).

[540] Dreesmann (1994 (a), S. 72).

[541] Dreesmann (1994 (a), S. 72).

[542] Vgl. Dreesmann (1994 (a), S. 74). Vgl. für den Bereich der Schule Philipp (1998, S. 34ff.) und Lenzen (1997, S. 79ff.) sowie für den Unternehmensbereich Hauk (1998, S. 13ff.) und Mathes/Hauk (1998, S. 39ff.).

[543] Vgl. Dubs (1995, S. 302f.).

[544] Diese aus der Schulforschung stammenden Ergebnisse (vgl. Dubs (1995, S. 302f.) und die dort angegebene Literatur) scheinen durchaus auch auf Teamprozesse im Unternehmen übertragbar.

- Methodische Kompetenz

Die Durchführung von Veränderungen bedürfen bestimmter methodischer Vorgehensweisen. Nicht nur in Schulen[545] sondern auch in Unternehmen werden von Mitarbeitern Methoden der Problemlösung verlangt.[546] Methoden sind im Unternehmen wie im Unterricht stets "... Hilfsmittel zur Bewältigung bestimmter Aufgabensituationen."[547] Mitarbeiter benötigen ein bestimmtes Methodenrepertoire, um nicht permanent neue Lösungswege erkunden zu müssen und ggf. zu scheitern, obwohl Instrumente zur Lösung bekannt sind.

In diesem Sinne kann unter Methodenkompetenz "die Fähigkeit und Bereitschaft zu zielgerichtetem, planmäßigem Vorgehen bei der Bearbeitung beruflicher Aufgaben und Probleme"[548] verstanden werden. Auch hierbei können sich Teamgeist und Möglichkeiten zur Fort- und Weiterbildung positiv auf Kompetenzerwerb, -stabilisierung und -ausbau auswirken.

Problematisch erscheint jedoch eine Überbetonung der Methoden-Kompetenz, wenn z. B. die Inhalte bzw. Probleme hinter "eleganten" Methoden zurücktreten und die Methode zum Selbstzweck reduziert wird.[549]

- Partizipative Kompetenz

Unter dem Begriff „partizipative Kompetenz"[550] ist die Fähigkeit und Bereitschaft der Mitarbeiter zu verstehen, Gedanken, Ideen, Anregungen und Handlungen im Sinne mitwirkender bzw. mitbestimmender Handlungsabläufe in einen Veränderungsprozess einzubringen. Die partizipative Kompetenz ist im Zusammenhang mit der Unternehmenskultur und insbesondere im Kontext zum Führungsstil zu betrachten. Partizipation setzt einen kooperationswilligen Führungsstil voraus. Durch die positive Unterstützung der aktiven Mitwirkung und Mitbestimmung der Mitarbeiter können deren gedankliche, kreative und manu-

---

[545] Vgl. zur großen Fülle der Literatur zum Themenbereich "Unterrichtsmethoden" Dubs (1995, S. 131ff.),
Meyer (1994 (a) und 1994 (b)) und Arnold/Krämer-Stürzl (1996, S. 206ff.).

[546] Beispielhaft soll hier auf die Methoden der strategischen Planung verwiesen werden, vgl. Bea/Haas (2001, S. 58).

[547] Dreesmann (1994 (a), S. 75).

[548] Lenzen (1997, S. 16). Vgl. auch grundlegend Euler (1997, S. 263ff.).

[549] Nicht ganz frei von diesem Verdacht scheint der Ansatz von Klippert zu sein, der über eine unterstellte Komplementarität die Problempaletten der Unterrichtsgestaltung bis zum Management über Methoden zu lösen können glaubt. Vgl. Klippert (2002, S. 292ff.).

[550] Für den Begriff "partizipative Kompetenz" war aufgrund der vorliegenden Literatur keine Definition zu finden.

131

elle Potenziale besser genutzt werden.[551] Insgesamt erhofft man sich u. a. eine verbesserte Motivation und einen Anstieg des Qualifikationsniveaus.[552] Gerade innovative Prozesse bedürfen der Eigendynamik und der Selbstverantwortung. Der Anteil der Partizipationsaktionen hängt ab von der Erfahrung, vom Wissen und Engagement sowie dem Verantwortungsgefühl der Mitarbeiter.[553] Je stärker diese Eigenschaften ausgeprägt sind, desto intensiver wird sich die reale Partizipation in der Unternehmung gestalten lassen.

Dreesmann hält die partizipative Kompetenz für eine der entscheidenden Voraussetzungen für die Akzeptanz der Neuerung durch die Mitarbeiter.[554] Die Herstellung von Akzeptanz gilt als eine schwer zu überwindende Hürde im Changeprozess. Dafür scheinen vorrangig psychologische Gründe bestimmend zu sein, u. a.:

- Das Entscheiden über die Köpfe der Betroffenen hinweg wird von diesen als bedrohlich empfunden.
- Veränderungen können für den Einzelnen zu Nachteilen führen, die er zwar notgedrungen in Kauf nehmen muss, die er aber noch nicht initiiert haben möchte.
- Die Entwicklung von Minderwertigkeitsgefühlen, wenn ein Mensch außerhalb der Entwicklung steht.

Auch bei der partizipativen Kompetenz sind Teamarbeit, Führungsstil sowie die Transparenz der Innovationsprozesse von besonderer Bedeutung. Es reicht letztlich nicht aus, dass die Mitarbeiter über eine hohe partizipative Kompetenz verfügen, sie müssen auch die Gelegenheit erhalten, sie in den Innovationsprozess einzubringen. Es scheint evident, dass gerade in berufsbildenden Schulen die partipative Kompetenz, z. B. bei den verfassten Schulorganen Gesamtkonferenz,

---

[551] Dreesmann (1994 (a), S. 77). Vgl. auch das von W. Wiedeking (Porsche) erzählte illustrierende Beispiel: „Der Meister, dessen Team zum Beispiel den Teppich in einen 911er einklebt, wird ... gefragt, ob es nicht auch eine schnellere Methode gebe und er sagt möglicherweise: „Doch, wenn man die Matte von der anderen Seite her einlegen könnte, dann wäre das schon schneller." – „Also mach es." – „Aber dazu bräuchte ich einen anderen Kleber." – „Dann besorg ihn." – „Mein Lieferant braucht erfahrungsgemäß vierzehn Tage, um so einen Kleber zu liefern." – Dann hast Du noch vierzehn Tage das Problem. Ruf ihn sofort an." – Er sagt, er kann es schon in fünf Tagen besorgen." – Sag ihm, wir brauchen das Zeug sofort, oder gar nicht. Wir kennen auch andere Lieferanten." – „Er schafft es tatsächlich sofort und bringt den neuen Kleber gleich morgen." – Nein heute. Fahr jetzt sofort hin und hol ihn selbst ab." In: Roll (2002, S. 3).
[552] Vgl. Dreesmann (1994 (a), S. 77). Vgl. auch Webers (2002, S. 2f.).
[553] Vgl. Hersey/Blanchard (1977).
[554] Dreesmann (1994 (a), S. 78).

Personalrat und Frauenbeauftragte, von mitentscheidender Bedeutung für Veränderungsprozesse sein kann.

Zusammenfassend kann man die sechs Kompetenzbereiche in ihrer innovativen Schnittmenge im Sinne einer Metakompetenz als "Veränderungskompetenz" bezeichnen.[555]

2.5.2.3 Systemische Handlungsplanung mittels Innovations-Potential-Analyse (IPA)

Die aus den Bedingungsebenen und den Kompetenzen konstruierte Matrix (vgl. Tab. 8) dient Dreesmann als Grundwerkzeug für die sogenannte „Innovations-Potential-Analyse", abgekürzt IPA.[556] Mit ihr kann es gelingen, Handlungen systembezogen zu planen. Im Sinne einer Checkliste können potenzielle Stärken und Schwächen überprüft und ggf. durch entsprechende Handlungen korrigiert werden. Nach Aussage von Dreesmann sind die einzelnen Items der IPA in der wissenschaftlichen Literatur und der Analyse von Organisationspraxis recherchiert. Die Items gelten als valide bzgl. ihrer Innovationsrelevanz.[557]

Die in der Tabelle 8 dargestellten 24 Felder werden durch je 4 Komponenten näher beschrieben, z. B. im Bereich der konstruktiven Kompetenz (KK) das betroffene Individuum (A) somit Feld (KKA: Intelligenz, Kreativität und Flexibilität), durch die folgenden Ausprägungen (A 1 bis A 4):

	Die von der Neuerung betroffenen Individuen	eher nein						eher ja
A 1	Verfügen über ausreichendes Wissen, um mit der Neuerung umgehen zu können.	1	2	3	4	5	6	7
A 2	Haben genügend Reife und Erfahrung im Umgang mit solchen Problemsituationen	1	2	3	4	5	6	7
A 3	Können analytisch denken und Zusammenhänge herstellen	1	2	3	4	5	6	7
A 4	Sind vorausschauend und zukunftsorientiert	1	2	3	4	5	6	7
	Summe KKA							

Tabelle 9: Ausschnitt aus der Innovations-Potenzial-Analyse (IPA)[558]

---

[555] Vgl. Reiß (1978, S. 264). Vgl. auch Arnold (2001, S.2) sowie die Zeitschrift berufsbildung H. 72/2001, die als Schwerpunktthema das „Lernziel: Veränderungskompetenz" behandelt.
[556] Dreesmann (1994 (b), S. 331ff.).
[557] Dreesmann (1994 (b), S.331). Dreesmann gibt an dieser Stelle allerdings keine Literaturhinweise. Jedoch scheint ihr Plausibilitätscharakter überzeugend. Sie sind zudem transparent formuliert und lassen eine Falsifikation zu.
[558] Dreesmann (1994 (b), S. 342).

Als Messinstrument bedarf die IPA der subjektiven Einschätzungen bzw. Beurteilungen entweder durch die Betroffenen selbst oder durch extern Evaluierende. Im Beispiel der Tabelle 9 ist der Mittelwert 4. Für jede einzelne Ausprägung können alle Werte größer 4 als positiv, alle Werte kleiner 4 als negative Werte interpretiert werden. Für die Summe KKA ist der Mittelwert 16. Positive Werte sind summenbezogen größer als 16, negative Werte kleiner als 16.[559] Statt der Mittel- und Extremwerte können zur besseren Durchdringung der Sachlage auch die Modalwerte herangezogen werden, wodurch beispielsweise eine Polarisierung der Betroffenen (1 versus 7) besser erfasst werden kann als durch den Mittelwert 4.

Die Vorteile der IPA liegen in der relativ schnellen Handhabung des Fragebogens, der leichten Interpretierbarkeit, der konkreten Ermittlung für Verbesserungsansätze, der Botschaft „Ihre Meinung ist uns wichtig!"[560] Nachteile liegen in der Subjektivität der Beantworter, die nicht frei von Stimmungen und grundlegenden Einstellungen sind: „Schon wieder ein Fragebogen!" sowie der „Verzerrbarkeit" des Instruments.[561]

Der IPA kann in seiner Grundstruktur in vielen Bereichen eingesetzt werden, z. B. Industrieunternehmen, Branchen, Abteilungen, öffentlichen Verwaltungen und Nonprofit-Organisationen.[562] Organisationsspezifische Modifikationen sind einfach durchführbar. So würde man in Tabelle 9 beispielsweise bei einer Befragung eines Lehrerkollegiums vor einer angestrebten Innovation den Begriff „Individuum" durch „Lehrkraft" ersetzen.

Die Palette der Anwendungsmöglichkeiten der IPA – auch im Bereich berufsbildender Schulen scheint breit. Typische Anwendungsbeispiele wären:[563]

- Vor Einführung einer grundlegenden Innovation, z. B. „Regionales Kompetenzzentrum" oder „Selbständige Schule", um – pessimistisch formuliert – das Risikopotenzial eines Scheiterns möglichst genau einschätzen zu können. Möglicherweise auch um Schwachstellen noch vor Beginn der Neuerung abzustellen.
- Im laufenden Innovationsprozess zur Prozesskontrolle, die entsprechend der Überlegungen des strategischen Managements nicht erst am Ende des

---

[559] Vgl. Dreesmann (1994 (b), S. 338). Werte lassen sich auch für Spalten (max. 112 Punkte) und Zeilen (max. 140 Punkte) angeben.
[560] Dreesmann (1994 (b), S. 332).
[561] Dreesmann (1994 (b), S. 333).
[562] Dreesmann (1994 (b), S. 334).
[563] Vgl. allgemein formuliert Dreesmann (1994 (b), S. 333).

Prozesses stehen darf.[564] Somit können Faktoren erkannt werden, die den Veränderungsprozess u. U. aus dem Prozess heraus negativ beeinflussen könnten, z. B. zusätzliche Arbeitsbelastungen, die, da nicht unmittelbar mit dem Unterricht in Beziehung stehend, von den Lehrkräften als unnütz empfunden werden könnten. Diese könnten zu unbewussten aber realen Widerständen führen. In Anlehnung an Luhmann könnte man m. E. von einer „negativen Autopoeisis" sprechen.

- Eine Stärken-Schwächen-Analyse, bei der der Fokus auf das grundlegende Veränderungspotenzial der Schule gerichtet und die Bestandteil eines TQM-Ansatzes sein könnte.[565]
- Einleitung eines Bewusstseinswandels der Lehrkräfte, die sich mit den einzelnen Fragen auseinandersetzen müssen und sich somit wichtige Aspekte eines Veränderungsprozesses erschließen können.

Insgesamt scheint die IPA ein anwendbares Instrument für ein Durchdringen und ein Controlling von Innovationsprozessen zu sein. Allerdings ist in diesem Kontext die Frage nach den Anforderungskriterien, die an die Unternehmensleitung zu stellen sind, noch unbeantwortet.

2.5.3 Change Agents als Promotoren des Wandels
2.5.3.1 Anforderungen an Change Agents

Anforderungen an Change Agents[566] lassen sich aus der IPA extrahieren. Sie basieren auf dem Anwendungsbezug der Individualebene (a) und können als „Schlüsselqualifikationen der Change Agents" angesehen werden.[567] Es geht hierbei vorrangig um Einstellungen, Denkhaltungen, auch um beobachtbare Funktionen nicht jedoch um „Wahrheiten".[568] Für Kraemer-Fieger sind im Rahmen eines Veränderungsprojektes vier Denkhaltungen eines Change Agents von besonderer Bedeutung, die sich in einem Handlungskreis darstellen lassen

---

[564] Vgl. Abschnitt (2.4.2.2) in dieser Arbeit.

[565] Vgl. Rottluff (2002, S. 14).

[566] Zur Problematik des Begriffes "Change Agents" vgl. den Abschnitt 1.2.1 in dieser Arbeit.

[567] Kraemer-Fieger (1994, S. 129).

[568] Kraemer-Fieger (1994, S. 130 f). Kraemer-Fieger leitet daraus eine Tabelle ab. Kritisch muss an dieser Stelle angemerkt werden, dass offensichtlich die Fachkompetenz fehlt und die anderen Kompetenzfaktoren in ihrer Reihenfolge verändert worden sind. Insbesondere scheint die Zuordnung der sogenannten Bedürfnisschwerpunkte von Menschen im Veränderungsprozess zu den Kompetenzfaktoren keinesfalls zwingend und bestenfalls eine von mehreren Möglichkeiten darzustellen, z. B. könnte die Kooperation durchaus als ein partiziativer Akt verstanden werden.

135

(vgl. Abb. 22). Als Anforderung an den Change Agent hätte er diese zeitgenau und mit der richtigen Intensität zu erbringen.[569]

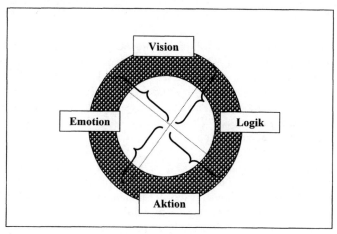

Abbildung 22: Moving-Stimmungsfaktoren nach Kraemer-Fieger[570]

Demnach hat der Change Agent als Visionär und Entdecker, als Analyst und positiver Kritiker, als Macher und Umsetzer, als Implementator/Moderator und Sozialpromotor phasenspezifisch zu agieren. Mögen die gewählten Begrifflichkeiten auch mit modernistischem sprachlichem Schnickschnack belastet sein, so bleibt doch festzuhalten, dass bestimmte sachlich fixierbare Anforderungen an die Funktionen der Change Agents wichtig sind, die auch für das schulische Change Management prozessuale Bedeutung besitzen.[571]

Ausgangspunkte für Innovationsprozesse können u. a. sein: Probleme des Ist-Zustandes, geplante oder zufällige Entdeckungen und Visionen. Dabei kann ein vorrangiger Schritt zur Problemlösung des Ist-Zustandes auch in intensiven Forschungsaktivitäten bestehen.[572] Die Vision als „Traum", solange sie nur vom Change Agent geträumt wird, kann zwar ein wichtiger Impuls für eine Innovation sein. Für Organisationen wie berufsbildende Schulen dürfte die Erfolgswahr-

---

[569] Kraemer-Fieger (1994, S. 132).

[570] Kraemer-Fieger (1994, S. 132).

[571] Vgl. Freimuth (1994, S. 94ff.).

[572] Wenig praxisnah scheint der Vorschlag von Freimuth (1994, S. 94) zu sein, vor der Vision erst einen Aufwärmungs- und Sensibilisierungsabschnitt durchzuführen, weil Visionen per se sich nicht durch ein Aufwärmtraining einstellen. Auf einer anderen Ebene liegen professionelle Seminarabläufe, Zukunftswerkstätten usw., bei denen erst einmal eine gewisse „Denkatmosphäre" erzeugt wird. Vgl. Jungk/Müllert (1989) und Weinbrenner/Häcker (1991).

scheinlichkeit jedoch erheblich steigen, wenn es gelingt, diese Vision zu einer „shared vision" möglichst vieler Betroffener zu machen.[573] Dazu bedarf es nicht nur beim „Visionär" Change Agent der Motivation zur Veränderung als persönlicher Kompetenz.

Allerdings ist es fraglich, ob jeder Innovationsprozess eine Vision eines Change Agents benötigt. Grundsätzlich müsste dieses Prozesssegment auch durch eine solide fundierte Zielsetzung ersetzbar sein.[574] Die Folgeglieder: die Analyse des Ist-Zustandes, des Systems, der Relationen der Elemente und der Umwelt scheinen jedoch unverzichtbar zu sein. An dieser Stelle wird vom Change Agent logisches Denken verlangt.[575] Er kann seine konstruktive Kompetenz einbringen, im Sinne von Wissen und Erfahrung.[576]

Der Change Agent als „Macher" ist im Bereich des Erstellens von Maßnahmeplänen und ihrer Umsetzung gefordert. Allerdings wird er stets überfordert sein, wenn er nur alleine handelt. Soll der Innovationsprozess erfolgreich sein, so bedarf es einer Vielzahl Prozessverantwortlicher – Menschen, die verändern wollen. Nicht zuletzt deshalb benötigt er partizipative Kompetenz.

Die vierte Schlüsselqualifikation über die der Change Agent verfügen sollte, ist die eines „Implementators". Sie basiert auf seiner Methodenkompetenz und seiner sozialen Kompetenz.[577] Damit soll er in der Lage sein, z. B. Stimmungen, Denkblockaden und Widerstände der Betroffenen richtig einzuschätzen, zu nutzen bzw. zu eliminieren und letztlich den Innovationsprozess in die Organisation zu implementieren und zu steuern.[578]

Kraemer-Fieger geht von der Annahme aus, dass auch Change Agents von Stimmungen abhängig reagieren. Sie sind nicht permanent in der Lage, ihre vier Schlüsselrollen optimal abzurufen. Es wird in Anlehnung an Bandler/Grinder[579] ein Reiz-Reaktions-Verhältnis unterstellt. Dabei wird beispielsweise durch ein Innovationsprojekt vom Change Agent eine momentane oder antizipierte Anforderung wahrgenommen, die durch sogenannte allgemeine Wahrnehmungsfilter:

[573] Vgl. zur Problematik „shared visions" Senge (1997, S. 253ff.).

[574] Dabei können Zielvereinbarungsgespräche eine wichtige Rolle spielen. Vgl. u. a. Fuhrkamp/Schuler (2001, S. 35).

[575] Kraemer-Fieger (1994, S. 134).

[576] Vgl. Kraemer-Fieger (1994, S. 131). An dieser Stelle wird deutlich, dass ein Innovationsprozess ohne Fachkompetenz hochgradig zum Scheitern verurteilt ist.

[577] Kraemer-Fieger (1994, S. 135).

[578] In diesem Abschnitt bleibt Kraemer-Fieger sehr unbestimmt. Plausibilität mag dieses Anforderungsprofil haben. Ein empirischer Härtetest oder eine quellengestützte Absicherung fehlt. Anders der Versuch bei Bonsen/Iglhaut/ Pfeiffer (1999).

[579] Bandler/Grinder (1990).

Tilgung, Verzerrung und Verallgemeinerung sowie spezifische Wahrnehmungs-filter: persönliche Erfahrung, Sozialisation, Ausbildung, Begabung/Erbfaktoren, Überzeugungen/Werte und Erinnerungen[580] gelangen. Diese Wahrnehmungsfil-ter beeinflussen die subjektive Wahrnehmung bestimmter Anforderungen im Innovationsprozess erheblich. Sie sind u. a. auf den Ebenen des Denkstils, der Kommunikation, der Physiologie erkenn- und formulierbar.

2.5.3.2 Typisierungsversuche: Change Agents

Aus den beschriebenen Anforderungsprofilen und den Kriterien: Denkstil, Sprachmuster, Fragen, Physiologie, Rolle im Innovationsprozess lässt sich ein Typisierungsversuch von Change Agents ableiten.[581] Die Typisierung ist nicht zu verstehen als „entweder oder Typ" sondern als Anforderungspalette bzw. als Charakterisierung von Systemelementen, die durch „Mehrfachorientierungen" der Change Agents unterschiedlich breit abgedeckt werden kann. Im Sinne der Systemtheorie kann davon ausgegangen werden, dass Personen nie ohne jede Voraussetzung, ohne irgendwelche Erwartungen aufeinandertreffen; „ ... sie können auch nur an Hand von Verhaltenstypen und an Hand von Erwartungen Kontingenz erleben im Sinne des *auch-anders-möglich-Seins.*"[582]

Der Typisierungsversuch kann darüber hinaus den Change Agents als „Check-liste" zur Erkennung eigener Stärken und Schwächen dienen (vgl. Tabelle 10). Diese vier Typen sind als Grundorientierungen zu verstehen. Fehlende Idealaus-prägungen, Überschneidungen und Unvollkommenheiten ändern wenig an der Tatsache, dass diese teilweise stimmungsabhängigen Verhaltensweisen zu beo-bachten sind und für einen Innovationsprozess genutzt werden können.[583] Es ist dazu notwendig, „ ... die Führungskräfte und Mitarbeiter mit ihren Träumer-, Macher-, Kritiker- und Moderatoreneigenschaften zu erkennen und sie systema-tisch zu fördern und zu entwickeln."[584]

---

[580] Kraemer-Fieger (1994, S. 135ff.).

[581] Vgl. Kraemer-Fieger (1994, S. 139ff.), auch wenn die Autorin sich an einer anderen Stelle gegen eine Typologie der Denkhaltungen wendet.

[582] Luhmann (1999 (c), S. 186).

[583] Kraemer-Fieger (1994, S. 144) behauptet, dass die Klassifizierung heuristischen Charakter hat und bei der Teambildung von Change-Gruppen verifiziert werden konnte. Vgl. dies. auch (1994, S. 149).

[584] Kraemer-Fieger (1994, S. 149).

Typen / Kriterien	Visionär/ Träumer	Macher/ Realisator	Analytiker/ positiver Kritiker	Implementator/ Moderator
Denkstil	Positiv orientiert Strategisch Langfristig Wir-bezogen Konsensual	Gegenwartsorientiert Kurzfristig Ich-bezogen Detailorientiert	Detailorientiert Sicherheit Aufgaben- und problemorientiert	Prozessbezogen Heute – morgen Andere – selbst Emotions- und stimmungsorientiert
Sprachmuster	Szenario aufmalen ... Überblick bekommen ... Langfristige Perspektive haben ...	Aufmerksam bei der Sache ... Deutlich ausdrücken ... Wir fangen sofort an ... Das ist leicht gemacht.	... sollten die Logik nicht außer Acht lassen. Das sind vernünftige Entscheidungen. Der Prozess ist gut strukturiert.	Wir kriegen das schon in den Griff. Das gehen wir ganz ruhig an. Wir müssen Kontakt aufnehmen.
Fragen	Wo wollen wir hin? Wer sind strategische Partner?	Was kann ich tun? Wer macht was bis wann? Wer hilft mir?	Wie sieht die Kosten-/Nutzen-Analyse aus? Wie gehen wir vor?	Wen müssen wir mit einbeziehen? Was verändert unser Handeln?
Physiologie	Offen Aufmerksam Extrovertiert	Lebendig Gespannt Aktionsorientiert	Verschlossen Sparsame Gestik Introvertiert	Zugewandt Sensibel Offen
Rolle im Veränderungsprozess	Inspirator Kreativer Erneuerer	Motiviert andere Aktionist Gibt Feedback	Zielkontrolleur Ratgeber Coach	Sorgt für Balance im Gesamtunternehmen

Tabelle 10: Change Agents Typisierung nach Kraemer-Fieger[585]

Besteht nach den Zielvorstellungen eines Schulleiters seine Funktion u. a. darin, als Change Manager zu handeln, dann kann er nicht nur alleine innovativ agieren, sondern muss veränderungswillige und -fähige Teams fordern, formen und fördern. Diese werden eher produktiv wirken können, wenn die Umgebungsreize dazu beitragen, gemeinsame Zielvorstellungen zu entwickeln,[586] ohne den Menschen eine Gleichheit oktroyieren zu wollen. Trotz oder gerade wegen dieser Teambezogenheit benötigt jedes Changemanagement Leadership. Die Organisation des Changeverfahrens ist Chefsache („Machtpromotion").[587] Somit können Kernanforderungen an den Change Manager „Schulleiter" gestellt werden, u. a.:[588]

---

[585] Kraemer-Fieger (1994, S. 139ff.). Die modifizierte Tabelle 10 enthält nur ausgewählte Merkmale.

[586] Zu einigen „Techniken" vgl. Kraemer-Fieger (1994, S. 151) sowie Philipp (1998), Schley (1998 (b)).

[587] Reiß (1998, S. 271).

[588] Allgemein formuliert bei Kraemer-Fieger (1994, S. 152ff.). Eine differenzierte Erarbeitung findet sich im Abschnitt 4.2 dieser Arbeit.

- Definition der eigenen Rolle, z. B. als Berater oder „Zugpferd".
- Denkstileinschätzung, z. B. der Koordinatoren, der Fachgruppen, der einzelnen Lehrkräfte.
- Klärung der Prozessphasen des Innovationsprozesses und der Verantwortlichkeiten.
- Bestmögliche Gestaltung der Arbeitsbedingungen als möglicherweise parallel verlaufenden korrespondierenden Innovationsprozess.
- Permanente Bereitschaft zum Angebot von Supportleistungen in allen Prozessbereichen.

2.5.4   Widerstände im Changeprozess
2.5.4.1 Widerstände aus systemischer Sicht

Jeder Changeprozess beinhaltet Widerstandspotenziale. Sie können als interne Rationalität sozialer Systeme interpretiert werden.[589] Widerstände können innerhalb des Systems im Verhältnis der Elemente zueinander wirksam werden oder auch Ausdruck der Geschlossenheit sozialer Systeme gegenüber anderen Systemen bzw. der Systemumwelt sein.[590] Im ersten Fall bestehen beispielsweise Widerstände innerhalb einer Organisation, einer Unternehmung oder eines Kollegiums. Im zweiten Fall mag z. B. das System „ der Markt" ein Berufsbildungssystem fordern, dass dieses per se, z. B. die Mehrheit seiner Akteure, fundamental ablehnt, weil es sich selbst durch die „feindliche Forderung" in seiner Existenz gefährdet sieht bzw. als autopoeitisches System sich selbst bei seiner Reproduktion voraussetzen muss.[591]

In beiden Fällen mögen spezielle Ursachen für die Widerstände verantwortlich sein. Grundsätzlich scheinen Widerstände aufgrund differierender Kommunikationsmuster und -formen wirksam zu werden. Systeme produzieren beispielsweise ihre eigene „Sprachwelt".[592] Auch Unternehmen und Schulen entwickeln kommunikative Eigenständigkeiten,[593] die sie von ihrer Systemumwelt abheben.

---

[589] Freimuth/Hoets (1994, S. 115). Vgl. auch Dreesmann (1994 (a), S. 82).
[590] Vgl. in diesem Zusammenhang auch das fiktive Gespräch zwischen Luhmann und Habermas bei Horster (2001, S. 45).
[591] Vgl. Luhmann (1999 (c), S. 186).
[592] Freimuth/Hoets (1994, S. 116), z. B. die Sprachwelt der Juristen, Psychologen, Soziologen und Pädagogen.
[593] „Wir in der Hellmann-Welt ..." Mehrfach geäußerter Satz eines führendes Mitarbeiter der Hellmann World-Wide Logistics (am 4. Dez 2002) innerhalb einer Arbeitskreissitzung mit Vertretern der Stadt, der IHK, der Bezirksregierung und zweier berufsbildender Schulen. In Schulen existieren eine Menge Abkürzungen für Insider, z. B. die „SPRE-Gruppe" (=Schulprogrammentwicklung) oder QuiN (=Qualitätsentwicklung in Netzwerken). Vgl. grundlegend zur Theorie des kommunikativen Handelns unter Einbeziehung eines zweistufi-

140

„Alle kommunikativen Handlungen erfüllen oder verletzen normativ festge-
schriebene soziale Erwartungen und Konventionen."[594] D. h. nicht, dass die einzelnen sozialen Teil- oder Subsysteme außerhalb der Gesamtgesellschaft existieren. Vielmehr unterscheidet sich deren jeweilige Kommunikationsqualität im
Sinne des Informationsgehaltes,[595] die auf der Basis ausdifferenzierter Codes
vermittelt wird. Diese relative operative Geschlossenheit sozialer Systeme sichert sie in ihrem Bestand in einer komplexen und turbulenten Umwelt.[596]
Gleichzeitig besteht eine Tendenz der permanenten Reproduktion eingestilter
Verhaltensweisen, sich gegen Alternativen zu sperren und somit innovationshemmend zu wirken.[597]

2.5.4.2 Ursachen und Erscheinungsformen von Widerständen

Widerstände können unterschiedliche Ursachen haben und Erscheinungsformen
annehmen.
Aus dem Bereich der Psychologie sind u. a. die folgenden Erklärungsansätze
bekannt:[598]

• Widerstände zur Ausformung der eigenen Identität gegenüber einem nicht
internalisierbaren externen Anderssein.
• Als unangemessen empfundene Anforderungen zur Veränderung von Einstellungen und Verhaltensmustern führen zu Widerständen.
• Widerstände bleiben stabil bzw. wachsen, wenn das Veränderungstempo
nicht stimmt,   d. h. der Widerstand nicht als prozessimmanentes Teil betrachtet und entsprechend „langsam" behandelt wird.
• Widerstände treten verschleiert auf, blockieren aber umso wirkungsvoller
den Innovationsprozess. Sie müssen erst frei gelegt werden, bevor sie
beseitigt werden können.

Diese Erklärungsansätze lassen sich auch auf die Systeme Unternehmung und
berufsbildende Schulen übertragen. „Change-Management muß daher immer
mit einer immanenten Konservativität des Systems rechnen, die zunächst darauf
bedacht ist, alles Neue gewissermaßen vor den Richtern der internen Kategorien

gen Konzepts der Gesellschaft, das Lebenswelt und System verknüpft; Habermas (1981, Bd.
1, S. 8).
[594] Habermas (1976, S. 216 f.).
[595] Willke (1992, S. 24).
[596] Freimuth/Hoets (1994, S. 117 f.). Die Kennzeichen der Autopoiese werden auch an dieser
Stelle deutlich.
[597] Vgl. Freimuth/Hoets (1994, S. 116 f.).
[598] Vgl. Freimuth/Hoets (1994, S. 107 f.).

und Werte zu akkreditieren."[599] Aus organisationssoziologischer Sicht kann nach Bleicher zwischen Verhaltens- und Systemwiderständen sowie zwischen eigentlichen Widerständen und Trägheit unterschieden werden.[600] Die Tabelle 11 gibt darüber Auskunft.

Kriterien➔ ⬇	Widerstände	Trägheit
Verhalten	Bedrohung von Machtpositionen Konträre Wertvorstellungen Versagensängste	Festgefahrene Denkstrukturen Tradierte Normen
System	Fehlende strategische Ausrichtung Fehlende innovative Kompetenz Traditionalistische Führungskultur	Bürokratische Strukturen Mangelhafter Ausbildungsstand Überalterung

Tabelle 11: Organisationsbezogene Widerstände im Überblick[601]

Die Widerstände können unterschiedliche Formen annehmen. Zwischen den Polen abnehmenden Engagements (Gleichgültigkeit, Resignation, Flucht) und zunehmenden Widerstands (Gegensteuern, Obstruktion) sind vielfältige Ausprägungen denkbar.[602] Deren Bewusstheit und Wahrnehmbarkeit ist nicht immer gegeben bzw. trifft auf unterschiedliche Interpretationen. Je unbewusster, intransparenter der Widerstand auftritt, je eher beinhaltet er die Gefahr einer "Implementierungsfalle"[603] und desto schwieriger ist der Umgang mit ihm bzw. seine Überbrückung. Ebenso wird daran deutlich, dass erst das Wissen um die Ursachen und Ausprägungen der Widerstände deren rationale Überwindung mit Erfolgschancen verbindet.

2.5.4.3 Maßnahmen zur Überwindung von Widerständen

„Nichts wäre im Hinblick auf komplexe Systeme verkehrter, als von beobachteten Pathologien auf die Möglichkeit direkter Interventionen zu schließen. ‚Pathologie' ist eine Kategorie des Beobachters. Sie muß erst zurückübersetzt werden in die Funktionslogik und Eigendynamik des Systems selbst."[604] Deshalb

---

[599] Freimuth/Hoets (1994, S. 119).
[600] Bleicher (1991, S. 770f.),
[601] In Anlehnung an Freimuth/Hoets (1994, S. 110f.).
[602] Vgl. Maydl (1987, S. 36ff.)
[603] Reiß (1998, S. 268).
[604] Willke (1987, S. 350) zitiert nach Freimuth/Hoets (1994, S. 115).

macht es auch häufig keinen Sinn, wenn systeminterne Konflikte durch externe Berater in der Form zu lösen versucht werden, dass diese allgemeine Lösungsansätze durchzusetzen versuchen, z. B. defensive Routinen aufzulösen, kleine Prozesserfolge zu feiern oder Mitarbeiter zu motivieren. Diese Beratungsimpulse laufen ins Leere, weil entweder die zu beratende Organisation, respektive ihre Menschen, letztlich nicht beraten werden wollen oder die Beratung zum integralen Teil ihres Problems machen.[605] Hinzu kommt, dass vor allem die externen Change Agents eher kurzfristige persönliche Kalküle verfolgen und für die langfristig eintretenden Folgekosten keine Verantwortung tragen müssen.[606]

Ausgangspunkte für Maßnahmen zur Überwindung von Widerständen müssen systemisch angesiedelt sein. D. h. es bedarf einer systemverständlichen Kommunikation[607] unter Einbeziehung der Kategorien, die für das System relevant sind.[608] Es scheint deshalb sinnvoll zu sein, „die Relativität der internen Sicht der Dinge erlebbar zu machen und die Möglichkeit alternativer Entwürfe in den Bereich der Betrachtung zu bringen."[609] Denn alle innovativen Maßnahmen müssen im System verwirklicht und verarbeitet werden. Dazu bedarf es ihrer tragfähigen Akzeptanz. Systemfremde Elemente werden entweder abgestoßen oder gefährden bei einer zwanghaften Implementierung das System in seinem Bestand.[610] Es sind demnach geeignete kommunikative Zugänge zu finden oder zu erstellen, die in der Logik des Systems stehen, diese aber gleichzeitig weiterentwickeln können.

Beispielhaft können drei systemische Herangehensweisen zur Überwindung von Widerständen aufgezeigt werden:[611]

- Diskursive Formen sind geeignet, wenn der Widerstand offen, transparent, klar zum Ausdruck gebracht werden kann. Verschiedene methodische Instrumente, z. B. Ein- oder Mehr-Punktabfragen können eingesetzt

---

[605] Freimuth/Hoets (1994, S. 118f.) auf der Basisargumentation von Heintel/Krainz (1992, S. 130).

[606] Reiß (1998, S. 265).

[607] Vgl. auch Luhmann (1999 (b), S. 14).

[608] Beispielsweise hat für öffentliche berufsbildende Schulen aus ihrer Innensicht die Kategorie „Personalkosten" (noch) keine zentrale Bedeutung. Dies mag ein Erklärungsansatz sein, warum häufig so fahrlässig und verschwenderisch mit dieser Ressource umgegangen wird. Vgl. zum betrieblichen Umgang Jansen (2002, S. 49ff.). Widerstände gegenüber den mit den Begriffen „Handlungsorientierung" und „Lernfelder" intendierten didaktisch-methodischen Konzepten mögen als weitere Belege gelten.

[609] Freimuth/Hoets (1994, S. 122).

[610] Parallelen zu Reaktionsweisen des menschlichen Körpers im Bereich der Organtransplantation sind evident.

[611] Vgl. Freimuth/Hoets (1994, S. 124ff.)

werden, um Widerstände auf den „Punkt" zu bringen. Diese können dann durch die Beantwortung von Fragen näher erläutert werden. Vorhandene Problemlagen werden deutlich, aus denen sich dann Lösungsansätze ableiten lassen, die aus dem System selbst heraus formuliert werden.

- Imaginative Formen eignen sich bei verschleierten, sprachlich nicht genau fixierbaren oder (nur) vermuteten Widerständen. Methoden sind u. a. Zeichnungen, Auswahl einer oder mehrerer Ansichtskarten aus einer Vielzahl unterschiedlicher Motive, Anfertigung von Fotografien. Sie sollten Möglichkeiten eröffnen, über ein visuelles Medium den Widerstand zu beschreiben bzw. sichtbar zu machen.[612] Überwindungsstrategien sollten auch im Fall des Einsatzes imaginativer Formen im System selbst ansetzen, d. h. konkret, die betroffenen Menschen müssen erkennen können, was sie selbst voran bringen wollen und können.

- Szenische Formen können dann angewendet werden, wenn die Widerstände sehr tief verankert sind und sehr behutsam offen gelegt werden müssen. Dafür eignen sich methodisch z. B. Rollenspiele.[613] Ob dabei stets die Rollenspieler und die Beobachter zu gleichen Analysen und Strategien gelangen, hängt u. a. davon ab, inwieweit Beobachter erster und zweiter Ordnung in der Lage sind, durchlebte bzw. durchspielte Szenen gemeinsam zu rekonstruieren und daraus Schlussfolgerungen für einen Wandel abzuleiten.[614]

Trotz allen Bemühens um die Beseitigung von Widerständen muss der diesbezügliche Ressourceneinsatz angemessen sein.[615] In einer Organisation, z. B. mittelgroßer berufsbildender Schulen mit ca. 100 Lehrkräften und Mitarbeitern, wird es nur in seltenen Fällen gelingen, alle mit Begeisterung von innovativen Prozessen zu überzeugen. Besonders wichtig für die Veränderung sind letztlich die änderungsfördernden Kräfte. Es scheint deshalb systemisch gerechtfertigt, auch mit Widerständen während des Erneuerungsprozesses zu handeln, insbesondere dann, wenn der Prozess transparent und demokratisch legitimiert ist. In derartigen Situationen mag der „permanente Widerstand" sogar zu besseren Gesamtergebnissen führen, weil der Rechtfertigungsdruck gegenüber der „Opposition" bzw. der Wunsch auch die Widerständler zu überzeugen, die Leistungsreserven des Gesamtsystems stärker aktiviert.

---

[612] Vgl. zu möglichen Interpretationsansätzen Freimuth/Hoets (1994, S. 125).

[613] Vgl. Szewczyk (2000 (b), S. 201ff.).

[614] Vgl. zur Problematik der Beobachtung Luhmann (1999 (b), S. 119). Vgl. auch Abschnitt 2.2.5 in dieser Arbeit.

[615] Unter Praktikabilitätsaspekten bleibt eine Skepsis, ob sich methodische Settings entwickeln lassen, die z. B. den gezielten Einsatz szenischer Formen für größere Organisationen nahe legen.

2.5.5 Schlussfolgerungen für Changeprozesse in berufsbildenden Schulen

Berufsbildende Schulen müssen sich als System (Mesoebene) und als Subsystem eines Systems (Makroebene) begreifen. Sie müssen ihre Stärken nutzen, die vor allem im Bereich menschlicher Ressourcen liegen, ausdrückbar in Kompetenzbereichen bzw. unter dem Aspekt beruflicher Verwertbarkeit als Qualifikationen formulierbar. Stärken schließen Schwächen ebenso wenig aus wie Innovationen Widerstände.

Ausgangspunkt für eine erfolgreiche Innovation muss die Bereitschaft der im System agierenden Menschen zur Erneuerung sein – nicht aller Menschen – aber einer Gruppe, die den Prozess voranbringt, die nachhaltig, ausdauernd, kreativ und sensibel arbeitet. Ihre demokratische Legitimation ist zu fordern. Das Instrument der Innovations-Potential-Analyse scheint für die systemische Handlungsplanung auch auf berufsbildende Schulen übertragbar. Die IPA bietet gleichzeitig dem Schulleiter als „Change Manager"[616] eine Reihe von Orientierungspunkten. In den Faktorensegmenten: Vision, Logik, Aktion und Emotion sind für Innovationsprozesse an berufsbildenden Schulen nutzbare Elemente enthalten. Dabei sollten beschriebene Denkstrukturen, Sprachmuster, Physiologien usw. nicht als Uniformen verstanden werden, sondern als Hinweise, das Verhalten der Change Manager zu überprüfen und zu steuern. Einige konkrete Hinweise können bei ihrer Umsetzung in berufsbildenden Schulen den Innovationsprozess stabilisieren, z. B.:

- Einführung eines Systems, das effizienzfördernde Vorschläge aus der Lehrerschaft positiv bestärkt.
- Verankerung eines Fort- und Weiterbildungsmanagements, das zum Qualifikationserhalt und zu ihrem Ausbau beiträgt.
- Gezielter Aufbau von Innovationserfahrungen über gelungene Projekte, die in relativ risikoarmen Bereichen beginnen sollten.
- Stärkung der Teamarbeit, u. a. eines Teams mit „Change Agent - Potenzialen".
- Praktizieren eines Führungsstils mit partizipativer Kultur.
- Aufbau eines funktionsfähigen innerschulischen Informationssystems zur Verbesserung der Kommunikationsflüsse und zur Vermeidung von Informationslücken.

Trotz dieser innovationsfördernder Ansätze – teilweise auch gerade deswegen – werden Widerstände auftreten. Sie sind systembedingt. Innovationen ohne Widerstände sind keine. Widerstände haben Ursachen und Erscheinungsformen, die

---

[616] Vgl. zur Begrifflichkeit die Ausführungen in dieser Arbeit im Abschnitt 1.2.1.

möglicherweise in berufsbildenden Schulen auch als spezifische auftreten können. Deren Überwindung muss im System selbst beginnen. Externe Beratung, die systemintern als fremdbestimmt aufgefasst wird, stärkt möglicherweise die autopoietischen Kräfte des Systems, allerdings in negativer, d. h. innovationshemmender Richtung. Jeder Changeprozess führt sowohl auf der individuellen als auch auf der organisatorischen Ebene zur Übernahme bestimmter Rollen. Changeführer, die aktiv verändern; Changefolger, die zeitnah mitmachen; Changeopfer, die verändert werden, bestimmen gemeinsam das Veränderungsszenario.[617] Es scheint nicht zuletzt deshalb angezeigt, adäquate Maßnahmen der Widerstandsüberwindung anzuwenden, ggf. aber auch bewusst mit Widerständen zu leben. Diese mögen das System zu unterschiedlichen Entwicklungstempi seiner Elemente zwingen, es aber dennoch insgesamt positiv – im Sinne seiner Lebensstärke und Überlebensfähigkeit – weiterentwickeln.

2. 6 Konsequenzen der theoretischen Erklärungsansätze für Change Managementprozesse berufsbildender Schulen unter besonderer Berücksichtigung des Schulleiters als Change Manager

Aus den theoretischen Erklärungsansätzen lassen sich wesentliche Merkmale für einen spezifischen Change Managementansatz für berufsbildende Schulen ableiten, der wissenschaftlich fundiert ist. Die einzelnen Elemente sind dabei bestimmten Theoriefacetten zuzuordnen und scheinen zu schlüssigen Sachzusammenhängen verknüpft werden zu können.

Die Systemtheorie bildet den theoretischen Ausgangspunkt und zieht sich gleichzeitig als „roter Faden" durch die weiteren verwendeten Theorien bzw. theoretischen Ansätze. Einen Überblick über die zentralen Zusammenhänge gibt die Abbildung 23. Sie verdeutlicht zum einen die inhaltliche Vernetzung der theoretischen Ansätze mit einer deutlichen Ausrichtung auf die bei einem schulischen Change Management zu berücksichtigen Faktoren. Im Sinne einer„Toolbox" befinden sich darin u. a. die wissenschaftlich abgesicherten Instrumente und Überlegungen für ein schulisches Change Management, unter besonderer Berücksichtigung des Schulleiters als Change Manager. Zum anderen dient die Visualisierung der Klärung der grundlegenden Systemzusammenhänge. Die dritte benutzte Figur soll das mit der Thematik korrespondierende „Ebenenproblem" veranschaulichen.

---

[617] Vgl. Reiß (1998, S. 272).

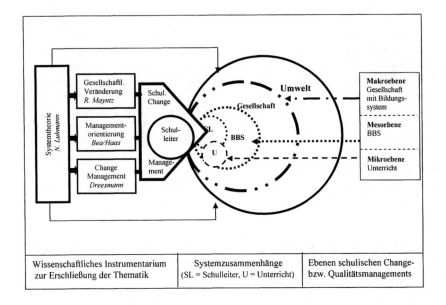

Wissenschaftliches Instrumentarium zur Erschließung der Thematik	Systemzusammenhänge (SL = Schulleiter, U = Unterricht)	Ebenen schulischen Change- bzw. Qualitätsmanagements

Abbildung 23: Wissenschaftliches Instrumentarium – Systemzusammenhänge – schulisches Change Management

Darüber hinaus gibt die Tabelle 12 im Sinne eines „advanced organizers" zu- sammenfassende Auskünfte über wesentliche Aspekte, die aus den theoretischen Grundlagen exzerpiert werden konnten und für die Fundierung eines schulischen Change Management Ansatzes genutzt werden sollen.

Theoretische Grundlagen	Aspekte, Instrumente, Hinweise	Anwendungsmöglichkeiten im schulischen Change Management
Systemtheorie *Luhmann*	Interdisziplinarität	Berufsbildende Schulen bedürfen einer interdisziplinären Steuerung.
	Erkenntniswert u. a.: • Systeme, Elemente, Relationen, Umwelt • Makro-, Meso-, Mikroebene	Berufsbildende Schulen können als Systeme in einer bestimmten Systemumwelt verstanden werden. Changeprozesse insbes. bzgl eines Qualitätsmanagements lassen sich auf die drei Ebenen beziehen.
	Kommunikation als Medium Ableitung ordnungserhaltender Steuerungsmechanismen Warnung vor der unkritischen Anwendung quantitativer Input-Output Messung Nichtexistenz einer richtigen Lösung bei komplexen Problemstellungen Zentrale Probleme u. a.: • Komplexität • Autopoietische Systeme • Kopplung • Beobachtung.	Ohne Kommunikation – keine BBS Positives Feedback bei Veränderungen Fehlerbehaftete Messungen bei qualitativen Prozessen Schulleiterhandeln als Zweckhandeln wird zur Komplexitätsreduktion. Die Problemanalyse kann für Sachverhalte des schulischen Change Management genutzt werden, ohne damit stets eine konkrete Steuerungsänderung zu erwirken. Sie erhöht aber zumindest die Sensibilität der Entscheidungen, z. B. bei der Behandlung von Widerständen und bei Evaluationen.
Gesellschaftliche Dynamik und Veränderung *Mayntz*	Anknüpfend an die Systemtheorie werden handlungstheoretische Aspekte ergänzt Begrenzter Sinnhorizont – nicht subjektiv schuldhafte Ignoranz Der Mensch ist das zentral agierende Subjekt als inneres (Sub)Systemelement. Erkennen fehlerhafter politischer Makrosteuerungen Teilsysteme werden mit gesellschaftlichen Zentralwerten verknüpft. Stufenmodell der Ausdifferenzierung: • Formale Organisation • Funktionsrollen • Handlung Erklärungsansätze für die gesellschaftliche Verwertbarkeit von Gütern Herausarbeitung der entscheidenden Bedeutung, der in einer Organisation handelnden Menschen Probleme gesellschaftlicher Steuerung in den Bereichen: • Ordnungsfunktion • Wohlfahrtssicherungsfunktion • Gestaltungsfunktion Implementierungsbedingungen	Schule als System bzw. Subsystem im Sinne einer funktionell spezialisierten Organisation. Erweitert das Verständnis für menschliche Fehlhandlungen in komplexen Problemsituationen. Ermöglicht kompatible Betrachtungsweise des Systems "berufsbildende Schulen". Hoher Erklärungs- und Wiedererkennungswert politischer Realitäten z. B. berufliche Bildung Berufsbildende Schulen Lehrkraft Unterrichtssequenz z. B. Bildungsangebote Schulleiter als Change Manager Ein Erklärungsmodell für die Richtung: "Selbstständige Schule" Beachtung systemischer Grundlagen

148

	Netzwerkproblematik	Netzwerk berufsbildender Schulen ist per se noch nicht die bessere Organisationsform.
Management-orientierung *Bea/Haas*	Strategische Planung mit klaren Zielsetzungen auch für Nonprofit-Organisationen	Berufsbildende Schulen müssen sich klare Ziele setzten, diese evaluieren und Konsequenzen für ihre Weiterentwicklung ziehen.
	Marktanalyse als Teil der Umweltanalyse	Das Gut "berufliche Bildung" muss markttheoretisch bestimmt werden.
	Qualitätsmanagement als zentrale Aufgabe der Unternehmensleitung Strategische Fundierung neuerer Organisationsmodelle, z. B.: • Prozessorganisation • Teammodelle • Lernende Organisation • Reorganisation	Schulleiter und ihre Funktion im schulischen TQM Überprüfung schulischer Prozesse Teambildung z. B. gemeinsame Visionen entwickeln Analyse und ggf. (Neu)Ausrichtung entsprechend der sich entwickelnden Systemumwelt
	Einfluss der Unternehmenskultur auf den Unternehmenserfolg Analyse betrieblicher Führungs- und Leistungspotenziale als strategische Erfolgsfaktoren Strategiearten im Kontext zum Planungssystem Prozessbegleitende Kontrolle	Entwicklung eines Schulprogramms und eines Leitbildes Transfer im Sinne berufsschulischer Führungs- und Leistungspotenziale Strategiearten berufsbildender Schulen auf unterschiedlichen Ebenen Schulische Kontrollmöglichkeiten als Controllinginstrumente
Change Management *Dreesmann/ Karmer-Fieger*	Grundlegung von Innovationsprozessen und ihrer Erfolgsfaktoren Implementierung von Change Prozessen Bedingungsebenen von Change Prozessen: Individualität und soziales Umfeld Kernkompetenzen: • Fachliche Kompetenz • Persönliche Kompetenz • Soziale Kompetenz • Methodische Kompetenz • Partizipative Kompetenz Innovations-Potential-Analyse	Transfer der zentralen Plattform: Mensche wollen, gestalten und widerstehen Changeprozessen Kompetenzen bzw. Qualifikationen können auf das System berufsbildende Schulen weitgehend übertragen werden. Ein Instrument zur systemischen Handlungsplanung, das in berufsbildenden Schulen vor Einführung einer grundlegenden Innovation eingesetzt werden könnte.
	Anforderungen an Change Agents • Vision • Logik • Aktion • Emotion Ursachen, Erscheinungsformen und Maßnahmen zur Überwindung von Widerständen in Change Prozessen	Als Anforderungspalette im Sinne eines Orientierungsrahmens mit bestimmten Segmenten nutzbar. Wesentlich zur geschärften "Beobachtung" von Widerständen und ihrer produktiven Nutzung

Tabelle 12: Theoretische Erklärungsaspekte – Bausteine für ein schulisches Change Management

Es wird demnach bewusst eine weitere Vorgehensweise angestrebt, welche die teilweise vorhandene Dogmatik dominanter wissenschaftlicher Strömungen mittels "... einer durch Pragmatik geprägten Konstellation des Zusammenspiels"[618] mehrerer auch heterogener Change Management Ansätze reflektiert, ergänzt und zu einem systemisch orientierten Change Managementansatz weiterentwickelt. Gerade die Bausteine, die aus unterschiedlichen Denkgebäuden entnommen werden, scheinen chancenreich, sich positiv auf die Güte interdisziplinär beeinflusster innovativer Prozesse auswirken zu können.[619]

---

[618] Reiß (1998, S. 264).
[619] Vgl. Reiß (1998, S. 264).

3 Konstruktion eines Change Managementansatzes für berufsbildende Schulen

3.1 Basiskonstruktion und notwendige Konstruktionserweiterungen

Aus den theoretischen Erklärungsansätzen zur Veränderung sozialer Systeme, Elemente und Relationen konnten u. a. eine Reihe von Erkenntnissen, Instrumenten und methodischen Vorgehensweisen extrahiert werden. Sie stellen als Transferpotenziale, wie Sie in der Abbildung 23 und der Tabelle 12 zusammengefasst worden sind, die Basiskonstruktion für einen Change Managementansatz berufsbildender Schulen dar. Sie bedürfen jedoch der konstruktiven Erweiterung, weil sie zumindest zwei Konstruktionsbereiche noch nicht hinreichend thematisiert haben.:

1. Die Betrachtung von Systemdifferenzen zwischen erwerbswirtschaftlichen Unternehmen und berufsbildenden Schulen.
2. Die Untersuchung systemisch orientierten Change Managements berufsbildender Schulen als Lösungsansatz komplexer Probleme.

Für diese Erweiterung spricht, dass beide Bereiche von grundlegender Bedeutung für das Change Management berufsbildender Schulen zu sein scheinen. Die Differenz zwischen erwerbswirtschaftlichen Unternehmen und berufsbildenden Schulen, scheint eine der Schlüsselprobleme für eine uneingeschränkte, direkte Übertragbarkeit der Ansätze von Bea/Haas und Dreesmann/ Karmer-Fieger et. al. zu sein.[620] Viele Einsichten und methodische Empfehlungen lassen sich offensichtlich nicht tale quale, d. h. ohne Veränderungen auf die Nonprofit-Unternehmen berufsbildende Schulen transferieren, weil einige der spezifischen Probleme im Teilsystem erwerbswirtschaftlicher Unternehmen nicht vorkommen.[621] Dies hat Auswirkungen auf die Makro-, Meso- und Mikrosystemebenen.[622] Erschwerend kommt hinzu, dass die traditionellen Betriebswirtschafts- und Unternehmungsführungslehren den Bereich der Nonprofit-Unternehmen aus unterschiedlichen Gründen nicht oder nur am Rande behandeln.[623] Umso mehr

---

[620] Vgl. in dieser Arbeit die Abschnitte 2.4 und 2.5.

[621] Schwarz (1986, S. 5).

[622] Während die spezifischen Leistungen (3.2.1.1) und die personellen Komponenten (3.2.1.2) primär die Mikro- und Mesoebene tangieren, handelt es bei der Marktthematik (3.2.1.3) vorrangig um ein Problem der Makroebene.

[623] Vgl. Schwarz (1986, S. 5). Wobei ein Forschungsschwerpunkt in der Schweiz deutlich wird, vgl. z. B. Fachhochschule Solothurn (www.fhso.ch/informations/ndk_wissen_npo.htm). Allerdings sind auch steigende Aktivitäten in der Bundesrepublik zu registrieren (4050 Google Eintragungen im März 2003), so z. B. Lehrstuhl (Prof. Habelt) mit der Fachrichtung Dienstleistungsmanagement Nonprofit-Organisationen. Dies scheint angesichts der zunehmenden Bedeutung globalarbeitender Nonprofit-Organisationen mit einer geschätzten Wirt-

ist es deshalb gerechtfertigt, auch in anderen sozialwissenschaftlichen Diszipli-
nen nach geeigneten Ansätzen für integrierte Sichtweisen und nach Lösungsan-
sätzen zu forschen.

Der zweite zentrale Konstruktionsbereich, der sich gerade u. a. aus der soziologischen Forschung speist, hat seinen Fokus im Komplexitätsproblem. Das Komplexitätsproblem wird sowohl bei Luhmann als auch bei Mayntz als eine der
zentralen Größen thematisiert.[624] Soll auf der Systemebene berufsbildender
Schulen erfolgreich gehandelt werden, gilt es zunächst die Frage zu beantworten, wie berufsbildende Schulen ihre komplexe Ist-Situation wahrnehmen. Dabei
sind im Verständnis der theoretischen Grundlagen dieser Arbeit[625] sowohl von
der Makroebene ausgehende Bedingungen zu berücksichtigen, z. B. Demokratie
als systemisches Steuerungsprinzip, als auch die Mikro- und Mesobene betref-
fende Faktoren, wie schulische Innovationen und Effizienz zu untersuchen. Wie
letztlich Schulleiter als Change Manager über berufsbildende Schulen denken, in
diese eingreifen und lenkend handeln, hängt primär davon ab, wie sie die Ausgangssituation für ein Change Management analysieren, gewichten und bewerten.

3.2   Konstruktionsbereich: Systemdifferenzen – berufsbildende Schulen
        versus erwerbswirtschaftliche Unternehmen
3.2.1   Berufsbildende Schulen als Nonprofit-Organisationen
3.2.1.1 Spezifische Leistungen Berufsbildender Schulen als
        Nonprofit-Organisationen

Nonprofit-Organisationen lassen sich in staatliche und private unterteilen.[626] Berufsbildende Schulen zählen in der Bundesrepublik Deutschland grundsätzlich
zu den staatlichen Nonprofit-Organisationen,[627] die im weiteren Verlauf näher

---

schaftskraft von 900 Milliarden Euro auch notwendig. Der Sektor staatlicher Nonprofit-
Organisationen im Sinne berufsbildender Schulen ist dabei noch ausgespart; vgl. www.ba-
stuttgart.de/studienangebot/wirtschaft/sozeinr.html.

[624] Vgl. in dieser Arbeit u. a. die Abschnitte 2.2.2 und 2.3.1.

[625] Vgl. insbesondere Abschnitt 2.2.3 Probleme autopoietischer Systeme und Abschnitt 2.3.3
Möglichkeiten und Probleme gesellschaftlicher Steuerung.

[626] Vgl. Schwarz (1986, S. 7) sowie Klingebiel (1999, S 73) und Bolsenkötter (1995, S. 943).
Zu den privaten Nonprofit-Organisationen lassen sich wirtschaftliche (z. B. Arbeitnehmeror-
ganisationen, Genossenschaften), soziokulturelle (z. B. Sportvereine, Kirchen), politische (z.
B. Parteien, Bürgerinitiativen) und karitative (z. B. Hilfsorganisationen, Selbsthilfegruppen)
zählen.

[627] Dies schließt private berufsbildende Schulen nicht vollständig aus. Ihr Anteil an der Gesamtheit ist jedoch gering. Ihre Abschlüsse stehen zudem unter staatlicher Aufsicht. Zur aktu-

untersucht werden sollen. Berufsbildende Schulen, sieht man sie als Elemente des funktionellen Teilsystems "Berufsbildung", erbringen spezifische Leistungen. Im Mayntzschen Sinne tragen sie zum gesellschaftlichen Zentralwert "berufliche Bildung" bei.[628] Sie agieren allerdings nicht als erwerbswirtschaftliche Unternehmen mit der Formalziel-Dominanz des Gewinns.[629] Berufsbildende Schulen als Nonprofit-Organisationen sind Sachziel dominiert[630], ökonomische Formalziele stellen jedoch wichtige Nebenbedingungen dar (vgl. Abb. 24).[631]

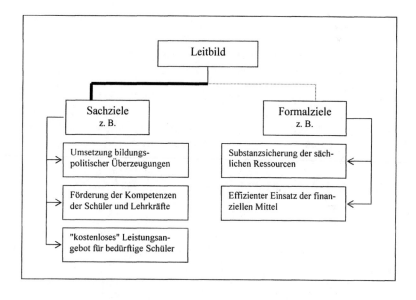

Abbildung 24: Ziele der Nonprofit-Organisation berufsbildende Schulen

---

ellen Diskussion einer möglichen Privatisierung berufsbildender Schulen in Hamburg vgl. Grundmann (2003, S. 2ff.).

[628] Vgl. in dieser Arbeit den Abschnitt 2.3.2.

[629] Vgl. in dieser Arbeit den Abschnitt 1.2.1.

[630] Vgl. Klingebiel (1999, S. 375); vgl. auch Thiel/Szewczyk (2003, S. 289ff.). Nahezu ohne Ironie ließe sich der persiflierende Inhalt einer Visitenkarte auf berufsbildende Schulen übertragen: "This is a non-profit organization. We didn't plan it that way, but it is." Kirch (1992, S. 91).

[631] Vgl. Koch (2003, S. 3). Dem gegenüber können bei gewinnorientierten Unternehmen die ideellen Sachziele als Nebenbedingungen aufgefasst werden. Vgl. auch in dieser Arbeit den Abschnitt 2.4.2.1.

Der Zweck oder Sinn von Nonprofit-Organisationen "... liegt darin, spezifische Bedürfnisse bestimmter Personenkreise zu befriedigen."[632] Anders formuliert, sie erfüllen im Sektor demokratisch festgelegter öffentlicher Aufgaben konkrete Leistungen für Bürger oder Institutionen.[633] Für berufsbildende Schulen gilt es im Rahmen des Konstruktionsbereiches zu fragen, wie diese ihre Sachziele, d. h. Bedürfnisbefriedigung bzw. Bedarfsdeckung erreichen. Allgemein formuliert lässt sich sagen, dass berufsbildende Schulen ihre Sachziele durch das Erbringen spezifischer Leistungen erreichen, z. B. Kompetenzen ihrer Schüler zu entwickeln und zu fördern bzw. genau fixierte Ausbildungsinhalte zu vermitteln. Diese Leistungen werden ausgehend von der Makroebene, durch Gesetze, Verordnungen, Erlasse und Curricula weitgehend normiert.[634] Ihre tatsächliche Leistungserbringung im betriebswirtschaftlichen Sinne ist das Resultat von Produktionsfaktorkombinationen, vorrangig Sachmittel, Arbeit und Managerleistung.[635] Aus betriebswirtschaftlicher Sicht erfolgt daraus die Konsequenz, dass derartige Unternehmen ein Management benötigen, das u. a. Ziele formuliert, Verwirklichungspläne aufstellt, Arbeitskräfte und Sachmittel beschafft, Leistungsprozesse definiert, steuert und kontrolliert.[636] Diese Aufgabe als Managementfunktion per se ist effizient zu gestalten, um die Nonprofit-Organisationen berufsbildende Schulen erfolgreich zu leiten. Denn gerade in wirtschaftlich schwierigen Zeiten sind die knapper werdenden Budgets effizient einzusetzen, um für notwendige zukunftsträchtige Prozesse den Handlungsspielraum zu erhalten. Deshalb scheint es sinnvoll, Controllinginstrumente gewinnorientierter Unternehmen einzusetzen, die aber möglicherweise modifiziert werden müssen.[637]

Soweit gleichen Nonprofit-Organisationen in zentralen Bereichen erwerbswirtschaftlicher Unternehmen als zielgerichtete, produktive, soziale Systeme.[638] Dennoch wird schon an dieser Stelle zugleich ein gravierender Unterschied deutlich. In berufsbildenden Schulen werden weder Gegenstände, z. B. Stühle, Tische und Kraftfahrzeuge produziert noch Dienstleistungen wie beispielsweise

---

[632] Schwarz (1986, S. 6).

[633] Vgl. Schwarz (1986, S. 7).

[634] Vgl. in diesem Zusammenhang für Niedersachsen, z. B. grundlegend den § 2 NSchG sowie für einzelne Schulformen die §§ 15-22 NSchG. Auf diverse weitere Rechts- und Verwaltungsvorschriften kann an dieser Stelle nur hingewiesen werden. Vgl. auch Abschnitt 4.1 dieser Arbeit.

[635] Schwarz (1986, S. 7).

[636] Vgl. Schwarz (1986, S. 9).

[637] Vgl. Koch (2003, S. 2) und Klingebiel (1999, S. 372ff.). Vgl. in dieser Arbeit Tabelle 13: Theoretische Erklärungsaspekte – Bausteine für ein schulisches Change Management.

[638] Vgl. Schwarz (1986, S. 9). Eine ganz andere, hier nicht zu führende Diskussion, rankt sich um das philosophische Spannungsverhältnis zwischen ökonomischen und sozialem Prinzip in der Interpretation Sprangers (1966, S. 197), wonach die Selbsterhaltung und die Selbstentäußerung einen entgegengesetzten Sinn haben.

Leasing- oder Pachtverträge real marktfähig angeboten. In berufsbildenden Schulen finden originär didaktisch-methodische Prozesse statt, die ohne eine – zumindest minimale – Selbstaktivität des "Inputs" Schüler nicht funktionieren.[639] So mögen – positiv unterstellt – berufsbildende Schulen als machtvolle Institutionen verstanden werden, die Lernfähigkeiten entwickeln, die von ihren Schülern selbstgesteuert kritisch und produktiv gebraucht werden.[640] Somit endet an dieser Stelle auch eine verkürzte kybernetische Betrachtungsweise.[641]

Berufsbildende Schulen und erwerbswirtschaftliche Unternehmen unterscheiden sich darüber hinaus in diversen Punkten,[642] die im weiteren Verlauf der Arbeit behandelt werden, so dass zu folgern ist, dass unterschiedliche Problemlagen auch ein unterschiedliches Management- bzw. Change Managementhandeln erforderlich machen.

3.2.1.2 Innere und äußere Systemkontakte: die Menschen[643]

Im Innenverhältnis berufsbildender Schulen arbeiten, lehren und lernen unterschiedliche Personengruppen. Sie erbringen Leistungen, die nicht nur im System berufsbildender Schulen auf der Mikro- und Metaebene genutzt werden, sondern darüber hinaus verschiedenen gesellschaftlichen Gruppen bzw. wirtschaftlichen Institutionen der Systemumwelt, z. B. Unternehmen und Kammern, Nutzen stiften.[644] Durch demokratisch grundlegend legitimierte Prozesse und Entscheidungen der Makroebene sind Handlungen des inneren Systems berufsbildender Schulen inhaltlich und personell vorstrukturiert und begrenzt. Das Prinzip der Demokratie sorgt dafür, dass die betroffenen Menschen, nämlich Schüler, Lehrer und Mitarbeiter, zu Beteiligten werden. Sie können als Bürger über Wahlvorgänge mitentscheiden, was berufsbildende Schulen im allgemeinen für die Gesellschaft leisten sollen. Sie beeinflussen daher ihre eigenen Rahmenbedingungen und potenziellen Leistungsangebote. Dies entspricht idealtypisch

---

[639] Dabei kann die geistige Entwicklung der Schüler, die sich fundamental von einem materiellem oder immateriellen Gut unterscheidet, als Funktion von Anlage, Reifung, Umwelt- und Erziehungsbedingungen interpretiert werden. Vgl. Aebli (1980, S. 151ff.).

[640] Vgl. Roth (1980, S. 54).

[641] Vgl. Blankertz (1977, S. 51ff.) zum Bereich informationstheoretischer Modelle in der Didaktik und zum Behaviorismus. Vgl. Frank (1969) zu den kybernetischen Grundlagen der Pädagogik.

[642] Schwarz (1986, S. 9).

[643] Im Luhmannschen Sinne (1999 (c), S. 43) stellen Menschen – als für das System nicht weiter auflösbare Einheiten – Elemente dar; gleichzeitig sind sie aber auch hochkomplexe (beispielsweise biologische) Systeme. Auch hier kommt es auf die Betrachtungsebene an.

[644] Vgl. Abschnitt 3.2.1.3 dieser Arbeit.

dem "Identitätsprinzip"[645], d. h. das Mitglied des Staates, der Bürger, ist gleichzeitig Nutznießer der Leistung der Nonprofit-Organisation berufsbildende Schulen. Systemtheoretisch formuliert beeinflussen Elemente u. a. selbstreferentiell ihr eigenes Handeln. Die Autopoeisis wird evident.

Darin eingebettet befindet sich auf der Mesoebene berufsbildender Schulen zudem eine Organisationsstruktur, die aus einer Mischung (basis)demokratischer Entscheidungsstrukturen und Top-Down-Entscheidungen besteht. Während z. B. Gesamtkonferenzbeschlüsse einem demokratischem Regelwerk folgen, wird das Verhältnis von Schulleitung zu Lehrkräften eher durch Entscheidungen bestimmt, wie sie erwerbswirtschaftlich geführten Unternehmen ähneln. Dabei dominieren im personellen Bereich Befähigung, Eignung und Leistung. Nicht verkannt werden sollte hierbei einerseits, dass es sich auch beim Lehrerberuf einerseits um eine Form der Erwerbsarbeit handelt, die sich am Stand der Fachwissenschaften, der Fachdidaktik, der Technik sowie an der Berufspraxis orientiert.[646] Andererseits sind, durch den Beamtenstatus bedingt, bestimmte Besonderheiten erkennbar, z. B. (faktische) Unkündbarkeit, besonderes Verhältnis zum Dienstherrn Staat, das beispielsweise einen Streik ausschließt sowie eine besondere Motivationsstruktur auf der Grundlage häufig fehlender "Strokes".[647]

Dennoch handeln Lehrkräfte, wie andere Arbeitnehmer, im System berufsbildender Schulen in arbeitsteiligen Prozessen. Darin führen sie bestimmte Funktionen aus. In diesem Sinne sind sie "Funktionäre".[648] Sie sind Arbeitnehmer, die ihre individuellen Bedürfnisse zu befriedigen versuchen. Das schließt eine hohe Identifikation mit "ihrer" Schule nicht aus, aber sie ist nicht identisch mit der eines Mitgliedes (des Staates) bzw. eines "Staatsdieners", da die einzelne Lehrkraft nicht primär als Mitglied direkter Nutznießer der Leistung der berufsbildenden Schulen ist. Der Lehrkraft als "Mitglied: Staatsdiener" könnte zudem

---

[645] Schwarz (1986, S. 9).

[646] Rittmeister (2002, S. 29).

[647] Strokes lassen sich definieren als: "Jede Form von Aufmerksamkeit, die Menschen zeigen können." Positive Strokes, z. B. Lob, Aufmerksamkeit und Dankbarkeit, stärken die Selbstachtung der Menschen. Negative Strokes, z. B. Zurechtweisungen, Misstrauen und Lächerlichmachen, schwächen die Selbstachtung. "Null Strokes" haben die zerstörerischste Wirkung für die Mitarbeiter, Lehrkräfte und Schüler weil die Nichtbeachtung eine der Hauptursachen für Konflikte in der Schule, Fehlzeiten, Mangel an Engagement und schlechte Arbeitsqualität sein kann. Vgl. Hamann (2003, S. 1ff.).

[648] Es soll an dieser Stelle aber nicht der Begriff "Funktionär", wie in Schwarz verwendet (vgl. Schwarz (1986, S.12)); benutzt werden, weil dieser im Sprachgebrauch eher für soziokulturelle oder politische Nonprofit-Organisa-ionen benutzt wird. Ebenso wenig soll der Begriff "Funktionsträger" verwendet werden, weil dieser Begriff für genau definierte Stellen vorgesehen ist.

eine gewisse Amateurhaftigkeit[649] unterstellt werden, dagegen hat sie in ihrer Funktion als Lehrer "Profi" zu sein.[650] Zur Professionalität von Lehrkräften zählen Arnold/Faber u. a.:[651]

- Didaktisch-methodische Kompetenz auch bzgl. eines Lernkulturwandels.
- Kooperations- und Teamfähigkeit.[652]
- Kommunikative Kompetenz.
- Fähigkeit zur Menschenführung.
- Planungs- und Beratungskompetenz.
- Medienkompetenz.
- Fähigkeiten zur Förderung selbstgesteuerten, kooperativen und innovativen Lernens.

Es scheint nicht ausgeschlossen zu sein, dass das Spannungsverhältnis von Professionalität und Amateurhaftigkeit, im Selbstverständnis von Lehrkräften zu Verwerfungen führt. Zwischen dem professionellen Anbieter didaktisch-methodischer Leistungen und dem Liebhaber realitätsferner pädagogischer Grundsatzdiskussionen tobt der Streit nicht selten in einer Person. Als Dienstleister für die Gesellschaft, die sie de facto sein können, besteht bei Lehrkräften traditionell ein ausgeprägtes Misstrauen gegenüber betriebswirtschaftlichen Methoden und Instrumenten. "Begriffe wie „Management", „Marketing", „Kostenrechnung" und „Controlling" lösen eher Ängste aus, als dass in ihrem Einsatz nützliche und notwendige Instrumente zur Verbesserung der eigenen Leistungsfähigkeit gesehen werden.[653] Dieses Phänomen lässt sich selbst in kaufmännisch orientierten berufsbildenden Schulen feststellen, an denen die Begrifflichkeiten zum täglichen Unterrichtsvokabular gehören.[654] Grundsätzlich müsste die Sachziel-Dominanz des Nonprofit-Unternehmens berufsbildende Schulen, z. B. "guter Unterricht", einer genau bestimmten Formalziel-Dominanz im Sinne einer Wertsteigerung nicht im Wege stehen. Sie könnte diese vielmehr nachhaltig stützen.[655] Dabei könnte ein schulbezogenes Finanzcontrolling mithelfen, zunächst die vorhersehbaren Auswirkungen von Alternativen zu prognostizieren und die Umsetzungsergebnisse zu dokumentieren. Darüber hinaus stellt sich gerade bei einer Nonprofit-Organisation und ihren begrenzten finanziellen Mitteln

---

[649] Im Wortes Sinn als "Liebhaber" (s)einer pädagogischen "Berufung".

[650] Vgl. Schwarz (1986, S. 12).

[651] Arnold/Faber (2000, S. 33).

[652] Wobei nicht unterschätzt werden sollte, dass zu den Kernkompetenzen einer Lehrkraft als Wissensarbeiter auch Domänenwissen gehört. Vgl. DeMarco (2001, S. 35f.).

[653] Klingebiel (1999, S. 373); vgl. auch Guldenberg/Hoffmann (1993, S. 338ff.) sowie DeMarco (2001, S. 29) dort unter besonderer Berücksichtigung gemeinnütziger Organisationen.

[654] Szewczyk (2002, S. 37).

[655] Szewczyk (2002, S. 37).

158

die Frage, ob und wie die Mittel effizient eingesetzt worden sind, um die ideellen Sachziele zu erreichen.[656]

Dieses Grundspannungsverhältnis, zwischen einer i. d. R. missverstandenen "pädagogischen Freiheit" der Lehrkräfte[657] und den ökonomischen Verwertungsinteressen der Schüler sowie insbesondere der Ausbildungsbetriebe, wirkt sich sowohl auf das Außenverhältnis der Mesoebene berufsbildender Schulen als auch auf die Mikroebene Unterricht aus. Ob es sich dabei um ein marktäquivalentes Verhältnis handelt, soll im folgenden Abschnitt untersucht werden.

3.2.1.3 Markanalogie: Trugschluss oder Möglichkeit?[658]

Der Markt ist der Ort, an dem das Angebot an und die Nachfrage nach Gütern sowie Dienstleistungen aufeinander treffen.[659] Es ist der Ort, an dem sich unter bestimmten Wettbewerbsbedingungen Preise bilden und der Tausch Güter gegen Geld stattfindet. Grundsätzlich gilt, dass Güter und Dienstleistungen, an denen der Käufer ein alleiniges Eigentums- und Nutzungsrecht erwirbt als "private Güter" bezeichnet werden können.[660] Eine Folge davon ist, dass diejenigen, die den Preis nicht zahlen wollen oder können, von der Nutzung ausgeschlossen sind. Aus der Perspektive der Anbieter bedeutet dies, dass nur die Unternehmen langfristig am Markt existieren können, die mit ihren angebotenen Produkten Preise erzielen, welche die Kosten decken und einen Gewinn realisieren. Allokationstheoretisch lenkt somit der Markt die Güter- und Leistungserstellung zu den Be-

---

[656] Koch (2003, S. 3).

[657] Ein Missverständnis liegt möglicherweise an der Stelle, wo Lehrkräfte einen Begriff "pädagogischer Freiheit" als Richtschnur benutzen, der sich aus der Tradition Aristotelesscher "Nikomachischer Ethik" im Sinne Nicolai Hartmanns ((1962, S. 9ff.) ableiten lässt. Dieser Freiheitsbegriff befindet sich allerdings keinesfalls in Übereinstimmung mit dem § 50 NSchG. Dort lautet der Terminus technicus "eigene pädagogische Verantwortung" – also nicht "Freiheit". Diese Verantwortung ist aber eingebunden in Rechts- und Verwaltungsvorschriften, Konferenzbeschlüsse, Anordnungen der Schulaufsicht usw. Aber selbst der Begriff "rechtliche Freiheit" besagte nicht ein "Können" sondern ein "Dürfen". Ihr Spielraum ist nicht der des Wählbaren sondern der des Erlaubten. D. h. konkret, Schüler dürfen nicht wählen, wann ihr Unterricht anfängt, sie haben pünktlich zu erscheinen – aber Lehrkräfte eben auch. Vgl. auch das grundlegende Spannungsverhältnis im Kontext berufs- und wirtschaftspädagogischer Bezüge in dieser Arbeit (Abschnitt 1.3).

[658] Ökonomisch gilt nach wir vor der Hinweis von Pigou (1928, S. 4): "For any real understanding of public finances, it is necessary to examine very carefully the divergences of substance that underlie similarities in money form."

[659] Vgl. grundlegend z. B. Samuelson (1973, S. 85ff.) und Ott (1973, S. 107ff.).

[660] Vgl. Musgrave (1969, S. 10ff.).

dürfnissen und den Gewinnen – allerdings nur unter bestimmten Bedingungen.[661]

Grundsätzlich kann argumentiert werden, dass Situationen entstehen können, in denen der Marktmechanismus zu keiner optimalen Ressourcenallokation führt.[662] Aus der Theorie öffentlicher Finanzen lassen sich für diese Fälle mehrere Begründungszusammenhänge ableiten, die für ein Angebot "öffentlicher Güter" sprechen, z. B.:[663]

- Fehlender Wettbewerb auf den Märkten.[664]
- Die Eigenschaften des Gutes, z. B. externe Effekte, führen dazu, dass das Gut vom Markt nicht zur Verfügung gestellt wird.
- Differenzen zwischen der privatwirtschaftlichen und der gesamtwirtschaftlichen Bewertung der Diskontraten bzgl. des Vergleichs aktuellen und zukünftigen Konsums.
- Verletzung zentraler gesamtwirtschaftlicher Zielsetzungen durch den Marktmechanismus, z. B. Preisstabilität, hoher Beschäftigungsstand.
- Der Markt führt, beispielsweise im Bereich der Bildungsinvestitionen, zu einer Einkommens- und Vermögensverteilung, die nicht zwingend mit den gesellschaftlichen Wertevorstellungen übereinstimmt.[665]

Charakteristisch für "öffentliche Güter" ist, dass ihr Nutzen nicht auf einen bestimmten Konsumenten beschränkt werden kann, z. B. Maßnahmen gegen Luftverschmutzung. Ihr Konsum ist "nicht rivalisierend".[666] Dies bietet gleichzeitig einen Ansatz zur Beantwortung der normativ orientierten Frage, warum es überhaupt einen öffentlichen Angebotssektor – und hier speziell öffentliche berufsbildende Schulen – geben muss. Ist nämlich das "principle of excludability" nicht anwendbar oder in seiner Anwendung prohibitiv teuer, sind somit die Beziehungen zwischen Produzent und Konsument gestört, kann der Staat eingreifen, z. B. als Anbieter von Bildung. Problematisch ist in diesem Fall die Fixie-

---

[661] Dazu Musgrave (1959, S. 6) im Original: "The pricing mechanism of the market secures an optimal allocation of resources, provided that certain conditions are met." Vgl. auch Lerner (1944, Kap. 2).

[662] Vgl. zur ausführlichen theoretischen Grundlegung Musgrave (1969, S. 6ff.).

[663] Vgl. Musgrave/Musgrave/Kulmer (1975, S. 3f.). Im folgenden soll bezogen auf die Themenstellung dieser Arbeit eine Konzentration auf die Allokationsfunktion erfolgen. D. h. nicht, dass von der Finanzierung des Gutes "berufliche Bildung" nicht auch bedeutsame distributive und stabilisierende Effekte ausgehen würden. Vgl. u. a. Schultz (1968) und Jallade (1976).

[664] Pommerehne (1976, S. 277).

[665] Vgl. Lauwerys (1963, S. 38): "The stupid many are being taxed to help increase the income of the clever few." Zitiert nach Vosgerau (1965, S. 447).

[666] Vgl. Musgrave (1969, S. 8 f.).

rung der Gütermenge und des Betrages, den der Konsument an den Staat zu entrichten hat. Könnte davon ausgegangen werden, dass der Konsument den ihm zuteil gewordenen Nutzen zu bezahlen hat, wäre das Problem gelöst, wenn der Nutzen exakt messbar wäre. Offensichtlich ist dies nicht der Fall.[667]

Die obigen Aussagen gehen davon aus, dass gewinnorientierte Unternehmen auf Märkten und Nonprofit-Organisationen auf "Nicht-Märkten" agieren. Diese Sichtweise ist zu differenzieren. In der Realität können Güterangebote und -nachfragen beobachtet werden, die sich nicht in das polare Schema "private – öffentliche Güter" einfügen lassen, die sogenannten "Mischgüter".[668] Gerade für das Bildungssegment "berufliche Bildung" scheint eine derartige Beobachtung von Interesse zu sein. Zum einen analysiert die Finanztheorie durchaus Güter, deren Konsum überwiegend nicht rivalisierend und bei denen ein Ausschluss dennoch möglich ist.[669] Zum anderen werden in der Praxis von privaten Bildungsanbietern bestimmte marktfähige Leistungen "beruflicher Bildung" angeboten, z. B. Europäischer Computer Führerschein, Abschlüsse im Berufsfeld "Gesundheit" und Prüfungsvorbereitungskurse. Demnach könnte das Gut "Ausbildung" entweder als ein "quasi kollektives Gut des Konsums und der Produktion" oder ein "quasi privates Gut des Konsums und der Produktion" klassifiziert werden, weil es ein typisches Gut des intermediären Bereichs zwischen reinem Konsum und reiner Investition darstellt.[670] Berufliche Bildung wäre in diesem Sinne als quasi-öffentliches Gut gemischten Gütertyps mit externen Effekten für die Produktion und den Konsum zu verstehen. Diese zumindest Plausibilitätsansprüchen genügende kategoriale Beschreibung impliziert Finanzierungskonsequenzen entsprechend der Relation zwischen öffentlichem und privatem Anteil. Dabei könnte der öffentliche Anteil über Steuern bzw. Gebühren finanziert werden, wobei letztlich politische Setzungen bzgl. des Anteils und der Höhe notwendig wären. Der private Anteil ließe sich über vergleichbare, am Markt von privaten Bildungsanbietern offerierten Produkten fixieren. Zudem wäre zu klären, ob der Staat stets einen Sockelbetrag, z. B. fünfzig Prozent der Kosten einer bestimmten Ausbildung übernehmen würde und der Rest über den Markt zu realisieren wäre, oder ob die unterschiedlichen Bildungsangebote auch unterschiedlich hoch subventioniert werden sollten.

Für den Schulleiter berufsbildender Schulen könnten sich daraus schwerwiegende Managementprobleme ergeben, weil dies zum einen ein wirkliches Change Management auf der kognitiven Ebene der Anbieter, insbesondere der Lehrkräfte und der Nachfrager zur Folge haben könnte. Zum anderen müsste er im Rah-

---

[667] Szewczyk (2002 (b), S. 36).

[668] Hanusch (1972, S. 92).

[669] Musgrave/Musgrave/Kulmer (S. 57).

[670] Szewczyk (2002 (b), S. 36).

men zweier sehr unterschiedlich organisierter Subsysteme des Teilssystems berufsbildender Schulen handeln. Auf der einen Seite stände er in einer Management-Situation eines "Nicht-Marktes" bei dem eine politische Steuerung die Marktsteuerung ersetzen würde.[671] Auf der anderen Seite müsste er den Regeln des Marktes entsprechend handeln.[672] Politische Preise, z. B. bei beruflichen Vollzeitangebote im Rahmen der gesetzlichen Schulpflicht, stünden Marktpreisen, z. B. bei der dualen Ausbildung oder im Bereich von Zusatzqualifikationen gegenüber. Die unterschiedlichen Systemstrukturen scheinen nicht nur die Luhmannsche These der Differenz von System und Umwelt an der Stelle der "boundary maintenance" zu unterstreichen.[673] Sie erschweren zudem ein kongruentes Schulleiterhandeln, wie die folgende Tabelle 13 verdeutlicht.

Die ausgewählten Merkmale[674] strukturieren dabei den schulischen Gesamtprozess entsprechend übergeordneter Strategieziele des Inputs, der Lehr-/Lernprozesse und des Outputs inkl. Erfolgskontrolle. Der in den einzelnen Ausprägungen zugespitzte Überblick kann interpretiert werden als Vergleich zweier unterschiedlicher Schulen. Wesentlich spannungsintensiver ist jedoch die Vorstellung, dass sich beide Subsysteme auf der Mesoebene berufsbildender Schulen vereinen und gleichzeitig gemanagt werden müssen.

Betrachtet man die in der Tabelle 13 zum Ausdruck kommenden Grundtypen formalisierter beruflicher Bildung unter systemischen Aspekten, so lässt sich feststellen, dass das Management von den Möglichkeiten und Problemen gesellschaftlicher Steuerung abhängig ist.[675] D. h. die berufliche Bildung ist abhängig von der Selbstdefinition der Rolle des Staates im Prozess beruflicher Qualifikationen.[676]

---

[671] Vgl. Pommerehne (1976, S. 274ff.), der darauf hinweist, dass es dem öffentlich kontrolliertem Management von Nonprofit-Organisationen unmöglich gemacht wird effizient zu handeln.

[672] Vgl. in dieser Arbeit Abschnitt 1.2.1 - Punkt: "Management".

[673] Luhmann (1999 (c), S. 35) führt aus, dass "Systeme (...) nicht nur gelegentlich und nicht nur adaptiv (sind), sie sind strukturell an ihrer Umwelt orientiert und könnten ohne Umwelt nicht bestehen. Sie konstituieren und sie erhalten sich durch Erzeugung und Erhaltung einer Differenz zur Umwelt, und sie benutzen ihre Grenzen zur Regulierung dieser Differenz. Ohne Differenz zur Umwelt gäbe es nicht einmal Selbstreferenz, denn Differenz ist Funktionsprämisse selbstreferentieller Operationen. In diesem Sinne ist *Grenz*erhaltung (boundary maintenance) Systemerhaltung.

[674] Vgl. Schwarz (1986, S. 17).

[675] Vgl. Abschnitt 2.3.3 in dieser Arbeit und Greinert (1988, S. 145ff.).

[676] Greinert (1988, S. 146). Vgl. auch Mattern (1979, S. 71ff.).

Management berufsbildender Schulen mit divergierenden Systemstrukturen			
Systemmerkmale		Management des erwerbswirtschaftlichen Segmentes	Management des Nonprofit-Segmentes
Strategische Zielsetzungen	Hauptzweck	Formalziel-Dominanz: Gewinn Rentabilität Produktivität	Sachziel-Dominanz: Erbringen spezifischer Bildungsleistungen im Namen des Staates für dessen Mitglieder (= Bürger)
Strategische Zielsetzungen	Bedarfsdeckung Kunden/Schüler	Deckt den Bedarf der Nachfrager des Marktes, die in ihren Nachfrageentscheidungen frei sind.	Teilweise Zwangsbedarfsdeckung der Schüler, die allerdings in ihrer Funktion als Wähler sozusagen ihren Eigenbedarf decken.
Input	Finanzmittel	Entsprechend der Eigen- und Fremdkapitalausstattung des Segmentes, die über den Verkauf der Bildungsleistungen refinanziert werden.	Steuern, Beiträge, Sponsorengelder, die in ein Budget eingehen, über das mit einer Einnahmen-Ausgabenrechnung abgerechnet wird.
Input	Lehrkräfte	Angestellte Mitarbeiter, die leistungsbezogen entlohnt werden. Deren Motivation z. B. durch Zulagen, Beförderungen aber auch durch Entlassungen extrinsisch beeinflusst werden kann. Der Kostenfaktor "Entgeld" führt zu einem besonders effizienten Einsatz.	Im wesentlichen verbeamtete Lehrkräfte, die u. a. nach formalen Aspekten, z. B. 2. Staatsexamen, in Laufbahnen eingeordnet, wenig Chancen auf eine leistungsgerechte Besoldung haben. Die scheinbare "Kostenlosigkeit" und Unkündbarkeit des "Produktionsfaktors Arbeit" schwächt seine Wertigkeit.
Lehr-Lernprozesse	Lernen/Lehren	Die Lehr-Lernprozesse orientieren sich ergebnisbezogen an den Ansprüchen des Marktes, dem Kunden- und Konkurrenzverhalten.	Demokratisch legitimierte Curricula erfassen zwar politische Willensbildungsprozesse und bilden die verbindlichen Grundlagen der didaktisch-methodischen Prozesse, stehen aber nicht unbedingt im Einklang mit den wirtschaftlichen und/oder gesellschaftlichen Erfordernissen.
Output	Lernergebnisse	Die Lernergebnisse stellen private Güter dar, die marktfähig ausschließlich vom jeweiligen Kunden genutzt werden können.	Die erbrachten Bildungsleistungen stellen prinzipiell öffentliche Güter dar, deren Nutzung der Gemeinschaft (der Steuerzahler) zu Gute kommt – und die eine deutliche "Freerider-Problematik" miteinschließt.
Output	Erfolgskontrolle	Vorrangig über marktbestimmte Größen, z. B. Gewinn, Return on Investment und Marktanteil.	Noten und Abschlüsse sind keine zuverlässigen Indikatoren für die Gesamteffizienz; schwierige Nutzenmessung. Ausnahme: externe Evaluationen (IHK-Prüfungen).

Tabelle 13: Divergierende Systemstrukturen zwischen erwerbswirtschaftlichen und Nonprofit-Segmenten berufsbildender Schulen[677]

---

[677] In Anlehnung an Schwarz (1986, S. 17), der seine Ausführungen jedoch nicht auf den Bereich berufsbildender Schulen bezieht.

Grundsätzlich können drei Basismodelle unterschieden werden:

(1) Marktmodell

In diesem Modell, das den Zuschnitt erwerbswirtschaftlicher Unternehmen am ehesten entspricht, nimmt der Staat nur marginale Funktionen wahr.[678] Berufsbildende Schulen, soweit sie nicht direkt als Profitcenter von Unternehmungen geführt werden, können als Profit-Organisationen fungieren. Systemisch ist dieses Modell vom allgemeinbildenden Schulsystem entkoppelt und Teil des Wirtschaftssystems, wobei es als Rekrutierungsbasis spezifischer Ausprägungen des Produktionsfaktors Arbeit dient. Der Markt sorgt für die quantitativen Anpassungsprozesse. Die geforderte Qualität wird von den Unternehmen festgelegt, die konsequenterweise das System finanzieren. Gesellschaftliche Ansprüche, z. B. im Sinne von Schlüsselqualifikationen und Allgemeinbildung, haben sich gewinnorientierten Interessen unterzuordnen.[679]

(2) Schulmodell

Das Schulmodell entspricht in seiner institutionellen Ausformung einem staatlich organisierten und finanzierten Bildungssystem mit berufsbildenden Schulen als Nonprofit-Organisationen.[680] Sie sind sehr eng mit dem allgemein bildenden Schulwesen verknüpft und stellen nach Auffassung von Greinert "Elitesysteme" dar.[681] Die quantitative Steuerung und das Setzen qualitativer Standards erfolgt über staatliche Planungsinstanzen entsprechend demokratisch fundierter gesellschaftlicher Bildungsziele.

(3) Duales System

Das duale System entspricht dem Versuch eines staatlich gesteuerten Marktmodells.[682] Die "Systemeigenschaft" zweier Lernorte kann jedoch nicht als opti-

---

[678] Typische Beispiele stellen die Ausbildungssysteme in USA, Großbritannien und Japan dar. Vgl. Greinert (1988, S. 146).

[679] Zur Kritik am Marktmodell vgl. Lohmann/Rilling (2002) und dort insbesondere Steiner-Khamsi (2002, S. 139) und Lohmann (2002, S. 104), die in der Transformation der Bildungsprozesse in Eigentumsoperationen mit Wissen als Ware den geschichtlichen Anfang einer neuen Sklaverei befürchten.

[680] Typische Beispiele stellen die Ausbildungssysteme in Schweden, Frankreich und Italien dar. Vgl. Greinert (1988, S. 147); vgl. zum Bereich schwedischer Berufsbildung Malm (2002, S. 41).

[681] Greinert (1988, S. 148); dies ist zumindest für den schwedischen und erst recht für den französischen Bereich zu bezweifeln.; vgl. Mélenchon (2000, S. 1ff.).

[682] Greinert (1988, S. 149). Zur Problematik des 1964 vom damaligen Deutschen Ausschuß für das Erziehungs- und Bildungswesen geprägten Begriffes "Duales System" vgl. Manstetten

miertes Ausbildungsmodell verstanden werden, das die Meriten des "Marktmodells" mit denen des "Schulmodells" verknüpft und die "public bads" beider
Systeme vermeidet. Dies schon deshalb nicht, weil es kein ideales Berufsbildungssystem zu geben scheint, "das unter allen denkbaren sozio-ökonomischen
Bedingungen optimale Ergebnisse garantiert."[683]

Bemerkenswert ist jedoch, dass unter systemischen Aspekten gerade das "duale
System" in dem "Systemdilemma" steckt, den Ansprüchen zweier grundlegend
unterschiedlicher Systeme, nämlich denen des Wirtschafts- und denen des Er-
ziehungssystems, entsprechen zu wollen. Diese ambitionierte Zielsetzung verfolgen die beiden "reinen" Systeme nicht. Ihre Steuerung scheint deshalb von
strukturellen Systemproblemen weniger belastet zu sein, da ihre Kopplungen
bzw. Beziehungen eindeutig sind. Der theoretisch denkbaren Konsequenz eines
sich etablierenden selbstständigen funktionellen dualen Teilsystems "berufliche
Bildung" steht auch an dieser Stelle, der sich verdichtenden Hinweis auf die
Komplementarität als systemisches Prinzip gegenüber.[684]

Für die konkrete Managementfunktion des Schulleiters führen diese Überlegungen zu gravierenden Folgerungen. Betrachtet man den Status quo berufsbildender Schulen, dann agiert der Schulleiter in einer systemischen Gemengelage, die
sich aus marktmodell-orientierten Teilmengen z. B. im dualen System und
schulmodell-bestimmten Elementen im Vollzeitschulbereich zusammensetzt.
Dieses systemische Konglomerat "grenzüberschreitender Prozesse"[685] ist in den
von ihm geleiteten berufsbildenden Schulen über einen Changeprozess zu einer
Organisation zu entwickeln, die den jeweiligen gesellschaftlichen und wirtschaftlichen Anspruchsformulierern der Makroebene zukunftsfähig entspricht.
Eine derartige Ausrichtung scheint grundsätzlich fremdbestimmt und lässt möglicherweise den autopoeitischen Kräften kaum Chancen zur Entfaltung. Gleichzeitig sind damit tiefgreifende strategische Entscheidungen auf der Mesoebene
eng begrenzt. Diese Begrenzungen haben ihren Ursprung u. a. in einigen besonderen Problemen berufsbildender Schulen als Nonprofit-Organisationen.

(1988, S. 14) und Manstetten (1997, S. 4). Es soll hier nicht der Versuch unternommen werden, dass "duale System" umfassend zu beschreiben. Vielmehr geht es nur um die Aspekte,
die im direkten Zusammenhang zum Untersuchungsgegenstand dieser Arbeit gehören.
[683] Greinert (1988, S. 150).
[684] Vgl. die Ausführungen in dieser Arbeit im Abschnitt 2.24 "Probleme der Kopplung" und
grundlegend Jongebloed (1998, S. 9ff.).
[685] Luhmann (1999 (c), S. 36).

3.2.2   Besondere Probleme berufsbildender Schulen
        als Nonprofit-Organisationen

3.2.2.1 Demokratie als systemisches Steuerungsprinzip

In erwerbswirtschaftlich geführten Unternehmen ist die Frage der Führung, des Managements weitgehend eindeutig definiert.[686] Kompetenzen sind eindeutig zugeordnet, Teilverantwortungen entsprechend delegierbar. In Nonprofit-Organisationen, speziell in berufsbildenden Schulen, ist dies nicht der Fall. Berufsbildende Schulen haben mindestens vier "Machtzentren" zu berücksichtigen, die Ergebnis des systemischen Steuerungsprinzips "Demokratie" sind.[687]

1. Die wählenden Bürger als "Souverän", die mit ihrer Wahl über die Bildungspolitik im Allgemeinen und die Berufsbildungspolitik im Besonderen mitbestimmen.[688]
2. Die Abgeordneten in den Parlamenten, die teilweise sehr direkt in die Schulpolitik bis in die Einzelschulen hinein Einfluss nehmen.[689]
3. Die Regierung und die zuständigen Ministerien in Zusammenarbeit mit den Schulbehörden, die über Erlasse und Verordnungen einwirken und zudem fast ausschließlich für die Personalpolitik im Bereich von Einstellungen und Beförderungen zuständig sind.
4. Der Schulleiter im Sinne der Geschäftsführung einer "Zweigstelle".[690]

In und zwischen diesen vier "Machtzentren" (vgl. Abb. 25) werden wichtige Entscheidungen insbesondere hinsichtlich des strategischen Managements getroffen. Die demokratische Grundstruktur erschwert somit offensichtlich Entscheidungsprozesse, ohne dass ersichtlich wäre, dass die Qualität der Entscheidungen dadurch gesteigert werden würde. Gründe dafür sind im Auseinanderklaffen von formaler Kompetenz (Befugnisse) des Entscheidens und sachlich-

---

[686] Vgl. in dieser Arbeit Abschnitt 1.2 "Management".

[687] Vgl. Schwarz (1986, S. 18); dort allerdings allgemein für Nonprofit-Organisationen formuliert.

[688] Beispielsweise waren bei den Landtagswahlen 2002 in Niedersachsen die "Auflösung der Orientierungsstufe" und das "Abitur nach 12 Jahren" Schwerpunktthemen. Letzteres hat z. B. auch Auswirkungen auf die Fachgymnasien berufsbildender Schulen, die die Hochschulreife erst nach 13 Jahren anbieten können. Zu fragen bleibt allerdings, wie vielen Wählern dies bewusst und mitentscheidend für ihr Votum war.

[689] So sind nicht nur Lehrkräfte selbst Parlamentarier, sondern auch die nicht lehrenden Parlamentarier beeinflussen mit Telefonaten, Hintergrundgesprächen, Schulbesichtigungen direkt das "operative Geschäft" und damit "strategische Schulentscheidungen"; z. B. Projekt "Selbstständige Schule", Schulneubauten im IT-Bereich und Zuteilung neuer Schulformen.

[690] Vgl. zur Rechtsposition des Schulleiters den Abschnitt 4.1.1 dieser Arbeit.

fachlicher Kompetenz (Fähigkeit, Können, Wissen) zu erkennen.[691] Diese beiden Fundamentalkompetenzen sind auf die vier "Machtzentren" verteilt.

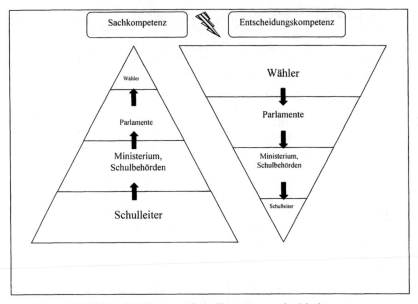

Abbildung 25: Asymmetrische Kompetenzen der Machtzentren

Die Abbildung verdeutlicht, dass die Formalhierarchie[692] dem klassischen Top-Down-Prinzip folgt, mit schrittweisen, teilweise extrem kleinschrittigen Entscheidungsübertragungen[693] an die Schulleiter. Darin spiegelt sich u. a. ein antiquiertes, nicht frei von Misstrauen und Ängsten durchzogenes Organisationsprinzip, das berufsbildenden Schulen Entwicklungschancen beschneidet. Es wird auch dadurch nicht effizienter, dass sich die oberen Machtzentren für gewisse Sachfragen die Fachkompetenz der unteren Ebenen einholen. Denn sobald diese Entscheidungsvorbereiter zu Ergebnissen kommen, die nicht mit der grundlegenden politischen Bildungsstrategie übereinstimmen, wird ihr Rat we-

---

[691] Schwarz (1986, S. 18). Vgl. auch Woltering/Bräth (1994): Kommentar zum § 43 Abs. 2. Satz 1 NSchG.

[692] Zur Problematik von Differenzierung und einheitlichem Prinzip am Beispiel "Hierarchie" vgl. Luhmann (1999 (c), S. 38).

[693] So "durften" im Zuge der Verwaltungsreform die Schulleiter eigenhändig die Mutterschutzfristen berechnen.

niger gefragt.[694] Dies ist umso problematischer als die kognitive Kompetenzen[695] der oberen Machtzentren begrenzt sind. Wenn aber der Sachverstand, die "hautnahe Problemkenntnis"[696] und die Erfahrungen ihre Dominanz im unteren Machtzentrum haben, dann entsteht eine Art "Gegenstromprinzip". Dieses "Gegenstromprinzip" durchdringt keineswegs sinnstiftend die jeweiligen Instanzen der Organisationen, sondern führt vielmehr zu Redundanzen und ineffizienten, teilweise sachfremden Entscheidungen. Im Sinne einer politischen Steuerung der Makroebene werden zwar demokratische Entscheidungsprozesse verwirklicht. Es bleibt jedoch zweifelhaft, ob aufgrund der faktischen Hierarchie der Sachkompetenz, die zum Teil höchst komplexen Sachzusammenhänge auf der obersten Entscheidungsebene der Formalhierarchie adäquat entschieden werden. Diese Polarität zwischen Sach- und Entscheidungskompetenz unterscheidet die Nonprofit-Unternehmen berufsbildende Schulen fundamental von erwerbswirtschaftlichen Unternehmen. Das Top-Management z. B. eines mittelständischen Unternehmens ist mit der Grundsatz- und Strategiekompetenz ausgestattet. Von Schulleitern als Top-Managern vergleichbar großer berufsbildender Schulen werden zwar ebensolche Managementleistungen erwartet, die aber letztlich nur eine "Führung mit beschränkter Kompetenz" im Sinne einer Problemlösungs-Verantwortung darstellen.[697] Diese Verantwortung erstreckt sich u. a. darauf:

- Die auf die berufsbildenden Schulen und ihre Lehrkräfte sowie Schüler zukommenden Probleme frühzeitig zu erkennen.
- Problemlösungen inkl. möglicher Alternativen, Vorschläge und Anträge – auch im Sinne positiver Veränderungen eines Change Managements – sachgerecht zu erarbeiten.
- Lösungsvorschläge entweder selbst den zuständigen Organen bzw. Machtzentren zu präsentieren und/oder die von den formal zuständigen Organen gefassten Beschlüsse sachbezogen umzusetzen.
- Problemlösungsprozesse im Rahmen gültiger Rechts- und Verwaltungsvorschriften effizient durchzuführen bzw. zu begleiten.
- Mit geeigneten Controllingmaßnahmen laufende Prozesse zu steuern.

---

[694] Es scheint zu beobachten zu sein, dass nach einem Regierungswechsel die Besetzungen von Kommissionen, Fachausschüssen und Führungsstellen nicht frei von sachfremden und politisch opportunen Aspekten erfolgen. Ebenso werden Gutachten und Ergebnisse von Studien politisch selektiv gewertet und zur Rechtfertigung der jeweiligen Position benutzt. Als Beleg dafür soll die inflationäre Anzahl von bildungspolitischen Kommentaren zur PISA-Studie gelten.

[695] Vgl. Mayntz ((1985), 1997, S. 17).

[696] Schwarz (1986, S. 18).

[697] Vgl. Schwarz (1986, S. 21).

Der Schulleiter, eingebettet in die demokratischen Strukturen seiner Umwelt, ist im kybernetischen Sinne nicht verantwortlich für den Input, trägt aber die Gesamtverantwortung für die Lehr-Lernprozesse als Leistungs- bzw. "Produktionsprozesse" "seiner" berufsbildenden Schulen und ist damit auch verantwortlich für den Output. Dieser Bruch eines ganzheitlichen Systems scheint eine der Hauptschwierigkeiten in der Leitung von Nonprofit-Organisationen im Allgemeinen[698] und berufsbildenden Schulen im Besonderen zu sein. Somit kann es wenig verwundern, wenn ein derart determiniertes Management als langwierig, zeit- und kostenaufwendig sowie innovationshemmend kritisiert wird.[699]

3.2.2.2 Innovation und Dynamik als Entwicklungsgrößen

Die Innovationshemmnisse und die fehlende Dynamik sind primär auf das Fehlen der Marktmechanismen zurückzuführen.[700] In der Wettbewerbssituation des Marktes sind die Anbieter gezwungen, z. B. neue Technologien, Verfahren und Marketing-Strategien anzuwenden,[701] um mit ihren Produkten und Leistungen Marktanteile zu erobern und zu sichern.[702] Diesem externen Druck mussten sich berufsbildende Schulen bisher nur sehr begrenzt aussetzen. Sie reagierten allenfalls curricular auf neuere Entwicklungen, z. B. Prozessorientierung in der industriellen Produktion oder Warenwirtschaftssysteme im Handel. "Proaktives" Handeln[703] bildet absolut die Ausnahme und führt darüber hinaus zu Irritationen der (Markt)partner.[704] Demgegenüber bestimmen besondere Innovationshemmnisse[705] das Bild, z. B. regionale Bildungsmonopole, Unentgeltlichkeit des Leistungsangebots für zumindest teilweise gezwungene Nachfrager, mangelhafte

---

[698] Vgl. Schwarz (1986, S. 21).

[699] Vgl. zur Kritik Abschnitt 1.1 dieser Arbeit.

[700] Vgl. Schwarz (1986, S. 22).

[701] Vgl. Uchatius (2003, S. 35), der anhand ausgewählter, besonders eindrucksvoller Beispiele der Wirtschaftsgeschichte klar macht, mit welchen grundlegenden Strategien, z. B. neue Produkte, Produktionsverfahren, Econonies of Scale erfolgreiches unternehmerisches Handeln verknüpft sein kann.

[702] Peters/Waterman (2000, S. 235) weisen allerdings darauf hin, dass eine Studie der National Science Foundation zu dem Schluss kommt, dass "kleine Firmen für jeden F & E-Dollar rund viermal so viele Innovationen produzieren wie mittelgroße Firmen und rund 24mal so viele wie Großunternehmen." Mit anderen Worten heißt das, dass die Innovationskraft mit der Größe des Unternehmens auch im Marktsystem relativ abnimmt.

[703] Miller/Posse (1998, S. 18).

[704] So findet beispielsweise das Angebot "Doppelqualifikation" der BBS am Schölerberg zwar die Zustimmung der Unternehmen, wird aber von der Industrie- und Handelskammer auf der Ebene formalrechtlicher Bedenken blockiert. Vgl. NOZ vom 25. November 2002.

[705] Schwarz (1986, S. 23).

systemische Erfolgskontrollen, fehlende systematische Evaluationen, mangelnde Kundenorientierung und bürokratische Strukturen.

Als Extremtyp der Verinnerlichung dieser Negativliste gelten öffentliche Verwaltungen, bei denen häufig mehrere dieser Innovationshemmnisse gleichzeitig auftreten und sich gegenseitig verstärken.[706] In der Wahrnehmung der Nachfrager scheinen berufsbildende Schulen den öffentlichen Verwaltungen nicht allzu fern. So sind sie diesen im Bereich der Schulträgerschaft unterstellt. Zudem arbeiten Verwaltungsangestellte des Schulträgers an einer der öffentlichkeitswirksamsten Schlüsselstelle berufsbildender Schulen, dem Sekretariat. Darüber hinaus haben berufsbildende Schulen sich auch in den rechtlich determinierten Verwaltungsabläufen, z. B. Einschulung, Bescheinigungen über Schulbesuche und Abschlüsse, das Image bürokratischer Organisationen erworben. Das dieses Image nicht mehr mit der Wahrnehmung der Realität aus der Perspektive der Schulen übereinstimmt, ist letztlich eher ein Problem des Anbieters als eines der Nachfrager. Es gilt deshalb für das schulische Management zu untersuchen, wie berufsbildende Schulen dynamisch und innovativ handeln können, um damit auch Imagegewinne realisieren zu können. Gerade an dieser Stelle sind Schulleiter mit Visionen und Kompetenzen gefragt, welche die qualitativ hochwertigen Leistungen berufsbildender Schulen zum einen fördern und lenken, z. B. guter Unterricht der zu guten Prüfungsergebnissen führt, der Wille zum Wettbewerb, die positiven Rückmeldungen der Ausbildungsunternehmen, erfolgreiche Karrieren von Absolventen der Schule; zum anderen darüber hinaus diese Leistungen positiv darstellen können. Dies wird ihnen umso eher gelingen, als sie nachweisen können, dass auch schulische Prozesse sich den Grundsätzen effizienten Handelns nicht verschließen.

3.2.2.3 Effizienz als Erfolgsmaßstab

Wie bereits oben beschrieben beinhaltet der Marktmechanismus einen scharfen Sanktionsmechanismus für Unternehmen, die dauerhaft erfolglos wirtschaften. Der Erfolg wird am Gewinn gemessen, der sich aus der Differenz von Ertrag und Aufwand ergibt. Bei berufsbildenden Schulen wirkt dieser Mechanismus nicht. Dies mag unter pädagogischen Gesichtspunkten positiv bewertet werden, weil kein Zwang zum wirtschaftlichen Handeln besteht. Solange berufsbildende Schulen vom Land und vom Schulträger ausreichend finanziell budgetiert werden, scheint dies eine komfortable Situation zu sein. In wirtschaftlichen schwierigen Zeiten, in denen diese finanzielle Absicherung nicht oder nur mit starken

---

[706] Vgl. Schwarz (1986, S. 23). Vgl. auch grundsätzlich Mayntz (1997, S. 115ff.). Allerdings befinden sich öffentliche Verwaltungen auch zunehmend in gravierenden Wandlungsprozessen; vgl. Lamping (2002, S. 23).

170

Einschnitten gewährleistet werden kann, werden Fragen nach einem effizienten Einsatz knapper Ressourcen im Bereich berufsbildender Schulen klarer akzentuiert. Dies gilt sowohl für die externen staatlichen Finanziers und potenziellen Sponsoren als auch für das Systeminnere. Hierbei stellen sich die Fragen nach einem wirkungsvollen Mitteleinsatz nicht nur vertikal top-down, z. B. wie erfolgreich die Summe X für die Fortbildung eines Kollegen eingesetzt wurde, sondern auch bottum-up, warum die Schulleitung zwei Laptops und einen Beamer und nicht drei neue Tafeln gekauft hat. Ebenso gibt es horizontalen Informationsbedarf, beispielsweise warum die Unterrichtsversorgung in der Berufsfachschule nur 86 Prozent und die des Fachgymnasiums 98 Prozent beträgt. Anhand dieser Beispiele wird u. a. deutlich, dass das Fehlen eines Marktes es ausgesprochen schwierig macht, Fragen nach einem effizienten Mitteleinsatz in einer Nonprofit-Organisation zufriedenstellend zu beantworten. Strategische Zielsetzungen, Planungen und Durchführungen setzen sich ohne geeignete Kriterien ihrer Überprüfbarkeit, z. B. Return on Investment, dem Verdacht der Willkür aus.[707]

Ein weiteres Effizienzhemmnis resultiert aus der fehlenden Äquivalenz von Sach- und Entscheidungskompetenz (vgl. Abb. 25). Dies kann auf der Makro-, der Meso- und der Mikroebene zu einer besonderen Gemengelage führen. Obwohl die Gesellschaft von der Makroebene aus berufsbildende Schulen mit Lösungsanforderungen überfrachtet, beispielsweise für die Bereiche Gewalt- und Drogenprävention, wird der dafür notwendige Politik- und ggf. Religionsunterricht von der Systemumwelt der Mesoebene, den Ausbildungsunternehmen, als unnütz diskreditiert. Die direkten Nachfrager bevorzugen gute Prüfungs- und Abschlussergebnisse unter der Nebenbedingung eines möglichst stressfreien, anstrengungsarmen Unterrichts, der sich nicht mit den didaktisch-methodischen und berufsethischen Vorstellungen der Lehrkräfte in Übereinstimmung bringen lässt. So fehlt es an Leistungsindikatoren für die Qualität, die von allen an Schule Beteiligten anerkannt werden. Ein übergreifendes schulisches Gesamtkonzept wäre von Nöten, um auch die Gesamteffizienz berufsbildender Schulen beurteilen zu können. Insbesondere deshalb, weil Schulen mit ihren Leistungen vorrangig bei ihren Schülern Wirkungen erreichen möchten, z. B. Wissens- und Kompetenzzuwächse sowie Verhaltensänderungen. Der "Gewinn" bzw. das Resultat ist also primär nicht in der Organisation, sondern bei den Leistungsadressaten zu registrieren. Somit lassen sich zwei Kernprobleme im Bereich der Effizienz berufsbildender Schulen festhalten:[708]

1. Schulleiter haben massive systeminterne Schwierigkeiten in ihrem Kerngeschäft des dispositiven Faktors effizient zu handeln.

[707] Vgl. Schwarz (1986, S. 22).
[708] Vgl. Schwarz (1986, S. 21).

2. Systemexterne Beobachter können das Ausmaß der Effizienz weder zutreffend beurteilen noch das Organisationshandeln wirklich kontrollieren.

So ernüchternd dieser Befund auch sein mag, so scheint er darauf hinzudeuten, dass eine system-unabhängige Effizienzsteigerung nicht "angeordnet" werden kann. Grundlegendes Change Management sollte sich deshalb nicht darin erschöpfen, das Gleiche wie bisher nur noch schneller zu erledigen.[709] Möglicherweise müssten Wege gegangen werden, die vom heutigen Standort betrachtet als Zielsetzung keine signifikanten Effizienzgewinne erkennen lassen. Derartige Wege in breiten Möglichkeitskorridoren sind stets herausfordernd und risikoreich. Sie erfordern Visionen, Mut und die Risikobereitschaft flexibel zu handeln. Eigenschaften, die berufsbildenden Schulen als Nonprofit-Organisation traditionell weitgehend fehlen. Dieses Manko sollte aber nicht dazu führen, bekannte bürokratische Verhaltenweisen durch eine systemfremde "allgegenwärtige Gib-Gas-Mantra"[710] erwerbswirtschaftlicher Unternehmen zu ersetzen. Bildungsprozesse benötigen Zeit. Überzogene Effizienzsteigerungen können gerade im Bereich der "Wissensarbeit" das System blockieren, wie folgendes Beispiel zeigt.[711]

7	1	6
4	8	3
2	5	

7	1	6
4	8	3
2	5	9

Veränderungen sind im zweiten Quadrat nicht mehr möglich. Berufsbildende Schulen könnten in diesem Fall überhaupt keine Veränderungen einleiten und realisieren. Sie wären schon nach kurzer Zeit obsolet.

---

[709] So ist ein Abitur nach 12 Schuljahren grundsätzlich für alle Schüler nicht nur angesichts der volkswirtschaftlich umstrittenen Konsequenzen bei verkürzten Lebensarbeitszeiten wenig sinnvoll, sondern auch unter qualitativen Gesichtspunkten äußerst fragwürdig. Menschen denken unter Zeitdruck nicht schneller! DeMarco (2001, S. 51).

[710] DeMarco (2001, S. VIII).

[711] Nach DeMarco (2001, S. 3). Es geht bei dem „Spiel" darum, die Zahlen durch Nutzung des freien Feldes so zu verschieben, dass am Schluss eine Ordnung entsteht, z. B. Zahlen nach aufsteigender Größe sortiert. Die Belegung des freien Feldes führt zu einer Effizienzsteigerung von 11,1 Prozent – und zum Stillstand. Dieses Beispiel spiegelt ein wenig die Problemstellung wider, ob an eine achte noch eine neunte Unterrichtsstunde angehängt werden soll.

3.2.2.4 Management Know-how als conditio sine qua non

Management ist ein wesentliches Systemelement erwerbswirtschaftlicher Unternehmen. Das Management Know-how kann als eine Bedingung angesehen werden, ohne die ein Unternehmen nicht zielbestimmt geleitet werden kann.[712] Konzepte, Methoden und Techniken des Managements gelten als erlernbar.[713] Für Nonprofit-Organisationen im Allgemeinen und berufsbildende Schulen im Besonderen scheint dagegen eine gewisse Resistenz gegenüber einer systembezogenen Vergleichbarkeit von Management- und Schulleitungsfunktion zu existieren. Zugespitzt scheint der erforderliche Dreiklang aus Wollen, Können und Tun teilweise ins Leere zu stoßen.

- Das Wollen[714] als Bedingung des Schulmanagements

Der Nachweis, dass sich berufsbildende Schulen als Nonprofit-Unternehmen signifikant von erwerbswirtschaftlichen Unternehmen unterscheiden, rechtfertigt nicht den Schluss, dass bewährte Managementkenntnisse und -verfahren nicht gestalterisch genutzt und systemisch angewendet werden können. Wollen Schulleiter nicht nur verwalten, dann ist das Managen-Wollen eine wichtige Voraussetzung für die Gestaltung und Veränderung berufsbildender Schulen. Fehlt jedoch der Wille, fehlt das "inveniam viam aut muniam" des Schulleiters, dann sollten schulische Changeprozesse erst gar nicht eingeleitet werden.[715]

- Das Können als Bedingung des Schulmanagements

Der Typus Schulleiter "Pädagoge mit Karriere" mag zwar mit dem Typus Manager als "Macher"[716] nicht identisch sein, er scheint jedoch recht gute Chancen für ein erfolgreiches schulisches Change Management mitzubringen, da er als ein Spezialist des Lernens bezeichnet werden kann, der beruflichen Veränderungen gegenüber aufgeschlossen ist. D. h. er bringt die Bereitschaft mit, sich fremdes, nämlich Management-Wissen anzueignen und ggf. modifiziert umzusetzen. Er besitzt somit ein systemisches "Können-Potenzial" sowie ein Change Potenzial, das er um neue Wissenselemente erweitert, zur Entwicklung des Systems berufsbildender Schulen auf der Mesoebene einsetzen könnte.

---

[712] Vgl. in dieser Arbeit die Abschnitte 1.2.1 und 2.4.2.1.

[713] Vgl. Schwarz (1986, S. 24); ein Überblick über diverse "Management-Schulen" findet sich bei Simon (2002).

[714] Vgl. Sprenger (1996, S. 65ff.) unter motivationalen Gesichtspunkten.

[715] Sprenger (1996, S. 70) formuliert zugespitzt: "Love it, leave it or change it." Vgl. auch Lohmann (1999,
S. 101 ff.).

[716] Vgl. den Typisierungsversuch von Change Agents im Abschnitt 2.5.3.2 in dieser Arbeit.

- Das Tun als Bedingung des Schulmanagements

Die dritte Bedingung, das "Tun", ist nicht zuletzt abhängig von der Existenz einer Schulmanagement-Kultur.[717] Zu ihrer Etablierung wäre es u. a. sinnvoll:

- Schulmanagementwissen nicht nur für Schulleiter in Fort- und Weiterbildungsmaßnahmen anzubieten, sondern schon beginnend in der Lehrerausbildung die angehenden Lehrkräfte mit einem entwicklungsfähigen Basiswissen auszustatten.
- In der schulinternen Kommunikation die Managementnotwendigkeiten, -instrumente und -leistungen deutlich zum Ausdruck zu bringen.
- Schulmanagement adäquate Leistungs- und Besoldungssysteme einzuführen.[718]

Das Tun, im Sinne des Schulmanagements, erfordert somit das Wollen und das Können als notwendige Basis, auf der die tatsächliche Handlung erfolgen kann. Letztgenannte ist eine bewertbare Größe, die im Zusammenhang zur Komplexität des Gesamtzusammenhangs eines systemisch orientierten Change Managements in berufsbildenden Schulen im folgenden Abschnitt genauer untersucht werden soll.

3.3 Konstruktionselemente im Bereich: Systemisch orientiertes schulisches Change Management als Lösungsansatz komplexer Probleme

3.3.1 Ausgangsüberlegungen zur Komplexität[719]

"Für jedes komplexe Problem gibt es eine einfache Lösung – und die ist meistens falsch."[720]

Unterstellt, schulisches Change Management entspräche einer komplexen Problemsituation, dann überrascht es wenig, dass Schulleiter – wie alle anderen Personen, die an der Gestaltung von Schule beteiligt sind – die Istsituation berufsbildender Schulen unterschiedlich einschätzen. Das Spektrum mag dabei auf

---

[717] Vgl. Schwarz (1986, S. 24) zum Phänomen unterschiedlicher Handlungsweisen identischer Personen in haupt- oder nebenamtlichen Rollen.

[718] Es ist schlicht ineffizient – möglicherweise auch ungerecht – Schulleiter unabhängig von der Größe der jeweiligen Schule zu alimentieren. Es scheint evident, dass der Schulleiter einer berufsbildenden Schule mit 4000 Schülern mehr zu managen hat als der Schulleiter einer Schule mit 800 Schülern. So überrascht es wenig, dass pro frei Schulleitungsstelle in Niedersachsen nur ca. 1,4 Bewerber zu registrieren sind und große Schulen zeitweise jahrelang ohne Schulleiter auskommen müssen.

[719] Vgl. auch grundlegend Luhmann (1998 (c), S. 45).

[720] Gomes/Probst (1987, S. 3); vgl. auch Lüpertz (1994, S. 5).

einer eher intuitiven Ebene zwischen "alles ist gut" und "desaströs" liegen, mit der Folge, "wir machen nichts" oder "wir machen alles anders". Beide Varianten scheinen wenig fundiert, weil sie auf ein integrierendes, zusammenfügendes, ganzheitliches Denken in der Regel verzichten.[721] Es fehlt oft an einer tiefgehenden Diagnose. Maßnahmen für schulische Entwicklungsprozesse bedingen aber gerade einer sorgfältigen, begründeten Problemdiagnose,[722] weil zumindest drei Rahmenbedingungen bedacht werden müssen, die über Erfolg oder Misserfolg entscheiden: Verknappung der Ressourcen Zeit[723] und Geld sowie eine außerordentliche Steigerung der Komplexität.[724] Gerade der letzte Punkt macht deutlich, dass ein intuitives Lösungshandeln mit einer hohen Wahrscheinlichkeit behaftet ist, die Probleme zu verstärken. Der Grund dafür liegt darin, dass derartige Einwirkungen systemfremd sind.[725] Im Verständnis der Systemtheorie ist dagegen ein Handeln gefordert, das nicht auf das System einwirkt, sondern mit dem System arbeitet.[726] Dabei ist zu prüfen, welche Arten von Problemsituation auf der Metaebene im sozialen Teilsystem berufsbildende Schulen vorliegen können. Probst/Gomez unterscheiden einfache, komplizierte und komplexe Probleme[727] (vgl. Tab.14).

Problemart	Merkmale	Beispiele
Einfache Probleme	Wenige Systemelemente, Relationen und Interaktionen sind betroffen.	Korrektur einer "falsch" gegebenen Zensur, Veränderung der Tagesordnung einer Konferenz.
Komplizierte Probleme	Viele Elemente, Relationen und Kopplungen sind betroffen. Es entsteht ein hoher Zeitaufwand, viel Detailarbeit allerdings mit wenig Dynamik.	Konstruktion des Gesamtstundenplans, Bauplanung eines neuen EDV-Raumes
Komplexe Probleme	Hohe Dynamik im System, in den Relationen einer Vielzahl von Elementen	Strategische Schulentscheidungen, z. B. "Selbstständige Schule", Wertewandel in der Schulkultur bedingt durch einen gesellschaftlichen Wandel

Tabelle 14: Einfache, komplizierte und komplexe Probleme nach Probst/Gomez

---

[721] Vgl. Bechtler (1987) und Probst/Gomez (1991, S. 5).

[722] Vgl. Philipp (1998 (b), S. 239).

[723] Natürlich sind 24 Stunden – 24 Stunden geblieben, aber die Verdichtung der Arbeitsprozesse hat nicht zuletzt durch die neuen Informationstechnologien dramatisch zugenommen.

[724] Doppler/Lautenburg (2000, S. 21). Letzten Endes kann auch für berufsbildende Schulen aus Luhmannscher (1999 (c), S. 38 u. S. 41)systemtheoretischer Sicht, die Steigerung der Komplexität als eine Folge von Verfahren der Systemdifferenzierungen interpretiert werden.

[725] Vgl. Ulrich/Probst (1988).

[726] Probst/Gomez (1991, S. 5).

[727] Probst/Gomez (1991, S. 5).

In berufsbildenden Schulen können, wie die Beispiele der Tabelle verdeutlichen, alle drei Problemarten vorkommen. Jedoch ist eine Zunahme komplexer Problemstellungen zu verzeichnen.[728] Diese ist u. a. durch eine sehr enge Verflechtung mit dem Wirtschaftssystem bedingt, das durch ein Netz globaler Wertschöpfungsketten, internationaler Technologiestandards, verkürzter Produktlebenszyklen und einem insgesamt verschärften Wettbewerb mit extremem Kostendruck[729] gekennzeichnet werden kann. Als Folge davon ist auch das Teilsystem berufsbildende Schulen hochgradig vernetzt und dynamisiert worden. Schulstrukturentwicklungen sind nicht (mehr) eindeutig vorhersagbar.[730] Entscheidungssituationen verlieren an Transparenz. Zielbündel, die teilweise aus konkurrierenden Zielen bestehen, sind zu entscheiden, die sich einfacher kausaler Begründungen entziehen, z. B. "Ruhe" im Kollegium versus Ausbildungsbetriebe orientierte "Kundenfreundlichkeit". Denk- und damit Entscheidungsfehler[731] können dabei u. a. das Resultat einer partiellen Überforderung kognitiver menschlicher Kapazitäten sein.[732] Systemische Zusammenhänge werden ignoriert. Korrekturen finden nur an Symptomen statt, z. B. die Versetzung einer überforderten Lehrkraft in eine andere Klasse oder Schulform.

Demgegenüber sollten Problemlösungen angestrebt werden, die systemtheoretisch orientiert sind und auf einer ganzheitlichen Denkweise basieren.[733] Nach Probst/Gomez zählen zu den Bausteinen des ganzheitlichen Denkens: Ganzheit und Teil, Vernetztheit, Offenheit, Komplexität, Ordnung, Lenkung und Entwicklung.[734] Es ist zu fragen, welchen Einfluss diese Bausteine auf die Konstruktion eines Change Managementansatzes berufsbildender Schulen haben.

---

[728] Vgl. Doppler/Lauterburg (2000, S. 29).

[729] Vgl. IWD (2002, S. 8), wenn diese Kosten in den Unternehmen scharf kalkuliert werden, mit der Folge weniger Auszubildende einzustellen, führt dies zu einer Verschiebung innerhalb der Struktur berufsbildender Schulen. Die Zahl der Auszubildenden im dualen System bzw. der Berufsschule nimmt ab. Die Zahl der schulpflichtigen Vollzeitschüler nimmt zu. Letztere wiederum bedürfen eines wesentlich höheren schulischen Ressourceneinsatzes, z. B. Lehrerstunden, Fachräume zur Simulation der Praxis.

[730] Nicht zuletzt weil die wirtschaftliche, politische und soziale Systemumwelt durch gravierende Instabilitäten gekennzeichnet ist. Vgl. Doppler/Lauterburg (2000, S. 23).

[731] Zu häufigen Denkfehlern im Problemlösungsprozess vgl. Ullrich/Probst (1988); als Zitat auch in Probst/Gomez (1991, S. 6).

[732] Vgl. Vester (1980); vgl. auch Spitzer (1996, S. 205), der klarmacht, dass komplexer Input für ein System, das diese Komplexität nicht verarbeiten kann, lediglich eine Form von Rauschen darstellt.

[733] Zu den systemtheoretischen Implikationen vgl. in dieser Arbeit den Abschnitt 2.1ff.

[734] Probst/Gomez (1991, S. 7).

3.3.2   Change Management in Anlehnung an Probst/Gomez[735]
3.3.2.1 Zielbestimmung

Soll eine Situation verändert werden, bedarf es der genauen Erfassung, der die Istsituation beeinflussenden Elemente und Interaktionen. Eine sinnvolle Veränderung ist nur dann möglich, wenn eindeutige Ziele gesetzt werden können, in welche Richtung der Veränderungsprozess entwickelt werden soll, um den nicht zufriedenstellenden Status quo verlassen zu können. Da es sich bei den mit komplexen Problemen behafteten Istsituationen im Bereich berufsbildender Schulen häufig um Mehrebenenprobleme handelt, also Makro-, Meso- und Mikroebene betroffen sind, bedarf es nicht selten politischer Willenserklärungen, die in Rechts- und Verwaltungsvorschriften münden. Damit ist allerdings noch keineswegs eine eindeutige Zielbeschreibung verbunden. Exemplarisch sei auf die Problemfelder: regionale Kompetenzzentren[736], Schulprogrammentwicklung[737] und Lernfelder als strukturierende Einheiten beruflichen Lernens[738] verwiesen. Es handelt sich vielmehr um Zielbeschreibungen, die im Veränderungsprozess ausdifferenziert, modifiziert oder auch ganz aufgegeben werden müssen.[739] Somit sind Umsteuerungs- und Nachsteuerungsprozesse nicht auszuschließen. Damit wird zugleich deutlich, dass Probleme nicht etwas objektiv Gegebenes sind, sondern stets etwas subjektiv Wahrgenommenes darstellen, das mit bestimmten Ansprüchen korrespondiert. Dementsprechend variiert die Einflussnahme und das Veränderungshandeln der Akteure in den funktionellen Teilsystemen.

Ziel ist es, ein Verständnis für Veränderungsbedingungen zu bekommen. Probst/Gomez haben dazu eine Vernetzungstechnik entwickelt.[740]

---

[735] Für die Orientierung am Ansatz von Probst/Gomez spricht u. a.: (1) grundsätzliche systemtheoretische Orientierung, (2) Denken in Kreisläufen statt in schlichten Ursache-Wirkungszusammenhängen, (3) Akzeptanz von Abhängigkeiten von der Umwelt und den Ansprüchen unterschiedlicher Bezugspersonen, (4) praxiserprobtes Problemlösungshandeln, das auch für den Bereich von Nonprofit-Organisationen angewendet werden kann.

[736] Vgl. Abschnitt 5.4 in dieser Arbeit.

[737] Vgl. Abschnitt 5.3 in dieser Arbeit.

[738] Vgl. Abschnitt 5.2 in dieser Arbeit.

[739] Beispielsweise wurde die Orientierungsschule in Niedersachsen nicht in ein Förderstufenkonzept überführt, sondern nach der Landtagswahl und dem damit verbundenen politischen Wechsel im Februar 2002 in "Eingangsklassen" zurückgeführt.

[740] Vgl. Probst/Gomez (1991, S. 3ff.). Vgl. auch die diversen Beiträge aus unterschiedlichen Einsatzgebieten der Wirtschaftspraxis in dem von Probst/Gomez herausgegebenen Buch "Vernetztes Denken" (1991).

3.3.2.2 Netzwerk und Prozessverläufe

Mit der Konstruktion von Netzwerken wird versucht, die relevanten Einflüsse zu erfassen, die sich auf die Problem- bzw. Changesituation auswirken. Relationen werden in ihrem Beeinflussungsmuster, ihrer Wirkungsrichtung unter Zeitaspekten und Intensitäten abgebildet.

• Beziehungsrichtungen

Beziehungsrichtungen werden durch einen Pfeil dargestellt. Es wird zwischen gleichgerichteten, sich verstärkenden und konträren Wirkungen unterschieden. Gleichgerichte Beziehungen erhalten in der grafischen Darstellung ein Pluszeichen, z. B.

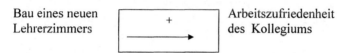

Bau eines neuen Lehrerzimmers   +   Arbeitszufriedenheit des Kollegiums

Gegensätzliche Beziehungen erhalten ein Minuszeichen, z. B.

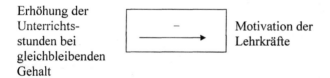

Erhöhung der Unterrichtsstunden bei gleichbleibenden Gehalt   –   Motivation der Lehrkräfte

Beispielhaft kann die Changesituation einer berufsbildenden Schule mit einer begrenzten Auswahl an Subsystemen (vgl. Abbildung 26)[741] skizziert werden.

---

[741] Vgl. unter dem Aspekt einer Anatomie einer Wirtschaftskrise Doppler/Lauterburg (2000, S. 28).

178

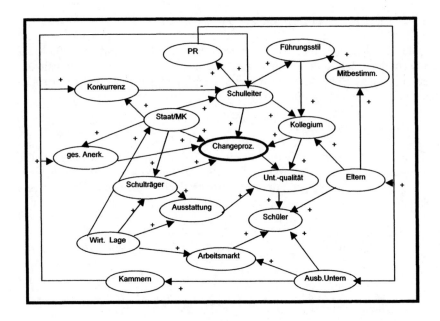

Abbildung 26: Ausgewählte Beziehungen zwischen relevanten Subsystemen im schulischen Changeprozess

- Zeitliche Aspekte und Intensität[742]

Zeitliche Zusammenhänge können bzgl. ihrer Fristen unterschieden und darge-stellt werden. Die Verhaltensänderung eines Schülers aufgrund der pädagogi-schen Einwirkungen einer Lehrkraft mag kurzfristig sein. Die Abschaffung oder Implementierung einer neuen Schulform kann i. d. R. bestenfalls mittelfristig realisiert werden. Die grundlegende pädagogische Einstellung eines Kollegiums ist dagegen nur langfristig veränderbar. Grafisch lassen sich die zeitlichen As-pekte z. B. durch unterschiedliche Pfeilformen oder Farben darstellen. Nicht alle Relationen der Elemente zueinander sind in berufsbildenden Schulen durch gleichstarke Intensitäten geprägt. Für einen pragmatischen Umgang empfehlen Probst/Gomez mit folgenden Wirkungsintensitäten zu arbeiten:[743]

0 = keine oder äußerst geringe Intensität   1 = geringe Intensität
2 = starke Intensität   3 = sehr starke Intensität.

---

[742] In der Unternehmenspraxis werden teilweise die zeitlichen Aspekte und die Intensität nicht mehr grafisch dargestellt. Vgl. u. a. Leimer (1991, S. 41ff.) und Probst (1991, S. 107ff.).
[743] Probst/Gomez (1991, S. 12).

Daraus lässt sich eine Einflussmatrix (Tabelle 15) konstruieren, mit deren Hilfe die Beeinflussbarkeit und die Einflussnahme wichtiger Faktoren im schulischen Change Managementprozess bestimmt werden kann.

Aus den Ergebnissen der Tabelle 15 lässt sich erkennen, welche Größen eine eher aktive, reaktive, träge oder kritische Rolle spielen. So sind beispielweise:

- Größen, die eine starke Beeinflussbarkeit in der Schule erfahren, hier: Kollegium und Schulleiter, sind identifizierbar (hohe Werte der Zeile $\sum B$).
- Ebenso sind die Elemente, die durch schulische Prozesse nur schwach beeinflusst werden können werden, hier: wirtschaftliche Lage und Arbeitsmarkt, erkennbar (niedrige Werte der $\sum B$).
- Die Einflussnahme des Schulleiters, der Ausbildungsunternehmen und des Kollegiums sind sehr hoch (hohe Werte der Spalte $\sum E$).
- Dagegen ist die Einflussnahme der Eltern in einer berufsbildenden Schule als eher gering einzuschätzen (niedrigster Wert der Spalte $\sum E$).

Auch wenn diese Ergebnisse nicht im Sinne letzter mathematischer Präzision überbewertet werden dürfen, geben sie jedoch wichtige Hinweise für ein effizienteres Handeln im schulischen Change Management. Lenkungseingriffe, die sich der Komplexität der Problemsituation anzupassen haben,[744] sollten nur an den Stellen angesetzt werden, an denen etwas verändert werden kann. Kein Schulleiter wird einen signifikanten Einfluss auf die wirtschaftliche Lage des Landes oder den Arbeitsmarkt haben, aber er kann sein Kollegium beeinflussen.

Die Intensitätseigenschaften können im Überblick als Punktediagramm zusammengefasst werden (vgl. Abb. 27).

---

[744] Vgl. Gomez/Probst (1991, S. 36).

Einfluss auf / von			1	2	3	4	5	6	7	8	9	10	11	12	13	14	15	16	17	18	ΣE
Akteure	1	Schulleiter		3	1	1	1	2	1	0	3	2	2	2	3	2	1	0	0	1	25
	2	Kollegium	2		0	0	1	3	1	0	2	3	3	1	2	1	1	0	0	0	20
	3	Staat MK/Bez.Reg.	2	2		1	2	1	1	1	0	1	1	1	1	0	2	1	1	2	20
	4	Schulträger	1	1	1		0	1	0	0	0	0	1	3	1	1	1	1	0	1	13
	5	Eltern	1	1	1	1		1	2	0	0	0	0	0	0	0	1	0	0	0	8
	6	Schüler	1	2	1	0	1		1	1	0	0	3	1	1	1	1	0	0	1	15
	7	Ausbildungsunternehmen	1	1	2	1	0	2		3	0	0	1	1	1	1	2	3	2	1	22
	8	Kammern	1	0	1	1	0	1	2		0	0	0	0	0	0	1	1	1	1	10
Schulische Aktionsfelder	9	Führungsstil	1	3	0	0	1	1	1	1		3	1	1	2	1	1	0	0	1	18
	10	Schulische Mitbestimmung	2	2	0	1	1	1	0	0	2		1	1	2	1	1	0	0	0	15
	11	Unterrichtsqualität	1	2	1	0	1	3	1	0	0	0		1	2	1	2	1	1	1	18
	12	Sächliche Ausstattung	1	2	1	2	1	1	1	0	0	0	2		1	1	1	0	0	1	15
	13	Changeprozess in BBS	2	2	1	1	1	2	1	0	2	1	2	1		1	1	0	0	1	19
	14	Public Relations	1	1	1	1	1	0	1	1	1	0	0	1	1		2	0	0	1	13
Rahmenbedingung.	15	Gesell. Anerkennung v. Bildung	1	2	2	2	2	0	1	1	0	1	0	2	1	1		0	1	2	19
	16	Arbeitsmarkt	1	1	2	2	2	1	2	2	0	0	0	0	0	1	2		2	1	19
	17	Wirtschaftliche Lage	0	0	2	2	1	0	2	2	0	0	0	1	0	0	1	3		0	14
	18	Konkurrierende Bildungsanbieter	1	0	1	1	2	1	1	1	0	0	1	1	0	1	1	1	0		13
	ΣB		21	25	18	17	18	21	19	13	10	11	18	18	18	14	22	11	8	15	

ΣB = Summe der Beeinflussbarkeit   ΣE = Summe der Einflussnahme

Tabelle 15: Beeinflussbarkeit und Einflussnahme ausgewählter Faktoren im schulischen Changeprozess [745]

---

[745] Zur grundlegenden Vorgehensweise vgl. Probst/Gomez (1991, S. 13f.).
Die Auswahl und Quantifizierung erfolgt in dieser Arbeit auf der Basis eines kleinen "Pretests" mit nur wenigen Experten der beruflichen Bildung. Keinesfalls soll der Eindruck einer empirisch abgesicherten Studie vermittelt werden. Diese scheint jedoch grundsätzlich möglich. Hier handelt es sich jedoch zunächst nur um den Versuch, mit dem Instrument Erfahrungen zu sammeln.

181

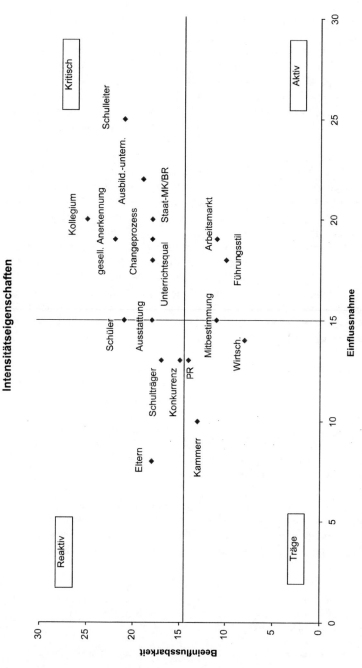

Abbildung 27: Intensitätseigenschaften ausgewählter Faktoren im schulischen Changeprozess

3.3.2.3 Veränderungs- und Lenkungsmöglichkeiten

Nachdem ein Netzwerk nach den oben beschriebenen Hinweisen erstellt werden kann kommt es darauf an, mögliche Entwicklungen des Szenarios zu erfassen und zu interpretieren. Dabei handelt es sich um wahrscheinliche Entwicklungen, nicht um Tatsachen. Ein Vorteil der Vorgehensweise liegt darin, alternative Verhaltensweisen zu simulieren und auf ihre Auswirkungen zu überprüfen, z. B. indem man ein oder mehrere Elemente oder Beziehungen verändert.

Damit kann einem der Hauptprobleme des Managements bzw. des Change Managements begegnet werden. Dies besteht in der Annahme, dass jede Problemsituation stets sicher beherrscht werden kann. Diese Annahme sollte durch eine bescheidenere aber realistischere Zielsetzung ersetzt werden. Problemsituationen als Teile der Wirklichkeit können bestenfalls begrenzt (positiv) beeinflusst werden. Es gilt also, die Lenkungsmöglichkeiten zu ermitteln und damit die lenkbaren von den unlenkbaren Größen zu unterscheiden. In diesem Kontext ist es zum einen wichtig, Indikatoren für die Messung des Lenkungserfolges festzuhalten, z. B. "Abbrecherquoten", Abschlussnoten und Fortbildungsaktivitäten.[746] Zum anderen müssen im Berufsbildungssystem die Lenkungsebenen unterschieden werden. Geht man von der bereits vorgestellten Systemstruktur aus,[747] so suggeriert diese möglicherweise eine top-down-orientierte, stufenweise Durchdringung.

Das Arbeitsfeld der Schulleitung auf der Mesoebene "berufsbildende Schulen" wäre bzgl. möglicher systemischer Einflüsse und Beeinflussungsmöglichkeiten klar strukturiert. In der Realität sind jedoch auch Einflüsse beobachtbar,[748] die Ebenen überspringen, z. B. beeinflussen ressourcenbezogene Entscheidungen der Makroebene (Klassenfrequenz, sächliche Ausstattung) direkt die Unterrichtsarbeit. Ebenso beeinflussen Feedbacks der Mikroebene das Lenkungsverhalten der Mesoebene. Neben den lenk- und beobachtbaren Einflüssen muss der Schulleiter – nicht nur als Change Manager – davon ausgehen, dass es für ihn nicht quantifizierbare, unbeobachtbare „blinde Flecken" und unlenkbarer Einflüsse gibt, die sich auf den gesamten Veränderungsprozess auswirken können. Wenn trotz dieser einschränkenden Nebenbedingungen die Ansatzpunkte für die Veränderung fixiert und untersucht worden sind, geht es um die Strategie der Gestaltung und Lenkung. Probst/Gomez stellen sieben systemische Lenkungsre-

---

[746] Beispielsweise sind alle berufsbildenden Schulen des Landes Niedersachsen befragt worden, wie viel Lehrkräfte in einem bestimmten Zeitraum an Fortbildungsmaßnahmen teilgenommen haben und welche Kosten dafür entstanden sind.

[747] Vgl. Abschnitt 2.2.4 dieser Arbeit.

[748] Vgl. den Einfluss der vier "Machtzentren" im Abschnitt 3.2.2.1 dieser Arbeit.

geln für die Erarbeitung und Evaluation von Strategien und Maßnahmen auf,[749] die auf die Funktionen eines Schulleiters als Change Managers übertragbar erscheinen:

1. Lenkungseingriffe sind an die Komplexität der Innovationssituation anzupassen.
2. Das (Teil-)System, seine Elemente und Relationen sind zwingend zu berücksichtigen.
3. Stabilisierende Feedbacks zur Vermeidung unkontrollierbarer Entwicklungen sollten genutzt werden.
4. Die Eigendynamik des Systems zur Erzielung von Synergieeffekten ist zu nutzen.
5. Eine Balance von Bewahrung und Innovation muss gefunden werden.
6. Die Selbstständigkeit der Elemente ist zu fördern.
7. Mit jedem lösenden Teilschritt sollte die Lern- und Entwicklungsfähigkeit des Systems und seiner Elemente erhöht werden.

Erneut kann zusammenfassend unterstrichen werden, dass Veränderungen von Systemen gestaltend vollzogen werden können, wenn fundierte Analysen, die auf der Basis möglichst sicherer Informationen über komplexe Zusammenhänge erstellt wurden, vorhanden sind.[750] Aus ihnen können klare systemkompatible Zielsetzungen entwickelt werden. Deren Verwirklichung muss kritisch prozessbezogen, im Sinne eines Controllings, begleitet werden. Die Erfolgswirksamkeit scheint dabei zu steigen, wenn die Handelnden nicht nur engagiert sondern auch authentisch und glaubwürdig agieren.[751] Ex post kann der Veränderungsprozess beschrieben und wiederum analysiert werden,[752] um darauf folgende Innovationen erfolgreich(er) zu gestalten.[753]

3.4 Schlussfolgerungen für das schulische Change Management

Die im zweiten Kapitel erarbeitete theoretische Basiskonstruktion konnte im Kapitel drei durch zwei wesentliche Konstruktionsbereiche: die Analyse der Nonprofit-Organisationen-Problematik und die Komplexitätsproblematik erweitert und stabilisiert werden. Es zeigte sich dabei, dass die Zusammenführung unterschiedlicher aber kompatibler theoretischer Ansätze aus Systemtheorie in

---

[749] Probst/Gomez (1991, S. 17).

[750] Vgl. dazu die entwickelten Instrumente (Abschnitt 2. 6), die theoretisch – "auf dem Papier" – begründet werden konnten.

[751] Vgl. Doppler/Lauterburg (2000, S. 91).

[752] Möglicherweise stellen sie auch eine Basis für empirische Untersuchungen dar.

[753] Konkret verwirklichte Innovationsprojekte werden exemplarisch im Kapitel 5 dargestellt.

Form „vernetzten Denkens" sowie Grundlagen der Finanztheorie zu genaueren Einsichten hinsichtlich der Funktion und den Grenzen von Change Management-Handeln in berufsbildenden Schulen führen kann.

Würde man in diesem Sinne die Abb. 23 als Folie aufgreifen und aus ihr den mittleren Teil der Systemzusammenhänge isolieren, dann könnte man mit Hilfe einer Overlay-Technik zwei weitere Folien darüber legen. Erstens ließe sich als zusammenfassendes Ergebnis das Leistungsangebot und -verhalten berufsbildender Schulen in Deutschland darstellen, die überwiegend Nonprofit-Organisationen und nur in Randbereichen erwerbswirtschaftlich orientiert sind. Als weitere Folie könnte darüber die Abb. 27 aufgelegt werden, welche die Beziehungen des Changeprozesses berufsbildender Schulen zu ausgewählten Subsystemen zum Ausdruck bringt. Im Ergebnis erzielte man eine Darstellung, die u. a. die extreme Komplexität, Vielschichtigkeit und Problemfülle einer Changesituation berufsbildender Schulen darstellen würde.

In einer derartigen Situation, in der vermeintlich alle wesentlichen Bestandteile für das Change Management berufsbildender Schulen hochgradig komprimiert zusammengefasst sind, fehlt jedoch noch ein bedeutsames Element im Sinne der Thematik der Gesamtarbeit – der Schulleiter. Es gilt aufzudecken, welche Funktion der Schulleiter in diesem komplexen Gesamtszenario als Change Agent einnehmen kann. Dabei interessiert, mit welchen Instrumenten er in der Lage ist, Changeprozesse ggf. gegen Widerstände zu initiieren, durchzuführen und zu evaluieren. Seine Funktion als Change Manager ist dabei aus systemtheoretischer Sicht stets als eine Funktion in Systemgrenzen zu interpretieren: "Systeme haben Grenzen. Das unterscheidet den Systembegriff vom Strukturbegriff. Grenzen sind nicht zu denken ohne ein "dahinter", sie setzen also die Realität des Jenseits und die Möglichkeit des Überschreitens voraus."[754] Damit scheint gerade für den Schulleiter als Change Manager, dessen Einstellung per se das Akzeptieren einer Realität des Jenseits implizieren sollte, sein Handlungsfeld weit gesteckt zu sein.

---

[754] Luhmann (1999 (c), S. 52).

4 Der Schulleiter als Change Manager

4.1 Grundlagen

4.1.1 Rechtliche Position des Schulleiters berufsbildender Schulen

Der Schulleiter berufsbildender Schulen – auch in seiner Funktion als Change Manager – ist rechtlich determiniert. Auf der Basis seines Amtseides hat er die entsprechenden Rechts- und Verwaltungsvorschriften einzuhalten, ggf. situationsgemäß und flexibel anzuwenden.[755] Die rechtliche Position des Schulleiters berufsbildender Schulen in der Bundesrepublik Deutschland unterscheidet sich in den einzelnen Bundesländern. Nach Meinung von Habermalz ist von einem „Nord-Süd-Gefälle" auszugehen. Demnach sind die Schulleiter im Süden der Bundesrepublik Deutschland, insbesondere in Bayern und Baden-Württemberg, mit umfangreicheren Rechten ausgestattet als im Norden.[756] Trotz feststellbarer Unterschiede lassen sich in zentralen Aufgabenbereichen eine Reihe von Gleichheiten konstatieren.[757] Es soll deshalb zunächst am Beispiel der gesetzlichen Grundlage Niedersachsens die Stellung des Schulleiters herausgearbeitet werden, um anschließend einen vergleichenden Überblick über die grundsätzliche Stellung des Schulleiters in der Bundesrepublik geben zu können.

Basierend auf § 32 (Stellung der Schule) und § 33 (Entscheidungen der Schule) des Nieder-sächsischen Schulgesetzes werden die beiden "Quasiorgane" Konferenzen (insbesondere Gesamtkonferenz) und Schulleiter rechtlich grundlegend bestimmt. Das Niedersächsische Schulgesetz legt im § 43 NSchG die Aufgabenbereiche des Schulleiters in den Grundzügen fest. Die Einzelheiten der Wahrnehmung dieser Aufgaben können in Dienstanweisungen und Erlassen geregelt werden.

- Gesamtverantwortung (§ 43 Abs. 2 Satz 1 NSchG)

Nach § 43 Abs. 1 hat jede Schule einen Schulleiter. Der Schulleiter trägt nach § 43 Abs. 2 Satz 1 die Gesamtverantwortung für die Schule. Dies steht bewusst an der ersten Stelle des Aufgabenkatalogs. Damit ist klar und unmissverständlich festgestellt, dass die Verantwortung für das Geschehen in der Schule bei einer konkreten Einzelperson liegt, die personale Verantwortung trägt.[758]

---

[755] Hoffmann (2003, S. 13).

[756] Habermalz (1991, S. 129); eigentlich müsste hier von einem „Süd-Nord-Gefälle" gesprochen werden.

[757] Vgl. Abschnitt 1.3.2

[758] Vgl. zur Problematik der Verantwortung S. 16f. dieser Arbeit.

Nicht zu vernachlässigen ist die Tatsache, dass eine Reihe von Aufgaben ausdrücklich Konferenzen (§ 34 NSchG), Ausschüssen (§ 39 NSchG), besonderen Ausschüssen an berufsbildenden Schulen (§ 40 NSchG) und den Lehrkräften (§ 50 NSchG) vorbehalten sind.

- Vertretung nach außen (§ 43 Abs. 2 Satz 2 NSchG)

Nach § 43 Abs. 2 Satz 2 NSchG vertritt der Schulleiter die Schule nach außen, z. B. gegenüber Schulaufsicht, Schulträger, Öffentlichkeit und vor dem Verwaltungsgericht, ggf. auch mit Unterstützung oder durch den Justitiar der Schulbehörde, nicht aber bei Zivil- oder Arbeitsrechtsstreitigkeiten, die in die Zuständigkeit des Landes Niedersachsen fallen.

- Führung der laufenden Verwaltungsgeschäfte (§ 43 Abs. 2 Satz 3 NSchG)

Nach § 43 Abs. 2 Satz 3 NSchG gehören eine Reihe von Tätigkeiten zu den Verwaltungsgeschäften, z. B. kurzfristige Dienstbefreiungen, Abnahme des Diensteides. Im Zuge der Verwaltungsreform ist es zu einer wesentlichen Erweiterung des Aufgabenkatalogs gekommen:

- Dienstliche Beurteilung von Lehrerinnen und Lehrern.
- Feststellung der Bewährung von Lehrkräften im Angestelltenverhältnis in der Probezeit.
- Stärkere Partizipation bei Einstellungsentscheidungen.
- Erteilung von Sonderurlaub bis zu 6 Tagen.
- Genehmigung von Schulfahrten u. a. m.

Diese z. T. hochsensiblen Bereiche erfordern persönliche Integrität, Vertrauen, Fingerspitzengefühl und nicht zuletzt auch die Fähigkeit, ggf. Spannungsverhältnisse auszuhalten. Diese nicht justiziablen Fähigkeiten sind nicht zuletzt persönlichkeitsabhängig und entspringen Kompetenzen, über die ein Schulleiter verfügt.[759]

- Vorsitz der Gesamtkonferenz (§ 43 Abs. 2 Satz 4 NSchG)

Gemäß § 43 Abs. 2 Satz 4 hat der Schulleiter nicht nur den Vorsitz in der Gesamtkonferenz sondern auch nach § 39 NSchG (Ausschüsse) den Vorsitz in Ausschüssen. Er bereitet die Sitzungen vor und führt die Beschlüsse aus. Er kann u. U. einzelnen Lehrkräften Aufträge erteilen. Allerdings kann er zwar die Gesamtkonferenz und Ausschüsse einberufen, diese aber nicht zwingen, über

---

[759] Hier sind insbesondere die persönliche, soziale und partizipative Kompetenz zu nennen. Vgl. Tabelle 8 in dieser Arbeit.

bestimmte Angelegenheiten zu beraten. Er ist nur vor der Sitzung *"Herr der Tagesordnung"*.

- Einhaltung der Rechts- und Verwaltungsvorschriften und der Schulordnung (§ 43 Abs. 2 Satz 5 NSchG)

Um für die Einhaltung der entsprechenden Vorschriften und der Schulordnung sorgen zu können, bedarf es grundsätzlich des vertrauensvollen Zusammenwirkens aller am Schulleben Beteiligter. Allerdings muss sich der Schulleiter nach § 43 Abs. 2 Satz 5 von der Einhaltung der Vorschriften überzeugen, z. B. durch Kontrolle der Klassenbücher, Besuch von Lehrkräften im Unterricht (s. u.), Durchführen von Maßnahmen im Bereich des Arbeits- und Gesundheitsschutzes,[760] Überprüfungen im Bereich der Schulordnung (Verhinderung strafbarer Handlungen, Aufsichtsführung, Sauberkeit usw.). Bei der Erfüllung dieser Aufgaben ist der Schulleiter nach Auffassung von Wirries zur Zurückhaltung verpflichtet.[761]

- Notkompetenz des Schulleiters (§ 43 Abs. 2 Satz 6 NSchG)

Der Schulleiter ergreift nach § 43 Abs. 2 Satz 6 die notwendigen Maßnahmen in Eilfällen, in denen die vorherige Entscheidung der zuständigen Konferenz oder des zuständigen Ausschusses nicht eingeholt werden kann und unterrichtet hiervon die Konferenz oder den Ausschuss unverzüglich. Voraussetzungen dafür sind, dass die Entscheidung dringend getroffen werden muss, weil das Funktionieren des Schulbetriebs und/oder die Sicherheit von Personen gefährdet ist und die Konferenz nicht mehr einberufen werden kann. Beispiele dafür sind, die Sicherheit eines Schülers oder Lehrers ist bedroht, die Durchführung des Unterricht ist wegen massiver Störungen nicht möglich.[762]

- Besuch und Beratung von Lehrkräften (§ 43 Abs. 2 Satz 7 NSchG)

Der Schulleiter besucht nach § 43 Abs. 2 Satz NSchG die an der Schule tätigen Lehrkräfte im Unterricht und berät sie. Das alte Schulgesetz ging dabei von einer Kannregelung aus, die für Fälle vorgesehen war, in der dies zur Erfüllung der Aufgaben der Schulleitung notwendig war, z. B. Richtlinien wurden nicht eingehalten oder es lagen Beschwerden über den Unterricht einer Lehrkraft vor. Auch in diesen Fällen musste das verfassungsmäßige Gebot der Verhältnismä-

---

[760] Vgl. Niedersächsischer Landtag (2001, S. 1ff.).

[761] Vgl. Wirries (1995, S. 15).

[762] Vgl. dazu den Katalog von Ordnungsmaßnahmen und die Vorgehensweise nach § 61 Abs.2 NSchG; vgl. auch Blumenhagen/Galas/Habermalz (1996, S. 126ff.) und Saller (2001/2002).

ßigkeit eingehalten werden. Das neue Schulgesetz[763] lässt demgegenüber die Interpretation zu, dass der Schulleiter einer Sollregelung folgt, wenn er Lehrkräfte im Unterricht besucht. Er könnte dies z. B. unter der Zielsetzung tun, die Unterrichtsqualität zu kontrollieren. Da zu dem Gesetz gegenwärtig keine weiteren Ausführungsbestimmungen existieren, ist von einer Grauzone auszugehen, die teilweise – so zeigen eigene Erfahrungen – Befürchtungen zunehmender Kontrolle in den Kollegien auslösen. Das Recht des Besuchs und der Beratung von Kollegen ist eine "Vorbehaltsaufgabe" des Schulleiters, die nicht – auch nicht auf den Stellvertreter – übertragbar ist.[764]

- Qualitätssicherung und Qualitätsentwicklung der Schule (§ 43 Abs. 2 Satz 8 NSchG)

Ebenfalls ist der Schulleiter nach neuem § 43 Abs. 2 Satz 8 NSchG zur Qualitätssicherung und Qualitätsentwicklung der Schule verpflichtet. Wie, mit welchen Mitteln, in welchem Umfang usw., ist dabei gegenwärtig völlig ungeklärt. Offensichtlich scheint aber die Absicht des Gesetzgebers zu sein, nämlich vor dem Hintergrund schlechter Ergebnisse in internationalen Vergleichsstudien, den Fokus verstärkt auf die schulische Qualität zu richten. Gerade an dieser Stelle entsteht für Schulleiter gleichzeitig die gesetzliche Grundlage, das Qualitätsmanagement als eine seiner zentralen Aufgaben herauszuarbeiten.[765]

- Übrige Aufgaben (§ 43 Abs. 2 Satz 8 NSchG)

Der Schulleiter nimmt die übrigen, nicht den Konferenzen vorbehaltenen Aufgaben wahr (§ 43 Abs. 2 Satz 8 NSchG). Dazu gehören u. a. die Aufstellung des Stundenplans, die Klassenverteilung,[766] die Raumverteilung, die Regelung der Vertretung erkrankter Lehrkräfte.

- Weisungsrecht (§ 43 Abs. 3 NSchG)

Der Schulleiter kann in Erfüllung der Aufgaben nach § 43 Abs. 3 NSchG allen an der Schule tätigen Personen Weisungen erteilen. Unter Weisungen können konkrete Anordnungen verstanden werden, z. B. hinsichtlich der Einhaltung von Rechts- und Verwaltungsvorschriften, Konferenzbeschlüssen, der Schulordnung. Er kann das Weisungsrecht grundsätzlich nur persönlich ausführen. In Vertretung des Schulleiters hat der Stellvertreter dessen Weisungsrecht. Dieses ist

---

[763] Niedersächsisches Schulgesetz – zuletzt geändert am 2. Juli 2003, gültig ab 1. August 2003.
[764] Vgl. Woltering/Bräth (1994, S. 131).
[765] Vgl. Abschnitt 4.3 in dieser Arbeit.
[766] Vgl. dazu Ehrenberg/Maiß: (1996, S. 195ff.).

nicht auf andere Lehrkräfte übertragbar, weil es eine Aufgabe als Vorgesetzter ist.

- Einspruch gegen Konferenzbeschlüsse (§ 43 Abs. 4 NSchG)

Der Schulleiter hat nach § 43 Abs. 4 NSchG innerhalb von 3 Tagen gegen einen Konferenzbeschluss Einspruch einzulegen, wenn

1. gegen Rechts- oder Verwaltungsvorschriften,
2. gegen eine behördliche Anordnung,
3. gegen allgemein anerkannte pädagogische Grundsätze oder Bewertungsmaßstäbe verstoßen wird,
4. von unrichtigen tatsächlichen Voraussetzungen oder von sachfremden Erwägungen ausgegangen wird.

Dies sind Fälle, bei denen ein Verwaltungsgericht die Konferenzentscheidungen aufheben könnte. In diesen Fällen muss der Schulleiter sogar widersprechen, wenn er – aus welchen Gründen auch immer – dem Konferenzbeschluss selbst zugestimmt hat. Die Form des Widerspruchs ist dabei gesetzlich nicht geregelt. Die 3-Tage Frist wird nicht als zwingend angesehen, wenn beispielsweise Beratungen mit der Schulbehörde notwendig sind. Der Schulleiter sollte seine Gründe der Konferenz spätestens bei einer erneuten Beratung mitteilen. Hält die Konferenz oder der Ausschuss auch in einer erneuten Beratung (frühestens 1 Tag später) an seinem Beschluss fest, so holt der Schulleiter die Entscheidung der Schulbehörde ein (in dringenden Fällen sofort).[767]

Als Zwischenfazit sind auf der Basis der niedersächsischen Stellung des Schulleiters zehn mehr („vertritt die Schule nach außen" § 43 Abs. 2 Satz 2 NSchG) oder minder („nimmt die übrigen, nicht den Konferenzen vorbehaltenen Aufgaben wahr" § 43 Abs. 2 Satz 8 NSchG) klare Aufgabenstellungen festzustellen. Diese werden im folgenden Abschnitt mit den rechtlichen Positionierungen der anderen Bundesländer verglichen. Die daraus erzielten Ergebnisse werden anschließend erfahrungsorientierten Anforderungen an Funktionen und Aufgaben von Schulleitern gegenübergestellt.

---

[767] Vgl. Woltering/Bräth (1994, S. 133f.).

4.1.2 Aufgaben des Schulleiters im Überblick
– ein Vergleich der Bundesländer unter rechtlichen Aspekten

Der folgende Überblick basiert auf ausgewählten Rechtsquellen des Schulrechts der 16 Bundesländer der Bundesrepublik Deutschland, ohne damit eine rechtswissenschaftliche Untersuchung zu deklarieren. Somit soll diesbezüglich im Rahmen dieser Arbeit auch keine juristische Taxonomie, Vollständigkeit oder Verwertbarkeit der Analyse garantiert werden. Als Auswahlkriterium gilt ausschließlich der jeweilige Paragraph bzw. Artikel "Schulleiter" der 16 Bundesländer (Tabelle 17), um exemplarisch die rechtlichen Determinanten des breiten Spektrums des "Schulleiterhandelns" auszuleuchten. Die in den entsprechenden Gesetzen eingeforderten Aufgaben der des Schulleiters lassen sich in Anlehnung an Steuer in zwei Bereiche einteilen[768] Bereich A umfasst die vorrangig rechtlich bzw. verwaltungsorientierten Aufgaben (1 - 18). Bereich B bildet die primär pädagogisch orientierten Aufgaben (19 - 27) ab. Somit entsprechen die beiden Aufgabenbereiche zum einen einem administrativ-ökonomischen Subsystem, zum anderen einem sozio-pädagogischen Subsystem.[769]

Abgeschlossen wird die Tabelle mit einer rein quantitativen Betrachtung des sprachlichen Umfangs der entsprechenden Gesetze, um zu überprüfen, ob die Normierung der Prädikatoren in einem per se streng normativen Bereich den wissenschaftstheoretischen Anforderungen Seifferts entsprechen.[770] Diese Randanalyse basiert technisch auf einer weltweit verbreiteten und in diesem Bereich zuverlässigen Software.[771]

Der gesamte Aufgabenkanon ist additiv aus den Einzelparagraphen bzw. Artikeln konstruiert. Damit wird der Versuch eines ersten systematisierenden Vergleichs unternommen. Zuordnungs- und Abgrenzungsprobleme sollten dabei im Hinblick auf den Untersuchungsgegenstand der Gesamtarbeit sachbezogen, im Sinne ihres methodologisch begründeten Ansatzes, gelöst werden. Weiterführende Paragraphen bzw. Artikel anderer Gesetze wurden für diesen Überblick nur in wenigen, ausgewiesenen Fällen berücksichtigt. Verordnungen, Erlasse und andere Rechts- und Verwaltungsvorschriften wurden nicht berücksichtigt. Es handelt sich um eine zeitpunktbezogene Bestandsaufnahme.[772] Mögliche zeit-

---

[768] Steuer (1974, S. 16).

[769] Vgl. Steuer (1974, S. 16).

[770] Vgl. in dieser Arbeit Abschnitt 1.2.

[771] Microsoft: Office 2000, Word - Funktion: Extras - Wörter zählen - Worte und Zeichen ohne Leerzeichen.

[772] Der Stichtag ist der 31. Dezember 2001. Als Ausnahme wurde für Niedersachsen das aktuelle Schulgesetz, gültig ab 1. August 2003, verwendet. Auf die in diesem Bereich relevanten Änderungen (§ 43 NSchG, Abs. Satz 7 und 8) wurde im Text hingewiesen.

liche Anpassungs- und Veränderungsprozesse können im Sinne einer Längsschnittanalyse hier nicht erfasst werden.

Trotz der sehr begrenzten Untersuchungsbasis wird anhand der 27 Aufgaben ein umfangreiches Tätigkeitsprofil deutlich erkennbar. Dieses wird zudem in Brandenburg, Niedersachsen und Sachsen-Anhalt durch die Generalklausel "Gesamtverantwortung für die Schule" nahezu unbestimmbar erweitert und öffnet den Raum für vielfältigste Aufgabenübertragungen. Keines der Bundesländer unterscheidet auf der grundlegenden Gesetzesebene [773] begrifflich zwischen Schulleitern unterschiedlicher Schulformen, obwohl sich die tatsächlichen Aufgaben z. B. bei der Leitung einer Grundschule mit knapp 200 Schülerinnen und Schülern von der Leitung einer berufsbildenden mit mehr als 3 000 Schülerinnen und Schülern erheblich unterscheiden. Die Gleichsetzung Schulleiter gleich Schulleiter führt nicht nur in der Außensicht zu Einschätzungsproblemen in der Form, dass Eltern von einem Schulleiter berufsbildender Schulen die gleichen schülerbezogenen Detailkenntnisse abfordern wie von einem Grundschulleiter, sondern es erschwert auch innerhalb der Gruppe „Schulleiter" die gewünschte Fähigkeit,[774] Netzwerke aufzubauen.

Ausgangspunkt sind die folgenden Rechtsquellen (vgl. Tabelle 16):[775]

---

[773] Gleiches gilt für viele relevante Verordnungen; wohl aber sind nach dem Bundesbesoldungsgesetz signifikante Unterschiede zwischen der Besoldungsgruppe A 12 für Leiter einer Grundschule, Hauptschule oder Grund- und Hauptschule mit bis zu 80 Schülern und der Besoldungsgruppe A 16 z. B. für Leiter berufsbildender Schulen mit mehr als 360 Schülern festzustellen.

[774] So haben sich beispielsweise die Berufsbildenden Schulen der Stadt Osnabrück de facto schrittweise aus dem Netzwerk "Lernende Region" zurückgezogen, weil die Aufgaben und Zielsetzungen der einzelnen Schulformen nicht mehr kompatibel erschienen.

[775] Einen ersten schnellen, aber nicht vollständigen Quellenzugang bietet: www. Schulleitung.de: Informationen für Schulleitungen: SCHULRECHT Schulgesetze der Länder im Internet. Vgl. auch Werner (1997, S. 236) allerdings mit der Ausnahme Thüringens und Schleswig Holsteins.

Bundesländer	§§/Art.	Rechtsquellen und Erläuterungen
Baden-Württemberg	§ 39, § 41	Schulgesetz von Baden-Württemberg (SchG) – letzte Fassung v. 28. Juni 1993. § 42 gibt Auskunft über die Stellung des Stellvertretenden Schulleiters.
Bayern	Art. 57f.	Bayerisches Gesetz über das Erziehungs- und Unterrichtswesen (Bay-EUG) – Rechtsstand 1. August 2000.
Berlin	§ 22	Gesetz über die Schulverfassung für die Schulen des Landes Berlin (SchulVerfG) – zuletzt geändert am 26. Januar 1995; daneben gibt es das Berliner Schulgesetz.
Brandenburg	§ 71	Gesetz über die Schulen im Land Brandenburg (Brandenburgisches Schulgesetz – BbgSchulG) vom 12. April 1996 (GVBl. I S. 102). Nicht amtlicher aktualisierter Text (Stand: 17. Juli 2001).
Bremen	§ 63	Schulverwaltungsgesetz (BremSchVwG) zuletzt geändert 4. August 1998. Bremisches Schulgesetz (BremSchulG) vom 20. Dezember 1994
Hamburg	§ 89	Hamburgisches Schulgesetz (HmbSG) vom 16. April 1997.
Hessen	§ 88	Hessisches Schulgesetz vom 17. Juni 1992 (GVBl. I. S. 233), zuletzt geändert durch das Erste Gesetz zur Qualitätssicherung in hessischen Schulen vom 30. Juni 1999 (GVBl. I S. 354) (Schulgesetz - HSchG).
Mecklenburg-Vorpommern	§ 107	Schulgesetz für das Land Mecklenburg-Vorpommern (Schulgesetz - SchulG M-V) vom 15. Mai 1996. Stand: Februar 2000.
Niedersachsen	§ 43	Niedersächsisches Schulgesetz (NSchG) in der Fassung vom 3. März 1998 (Nds. GVBl. S. 137), zuletzt geändert durch Artikel 1 des Gesetzes vom 2. Juli 2003 (Nds. GVBl. S. 244) – In-Kraft-Treten: 1. August 2003.
Nordrhein-Westfalen	§ 20	Schulverwaltungsgesetz des Landes Nordrhein-Westfalen in der Fassung der Bekanntmachung vom 18. Januar 1985; zuletzt geändert durch Gesetze vom 15. Juni 1999 (SGV. NW. 223). Der § 20 beinhaltet die Besonderheit der "Schulleiterkonferenz". Sie berät und verständigt sich über Angelegenheiten aus dem Aufgabenbereich der Schulen, die eine einheitliche Behandlung erfordern.
Rheinland-Pfalz	§ 21	Landesgesetz über die Schulen in Rheinland-Pfalz (Schulgesetz - SchulG) vom 6. November 1974, zuletzt geändert am 10. Januar 1996.
Saarland	§ 21 SchoG § 16 SchumG	Gesetz Nr. 812 zur Ordnung des Schulwesens im Saarland (Schulordnungsgesetz: SchoG) in der Fassung der Bekanntmachung vom 21. Aug. 1996 (Amtsbl. S. 846, ber. Amtsbl. 1997, S. 147), zuletzt geändert durch Gesetz Nr. 1456 vom 22. Nov. 2000 (Amtsbl. S. 2034). Gesetz Nr. 994 über die Mitbestimmung und Mitwirkung im Schulwesen – Schulmitbestimmungsgesetz: SchumG – in der Fassung der Bekanntmachung vom 21. Aug. 1996 (Amtsbl. S. 846, ber. Amtsbl. 1997, S. 147), zuletzt geändert durch Gesetz Nr. 1461 vom 24. Jan. 2001 (Amtsbl. S. 358).
Sachsen	§ 42	Schulgesetz für den Freistaat Sachsen vom 1. August 1991.
Sachsen-Anhalt	§ 26	Schulgesetz des Landes Sachsen-Anhalt in der Fassung vom 27. August 1996. Die benutzte Textfassung beinhaltet u. a. das 6. Gesetz zur Änderung des Schulgesetzes des Landes Sachsen-Anhalt vom 13. Januar 2000.
Schleswig-Holstein	§ 82	Schleswig-Holsteinisches Schulgesetz (Schulgesetz - SchulG), vom 2. August 1990. Gl.-Nr.: 223-9. Fundstelle: GVOBl. Schl.-H. 1990 S.451.
Thüringen	§ 33	Thüringer Schulgesetz vom 6. August 1993 (GVBl. S. 445), zuletzt geändert durch Gesetz vom 25. Juni 2001 (GVBl. S. 65).

Tabelle 16: Ausgewählte Rechtsquellen und Erläuterungen zur Bestimmung der Aufgaben des Schulleiters in den Bundesländern

Überblick: Aufgaben der Schulleiter in den Bundesländern – rechtliche Rahmenbedingungen (Teil 1)

Aufgaben \ Rechtsquellen	Baden-Württemberg SchG §39/§41	Bayern BayEUG Art. 57 f.	Berlin SchulVerfG §22	Brandenburg Bbg SchulG §71	Bremen BremSchVwG §63	Hamburg HmbSG §89	Hessen HSchG §88	Mecklenburg-Vorpommern SchulG M-V §101	Niedersachsen NSchG §43[1]	Nordrhein-Westfalen SchVG §20	Rheinland-Pfalz SchulG §21	Saarland SchoG §21 SchumG §16	Sachsen SchulG §42	Sachsen-Anhalt SchulG §26	Schleswig-Holstein SchulG §82	Thüringen Thür. SchG §33
1. Gesamtverantwortung für die Schule				x					x					x		
2. Leitung und Verwaltung der Schule	x		x		x	x	x	x	x	x		x	x	x	x	
3. Verwaltung der Haushaltsmittel							x	x						x	x	
4. Einhaltung der Rechts- und Verwaltungsvorschriften	x	x	x	x	x	x	x	x	x	x	x		x	x	x	x
5. Vertretung der Schule nach außen	x	x	x	x		x	x	x	x	x	x	x	x	x		x
6. Bedingte Vertretung des Landes und des Schulträgers					x		x									
7. Bes. Zusammenarbeit; Unterordnung unter Anweisungen des Schulträgers										x						
8. Weisungsberechtigt gegenüber Lehrkräften und Bediensteten	x	x	x	x	x	x	x	x	x	x	x	x	x	x	x	
9. Ausübung des Hausrechts[3]	x			x	x	x		x		x						

[1] Mit der Formulierung "nimmt die übrigen ... Aufgaben wahr" (§ 43 Abs. 2 Satz 8) wird eine Generalisierungsformel benutzt, die das Aufgabenfeld wesentlich erweitert, aber eine genaue Zuordnung der Aufgaben erschwert, soweit sie nicht explizit im Gesetz genannt werden.
[2] Das Weisungsrecht resultiert u. a. aus der Funktion des Vorgesetzten bzw. Dienstvorgesetzten. Zur Problematik der beiden Begriffe vgl. Abschnitt 1.2.2 in dieser Arbeit.
[3] Inkl. Aufrechterhaltung der Ordnung in der Schule

Überblick: Aufgaben der Schulleiter in den Bundesländern – rechtliche Rahmenbedingungen (Teil 2)

Aufgaben	Baden-Württemberg SchG §39/§41	Bayern BayEUG Art. 57 f	Berlin Schul-Verfg §22	Brandenburg Bbg SchulG §71	Bremen BremSch VwG §63	Hamburg HmbSG §89	Hessen HSchG §88	Mecklenburg-Vorpommern SchulG M-V §101	Niedersachsen NSchG §43	Nordrhein-Westfalen SchVG §20	Rheinland-Pfalz SchulG §21	Saarland SchoG §21 SchumG §16	Sachsen SchulG §42	Sachsen-Anhalt SchulG §26	Schleswig-Holstein SchulG §82	Thüringen Thür. SchG §33
10. Vorsitz in der Gesamt- bzw. Lehrerkonferenz	x	x	x						x			x	x	x		x[4]
11. Bindung an bzw. Ausführung der Beschlüsse der Schul- und/oder Gesamtkonferenz		x				x	x	x		x		x			x	
12. Einspruch gegen Konferenzbeschlüsse				x				x	x			x		x		
13. Notkompetenz				x					x					x		
14. Überprüfung der Einhaltung der Schulpflicht		x					x					x				
15. Aufnahme und Entlassung der Schüler	x						x					x				
16. Verteilung der Lehraufträge	x			x			x						x			
17. Aufstellung der Stunden- und Aufsichtspläne	x						x		x			x	x			
18. Vertretungsplanung	x						x					x				

Rechtsquellen / Bundesländer

[4] Thüringer Schulgesetz § 37. In der Schulkonferenz (§ 38) führt der Schulleiter den Vorsitz, hat allerdings kein Stimmrecht!

Überblick: Aufgaben der Schulleiter in den Bundesländern – rechtliche Rahmenbedingungen (Teil 3)

Rechtsquellen / Aufgaben	Baden-Württemberg SchG §39/§41	Bayern BayEUG Art. 57 f	Berlin Schul-VerfG §22	Brandenburg Bbg SchulG §71	Bremen BremSch VwG §63	Hamburg HmbSG §89	Hessen HSchG §88	Mecklenburg-Vorpommern SchulG M-V §101	Niedersachsen NSchG §43	Nordrhein-Westfalen SchVG §20	Rheinland-Pfalz SchulG §21	Saarland SchoG §21 SchumG §16	Sachsen SchulG §42	Sachsen-Anhalt SchulG §26	Schleswig-Holstein SchulG §82	Thüringen Thür. SchG §33
19. Verantwortung für die pädagogische Arbeit, Qualität - Evaluation	x				x	x		x	x	x		x				
20. Verantwortlich für Einhaltung der Curricula	x						x						x			
21. Verantwortlich für rechtmäßige Notengebung	x		x									x	x			
22. Hat sich über den Unterricht zu informieren → Unterrichtsbesuche		x	x			x	x	x	x			x	x	x	x	
23. Beratung der Lehrkräfte					x	x	x	x	x			x		x		x
24. Sorgt für die Zusammenarbeit der Lehrkräfte		x								x					x	x
25. Fortbildungspflicht der Lehrkräfte überprüfen/hinweisen						x	x								x	
26. Ausbildung der Referendare, Referendarinnen fördern					x	x										
27. Information und Unterstützung des Eltern- und Schülerrates					x											
27. Erstellung, Einhaltung Weiterentwicklung eines Schulprogramms						x	x								x	
Umfang der gesetzlichen Bestimmungen Wörter (W) Zeichen (Z)	W: 241 Z: 1 583	W: 131 Z: 810	W: 351 Z: 2 322	W: 303 Z: 1 990	W: 347 Z: 2 259	W: 323 Z: 2 152	W: 477 Z: 3 375	W: 213 Z: 1 403	W: 292 Z: 1 786	W: 387 Z: 2 619	W: 365 Z: 2 291	W: 499 Z: 3 161	W: 238 Z: 1 641	W: 318 Z: 2 082	W: 359 Z: 2 281	W: 178 Z: 1 150

Tabelle 17: Aufgaben der Schulleiter

Selbst bei zurückhaltender Interpretation der Tabelle 17 kann u. a. festgestellt werden, dass das föderative System der Bundesrepublik Deutschland[776] gerade im Bereich der Kulturhoheit der Länder an dieser Stelle nahezu exemplarisch abgebildet wird. Die angestrebte kulturelle und gesellschaftliche Vielgestaltigkeit führt zu 16 höchst unterschiedlichen Gesetzesgrundlagen. Es ist dabei nicht möglich, für jede Teilproblematik die jeweilige bundeslandspezifische Antwort zu geben.[777] Die Unterschiede erstrecken sich u. a. auf die rechtssystematische, die quantitative, die semantische und inhaltlich-funktionale Ebene. Dabei interessiert insbesondere im Rahmen dieser Arbeit die inhaltlich funktionale Ebene für Handlungsdimensionen, Handlungsrepertoires und Handlungsrahmen[778] des Schulleiters. Auch auf dieser Ebene ist kein stringenter Ansatz der politischen Entscheidungsträger zur Vereinheitlichung sachlich gleicher Anforderungsprofile aus der tabellarischen Gegenüberstellung zu erkennen.[779] So vertritt beispielsweise der Schulleiter die Schule in allen Bundesländern nach außen. Diese "wichtigste Aufgabe"[780] erhält aber dennoch unterschiedliche Gewichtungen[781] und ist durch unterschiedliche flankierende Kompetenzen, z. B. Aufgaben 6 und 7, fehlende Stellenbeschreibungen sowie die jeweilige Persönlichkeitsstruktur einer breiten Streuung ausgesetzt.

Von besonderer Bedeutung für das Management einer Schule ist das deutliche Übergewicht der gesetzlichen Basis im administrativen Bereich gegenüber den pädagogischen Leitungsaufgaben, obwohl das Kernprodukt einer jeden Schule der Unterricht sein sollte. Dies ist zum einen ein ausbildungstechnisches Problem im Sinne des Fehlens eines obligatorischen Pflichthochschulfaches "education administration", wie es im angloamerikanischen Raum zu finden ist.[782] Zum anderen bilden die rechtlich definierten Aufgaben nach umfassenden Organisationsanalysen nur einen Bruchteil des Schulleiteralltags ab.[783] Dieser besteht überwiegend aus rechtlich nicht normierter Kommunikation. Gerade neuere Ma-

---

[776] Zur historischen Entwicklung und grundlegenden Problematik vgl. Laufer (1985).

[777] Zur allgemeinen Problematik der rechtlichen Ordnung des Berufsschulwesens im Bundesländervergleich, vgl. Bach (1960, S. 95); vgl. auch zum verfassungsrechtlichen und schulgesetzlichen Auftrag der Schulaufsicht Habermalz (2002, S. 74ff.).

[778] Bonsen/ Igelhaut/Pfeiffer (1999).

[779] Ein Tatbestand der international kaum zu vermitteln ist (vgl. Szewczyk et al. (2001)) und makrosystematisch betrachtet möglicherweise eine strategische Schwachstelle für ein zukunftsorientiertes Gesamtsystem darstellt.

[780] Steuer (1974, S. 21).

[781] So lautet die Formulierung in § 63, Abs. 3, Satz 2 BremSchVwG nur: „... vertritt die Schule." Interessanterweise regelt das Bremische Schulgesetz (BremSchulG) nicht die Stellung und Funktion des Schulleiters.

[782] Steuer (1974, S. 15).

[783] Vgl. dazu den minutiös aufgelisteten Alltag des Schulleiter einer berufsbildenden Schule bei Steuer (1974, S. 18f.).

nagementuntersuchungen scheinen in die gleiche Richtung zu deuten, denn Statistiken zeigen, dass Leitungskräfte 80% ihrer Zeit mit Kommunikation beschäftigt sind. "Kommunikation *ist* die eigentliche Arbeit, Kommunizieren *ist* der Job der Führung."[784] Auch wenn in den einzelnen rechtlich-verwaltenden Tätigkeiten des Schulleiters kommunikative Elemente enthalten sind, so sind diese nicht als wesensbestimmend intendiert.

Als Zwischenfazit kann festgehalten werden, dass die rechtlichen Normierungen, trotz ihrer Vielschichtigkeit, die tatsächlichen Aufgaben des Schulleiters nicht umfassend abbilden können. Sie sind in ihrem Setting als zu statisch einzuschätzen. So fordern z. B. bisher nur Hamburg, Hessen und Schleswig-Holstein die Erstellung, Einhaltung und Weiterentwicklung eines Schulprogramms ein. Trotz ihrer unterschiedlichen Umfänge (Bayern: 131 Wörter - Hessen: 477 Wörter)[785] weisen weder die längeren noch die kürzeren Texte per se in eine zukunftsorientierte Richtung. Es erscheint deshalb notwendig und sinnvoll den rechtlich determinierten Aufgabenkanon mit Dimensionen des Schulleiterhandelns zu kontrastieren,[786] die Ansätze für ein fundiertes Management berufsbildender Schulen aufzeigen.

4.2 Zur Funktion des Schulleiters als Change Manager
4.2.1 Begriffs- und Konzeptvielfalt

Schulleiter können systembedingt nur im Rahmen der rechtlichen Normen legal handeln. Zu fragen ist jedoch, ob und inwieweit der rechtlich normierte Aufgabenkanon geeignet ist, tatsächliche und teilweise auch nur wünschenswerte Funktionen von Schulleitern zu erfassen. Das Wünschenswerte ist dabei nicht mit einem individuell gedachten Willkürlichen gleichzusetzen, sondern als eine Voraussetzung für eine systemische, demokratisch legitimierte Chance zur Veränderung zu verstehen, z. B. im Sinne größerer Selbstständigkeit der Schulen.

Der Begriff „Funktion" wurde u. a. unter soziologischer und systemtheoretischer Schwerpunktsetzung definiert.[787] Überträgt man ihn auf einen Schulleiter als

---

[784] Doppler/Lauterburg (2000, S. 305). Schon die empirischen Untersuchungen zu Tätigkeitsfeldern von Führungskräften von Mintzberg (1973) unterstreichen die hohe Bedeutung kommunikativen Handelns.

[785] Der saarländische Text ist zwar mit 499 Wörtern noch umfangreicher, ist aber aus zwei Grundlagen zusammengesetzt.

[786] Vgl. dazu auch Werner (1997, S. 234ff.).

[787] Vgl. Abschnitt 1.2.3 in dieser Arbeit. Vgl. auch Hoffmann (2003 (a), S. 14), der – systemtheoretisch nicht haltbar – die Funktion eines Schulleiters als eigenständigen Beruf mit eigenem Berufsbild und Anforderungsprofil gleichsetzt.

Change Manager, dann erbringt dieser als soziales Element und damit als Element des Systems berufsbildender Schulen eine Leistung oder einen Beitrag zur Veränderung des Systems. Die Komponenten Aufbau bzw. Erhaltung des Systems sind in diesem Fall als nachrangig für die Mesoebene einzustufen. Das schließt keineswegs ihren funktionalen Sinn für das Makrosystem bzw. für einen noch in der Zukunft zu erreichenden Zustand aus, der als aufbau- bzw. erhaltenswert eingeschätzt wird. In diesem Veränderungsprozess handelt der Schulleiter zwar determiniert, aber dennoch im Rahmen einer Vielzahl von Möglichkeiten. Die dabei zu beobachtenden Beziehungen von Problemen und Problemlösungen sind im Sinne funktionaler Äquivalenz zu verstehen.[788] Wiederholend sei darauf verwiesen, dass der Schulleiter funktionstheoretisch als abhängige sowie als unabhängige Größe aufgefasst werden kann. Muss er, wie oben beschrieben, in den Determinanten rechtlicher Normierungen handeln, hat er Weisungen zu erfüllen, dann ist sein Handeln im engeren Sinne nicht das eines selbstgesteuerten Change Managers, sondern das eines fremdgesteuerten subalternen Beamten. Dies gilt insbesondere auf der Makroebene, die der Schulleiter nur marginal beeinflussen kann. Deshalb scheint es gerechtfertigt zu sein, dass sich die Betrachtung des Schulleiters als Change Manager verstärkt auf die Mesoebene und mittelbar auf die Mikroebene im System der von ihm zu leitenden Schule konzentriert, weil er dort „selbstbestimmend", eigenverantwortliche Funktionen wahrnehmen kann.[789] Dies wird dann am ehesten möglich sein, wenn er rechtliche Befugnisse erhält, die über den in 4.1 dargestellten bisherigen rechtlichen Rahmen hinausgehen und die seine innovative Funktion ausbauen, z. B. Personaleinstellungskompetenz, Stärkung seiner Stellung in bzw. gegenüber der Gesamtkonferenz und erweiterte Budgetrechte.[790]

Um diesen potenziellen Aufgabenkanon auszuleuchten, der für das Handeln eines Schulleiters als Change Manager wichtig ist, wird die folgende Literaturrecherche genutzt (vgl. Tab.18). Sie dokumentiert unterschiedliche konzeptionelle Ansätze.

---

[788] Luhmann (1999 (c), S. 84).

[789] Vgl. Hoffmann (2003 (a), S. 10).

[790] Gerade für den personellen Bereich müssten die Befugnisse des Schulleiters hinsichtlich seiner Dienstvorgesetztenstellung erweitert werden. Vgl. Hoffmann (2003 (a), S. 12).

	Autoren	Konzeptionelle Ansätze
1.	Bea/Haas (2001, S. 109 ff.).	Managementorientierte Entwicklung der strategischen Leitungs- und Führungspotenziale: Beschaffung, Produktion, Absatz, Kapital, Personal, Technologie, Planung, Kontrolle, Information, Organisation, Unternehmenskultur
2.	Dreesmann (1994, S. 58 ff.).	Sechs Kompetenzbereiche: fachliche, persönliche, konstruktive, soziale, methodische, partizipative Kompetenz als Erfolgsbedingungen des Innovationsprozesses für Individuen, Teams und organisatorische Rahmenbedingungen
3.	Kraemer-Fieger (1994, S. 129 ff.).	Vier „Moving-Stimmungsfaktoren": Vision, Logik, Aktion, Emotion als personenbezogene, zeitabhängige Ressourcen für die Gestaltung von Veränderungsprozessen
4.	Arnold/Faber (2000, S. 34 ff.).	„Pädagogisches Leadership" als Führungsverständnis mit fünf Handlungsfeldern: Schul- und Organisationsentwicklung, Personalentwicklung, Schulmanagement, Unterrichtsentwicklung, Evaluation
5.	Bonsen/Iglhaut/Pfeiffer (1999, S. 104 ff.)	Sechs Führungsdimensionen, die durch Indikatoren näher beschrieben werden: Prozesse initiieren; gemeinsame Visionen schaffen; Andere befähigen, selbst zu handeln; Wege zeigen und bereiten; fördern und bestätigen, auch auf der Gefühlsebene; Entscheidungen treffen
6.	Hoffmann (2003 (a), S. 10 ff.).	Sechs Kompetenzbereiche: pädagogische, strategische Management-, organisatorische Management-, Personalentwicklungs-, rechtliche, soziale Kompetenz, die das Berufsbild des Schulleiters charakterisieren
7.	Lohmann (1999, S. 203 ff.).	Sieben Kompetenzbereiche: Führungs- zur Menschenführung, ethische/persönliche Philosophie, fachliche, Management-, bildungspolitische, Moderations- bei der Gestaltung, personelle, soziale Kompetenz als Anforderungsprofil für das „Berufsbild Schulleiter"

Tabelle 18: Konzeptionelle Ansätze für das Handeln des Schulleiters als Change Manager

Diese Sammlung verschiedener Konzepte hat exemplarischen Charakter und erhebt nicht den Anspruch auf Vollständigkeit.[791] Sie umfasst drei allgemeine „managementorientierte Ansätze" (1. – 3.) und vier „schulspezifische Ansätze" (4. – 7.). Explizit berufsbildungsorientierte Konzepte fehlen.

---

[791] Die Auswahl folgt einem „pragmatischen Entschluss", da breiter gestreute und detailliertere Inhaltsanalysen den Rahmen dieser Arbeit sprengen würden ohne den Grenzertrag für den Erkenntnisgegenstand zu steigern.

Deutlich wird auch, dass eine einheitliche und eindeutige Terminologie fehlt. Strukturiert man die Ansätze nach dem didaktischen Prinzip der Horizonterweiterung mit der Zielsetzung, die Konzepte zu harmonisieren, um einen möglichst großen gemeinsamen Ertrag zu erzielen, dann ließe sich davon ausgehen, dass der Schulleiter als Change Manager bestimmte Kompetenzen haben müsste. Die Aufzählung der konzeptabhängigen Kompetenzen verdeutlicht jedoch[792], dass die Autoren sich sowohl in der Menge und der Art unterscheiden, als auch unter identische Begriffe, z. B. Sozialkompetenz, teilweise unterschiedliche Inhalte subsumieren.[793] Trotz dieser Unterschiede scheinen die intendierten Gemeinsamkeiten zu überwiegen. Sie sollen das Berufsbild eines Schulleiters kennzeichnen.[794] Die Kompetenzen werden beeinflusst von den Moving-Stimmungsfaktoren.[795] Im Sinne eines relativ umfassenden „pädagogischen Leaderships" sollte nach Arnold/Faber sich das Führungsverständnis von Schulleitern auf fünf Handlungsfelder beziehen, die ihrerseits wieder eine deutliche Managementorientierung beinhalten.[796] Der Teilbegriff „Feld" ist aber nur ein zwei Dimensionen umfassender Begriff.[797] Er ist daher nur bedingt kompatibel mit dem 6-Dimensionen-Ansatz von Bonsen/Iglhaut/ Pfeiffer, die ihre Aussagen am Leadership Practises Inventory orientieren.[798] Dieses Instrument basiert auf den Arbeiten von Kouzes und Posner[799] und diente ursprünglich der empirischen Erfassung relevanter Führungsdimensionen. In Deutschland ist es als Werkzeug vom Institut für Schulentwicklungsforschung, Dortmund, adaptiert und modifiziert worden. Es ist davon auszugehen, dass das Inventory eine solide geeichte Grundlage darstellt, die zu zuverlässigen Aussagen führt. Im Rahmen dieser Arbeit wird es nicht zu empirischen Zwecken eingesetzt,[800] sondern ausschließlich zur Darstellung der Dimensionen Schulleiterhandelns und möglicher Indikatoren (vgl. Tabelle 19).

---

[792] Vgl. auch Abschnitt 2.5.2.2 in dieser Arbeit.

[793] Vgl. Dreesmann (1994, S. 72f.), Hoffmann (2003, S. 13), Lohmann (1999, S. 204).

[794] Hoffmann (2003, S. 13).

[795] Vgl. Kraemer-Fieger (1994, S. 132f.).

[796] Vgl. Arnold/Faber (2000, S. 34ff.).

[797] Vgl. zur Problematik des „Feldbegriffes" Alexander (2002, S. 36).

[798] Vgl. zur Vorgehensweise Bonsen/Iglhaut/Pfeiffer (1999, S. 104ff.).

[799] Kouzes/Posner (1987).

[800] Somit kann an dieser Stelle auch die Durchführungsbeschreibung verzichtet werden, vgl. dazu Bonsen/ Iglhaut/Pfeiffer (1999, S. 104ff.). Vgl. auch Buhren/Rolff (2002, S. 84ff.). Es liegen auch die Ergebnisse eines Eigenversuchs aus dem Jahre 2000 vor, der an den BBS am Schölerberg durchgeführt wurde.

Dimension 1 – Prozesse initiieren[801]	Dimension 2 – Gemeinsame Visionen schaffen[802]
Indikatoren	Indikatoren
• nach Herausforderungen suchen • Fertigkeiten und Können erproben • mit neuen Arbeitsansätzen experimentieren, Risiken wagen • über neueste Entwicklungen auf dem Laufenden sein • immer wieder hinterfragen, wie (Art und Weise) wir arbeiten • nach innovativen Wegen suchen, wie die Arbeit in der Organisation zu verbessern ist • aus Fehlern lernen	• verdeutlichen, was die Zukunft bringt • ein eindeutiges, klares und positives Zukunftsbild der Organisation vermitteln • für eine gemeinsame Vision werben • vorausschauen und persönliches Zukunftsbild erklären • durch eigene Begeisterung und Enthusiasmus motivierend wirken

Dimension 3 – Andere befähigen, selbst zu handeln		Dimension 4 – Wege zeigen und bereiten
Indikatoren	**Schul-leiter-handeln**	Indikatoren
• partizipative Planung von Vorhaben • Menschen achten • Lehrpersonen viel Entscheidungsspielraum geben • Kooperative Beziehungen zu Lehrpersonen gestalten • Vertrauensatmosphäre schaffen • anderen das Gefühl geben, dass es ihre Projekte sind, in denen sie arbeiten		• klare Vorstellungen der eigenen Führungsphilosophie • für das Einhalten vereinbarter Werte eintreten • in angestoßenen Vorhaben für überschaubare Zwischenschritte sorgen • das eigene Verständnis von Organisationsführung offen legen • eigene Wert- und Leitbilder vorlegen • deutliche Ziele vereinbaren, Handlungen planen und Zwischenerfolge anstreben

Dimension 5 – Fördern und bestätigen, auch auf der Gefühlsebene	Dimension 6 – Entscheidungen treffen[803]
Indikatoren	Indikatoren
• Erfolge gemeinsam feiern • Lehrpersonen für gute Arbeit loben • Lehrpersonen Anerkennung geben und sie in ihrer Mitarbeit unterstützen • zu einem Projekterfolg allen Lehrpersonen für ihre Mitarbeit danken • Anlässe zum Feiern schaffen • über gute Arbeit der eigenen Gruppe anderen Organisationsmitgliedern berichten	• zügig entscheiden • andere bei den Entscheidungen einziehen • Verantwortung delegieren • sich in Entscheidungen um ein gutes Klima bemühen • wenn wichtige Entscheidungen anstehen, für umfassende Informationen sorgen • konflikthaften Entscheidungen nicht aus dem Wege gehen.

Tabelle 19: Dimensionen des Schulleiterhandelns

---

[801] Die Begrifflichkeiten zu den Dimensionen und Indikatoren werden von Bonsen/Iglhaut/Pfeiffer (1999, S. 105ff.) übernommen.

[802] Eine der nahezu „klassischen" Formulierungen, die von Senge (1997) in die Diskussion eingeführt worden ist.

[803] Diese Dimension wurde vom Institut für Schulentwicklungsforschung dem amerikanischen Original hinzugefügt. Vgl. Bonsen/Iglhaut/Pfeiffer (1999, S. 106).

An diesem Beispiel wird deutlich, dass ein Vergleich zwischen rechtlich normierten Aufgaben (4.1) und der Funktion eines Schulleiters als Change Manager
(4.2) zum Ergebnis führt, dass mit sehr wenigen Ausnahmen (Aufgaben 19, 23,
24, 25 und 27 der Tabelle 17) zwischen beiden Bereichen eklatante Diskrepan-
zen festzustellen sind. Das unterstreicht den Zwiespalt zwischen rechtlichen
Normierungen und tatsächlichen Managementqualitäten. Zugleich bieten die
Indikatoren eine Fülle bedeutsamer Ansatzpunkte für ein zukunftsorientiertes
Schulleiterhandeln, das auf einem sehr akzentuierten Kommunikationsmanagement fußt,[804] welches die Kommunikationskompetenz als Basisgröße sowie
die Schnittmengen von Kompetenzen und Indikatorensammlung unterstreicht.
Beispielsweise sind die Dimensionen 3 und 5 ohne Sozialkompetenz und die
Dimensionen 2, 4 und 6 ohne Managementkompetenz nicht zu durchdringen;
bzw. die Kompetenzen sind an den angegebenen Indikatoren zu überprüfen.

Auch wenn die beschriebenen Kompetenzen, Handlungsfelder und Dimensionen
das Schulleiterhandeln nicht explizit mit der Funktion eines Change Managers
gleichsetzen, so ist doch zum einen eine Veränderungsbereitschaft und -
fähigkeit im Sinne von „Change" deutlich intendiert.[805] Zum anderen wird an
diversen Stellen die Begrifflichkeit „Management" verwendet, ohne allerdings:

- eine solide ökonomische Fundierung, z. B. im Sinne des Strategischen
  Managements von Bea/Haas, anzubieten. Somit bleiben die zentralen betriebswirtschaftlichen Leistungs- und Führungspotenziale aufgrund „blinder Flecken" weitgehend versteckt;[806]
- die Problematik „Nonprofit-Organisationen" zu thematisieren;
- deutlich zwischen der Schulleitung im Allgemeinen und der berufsbildender Schulen im Besonderen zu differenzieren.

Sollen diese Mängel beseitigt werden, so ist es notwendig, ein spezifizierteres
Modell für das Change Management berufsbildender Schulen anzubieten. Dieses Modell muss u. a. folgende Ansprüche erfüllen bzw. Dimensionen erfassen:

- *Systemtheoretische Kompatibilität*, inkl. Berücksichtigung der Komplexi-
  tät berufsbildender Schulen (4.2.2.1);
- *Potenziale* im Sinne von Leistungs- und Führungspotenzialen (4.2.2.2);
- *Kompetenzen* des Schulleiters als Change Manager (4.2.2.3);
- *Pädagogische Funktionen* (4.2.2.4).

---

[804] Vgl. zur Bedeutung des Kommunikationsmanagements Hrubi (1988, S. 59ff.)
[805] Vgl. Hoffmann (2003, S. 10f.), der sich auf eine Ankündigung der Landesregierung Niedersachsens bezieht, das Bildungssystem radikal umzubauen.
[806] Es kann an dieser Stelle – wiederholend – auf die Aspekte der Beobachtung erster und
zweiter Ordnung verwiesen werden. Vgl. Abbildung 13 in dieser Arbeit.

4.2.2 Morphologisches Modell zur Darstellung der Funktion des Schulleiters als Change Manager
4.2.2.1 Systemtheoretische Kompatibilität

Ein Modell, das den obigen anspruchsvollen Vorgaben zu entsprechen vermag, muss in der Lage sein, komplexe Problembereiche des Change Managements berufsbildender Schulen formal abzubilden, weil gerade die Komplexität zentrale Systemeigenschaft ist.[807] Zudem sollte es als Instrument geeignet sein, den Change Manager über systematische Kombinationen inhaltliche Ansätze zu Problemlösungen erkennen zu lassen. Es bedarf somit einer Verbindung von formalen und inhaltlichen Faktoren. Eine Methode, die dieses leistet wird auch als „morphologische Methode" bezeichnet.[808] Die Morphologie kann als kompatibel zur Systemtheorie eingestuft werden, da sie als Strukturierungs- und Klassifikationsmethode sowohl „naiven Pragmatismus" vermeiden hilft als auch stringentes methodisches Handeln ermöglicht.[809] Sie ist somit kongruent zur prinzipiellen Vorgehensweise in dieser Arbeit und mehr als nur eine Ideensammlung. Vielmehr scheint sie geeignet zu sein, logisch denkbare Fassetten der Funktion des Schulleiters als Change Manager darzustellen und somit die Thematik des Change Managements berufsbildender Schulen tiefer zu durchdringen.[810]

Während häufig die Morphologie als Denkmethode mittels eines *zweidimensionalen* „Morphologischen Kastens"[811] dargestellt wird, deutet schon der Begriff „Kasten" auf eine Dreidimensionalität hin.[812] Gerade für den Untersuchungsgegenstand dieser Arbeit eignet sich eine dreidimensionale Darstellung (vgl. Abbildung 28), weil somit die zentralen Dimensionen der Funktion des Schulleiters als Change Manager erfasst werden können. Diese sind:

---

[807] Vgl. in dieser Arbeit die Abschnitte 2.2.2 und 3.3.1.
[808] Alexander (1996, S. 135) und die dort angegebene Literatur.
[809] Alexander (1996, S. 135).
[810] In diesem Sinne setzt das Qualitätszentrum Dortmund (www.qz-do.de) das Thema Qualitätsmanagement mit dem „Morphologischen Kasten" in Beziehung; vgl. auch www.fh-wuerzburg.de/professoren...er/Links/Morphologischer%20Kasten1.htm
[811] Die Internetsuchmaschine Google bietet allein in deutscher Sprache unter dem Suchwort „Morphologischer Kasten" 777 Internetadressen an (24. Mai 2003).
[812] So auch die Darstellung bei Alexander (1996, S. 136), die als positive Ausnahme zu würdigen ist, da beispielsweise Google unter dem Suchwort „dreidimensionales morphologisches Modell" nur 6 Internetadressen anbietet, die überwiegend aus dem medizinischen Bereich stammen (24. Mai 2003).

- Führungs- und Leistungs*potenziale* im Sinne einer strategisch ausgerichteten, innovationsbereiten und -fähigen Nonprofit-Organisation berufsbildender Schulen;
- *Kompetenzen* des Schulleiters als Voraussetzung für das Change Management auf der Meso- und Mikroebene im System berufsbildender Schulen;
- *Pädagogische Funktionen* im Verständnis einer berufs- und wirtschaftspädagogischen Qualitätsorientierung, die sich auf die Mikro-, Meso- und Makroebenen beziehen.

Durch die Erfassung aller wesentlichen Kriterien, die in der Literatur angegeben und in der Schulleitungspraxis nachvollzogen werden können, scheint die Behauptung nicht unbegründet, dass das in Abbildung 28 dargestellte Modell eine sinnvolle Erweiterung der bisher bekannten Modelle in diesem Forschungssegment ist. Trotz der Komplexität dieses Modells kann nicht übersehen werden, dass es noch unvollständig bzw. erweiterungsfähig ist. Somit wird der „Totalitätsanspruch" von Zwicky nicht erhoben.[813] Dennoch scheint es gerechtfertigt zu sein, im Rahmen einer Abwägung von pragmatischer Anwendbarkeit und theoretischer Überlastung sich für ein dreidimensionales morphologisches Modell zu entscheiden. Seine prozessuale Umsetzbarkeit im praktischen Wirken eines Schulleiters wiegt somit schwerer als eine theoretisch noch komplexere aber in der Praxis unanwendbare Modellierung. Zumal der Schulleiter als Steuerungssubjekt ohnehin stets Informationsselektionen durchzuführen hat, die wiederum abhängig vom jeweiligen Organisationszweck im Change Managementprozess sind.

---

[813] Der Schweizer Astrophysiker Fritz Zwicky (1898-1974) gilt als der Begründer der „Morphologie" als Denkmethode. Zum „Totalitätsanspruch" vgl. Zwicky (1966, S. 90); zur Kritik daran vgl. Alexander (1996, S. 138).

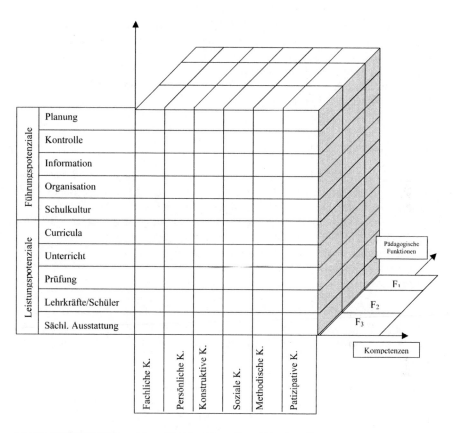

Legende:

Fachliche Kompetenz:	K_1	
Persönliche Kompetenz:	K_2	
Konstruktive Kompetenz:	K_3	
Soziale Kompetenz:	K_4	
Methodische Kompetenz:	K_5	
Partizipative Kompetenz:	K_6	

Sächl. Ausstattung:	P_1
Lehrkräfte/Schüler:	P_2
Prüfung:	P_3
Unterricht:	P_4
Curricula:	P_5
Schulkultur:	P_6
Organisation:	P_7
Information:	P_8
Kontrolle:	P_9
Planung:	P_{10}

Makroebene:	F_1
Mesoebene:	F_2
Mikroebene:	F_3

Abbildung 28: Morphologisches Modell zur Darstellung der Funktion des Schulleiters als Change Manager

Im Folgenden soll an einer beispielhaften Changesituation im Bereich der sächlichen Ressourcen die komplexen, dreidimensionalen Zusammenhänge verdeutlicht werden. Hierbei ist nicht begrenzend davon auszugehen, dass die ausschließliche Betrachtung eines Quaders, z. B. „$(P_1K_1F_3)$" ausreicht, um den Sachverhalt zu klären, sondern auch Vernetzungen mit anderen Kombinationen notwendig sind, z. B. „$(P_1K_5F_2)$".

4.2.2.2 Dimension 1: Potenziale

Die aus dem strategischen Management übertragenen Leistungs- und Führungspotenziale können auch für das Change Management berufsbildender Schulen genutzt werden.[814] Die inhaltliche Ausgestaltung der strategischen Erfolgsfaktoren muss dabei auf das strategische Ziel „Veränderung" ausgerichtet sein. Hierbei hat der Schulleiter als Change Manager auf die erfolgsrelevanten Stärken und Schwächen seiner Schule zielorientiert einzuwirken. Führt die Analyse der Ausgangslage beispielsweise zu der Erkenntnis, dass es im Rahmen einer Wachstumsstrategie und Qualitätsführerschaft[815] unbedingt der Erneuerung und Verbesserung der sächlichen Ausstattung[816] im Sinne „technischer Innovation"[817] bedarf, dann sind u. a. die Führungspotenziale Planung, Kontrolle, Information und Organisation auf diese strategische Zielsetzung auszurichten.[818] Als Instrument könnte nach Abwägung mehrerer Verfahren dafür z. B. eine Balanced Scorecard eingesetzt werden.[819]

Kaplan/Norton stellten erstmalig 1996 das Konzept der Balanced Scorecard vor.[820] Ihre Zielsetzung bestand darin, ein Managementkonzept vorzustellen, das über eine Strategieimplementierung hinausgeht. Mit ihm soll der Prozess von der „Vision zur Wirklichkeit" gelingen.[821] Im Gegensatz zu einer ausschließlichen oder zumindest schwerpunktmäßig finanziellen Betrachtung betrieblicher Gegebenheiten, in deren Mittelpunkt die Problematik des „Shareholder Values" stand,[822] eröffnet das Instrument Balanced Scorecard neue Perspektiven: Kundenperspektive, Perspektive der internen Geschäftsprozesse sowie Lern- und Entwicklungsperspektive. Gerade diese Ergänzungen scheinen das Instrument

---

[814] Vgl. Tabelle 5 im Abschnitt 2.4.2.6 dieser Arbeit.

[815] Vgl. Tabelle 7 im Abschnitt 2.4.3 dieser Arbeit.

[816] Vgl. Tabelle 6 im Abschnitt 2.4.2.6 dieser Arbeit.

[817] Konkret wäre der Bau einer „IT-Berufsschule" für Ausbildungsgänge mit kaufmännischen Schwerpunkt denkbar. Vgl. NOZ vom 6. Juni 2002, S. 9.

[818] Vgl. Doppler/Lauterburg (2000, S. 154).

[819] Zur Fülle möglicher alternativer Instrumente vgl. Bea/Haas (2001, S. 58).

[820] Die deutsche Version erschien 1997; Kaplan/Norton (1997).

[821] Bea/Haas (2001, S. 190).

[822] Vgl. Schneck (2003, S. 57).

auch auf die Changeprozesse von Nonprofit-Organisationen, z. B. berufsbildenden Schulen, übertragbar zu machen.[823] So könnten die folgenden Aspekte mit
einer Balanced Scorecard u. a. auch in Form von Kennzahlen[824] erfasst werden:[825]

- Finanzen

Schulbudgets des Landes und des Schulträgers, Verteilung der Mittel auf bestimmte schulische Kostenstellen, Sponsoringquellen, schulische Einnahmen
durch Vermietung von Ressourcen.

- Kunden

Zufriedenheit der Schüler, Ausbildungsbetrieb und Eltern, Neuzugänge an Schülern in einzelnen Schulformen, Abschluss- und Abbrecherquoten.

- Lernen und Entwicklung

Zufriedenheit der Lehrkräfte und der anderen Mitarbeiter, Qualifizierungsmaß-
nahmen der Lehrkräfte durch Fort- und Weiterbildung, Beförderungsmöglich-
keiten.

- Prozesse

Einschulungsverfahren, „Durchlaufzeiten" der Schüler, Ausschulungs- und
Abschlussverfahren, kontinuierliche Verbesserung der Unterrichts- und Ver-
waltungsprozesse berufsbildender Schulen.

Eine entsprechende Balanced Scorecard könnte in Anlehnung an Kaplan/Norton
das folgende Aussehen haben (Abb. 29). Die Verankerung der Balanced Scorecard im morphologischen Modell wird u. a. durch die Erfassung der wesentlichen Elemente der Führungs- und Leistungspotenziale deutlich, wobei jedoch
nicht übersehen werden darf, dass Schwierigkeiten bei der konkreten Umsetzung
der Vision in Messzahlen auftreten können.[826]

---

[823] Interessanterweise wird der Ansatz von Kaplan/Norton in der Literatur beruflicher Bildung
und schulischem Qualitätsmanagements zitiert, ohne jedoch einen instrumentellen Transfer
anzubieten. Vgl. Arnold/Faber (2000, S. 76 ff.) und Schneck (2003, S. 57ff.).
[824] Vgl. Tabelle 7 im Abschnitt 2.4.3 dieser Arbeit.
[825] Vgl. Schneck (2003, S. 57); allerdings ohne Schulbezug.
[826] Vgl. Bea/Haas (2001, S. 193).

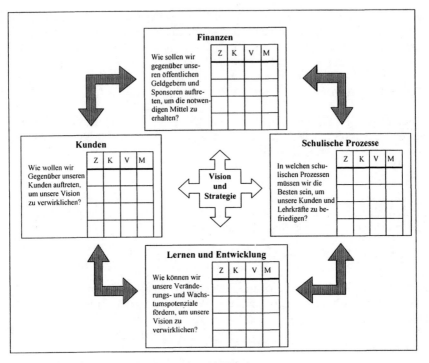

Legende: Z: Ziele, K: Kennzahlen, V: Vorgaben, M: Maßnahmen

Abbildung 29: Balanced Scorecard für berufsbildende Schulen in Anlehnung an
Kaplan/Norton[827]

Jedoch wird ebenso die „Ausgewogenheit der Zielerreichungen"[828] deutlich.
Systemtheoretisch betrachtet besteht die Leistung des Schulleiters als Change
Manager darin, die Relationen der Elemente kausal auf das angestrebte Zielbündel auszurichten. Im idealtypischen Fall gelingt es ihm, die hohen fachlichen,
methodischen und sozialen Kompetenzen der Lehrkräfte mit einem innovativen
Equipment der Schule zu verknüpfen, um – gemessen an reibungslosen Durchlaufzeiten und erfolgreichen Abschlüssen der Schüler – die Leistungen optimieren zu können. Die damit steigende Zufriedenheit der „Kunden", namentlich der
Ausbildungsbetriebe und ehemaliger Schüler mit den berufsbildenden Schulen
führt dazu, dass u. a. die Sponsoringbereitschaft steigt und Unternehmen weiterhin ihre Auszubildenden zur Beschulung anmelden.

---

[827] Kaplan/Norton (1997, S. 9).
[828] Schneck (2003, S. 57).

Das morphologische Gesamtmodell macht jedoch deutlich, dass eine ausschließlich betriebswirtschaftlich potenzialorientierte Vorgehensweise nicht ausreicht, um ein erfolgreiches Change Management berufsbildender Schulen zu betreiben. Kompetenzen und pädagogische Funktionen sind gleichrangig zu beachten.

4.2.2.3 Dimension 2: Kompetenzen

Die Kompetenzproblematik wurde bereits mehrfach in dieser Arbeit berührt. Um Redundanzen zu vermeiden, kann hier auf die grundlegenden Erläuterungen des Abschnitts 2.5.2.2 verwiesen werden. Im Rahmen der Betrachtung eines morphologischen Modells können diese Ausführungen im Fallbeispiel „technische Innovation" auf den Schulleiter als Change Manager übertragen werden und mittels einer Innovations-Potential-Analyse überprüft werden.[829] Als Muster eines Ergebnisses der Mesoebene wäre die folgende Tabelle (20) denkbar.[830]

Kompetenzen → Potenziale ↓	Fachliche Kompetenz	Persönliche Kompetenz	Konstruktive Komp.	Soziale Kompetenz	Methodische Komp.	Partizipative Kompetenz	Ergebnis: Zeilen
Individuum Schulleiter	28	28	26	28	26	28	164
Gruppe/ Lehrkräfte	21	17	23	22	12	16	111
Innovative Organisation	25	23	20	24	24	23	139
Ergebnis: Spalten	74	68	69	74	62	67	414

Tabelle 20: Muster einer Innovations-Potential-Analyse in Anlehnung an Dreesmann

Aus der Tabelle 20 sind „kritische Werte" leicht ablesbar. So wären die Werte 12 (methodische Kompetenz der Gruppe/Lehrkräfte) und 16 (partizipative Kompetenz der Gruppe/ Lehrkräfte) als „schwache Signale" zu interpretieren, die auf erforderliche Schulungs- und Stützungsmaßnahmen hindeuten würden. Der Wert 164 (Zeilenergebnis z. B. des Change Managers) ist zwar extrem positiv, zeigt aber möglicherweise im Kontext zu den anderen Zeilenergebnissen, insbesondere auf das der Abteilung, eine allzu visionäre Haltung, der die „Bo-

---

[829] Vgl. Dreesmann (1994 (b), S. 331ff.).

[830] Die Tabelle entspricht der Grundstruktur der Tabelle 8: Erfolgsbedingungen für Innovationen. Die Vorgehensweise für die Bewertung erfolgt nach Dreesmann (1994 (b), S. 340ff.). Das vorliegende Ergebnis ist als ein Muster denkbar. Aufgrund fehlender statistischer Gütekriterien dient es ausschließlich der Illustration.

denhaftung" fehlt. Somit ist mittels der zweiten Dimension, den Kompetenzen, eine Verdichtung, der in der ersten Dimension gewonnenen Erkenntnisse möglich.

4.2.2.4 Dimension 3: Pädagogische Funktionen

Schulleitern als Change Managern wird der Begriff „Pädagogisches Leadership" zugeord-net.[831] Damit soll ein neues Rollen- und Führungsverständnis von Leitungspersonen in schulischen Veränderungsprozessen gekennzeichnet werden. Ihnen wird die Schlüsselposition für die Initiierung, Gestaltung und Begleitung von Changeprozessen zugewiesen.[832] Inhaltlich sollen mit dem Begriff sehr unterschiedliche Funktionsbereiche: Schul- und Organisationsentwicklung, Personalentwicklung, Schulmanagement, Unterrichtsentwicklung und Evaluation erfasst werden. Mit Ausnahme des Begriffes der Unterrichtsentwicklung lassen sie sich jedoch auch in die Ausgestaltung der Dimensionen 1 und 2 integrieren. Es fehlt ihnen kritisch formuliert das spezifisch Pädagogische bzw. der originär berufs- und wirtschaftspädagogische Bezug.[833] Auch ein Verwaltungsmanager modernerer Prägung könnte die entsprechenden Aufgaben lösen.[834] Er würde aber dennoch nur ein äußerst begrenztes Verständnis vom „Kernprodukt" des Unternehmens berufsbildende Schulen, nämlich dem Unterricht haben (müssen). Ebenso intendiert der Begriff eine Vermengung systemtheoretisch vorhandener Ebenen. Somit scheint es gerechtfertigt zu sein, den Begriff „Pädagogische Funktionen" als Bezeichnung für die dritte Dimension zu verwenden.

„Pädagogische Funktionen" sollen tiefgehende fachwissenschaftliche, didaktische und methodische Kenntnisse beinhalten sowie fundierte praktische Erfahrung im Unterricht berufsbildender Schulen umfassen.[835] Um diese Funktionen auf den drei Ebenen zu erfüllen, muss der Schulleiter über „pädagogisches Inhaltswissen" verfügen.[836] Dies wird als wesentliche Voraussetzung angesehen, um die zentralen Unterrichtsprozesse erkennen und steuern zu können. Ohne derartige profunde Kenntnisse wäre der Schulleiter auch nicht in der Lage, die

---

[831] Arnold/Faber (2000, S. 34).

[832] Arnold/Faber (2000, S. 34).

[833] Vgl. die Ausführungen in Abschnitt 1.3 dieser Arbeit.

[834] D. h. jedoch nicht, dass z. B. die Unterrichtsvorbereitung nicht als Planungs- und Organisationsproblem darstellen ließe, das Parallelen zur betriebswirtschaftlichen Organisationstheorie aufweist. Vgl. Weber (1979, S. 23ff.).

[835] Im Rahmen dieser Arbeit kann nicht der Versuch unternommen werden, die fachwissenschaftliche Literatur in den Bereichen der Didaktik und Methodik der Berufs- und Wirtschaftspädagogik aufzuarbeiten. Vgl. zur grundlegenden Einführung z. B. Twardy (1983), Blankertz (1977), Dubs (1995) und Manstetten (2000).

[836] Dubs (1995, S. 20f.).

211

an seiner Schule tätigen Lehrkräfte zu beraten. Er könnte seiner Verantwortung für die Qualitätssicherung und -entwicklung der Schule nicht gerecht werden.

Somit kann der Begriff „Pädagogische Funktionen" mit der Führerschaft in der pädagogischen Dimension einer Schule gleichgesetzt werden. Konkret heißt das beispielsweise für eine Innovation im Bereich des technischen Equipments, dass es zu klären gilt, welche curricularen Vorgaben erfüllt werden müssen und welche didaktisch-methodischen Konzepte mit dieser Innovation verbunden sind, um eine tatsächliche Verbesserung der Lehr-Lernprozesse zu realisieren. Eine planlose, didaktisch-methodisch unbegründete Anschaffung ist weder unter Budgetaspekten der Potenzialdimension noch unter Aspekten der Dimension pädagogischer Funktionen zu rechtfertigen.

Als Zwischenfazit kann festgehalten werden, dass das morphologische Modell dem Schulleiter als Change Manager einen komplexen Handlungsraum eröffnet, der durch die drei beschriebenen pragmatischen, wissenschaftlich fundierten Dimensionen gekennzeichnet und dennoch systemtheorctisch, im Sinne eines Explikationsprinzips, kompatibel ist.[837] Dies ermöglicht ihm sowohl ein Handlungsrepertoire aufzubauen als auch sein Handeln prozessbezogen zu reflektieren. Aus der daraus entstehenden Dynamik entwickelt sich langfristig eine mehrdimensionale Prozessorientierung.[838] Diese hat bestimmte qualitative Ansprüche zu erfüllen, die im folgenden Abschnitt näher untersucht werden.

4.3 Qualitätsmanagement als zentrale Aufgabe des Change Managers
4.3.1 Qualitätsbegriff

Qualität als ein Leitbegriff der bildungspolitischen[839], der pädagogischen[840] und der ökonomischen Diskussion[841] ist zur obersten Zielsetzung für eine nachhaltige Zukunft berufsbildender Schulen geworden. Qualitätsmanagement kann als zentrale Aufgabe des Schulleiters angesehen werden.[842] Der vielfältige, teilweise

---

[837] Vgl. Manstetten (1982, S. 58) zur Problematik von Systemtheorie und einem fehlenden Konstruktionsprinzip für Handlungsprozesse.

[838] Vgl. auch Abbildung 3 in dieser Arbeit.

[839] Vgl. Niedersächsisches Kultusministerium (2001 (c)); Stern/Mahlmann/Vaccaro (2001, S. 1).

[840] Vgl. grundlegend u. a. Büeler (1998); Kempfert/Rolff (1999); Schratz/Iby/Radnitzky (2000). Kritisch dazu: Jürgens (2001).

[841] Vgl. grundlegend u.a. Lübbe (1996); Speckle/Frank (1996).

[842] Nach Rittmeister/Schnelle (1994, S. 228ff.) baut ein Qualitätsmanagementsystem berufsbildender Schulen auf vier wesentlichen Grundlagen: 1. Verantwortung der Schulleitung, Schulverwaltung, Schulaufsicht; 2. Personalmanagement; 3. Materielle Ausstattung; 4. Struk-

inflationäre Gebrauch des Begriffes „Qualität" scheint auf eine eindeutige, allgemeinverbindliche Definition hinzudeuten. Bei näherer Analyse ist jedoch mehr „Qualitätsrhetorik"[843] als Univozität festzustellen. Der Begriff „Qualität" kann etymologisch aus der lateinischen Sprache abgleitet werden. Qualitas, -atis (f) ist mit Beschaffenheit, Eigenschaft zu übersetzen.[844]

Diese eher schlichte sprachliche Ableitung führt jedoch zu keiner gesellschaftlichen Übereinstimmung über das, was beispielsweise die Qualität der beruflichen Bildung ausmacht.[845] Erst eine erweiternde suggestive Attribuierung scheint einem gemeinsamen „positiven" Nenner unterschiedlicher Definitionen zum Ausdruck zu bringen, der vorrangig eigenwertbezogen Güte, vortreffliche Beschaffenheit oder ganz allgemein etwas Wertvolles meint. In diesem Sinne definieren die TQM-Klassiker den Begriff „Qualität" nach ISO 9000 ff. folgendermaßen: „Qualität ist, was den Ansprüchen entspricht."[846] Schratz stellt eine breite Begriffspalette vor:[847]

- Totalanspruch: Qualität ist die/der/das Beste (search for excellence);
- Produktbasiert: Qualität ist eine exakt messbare Charakteristik des Produkts;
- Verwendungsorientiert: Qualität ist, was der Kunde will;
- Wertbasiert: Qualität ist das Geld wert (value for money).

Qualität, gute wie schlechte, scheint vordergründig produkt- bzw. ergebnisorientiert gefasst zu sein. Durch die TQM-Diskussion wurde jedoch eine prozessorientierte Betrachtungsebene hinzugefügt. Für das Management berufsbildender Schulen hat dies zur Folge, dass sich die Qualitätsdiskussion sowohl systemisch auf die Makro-, Meso- und Mikroebene erstrecken muss,[848] als auch auf den einzelnen Ebenen struktur-, produkt- und prozessbezogen geführt werden soll-

---

tur eines Qualitätsmanagementsystems. Diese Perspektive vermischt aber Handelnde, Funktionen, Strukturen und Elemente ohne systemische Eindeutigkeit.
[843] Niedersächsisches Kultusministerium (2001 (c), S. 5).
[844] Keineswegs aber schon suggestiv mit (gute) Beschaffenheit; vgl. Niedersächsisches Kultusministerium (2001 (c), S. 5. Die Qualität einer Sache, eines Prozesses ist eben gerade nicht per se schon das Gute. Müsste es dann noch gemanagt werden?
[845] Sauter (2000, S. 9).
[846] Rolff (2001, S. 2). In diesem Sinne sind auch vielfältige „persönliche Empfindungen" zu registrieren, die vermeintlich spüren, was eine „gute Schule" sei. Favre (1994) – zit. nach Büeler (1998, S. 662) - führt aus: L'une des difficultés majeures dans le développement des écoles, c'est que, souvent, les décideurs ou les leaders d'opinion pensent savoir ce qu'est une bonne école..."
[847] Schratz (2000). Vgl. auch Karpen (2003, S. 138).
[848] Vgl. grundlegend Fend (1998, S. 199ff.).

te.[849] Mit der Qualität berufsbildender Schulen verknüpfen sich sowohl Fragen nach den gesellschaftlichen Erwartungen an Schule und ihren Ziel- bzw. Zwecksetzungen[850] als auch – und dies weitaus weniger beachtet – nach den autopoietisch fundierten Erwartungen berufsbildender Schulen und ihrer Elemente an sich selbst. Keineswegs ist Qualität als „ein verabredeter Gütemaßstab, der auf den offiziellen Zwecksetzungen des Bildungssystems insgesamt bzw. einzelner Bildungs- und Sozialeinrichtungen basiert und insofern dann auch als Bezugspunkt für die Ermittlung und ggf. den Vergleich der faktischen Wirkungen dieser Einrichtungen herangezogen werden kann"[851], einzige Handlungsmaxime. Vielmehr entwickeln sich auf der Meso- und der Mikroebene durchaus eigenständige Handlungen im Sinne eines kategorischen Imperativs Kantscher Prägung, d. h. Elemente berufsbildender Schulen handeln so, dass die Maxime ihres Willens jederzeit zugleich als Prinzip einer allgemeinen Gesetzgebung gelten könnte. Dies hätte verallgemeinert zur Folge, dass derartiges Qualitätsbewusstsein und -management weit über den staatlich fixierten Anspruch hinausginge.[852] Es bestätigt zugleich – auf subtile Weise –, dass „'Qualität' ohne eigene Anstrengungen der operativen Einheiten in dem Bemühen um Evaluation und Qualitätssicherung nicht zu erreichen"[853] ist.

Daraus wird zugleich deutlich, dass „Schulqualität" als dynamischer[854] bzw. als relativer Begriff[855] gedeutet werden kann. Die tatsächliche Qualität ist somit systemabhängig. Sie unterliegt fortlaufenden Entwicklungen[856] und ist in bezug auf Funktionen und Ziele zu definieren und zu beurteilen. Es geht letztlich darum, die Beschaffenheit der Schule und des Unterrichts im Sinne der Strukturen, Prozesse und Ergebnisse, wie sie auch im morphologischen Modell zusammenfassend dargestellt sind, anhand bestimmter Kriterien, z. B. Durchlaufgeschwindigkeit, Abschlussergebnisse, Erreichen von Ausbildungsverhältnissen und Zufriedenheit der Ausbildungsbetriebe mit der Schule zu erfassen und bzgl. ihrer Wirksamkeit zu optimieren. Dazu können Strukturierungshilfen wie Qualitätsbereiche und Qualitätsmerkmale einzelner Qualitätskonzepte herangezogen wer-

---

[849] Vgl. Forum Bildung (2001, S. 8 f.). Angemerkt werden darf, dass das dreidimensionale morphologische Modell (Abb. 29) somit auch für die Qualitätsproblematik eine angemessene Veranschaulichung bietet.

[850] Niedersächsisches Kultusministerium (2001 (c), S. 6).

[851] Terhart (2000, S. 815).

[852] So werden beispielsweise die curricularen Vorgaben im Bereich der Lernfelder von den Schulen bzw. ihren Fachkonferenzen inhaltlich und methodisch ergänzt; Evaluationen finden auf der Basis der Freiwilligkeit ohne staatlichen Zwang statt.

[853] Forum Bildung (2001, S. 26).

[854] Niedersächsisches Kultusministerium (2001 (c), S. 6).

[855] Forum Bildung (2001, S. 8).

[856] Sauter (2000, S. 9).

den. Neben diesem normativen Aspekten gilt es, die Legitimität derartiger Analysen zu berücksichtigen.[857]

4.3.2 Qualitätskonzepte im Überblick
4.3.2.1 Grundlagen und Probleme

Die Anzahl unterschiedlicher Qualitätskonzepte ist groß. Als Ausgangspunkt ist das sogenannte „Total Quality Management", abgekürzt TQM, anzusehen, das ursprünglich für den betrieblichen Bereich konzipiert worden ist.[858] In Anlehnung an dieses Konzept sind für den Schulbereich diverse Konzepte entwickelt worden. Ihre Kurzbezeichnungen, z. B.

- Q.I.S.: Qualität in Schulen[859]
- QuiSS: Qualitätsverbesserung in Schulen und Schulsystemen[860]
- QUABS: Qualitätsentwicklung an Berufsschulen[861]
- QuiBS: Qualitätsmanagement in Berufsbildenden Schulen[862]
- EFQM: European Foundation for Quality Management[863]

verbinden sie in der gemeinsamen Botschaft, Rezepturen und Werkzeuge für qualitätsfördernde Prozesse an Schulen und anderen Institutionen bereitstellen zu können. Ihre Gemeinsamkeit endet aber nicht nur an der oben beschriebenen Begriffsvielfalt zum Basisbegriff „Qualität", sondern auch an den daraus abgeleiteten Vorgehensweisen. Diese Unschärferelationen scheinen dazu zu führen, dass bestimmte normative Grundannahmen getroffen werden, deren Ableitungen aber nicht frei von Willkür sind. Exemplarisch kann dies am Qualitätsrahmen des BLK-Programms QuiSS gezeigt werden.[864]

Schulqualität wird „als Prozess einer fortlaufenden Optimierung der Arbeit der Schulen unter unterschiedlichen Ausgangs- und Rahmenbedingungen verstan-

---

[857] Vgl. Büeler (1998, S. 662).

[858] Vgl. Betzl (1996, S. 40ff.) zum TQM-Ansatz im Allgemeinen und Quality-Management-Service AG (2002, S. 8ff.) für den Bereich berufsbildender Schulen.

[859] Radnitzky/Iby (1999).

[860] Vgl. u. a. www.blk-quiss.de

[861] Nicklis (2000, S. 47).

[862] QuiBS-Projekt-Team (1998).

[863] European Foundation for Quality Management (2001).

[864] Programm der Bund-Länder-Kommission für Bildungsplanung und Forschungsförderung (BLK) „Qualitätsverbesserung in Schulen und Schulsystemen" (QuiSS) – Laufzeit: 1998-2004. Niedersachsen beteiligt sich an dem Programm mit dem Modellversuch „Qualitätsentwicklung von Schule und Unterricht durch interne und externe Evaluation".

den."[865] Zur inhaltlichen Füllung dieses Rahmens werden sechs Qualitätsbereiche festgesetzt:[866]

- Lernergebnisse und Erfolge der Schule,
- Lernkultur – Qualität der Lehr- und Lernprozesse,
- Schulethos und Schulleben,
- Schulmanagement,
- Lehrerprofessionalität und Personalentwicklung,
- Qualitätssicherung und -entwicklung sowie Schule im Gesamtsystem.

Diese Qualitätsbereiche werden mit 32 Merkmalen angereichert.[867] Sowohl die Qualitätsbereiche als auch die Merkmale dürfen als arbiträr eingestuft werden.[868] D. h. nicht, dass sie partiell keinen Plausibilitätscharakter besäßen. So werden z. B. als Qualitätsmerkmale für das Schulmanagement angegeben:

- Schulleitungshandeln und Schulgemeinschaft,
- Kooperative Wahrnehmung der Gesamtverantwortung,[869]
- Schulleitungshandeln und Qualitätsmanagement,
- Betriebsführung und Ressourcenmanagement,
- Unterrichtsorganisation.[870]

Es wird deutlich, dass die einzelnen Merkmale keineswegs eindeutig voneinander abgegrenzt sind. So dürfte beispielsweise eine optimale Betriebsführung und ein optimales Ressourcenmanagement eine optimale Unterrichtsorganisation implizieren. Derartige Probleme werden vertieft durch weitere „Anhaltspunkte", die durch zusätzliche „Kriterien" bzw. „Indikatoren" angereichert werden, welche der Beschreibung der Qualitätsmerkmale dienen sollen.[871] An dieser Stelle wird ein begrifflicher Diffusionsprozess sichtbar, der u. a. auf eine unzureichende systemtheoretische Analyse schließen lässt.

So sind Redundanzen auf Mängel in den Zuordnungen zu den einzelnen Systemebenen zurückzuführen. Sind Systemebenen nicht eindeutig strukturiert, sind Funktionen der Elemente unklar, fehlen in diesem Sinne Absprachen der Han-

---

[865] Niedersächsisches Kultusministerium (2001 (c), S. 7).

[866] Niedersächsisches Kultusministerium (2001 (c), Anlage 3).

[867] Vgl. Niedersächsisches Kultusministerium (2001 (c), Anlage 3).

[868] So kommt z. B. die bekannte Zusammenstellung von Steffens/Bargel (1993) mit 12 Merkmalen aus. Vgl. Büeler (1998, S. 668f.).

[869] So ist an dieser Stelle beispielsweise zu fragen, wie der Schulleiter die Gesamtverantwortung kooperativ wahrnehmen kann, die er allein zu tragen hat.

[870] Niedersächsisches Kultusministerium (2001 (c), Anlage 3).

[871] Niedersächsisches Kultusministerium (2001 (c), S. 9).

delnden aufgrund unklarer Kompetenzen, so scheint es evident, dass die Qualitätsziele nicht erreicht bzw. allenfalls zufällig realisiert werden können. Ein Beispiel: Eine externe Evaluation berufsbildender Schulen kann nicht greifen, wenn unklar ist, was überhaupt evaluiert werden soll. Wenn dabei 18 Fragen zum engen, relativ unbedeutsamen Bereich „Hausaufgaben" und nur 15 Fragen zur Situation der berufsbildenden Schulen im eigentlichen Sinne gestellt werden, dabei aber wiederum nicht zwischen Berufsschule und berufsbildenden Schulen differenziert wird,[872] dann äußern die Befragten sehr deutlich, dass sie von der Inkompetenz der Befrager überzeugt sind. Eine grundlegend als fahrlässig einzustufende Vorgehensweise, deren Ursachen in einer oberflächlichen Analyse zu liegen scheinen, ist wenig dazu geeignet, dem Leitbild qualitätsorientierter berufsbildender Schulen zu entsprechen, die als ‚Lernende Schule' „... im Interesse der Zukunftssicherung der Schülerinnen und Schüler sowie der Gesellschaft einen kontinuierlichen Verbesserungsprozesse etabliert."[873]

Denn, wo nicht angegeben werden kann, was gut ist, kann auch nichts verbessert werden. Schulisches Change Management, das sich die Verbesserung der Schulqualität durch Innovation[874] zur strategischen Zielsetzung gemacht hat, stößt ohne konkrete Handlungsparameter der Führungs- und Leistungspotenziale ins Leere.[875] Es ist deshalb für den Schulleiter berufsbildender Schulen in seiner Funktion als Change Manager zwingend notwendig, alle relevanten Aspekte der Qualität in seinem Aktionssystem eindeutig zu definieren. Zur Verwirklichung der Vision eines ganzheitlichen schulischen Qualitätsmanagements bedarf es eines Instrumentariums, das als Grundlage für die systemische Verbesserungsarbeit in berufsbildenden Schulen genutzt werden kann. Das EFQM-Modell gibt vor, diesen Anspruch erfüllen zu können.[876]

4.3.2.2 EFQM
4.3.2.2.1 Grundlagen des EFQM-Modells

Mit der Zielsetzung, die globale Wettbewerbsfähigkeit europäischer Unternehmen zu verbessern, wurde 1988 die „European Foundation for Quality Management (EFQM)" gegründet.[877] Sie hat ihren Sitz in Brüssel und wird von der EU unterstützt. Die grundlegende Zielsetzung der vierzehn erwerbswirtschaft-

---

[872] So geschehen in: Döbrich (2002 S. 4ff.).
[873] Niedersächsisches Kultusministerium (2001 (c), S. 8).
[874] Vgl. Büeler (1998, S. 664).
[875] Vgl. zu den Grundlagen Abschnitt 2.4.2 in dieser Arbeit.
[876] Kotter/Thum u. a. (2002, S. 9).
[877] European Foundation for Quality Management (www.efqm.org.).

lich orientierten Gründungsmitglieder[878] scheint auch auf andere Organisationen, z. B. Öffentlicher Dienst, Universitäten, Krankenhäuser und Schulen übertragbar,[879] so dass gegenwärtig mehr als 800 Institutionen der EFQM angehören.[880]

Das „European Foundation for Quality Management Modell"[881] ist als ein systemischer Ansatz zur Qualitätsentwicklung von Schulen, respektive ihrer Qualitätsverbesserung, zu verstehen. Er ist primär auf die Mesoebene des Bildungssystems, die einzelne Schule, ausgerichtet. Dennoch wird auch die Mikroebene direkt beeinflusst. Mittelbare Wirkungen im Sinne von Reaktionen der Systemumwelt, hier Feedbacks, z. B. Imageverbesserungen berufsbildender Schulen und bessere Ressourcenflüsse sind wahrscheinlich. Seine inhaltlichen Wurzeln hat das EFQM-Modell im TQM-Ansatz.[882] Es beinhaltet somit die Idee, alle wesentlichen Qualitätsaspekte von Organisationen innerhalb eines Modellansatzes zu entwickeln.

Um den Bereich der Bildung konzeptionell stärker in das EFQM-Konzept einzubinden, gibt es ein „Mission Statement": „Unser Auftrag bei EFQM ist es, treibende Kraft zu sein für nachhaltige Spitzenleistungen („Excellence") europäischer Organisationen. EFQM ist davon überzeugt, dass durch Verbesserungen im Bereich Bildung und Erziehung die Wege zu Spitzenleistungen in Organisationen besser verstanden werden."[883] Der Verwertbarkeitsaspekt von Bildung und Erziehung geht aus dieser Stellungnahme hervor. Das auf berufsbildende Schulen übertragbare EFQM-Modell unterstellt, dass der Erfolg einer Organisation von fünf kritischen Einflussgrößen abhängt:

- Festlegung lang- und kurzfristiger Ziele,
- Führung durch Vorbild,
- Mitarbeiterorientierung,
- Gewissenhafter Umgang mit Partnern und Ressourcen,
- Ständige Optimierung des Bildungs- und Erziehungsprozesses.[884]

---

[878] Gründungsmitglieder sind: Bosch, BT, Bull, Ciba-Geigy, Dassault, Electrolux, Fiat, KLM, Nestlé, Olivetti, Philips, Renault, Sulzer und Volkswagen.

[879] Die Transfermöglichkeit in Verbindung mit realisierter betrieblicher Praxis stellt das zentrale Argument im Sinne eines „Pragmatischen Entschlusses" dar, das EFQM-Modell bei der exemplarischen Analyse von Qualitätsansätzen in dieser Arbeit anderen Ansätzen vorzuziehen.

[880] Kotter (2003 (a), S. 7).

[881] Kotter (2003 (a), S. 7).

[882] Vgl. Kotter (2003 (a), S. 7).

[883] Kotter (2003 (b), S. 5).

[884] Kotter (2003 (b), S. 3).

Diese Einflussgrößen können durch neun Kriterien (vgl. Abb. 31) näher be-schrieben werden.[885] Diese Kriterien werden grundlegend in „Befähiger" und „Ergebnisse" unterteilt: Sie sollen jeweils mit fünfzig Prozent an der gesamten Wirkung des Ansatzes beteiligt sein.[886] Zu den „Befähigern" zählen „Führung", „Mitarbeiter", „Politik und Strategie", „Partnerschaften und Ressourcen", „Pro-zesse"; die „Ergebnisse" werden unterteilt in „mitarbeiterbezogene", „kunden-bezogene", „gesellschaftsbezogene Ergebnisse" sowie „wichtige Ergebnisse der Organisation", womit ein Stakeholderapproach zum Ausdruck gebracht werden soll. Diese „Kriterien" [887] sind als Basis der systematischen Qualitätsverbesse-rung in Organisationen zu verstehen.[888]

Die grundsätzliche Vorgehensweise erfolgt nach der sogenannten „RADAR-Logik".[889] RADAR ist ein Akronym für Results, Approach, Deployment, As-sessment und Review. Es handelt sich hierbei um ein hinlänglich bekanntes Kreislaufmodell,[890] das mit der Zielsetzung „gewünschte Ergebnisse" beginnt, die kompatibel mit dem strategischen Zielbündel der Organisation sein muss. Dem schließen sich die Phasen Planung bzw. Vorgehensweise, Umsetzung, Be-wertung und Überprüfung an. Dieser zyklische Qualitätsentwicklungsprozess[891] wird durch folgendes Kreislaufschema (vgl. Abb. 30) ergänzt.

---

[885] Vgl. Abschnitt 4.3.2.2.2. in dieser Arbeit und dort insbesondere die Abbildung 31.

[886] Vgl. Kotter (2003 (b), S. 8).

[887] Vgl. QMS-AG (2002, S. 5). An dieser Stelle werden erste „gewöhnungsbedürftige" Sprachregelungen deutlich. Die per se klare dynamische Struktur von Handelnden, Prozessen und Ergebnissen wird durch eine Gleichsetzung mit dem Begriff „Kriterien" zerstört. Unter einem „Kriterium" versteht man ein „entscheidendes Merkmal", einen „Prüfstein" bzw. ein wichtiges Kennzeichen. So sollte wohl sinnvoller davon ausgegangen werden, dass an die neun Strukturelemente näher zu definierende Kriterien angelegt werden müssten, die zur Be-urteilung von Qualitätsentwicklungen hilfreich erscheinen.

[888] Sie wurden ursprünglich entwickelt, um eine Grundlage zur Ermittlung der Gewinner des „European Quality Awards" zu erhalten, der als Motivationsanreiz für die beteiligten Unter-nehmen und ihre Mitarbeiter ausgeschrieben wurde. Preisträger sind u. a. Rank Xerox, Texas Instruments und Volvo.

[889] Kotter (2003 (a), S. 8f.).

[890] Vgl. Schubert (1972, S. 43f.).

[891] Vgl. zur Problematik der Kreislaufdarstellung für Entwicklungsprozesse Abschnitt 1.2.1 in dieser Arbeit. Welcher Change Manager, welche Lehrkraft fühlt sich schon gern als Hamster in einem Rad?

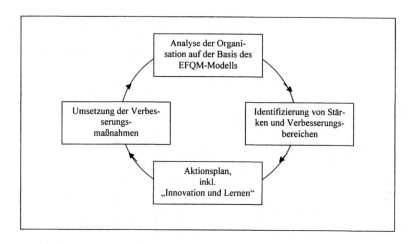

Abbildung 27: Der Zyklus der Qualitätsentwicklung nach dem EFQM-Modell[892]

Ausgangspunkt für die Analyse der Organisation berufsbildender Schulen sind die neun Kriterien (vgl. Abb. 31). Daraus wird ein Stärken-Schwächen-Profil abgeleitet. Die Schwächen, hier „Verbesserungsbereiche" genannt, werden priorisiert, um einen Aktionsplan entwickeln zu können. Die vierte Phase besteht in der Umsetzung der Verbesserungsmaßnahmen. Plakativ wird von Mitgliedern der EFQM behauptet, dass ihr Modell für Schulen geeignet ist, „systematisch zu erkennen, wo ihre Stärken und Verbesserungsbereiche liegen, wo sie sich auf dem Weg zu einer hervorragenden Schule befindet und welche Verbesserungsmaßnahmen sie noch ergreifen muss, um diesem Ziel wirkungsvoll näher zu kommen. Dabei erfahren alle an der Organisation Schule Beteiligten einen deutlichen Motivationsgewinn aus dem Miterleben und Mitgestalten."[893]

Bis hierhin ist wenig zu erkennen, was das EFQM-Modell von traditionellen Managementansätzen und ihren Instrumenten unterscheidet. Um eine mögliche Relevanz des Modells für Changeprozesse berufsbildender Schulen feststellen zu können, erscheint es deshalb notwendig, das Modell einer tiefergreifenden berufs- und wirtschaftspädagogisch orientierten Analyse zu unterziehen.

---

[892] Kotter (2003 (a), S. 9).
[893] Kotter (2003 (a), S. 10).

4.3.2.2.2 Kriterien der Schulentwicklung nach dem EFQM-Modell

Im Zentrum des EFQM-Modells stehen neun sogenannte Kriterien[894] (vgl. Abb. 31).

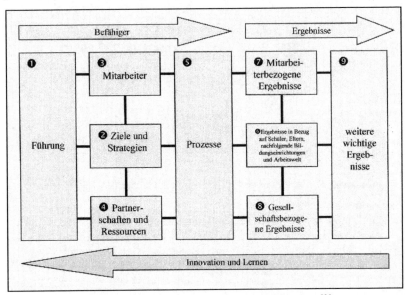

Abbildung 31: EFQM-Modell für Schulen nach Kotter[895]

Diese Kriterien sind bis auf die Kriterien 6 und 9, wobei Letztes nur marginal modifiziert wurde, unverändert vom „Ursprungsmodell auf ein schulisches Modell übertragen worden."[896]

---

[894] In der Charakterisierung des EFQM-Modells durch die QMS-AG (2002, S. 4) baut das EFQM-Modell auf acht Grundprinzipien, den sogenannten Eckpfeilern auf: Ergebnisorientierung, Kundenorientierung, Führung und Zielkonsequenz, Management mit Prozessen und Fakten, Mitarbeiterentwicklung und -beteiligung, Kontinuierliches Lernen, Innovation und Verbesserung, Aufbau von Partnerschaften, Verantwortung gegenüber der Öffentlichkeit.

[895] Kotter (2003 (a), S. 11).

[896] Kotter (2003 (a), S. 11ff.). Die jeweilige Organisation kann bei der Erläuterung der einzelnen Kriterien einzelne Unterpunkte besonders akzentuieren, die für ihre Qualitätsentwicklung wichtig sind. Damit soll der Charakter eines „offenen Katalogs" erreicht werden. Fraglich wird bei einem derartigen Verfahren jedoch die Vergleichbarkeit, sowohl beispielsweise zwischen zwei berufsbildenden Schulen als auch unter zeitlichen Aspekten. Um die damit verbundene Gefahr potenzieller Beliebigkeit zu begrenzen, werden die Kriterien vorab beschrieben. Diese Beschreibungen finden sich elementenhaft in den sogenannten „Teilkriterien" wieder, die dann ihrerseits wieder verschiedene Inhalte umfassen können.

(1) Kriterium: Führung

„Aufgabe der Führungskräfte einer Schule (Schulleitung und Funktionsträger) ist es, dafür zu sorgen, dass der Bildungs- und Erziehungsauftrag erfolgreich umgesetzt wird. Dazu gehört es, dass alle Mitglieder der Schulgemeinschaft gemeinsam eine Vision für ihre Schule entwickeln, sich auf dafür erforderliche Werte einigen und durch entsprechende Maßnahmen umsetzen. Die Führungskräfte gehen hier als Vorbilder voran."[897]

Aus dem Führungskriterium werden vier Teilkriterien abgeleitet:

„(1a) Führungskräfte sind verantwortlich für die Erarbeitung der Vision und der Werte und Vorbilder für eine Kultur umfassender Qualität.

(1b) Führungskräfte sorgen durch ihr persönliches Mitwirken für die Entwicklung, Umsetzung und kontinuierliche Verbesserung des Führungs- und Organisationssystems einer Schule und unterstützen so eine Realisierung der Ziele der jeweiligen Schule.

(1c) Führungskräfte kümmern sich um Schüler, Eltern und um außerschulische Partner.

(1d) Führungskräfte motivieren, unterstützen die Mitarbeiter (Lehrkräfte, Verwaltung) und erkennen ihre Leistungen an."[898]

Der aus der betriebswirtschaftlichen und organisationssoziologischen Literatur adaptierte Begriff „Führung"[899] und die Vielzahl der ihm im EFQM-Modell untergeordneten Deskriptionshinweise umfasst eine Reihe von Elementen, durch die schulische Wirklichkeit beschrieben werden kann. Unter dem zentralen Begriff "Führungskräfte" werden in diesem Modell Personengruppen (Schulleitung und Funktionsträger) verstanden, deren Aufgabe es sein soll, Führung auszuüben. Systemtheoretisch ist dies in mehrfacher Hinsicht problematisch:

- Die formale und die faktische, durch Kompetenzen ausgestattete Hierarchie berufsbildender Schulen unterscheidet die Elemente Schulleiter, Schulleitung und weitere Funktionsträger und ordnet sie in bestimmten Relationen zueinander. Die Gruppe der "Funktionsträger" ist in berufsbildenden Schulen heterogen. Zu ihr gehören z. B. Oberstudienräte, Personalratsmitglieder, Frauenbeauftragte, (noch nicht) Beförderte, die aber bereits faktisch eine Funktion bekleiden. Teilweise fehlt diesen Personen

---

[897] Kotter (2003 (a), S. 12).

[898] Kotter (2003 (a) , S. 12ff.).

[899] Vgl. die Ausführungen im Abschnitt 1.2.1 (Schulmanagement) in dieser Arbeit. Rolff (2002, S. 3f.) vertritt dagegen die Auffassung, dass der „Steuerkreis der Schulleitung" die Elemente Management, Führung und Moderation enthält.

das Recht, bestimmte Maßnahmen umzusetzen. Somit lässt sich schon an dieser Stelle sagen, dass die entscheidenden Elemente des Kriteriums "Führung", ihre Relationen und Funktionen unscharf bestimmt sind.

- Dies wird auch deutlich, wenn einerseits unter den Begriff "Führung" subsumiert wird, dass "...alle Mitglieder der Schulgemeinschaft gemeinsam eine Vision für ihre Schule entwickeln ..." Diese "alle" sind aber nicht "Führung". Demzufolge andererseits nur die Führungskräfte für die Erarbeitung einer Vision verantwortlich sind.[900]
- Dem Kontext Führung und Verantwortung bzw. verantwortlich fühlen fehlt es an Eindeutigkeit. Wenn Kotter empfiehlt, das Führungsverhalten gesellschaftlichen Entwicklungen anzupassen, indem an regelmäßigen Führungstrainings mitgemacht werden soll,[901] dann hätte dies z. B. an mittelgroßen berufsbildenden Schulen zur Folge, dass sechzig bis achtzig Prozent des Kollegiums an diesen Veranstaltungen teilnehmen müssten.[902]
- Der "verschwommene" Führungsbegriff führt zu "verschwommenen" Relationen der Elemente im Teilkriterium 1d. Wenn die Führungskräfte u. a. die Lehrkräfte motivieren und unterstützen sollen, dann handelt es sich offensichtlich um Formen von "Selbstmotivation und -unterstützung".
- Die systemischen Beziehungen zwischen Makro-, Meso- und Mikroebene bleiben weitgehend ungeklärt, z. B. im Bereich des Bildungs- und Erziehungsauftrags.

(2) Kriterium: Ziele und Strategien

"Unter Berücksichtigung des Bildungs- und Erziehungsauftrags und der gesellschaftlichen Rahmenbedingungen entwickelt jede Schule vor dem Hintergrund der erarbeiteten Vision und Werte ihr eigenes Profil und setzt es in Plänen und Maßnahmen um. Schulentwicklung ist ein systematischer Prozess."[903]

Aus dem Kriterium Ziele und Strategien werden fünf Teilkriterien abgeleitet:

„(2a) Ziele und Strategien werden ermittelt auf der Basis der gegenwärtigen und

---

[900] Kotter (2003 (a), S. 12).

[901] Kotter (2003 (a), S. 12).

[902] Vgl. www.bbs-schoelerberg.de_(2003-07-28) den Organisationsplan, der über die Funktionsträger informiert. In Organisationen, deren Mehrzahl der Mitglieder klar definierte Funktionen innehaben, ist es fraglich, ob eine Zurechnung dieser Mitglieder zur Führung, nicht dem Selbstverständnis der Mitglieder, der Teams und der Gesamtorganisation zuwiderläuft. Diese mentale Schere blockiert eher ein positives Qualitätsbewusstsein als es dieses fördert. Benutzt man dagegen einen sehr engen auf den Schulleiter ggf. die Schulleitung begrenzten Führungsbegriff, dann entsprechen von den ca. 70, durch Spiegelstriche markierten Unterpunkten ca. 60 dem Schulalltag der "Führung" berufsbildender Schulen.

[903] Kotter (2003 (a), S. 17).

zukünftigen Bedürfnisse und Erwartungen der Mitglieder der Schulgemeinschaft und außerschulischer Partner.

(2b) Ziele und Strategien werden ermittelt aus Informationen schulinterner Erhebungen und externer schulbezogener Daten und durch Lernen aus Erfahrungen.

(2c) Ziele und Strategien werden entwickelt, überprüft und kontinuierlich ange
passt.

(2d) Ziele und Strategien werden durch ein System von Schlüssel- und unter
stützenden Prozessen umgesetzt.

(2e) Ziele und Strategien werden bekannt gemacht und umgesetzt."[904]

Das zweite Kriterium umfasst zwei voneinander trennbare Fragestellungen. Erstens lässt sich zielbezogen fragen, was wir – unsere Schule – erreichen wollen.
Zweitens kann strategiebezogen gefragt werden, auf welchem Weg bzw. wie
dieses Ziel erreicht werden soll.[905] Dass dabei die jeweilige Entscheidung nur
auf der Mesoebene der Schule innerhalb einer determinierenden Systemumwelt
getroffen werden kann, schränkt sie teilweise stark ein. Es können in einem le-
galen Raum nur Ziele und Strategien angestrebt bzw. umgesetzt werden, die mit
der Makroebene und anderen einflussstarken gesellschaftlichen Teilsystemen
der Systemumwelt, z. B. der Wirtschaft und der Religion, kompatibel sind. Der
verbleibende Freiraum, indem sich beispielsweise eine Autopoiese berufsbildender Schulen entwickeln könnte, setzt umfangreiche Informationen über die
Systemumwelt voraus und erfordert umfassende Kommunikationssysteme. Da
dies nur in einem äußerst begrenzten Rahmen optimal möglich sein dürfte, können die fünf Teilkriterien nur unter dem durchaus realistischem Aspekt von Entscheidungen unter Unsicherheit betrachtet werden.

Zur Veranschaulichung ein Beispiel:
Die berufsbildenden Schulen wollen für besonders begabte Schüler ihres Wirt-
schaftsgymnasiums eine "Doppelqualifikation" anbieten. Die Schüler sollen neben dem Abitur die schriftliche Prüfung der Kaufmannsgehilfenprüfung machen
dürfen, die von der Industrie- und Handelskammer abgenommen wird.[906] Die
schulischen Ressourcen stehen bereit, die Anbieter und Nachfrager (Schüler und
Unternehmen) sind bereit, marktpräsent zu handeln. Aber – der "ordnungspoliti-
sche Monopolist" Industrie- und Handelskammer sieht "rechtliche Bedenken".

---

[904] Kotter (2003 (a), S. 17ff.).

[905] Es stellt sich die Frage, ob diese beiden Schritte nicht strikt voneinander zu trennen sind.
Der 5-schrittige Ansatz der strategischen Planung bietet dazu eine überzeugende Alternative.
Vgl. Bea/Haas (2001, S. 162) und Abschnitt 2.4.2.1 in dieser Arbeit. Grundsätzlich wäre er
der Vorgehensweise von Kotter vorzuziehen.

[906] Dieses Projekt befindet sich noch in einem ungesicherten Rechtsstadium, weil die Zusage
der IHK bisher fehlt.

224

Neben diversen Gesprächen zwischen den berufsbildenden Schulen und der Kammer werden politische Gremien und der unabhängige Sachverstand einer Universität um Hilfe, Vermittlung und Begutachtung gebeten. Der Entscheidungsprozess zieht sich über Jahre hin, weil der Lobbyist eines Subsystems (noch) stark genug ist, über ein monopolistisch strukturiertes, dem Systemcredo "Wettbewerb" widersprechendes Element, nämlich die "IHK-Abschlussprüfung" zu verfügen.

Daraus kann für die Problematik des Kriteriums Ziele und Strategien unter Bezug auf die Systemebenen abgeleitet werden, dass ausdrucksstarke Begriffe und Forderungen, z. B. "Selbstständige Schule", "Eigenverantwortliche Schule" und "Autonome Schule" mehr zu suggerieren scheinen, als es das Makrosystem und die Systemumwelt zulassen.[907] Auch ein von Kotter geforderter Abgleich von Zielen und Maßnahmen mit dem Schulträger stellt aufgrund asymmetrischer Machtpositionen kein Allheilmittel dar.[908] Denn selbst die Erarbeitung eines Schulprofils, z. B. mit dem Instrumentarium von Portfolioanalysen, wie sie bei Markenprodukten üblich sind, kann zum Scheitern verurteilt sein, wenn der Schulträger aus vermeintlich organisatorischen, finanziellen, parteipolitischen oder nicht näher artikulierten Gründen bestimmte Schulformen, z. B. eine Fachschule Informatik, an "seinen" berufsbildenden Schulen nicht anbieten will, obwohl sie hervorragend zum Schulprofil passen würden. Umgekehrt aus "Prestigegründen" Schulformen anbietet, die profilfremd sind, z. B. ein weiteres Fachgymnasium. In diesen Fällen führt die oft verkürzt formulierte Parallele, dass berufsbildende Schulen wie selbstständige Unternehmen zu führen seien, zu falsch gesetzten Zielen und Strategien.[909]

Zusammengefasst heißt das jedoch nicht, dass nicht eine Fülle der Ziel- und Strategieentscheidungen, wie sie Kotter im EFQM-Modell beschreibt, zum täglichen Geschäft des Schulleiters als Change Manager gehören. Sein funktionales „Kunsthandwerk"[910] besteht darin, den Freiheitsraum für alle Systemelemente der Mesoebene zu entwickeln und zu verteidigen. Dabei ausschließlich auf Hilfe der Systemumwelt zu setzen, scheint eine wenig erfolgverspre-chende Zielsetzung und Strategie. Dies liegt nicht zuletzt an dem Paradoxon, dass die Mesoebene berufsbildender Schulen zwar fast vollständig von ihrer Systemumwelt abzuhängen scheint, dennoch stetig die Beweislast zu tragen hat, wie effizient ihre Organisationsprozesse ablaufen, wie qualitativ hochwertig ihr Kernprodukt ist

[907] Luhmann (1999 (a), S. 109) sagt zu Recht, dass die Absolutheit eines Superlativs sich leichter aussprechen als denken lässt.
[908] Kotter (2003 (a), S. 19). Vgl. dazu auch den soziologischen Ansatz von Mayntz, wie er in den Abschnitten 2.3.2 und 2.3.3 dieser Arbeit dargestellt ist.
[909] Vgl. Abschnitt 3.2 in dieser Arbeit.
[910] In Übertragung eines Begriffes von Reip (1968, S. 21).

und wie gut sie sich mit ihrem Schulprofil im Wettbewerb berufsbildender Schulen positioniert hat. Sozusagen sind die autopoei-tischen Kräfte berufsbildender Schulen einem steten systemimmanenten Widerspruch ausgesetzt. Dieser erschwert es, adäquate eigenständige Zielsetzungen in Strategien tatsächlich umzusetzen, um sich als gesellschaftliches Teilsystem fortschrittlich systemstabilisierend entwickeln zu können.

(3) Kriterium: Mitarbeiter

„Die Qualität der Schule hängt entscheidend vom Wissen, Können und von der Einsatzbereitschaft der Lehrkräfte und der weiteren Mitarbeiter ab. Deshalb ist es unverzichtbar, deren Potenzial zu erkennen, richtig einzusetzen und zu fördern."[911]

Aus dem Mitarbeiterkriterium werden fünf Teilkriterien abgeleitet:

„(3a) Die Personalsituation wird analysiert, der Bedarf unter Berücksichtigung des Schulprofils ermittelt sowie Personalausstattung und -einsatz verbessert.

(3b) Wissen und Kompetenz der Mitarbeiter werden ermittelt und optimiert.

(3c) Die Mitarbeiter werden in die Entscheidungsprozesse einbezogen; sie entwickeln Initiative und handeln eigenverantwortlich.

(3d) Die Mitarbeiter führen mit allen Mitgliedern der Schulgemeinschaft einen Dialog.

(3e) Mitarbeiter werden anerkannt und belohnt; die Fürsorgepflicht ihnen gegenüber wird beachtet."[912]

Grundsätzlich ist die starke "Mitarbeiterorientierung" gerade in Organisationen mit dominierenden berufs- und wirtschaftspädagogischen Bezügen,[913] wie sie berufsbildende Schulen darstellen, unabdingbar. Es darf deshalb davon ausgegangen werden, dass eine Ausrichtung der jeweiligen Personalpolitik in allen entsprechenden Einrichtungen an dem obigen Hauptkriterium und seinen fünf Teilkriterien stattfindet.[914] Dennoch erscheinen im EFQM-Modell u. a. die folgenden Implikationen diskussionswürdig:

• Personalbedarf

Auch wenn die Konzeption des EFQM-Modells im Bereich der Personalpolitik

---

[911] Kotter (2003 (a), S. 23).

[912] Kotter (2003 (a), S. 23ff.).

[913] Vgl. Abschnitt 1.3 in dieser Arbeit.

[914] Vgl. Thiel/Szewczyk (2003, S. 137ff.).

zu überzeugen scheint, so trifft sie auf ein starres bürokratisches Subsystem der Gesellschaft. Eines der Grundübel gegenwärtiger Personalentscheidungen berufsbildender Schulen ist die begrenzte, teilweise fehlende Befugnis des Schulleiters, selbstständig und eigenverantwortlich neue Lehrkräfte auszuwählen und einzustellen. Das Personalrekrutierungssystem läuft im Wesentlichen nach folgendem Schema ab: Der Finanzminister eines Bundeslandes stellt einen bestimmten Betrag für die Schaffung neuer Planstellen für Lehrkräfte zur Verfügung, z. B. 160 Stellen der Besoldungsgruppe A-13 für berufsbildende Schulen im Jahr für das Land Niedersachsen. Unbestritten bedeutet diese Entscheidung für die Makroebene, eine große langfristige finanzielle Verbindlichkeit einzugehen. Diese 160 Stellen werden auf die vier Bezirksregierungen annähernd gleich verteilt. Die berufsbildenden Schulen, z. B. 46 im Regierungsbezirk Weser-Ems werden "informell" von ihren Dezernenten, abgesichert durch statistische Erhebungen des Vorjahres, bezüglich des schulischen Lehrkräftebedarfs befragt. Gehen wir davon aus, dass die Schulen durchschnittlich einen besonders dringlichen Bedarf von zwei Stellen angeben, dann ist spätestens an dieser Stelle klar, dass der gegenwärtige Personalbedarf schon quantitativ nicht befriedigt werden kann. Die Bezirksregierung Weser-Ems als Mittelbehörde schreibt systembedingt nur 40 Stellen aus, die in etwa dem Erstwunsch der Schulen entsprechen. Auf diese Stellen bewerben sich bundesweit je nach Fächerkombination zwischen 0 und 180 Bewerber. Die Bezirksregierung lädt – vorrangig nach den Ergebnissen aus 1. und 2. Staatsexamen – i. d. R. zwei bis drei Bewerber zu einem Gespräch ein, an dem auch ein Mitglied des Bezirkspersonalrats und der Schulleiter der Schule, für die die Stelle ausgeschrieben ist, teilnehmen. Auch wenn für gewöhnlich die Entscheidung für einen Bewerber einstimmig fällt, ist und bleibt die einstellende Behörde die Bezirksregierung. Diese ist nach ihrem Selbstverständnis auch für die Personalbeschaffung und -pflege an den Schulen verantwortlich.[915]

Im Ergebnis führt dieses Prozedere auf der Makro- und der Mesoebene zu einer permanent suboptimalen Allokation der Ressourcen, weil einerseits nicht alle Stellen besetzt werden können, andererseits Lehrkräften mit einer (temporär) "falschen" Fächerkombination nicht eingestellt werden. Auf der Mesoebene verschärfen sich die Ineffizienzen, wenn potenziell geeignete Lehrkräfte sich den Schulen direkt vorstellen, diese aufgrund des bürokratischen Verfahrens jedoch nicht eingestellt werden und deshalb in ein anderes Bundesland oder in eine andere Erwerbstätigkeit abwandern. Solange Personalbedarfsplanung an den berufsbildenden Schulen vorbei gelenkt wird, wird auch die Unterrichtsqualität leiden.

---

[915] Vgl. Leitbild der Bezirksregierungen in SVBl. 3/98, S. 89f.

- Wissen und Kompetenz der Mitarbeiter[916]

Die Kompetenzen der Lehrkräfte[917] sind die wichtigsten schulischen Ressourcen. Sie müssen ermittelt, gepflegt und entwickelt werden. Um über ihren Zustand zu urteilen, bedarf es u. a. der Beobachtung des Unterrichts als schulischem Kernprodukt und der Beratung über den Unterricht. Damit ist auch ein kontrollierendes Element verbunden. Lehrkräfte stehen dieser Kontrolle skeptisch bis ablehnend gegenüber.[918] Bis in die jüngste Vergangenheit waren selbst die direkten Unterrichtskontrollen durch den Schulleiter eng begrenzt.[919] Nur aus Anlass, z. B. Beförderungsverfahren oder schwerwiegende Verstöße, konnte der Schulleiter – nicht sein Stellvertreter oder gar ein Koordinator – einen Kollegen im Unterricht kontrollieren. Wenn Unterrichtsqualität jedoch im Mittelpunkt schulischer Aktivität stehen soll, wenn der Schulleiter dafür verantwortlich ist, dann bedarf es nicht nur beratender Unterrichtsbesuche durch den Schulleiter. Vielmehr muss sich eine "Kultur" gegenseitiger kollegialer Unterrichtsunterstützungen entwickeln, die gestützt wird z. B. durch Hospitationen (auch Kollegen beim Schulleiter), das Schreiben gemeinsam erstellter Klausuren und den Aufbau einer schulbezogenen Datenbank für den Unterricht.

- Lob – Belohnung – Beförderung

Die Motivationsanreizsysteme für Lehrkräfte nicht nur berufsbildender Schulen sind entwicklungsfähig. Das Beamtenrecht, so schwerfällig es auch sein mag, schließt Lob als positiven Stroke[920] nicht aus. Belohnungen im materiellen Sinne sind jedoch nur begrenzt – wenn überhaupt – möglich. Es existiert weder ein Prämiensystem, noch können besonders gelungene Unterrichtsleistungen oder hervorragende Abschlüsse der Schüler beispielsweise zu Reduzierungen der Wochenunterrichtsstunden für Lehrkräfte führen. Es scheint daher relativ naiv, wenn Kotter u. a. die regelmäßige Durchführung eines gerechten und wirksamen Beurteilungssystems fordert[921] sowie die Würdigung besonderer Leistungen der

---

[916] Kotter (2003 (a), S. 24) meint hier offensichtlich nicht ausschließlich die Mitarbeiter, die i. d. R. vom Schulträger eingestellt werden und sich ex-ante weitgehend einer fachlichen Beurteilung durch die Schule entziehen, sondern auch und gerade die Lehrkräfte.

[917] Vgl. zum Kompetenzbegriff die Abschnitte 2.5.2.2 und 4.2.2.3 in dieser Arbeit.

[918] Gleichwohl möchte keine Lehrkraft ein Auto kaufen, das keiner Produktionskontrolle unterzogen wurde. Ebenso wenig würden vergleichbare "unkontrollierte" Dienstleistungen erworben werden.

[919] Erst mit der Novellierung des Niedersächsischen Schulgesetzes scheint sich eine Veränderung anzubahnen. Im § 43 heißt es: „Der Schulleiter besucht die an der Schule tätigen Lehrkräfte im Unterricht und berät sie." Wie dies jedoch in die Praxis umgesetzt wird, bleibt abzuwarten.

[920] Vgl. Abschnitt 3.2.1.2 in dieser Arbeit.

[921] Kotter (2003 (a), S. 25).

Lehrkräfte in der Öffentlichkeit vorschlägt.[922] Die Beurteilung der Lehrkräfte, z. B. bzgl. einer Beförderung, obliegt dem Dienstvorgesetztem, nicht dem Schulleiter. Die öffentliche Belobigung mag für die Gemüseabteilung eines Supermarktes "Manager of the week for vegetables" funktionieren. Zugespitzt systemisch formuliert kann im Schulalltag jede noch so sensibel durchgeführte öffentliche Belobigung eines Elements zur Demotivation aller übrigen Elemente und damit zu einer Destabilisierung des Systems führen, weil durch eine derartige Belobigung keine systeminterne Anerkennung, sondern eine der Systemumwelt ausgelöst wird.

Beförderungen als scheinbar höchste Form der Anerkennung sind im Alltag berufsbildender Schule zu selten, zu wenig plan- und steuerbar, als dass sie ein verlässliches Steuerungsinstrument der Personalpolitik sein könnten. Die als formalisierte Verwaltungsakte konzipierten Beförderungen[923] sind nicht nur wegen der Schwerfälligkeit ihrer Handhabung durch die Bezirksregierung, unter Mitwirkung und Mitbestimmung unterschiedlicher Gremien, z. B. Gesamtkonferenz, Personalrat und Frauenbeauftragte, ein wenig geeignetes Motivationsinstrument,[924] sondern die sich um sie rankenden Frustrationserfahrungen der Kollegien machen Beförderungen zu einem Instrument, das im negativen Sinne eine ohnehin "lean structure" widerspiegelt.[925]

(4) Kriterium: Partnerschaften und Ressourcen

"Jede Schule sucht, entwickelt und pflegt unter Berücksichtigung des eigenen Profils externe Partnerschaften. Ressourcen an Wissen, Finanzen und Ausstattung werden so eingesetzt, dass sie zu einer bestmöglichen Verwirklichung der Ziele und Strategien führen."[926]

Aus dem Kriterium Partnerschaften und Ressourcen werden fünf Teilkriterien abgeleitet:

„(4a) Externe Partnerschaften werden aufgebaut, gepflegt und weiterentwickelt.

(4b) Finanzielle Ressourcen werden gezielt eingesetzt und erweitert; neue werden erschlossen.

(4c) Jede Schule kümmert sich zusammen mit dem Schulträger um Schulge-

---

[922] Kotter (2003 (a), S. 27).
[923] Niedersächsisches Beamtengesetz § 14.
[924] In Anlehnung an ein Bonmot Ludwig XIV lässt sich sagen: „Mit jeder Beförderung mache ich 99 Unzufriedene und einen Undankbaren."
[925] Es ist zur Kenntnis zu nehmen, dass selbst engagierte und mit "gut" beurteilte Kollegen nicht befördert werden, sodass sie mit ihrem Eingangsamt auch pensioniert werden.
[926] Kotter (2003 (a), S. 29).

bäude, Schulgelände und Ausstattung.
(4d) Technologieausstattung und -einsatz werden fortlaufend überprüft und verbessert.
(4e) Informationen werden gesammelt, strukturiert und genutzt. Vorhandenes
Wissen wird fruchtbar gemacht."[927]

Der erste Satz des Kriteriums, der mit Teilkriterium (4a) aussagegleich ist, beschreibt prima vista einen als selbstverständlich einzuschätzenden Sachverhalt.
Es dürfte im Mesosystem berufsbildender Schulen seit Jahrzehnten Common
Sense sein, dass externe Partnerschaften mit dem Ziel gegenseitigen Vorteils
gesucht, entwickelt und gepflegt werden. Spannend werden diese Partnerschaften erst bei einer systemtheoretischen Betrachtung. Grundsätzlich haben „Befähiger" der Makroebene, z. B. Kultusministerium und Schulträger, ein Interesse
an Partnerschaften der Mesoebene. Es wird von ihnen an diversen Stellen[928] die
Kooperation im Sinne der Teilkriterien (4a bis 4d)[929] beim Wissenstransfer sowie bei der finanziellen und sächlichen Ausstattung empfohlen. Ob dies jedoch
auf der Mesoebene immer als sinnvolle und das eigene Teilsystem stabilisierende "strategische Partnerschaft" eingeschätzt werden kann, mag bezweifelt werden. Der von der Systemumwelt propagierte und (teilweise) auf das Bildungssystem übertragene Wettbewerbsgedanke, verknüpft mit den einzelnen
Zielsetzungen der zwangskooperierenden Partnern, berufsbildende Schulen –
Industrie- und Handelskammer – Unternehmen; Beratungslehrer – Sozialarbeiter
– Polizei; Sportlehrer – Fitness-Studios; Religionslehrer – Kirchen usw. bedarf
einer differenzierteren Partnerschaftsanalyse. Es scheinen sich im Teilsystem
Wirtschaft ähnliche Verhaltensweisen herauszubilden, die als „Competition and
Cooperation" bezeichnet werden könnten. D. h. nur wenn die Zusammenarbeit
der eigenen Wettbewerbsstärke dient, wird sie eingegangen. Berufsbildende
Schulen schließen Kooperationsverträge[930] unter genauer Beachtung ihrer
(meist) regionalen Wettbewerbssituation, die sich vorrangig in der Vergabe der
Ressourcen Räume, Ausstattung, Lehrkräfte und Sponsorenquellen spiegelt.
Dass dabei Reibungsverluste sowohl zwischen den Mesosystemen als auch für

---

[927] Kotter (2003 (a), S. 29ff.).

[928] Die Initiativen zur Netzwerkbildung seitens der Makroebene können als Beispiele für gewollte Kooperationen verstanden werden. Vgl. www.nibis.ni.schule.de/haus/mk/proquali.
2001, S. 1-4.

[929] Das Teilkriterium (4e) steht in keinem zwingenden Zusammenhang zur Problematik externer Partnerschaften. Es ist zwar ressourcentechnisch von Bedeutung, hierbei jedoch eher ein
schulinternes Problem des Datenmanagements der Schule, was zukünftig von steigender
Wichtigkeit sein dürfte und deshalb eines "Extrakriteriums" bedürfte.

[930] Beispielsweise besteht ein Kooperationsvertrag zwischen den berufsbildenden Schulen am
Schölerberg und den berufsbildenden Schulen Wilhelmshaven (I), der die Zusammenarbeit im
internationalen Bereich („letter of intent") regelt. Bewusst haben sich zwei nicht im regionalen Wettbewerb befindliche Schulen zusammengeschlossen.

das Makrosystem entstehen, die nicht als notwendige wettbewerbsfördernde Rahmenbedingungen beobachtet werden, wird dann deutlich, wenn verbitterte Konkurrenzsituationen zwischen den Schulen zu signifikanten Qualitätsverlusten im Bildungsangebot einer Stadt führen. Dieses gilt schwerpunktmäßig insbesondere für die Inhalte, die unter dem Teilkriterium (4d) aufgeführt werden.

Die bestmögliche Technologieausstattung berufsbildender Schulen ist eine wesentliche Voraussetzung, die Akzeptanz durch ihre "Kunden", d. h. Schüler, Ausbildungsbetriebe und Eltern, zu erhalten.[931] Es ist deshalb systembedingt einer der am heftigsten umkämpften Bereiche zwischen den Elementen; beginnend im Mikrosystem mit der Frage, welcher Schüler, welches Team bekommt welches Notebook, wird die Problematik auf der Mesoebene mit der Frage fortgeführt, welche Klasse welchen IT-Raum bekommt. Auf der Makroebene gerät die Frage, an welchem Standort werden berufsbildende Schulen mit einem spezifischen IT-Profil angesiedelt, konsequenterweise zum Politikum.[932]

(5) Kriterium: Prozesse

"Jede Schule gestaltet und verbessert ihre Prozesse auf der Grundlage ihrer Ziele und Strategien und des Schulprofils. Sie versucht den unterschiedlichen Interessen der Schüler und Eltern sowie der nachfolgenden Bildungseinrichtungen, der Arbeitswelt und der Gesellschaft – unter Wahrung des jeweiligen schulischen Anspruchs – gerecht zu werden."[933]

Unter das Prozessekriterium werden fünf Teilkriterien subsumiert:

„(5a) Die schulischen Prozesse werden systematisch gestaltet und durchgeführt.
(5b) Prozessverbesserungen werden bei Bedarf auf der Grundlage von Qualitätsstandards durchgeführt, um den sich verändernden Anforderungen an die Schule gerecht zu werden.
(5c) Bildung und Erziehung der Schüler und die Dienstleistungen der Schule werden unter Berücksichtigung der Erwartungen der Eltern, Schüler, nachfolgender Bildungseinrichtungen, der Arbeitswelt der Gesellschaft konzipiert und entwickelt.
(5d) Bildung und Erziehung werden vermittelt und damit zusammenhängende

---

[931] Erschwerend kommt hinzu, dass sich das Land Niedersachsen und die Kommunen noch nicht über die Verteilung der Kosten für die Erneuerung und insbesondere für die Wartung und Pflege im IT-Bereich berufsbildender Schulen einigen konnten.
[932] Einzelne Argumentationslinien sind dabei so selbstzerstörerisch, dass sie eine Nulllösung einer Lösung vorziehen, bei der die umkämpfte Ressource in den Handlungsbereich des Mitbewerbers käme.
[933] Kotter (2003 (a), S. 35).

Dienstleistungen erbracht.

(5e) Beziehungen zu Eltern, Schülern, nachfolgenden Bildungseinrichtungen, Arbeitswelt und Gesellschaft werden gepflegt und vertieft.[934]

Prozesse werden im EFQM-Modell dem Sektor der Befähiger zugeordnet.[935] Diese als ungewöhnlich zu beschreibende Systematisierung bricht mit bewährten kybernetischen Modellen.[936] Sie behindert eine für die Analyse der Qualitätsentwicklung an berufsbildenden Schulen notwendige gedankliche Trennung zwischen den betriebswirtschaftlichen Produktionsverfahren als Inputgrößen, wie sie in den ersten vier Kriterien der Befähiger zum Ausdruck kommen und den Outputgrößen "Ergebnisse" der Kriterien 6 bis 9. Das EFQM-Modell scheint damit ein "Verschwimmen" der Systemebenen zu begünstigen. Das primär für die Mesoebene konzipierte Kriterium "Prozesse" verknüpft die schulbezogenen Interessen der Eltern und Schüler mit einem ungeklärten "Gesellschaftsbegriff", der offensichtlich eine Systemumwelt zu beschreiben scheint, die von "nachfolgenden Bildungseinrichtungen" und der "Arbeitswelt" getrennt ist. Eine derartige Verknüpfung birgt stets die Gefahr in sich, Handlungen aufgrund unklarer Ziele und Strategien der in den unterschiedlichen Teilsystemen Handelnden fehlzuinterpretieren.

Das EFQM-Modell führt damit für berufsbildende Schulen zu einem Widerspruch. Wenn die Schule ein deutliches Profil besitzt, sich klare Ziele gesetzt hat, die strategisch entsprechend umgesetzt werden, dann ist dabei (Kriterien 1 bis 4) stets von einem starken integralen Element der "Kundenorientierung" ausgegangen worden. Der defensiv formulierte Satz: „Sie versucht den unterschiedlichen Interessen der Schüler und Eltern sowie der nachfolgenden Bildungseinrichtungen, der Arbeitswelt und der Gesellschaft – unter Wahrung des jeweiligen schulischen Anspruchs – gerecht zu werden",[937] erfüllt diese Ansprüche nicht, weil der schulische Anspruch ja gerade jener war, die externen Systemansprüche als Teil des Schulprofils der Mesoebene zu definieren. Es ist weder theoretisch überzeugend, noch erscheint es für die Handlungsbereiche der Befähiger notwendig, eine Internalisierung von Elementen anzustreben, um sie dann im Bereich der Prozesse wieder zu potenziellen externen Elementen umzudefinieren, deren Integration "man versucht", wenn der schulische Anspruch, der sie ja schon bereits enthält, "gewährt" wird.

Gravierend wird dieses vermeintliche Systemproblem, wenn es um die Betrach-

---

[934] Kotter (2003 (a), S. 35ff.).

[935] Kotter (2003 (a), S. 8).

[936] Vgl. Abschnitt 2.1.1 in dieser Arbeit.

[937] Kotter (2003 (a), S. 35). Hier sollen nicht die Sinnhaftigkeit des Teilkriteriums (5c) und die angegebenen Instrumente in Abrede gestellt werden.

tung tatsächlicher Prozesse berufsbildender Schulen, gerade in einer Phase des Change Managements, geht. Dabei muss zwischen den organisatorischen Prozessen der Mesoebene und den inhaltlich-pädagogischen Prozessen des Unterrichts auf der Mikroebene unterschieden werden.[938] Die Konzentration des EFQM-Modells auf eher unterrichtsferne Schulprozesse beinhaltet die Forderung, diese systematisch zu gestalten und durchzuführen. Diese Forderung wird von der Organisationslehre durchaus differenzierter betrachtet. Zum einen erfordert das organisatorische Gleichgewicht jeder lebenden und lernenden Organisation ein Nebeneinander der Funktionsweisen Organisation, Disposition und Improvisation.[939] Zum anderen vermag eine technisierte Abbildung von Prozessabläufen in Diagrammen zur Veranschaulichung nützlich zu sein, sie stützt diese Prozesse aber nur, wenn nach ihnen gehandelt wird und bewusste Fehlhandlungen, Sanktionen nach sich ziehen. Dass normierte Verfahren, z. B. aus den Bereichen Gesundheit und Sicherheit,[940] zur Verbesserung der Prozessqualität beitragen können, mag unbestritten sein, sie scheinen jedoch von den jeweiligen Organisationen abhängig zu sein. Wer im Konkreten mit der Umsetzung beispielsweise des Seuchensicherheitssystems oder dem Arbeits- und Sicherheitsschutz[941] befasst war, wird schnell erkennen, dass eine idealtypische Umsetzung bestimmter Verfahren die zentralen Prozesse des Unterrichts und der Führung berufsbildender Schulen aufgrund personeller und sächlicher Begrenzungen lahm legen würde. An dieser Stelle ist auf der Mesoebene aus Qualitätsaspekten eher vor der Implementierung normierter "Fremdsysteme" zu warnen.

Von zentraler Bedeutung scheint dagegen die Festlegung von Indikatoren zu sein, um bestimmte Prozesse und Leistungsziele bewerten zu können.[942] Auch wenn die Festlegung von Endkontrollen per se noch keine Qualität schafft und sichert, so sind sie ein wichtiges Stück für das Bewusstsein, Qualität in die schulischen Prozesse bringen zu müssen. Dabei ist aber die Beobachtung der Prozesse bedeutsam, die im Schulalltag stattfinden.[943] Eine adäquate Behandlung der Beobachtungsproblematik ist aber im EFQM-Modell nicht zu erkennen. Dieser Mangel wirkt sich auch auf das Teilkriterium (5d) aus. Hier wird die von Schu-

---

[938] Vgl. dazu das morphologische Modell (Abb. 28). Das EFQM-Modell lässt die Unterrichtsprozesse im eigentlichen Sinne der Didaktik und Methodik unbeobachtet und produziert sozusagen freiwillig einen "blinden Fleck" bzgl. des Kernprodukts von Schule.

[939] Wobei nach dem sogenannten „Substitutionsprinzip der Organisation" fallweise Regelungen durch generelle Regelungen ersetzt werden – unter der Voraussetzung, dass es sich um gleichartige wiederkehrende Fälle handelt; vgl. Golas (1983, S. 18f.).

[940] Vgl. Kotter (2003 (a), S. 30), der von "normierten Systemen" spricht.

[941] Vgl. die Regelungen des Arbeitsschutz- und Arbeitssicherheitsgesetz (ArbSchG), die u. a. in einen Leitfaden für Arbeitsschutzmanagementsysteme einmünden. Vgl. Bundesministerium für Wirtschaft und Arbeit (2003, S. 101ff.).

[942] Vgl. Kotter (2003 (a), S. 35).

[943] Vgl. Abschnitt 2.4.2.2 in dieser Arbeit.

len zu erbringende Bildungs- und Erziehungsfunktion als Dienstleistung akzentuiert. Der damit intendierte gesellschaftliche Auftrag an das Teilsystem berufsbildende Schulen ist durch die Makroebene fremdbestimmt. Im Selbstverständnis der handelnden Hauptgruppe der Mesoebene, nämlich der Lehrkräfte, scheint es hingegen fraglich, ob es dem eines Dienstleisters entspricht, nicht zuletzt, weil diese Kategorie wenig Aussagekraft für den eigentlichen Beruf und eine mögliche, subjektiv empfundene pädagogische Berufung hat. Dienstleistungen werden ebenso von Fensterputzern, Rechtsanwälten, Prostituierten, Priestern usw. erbracht. Ihre gesellschaftliche Anerkennung ist jedoch sehr unter-schiedlich. Gerade Lehrkräften wird eine angemessene gesellschaftliche Anerkennung größtenteils vorenthalten.[944] Deshalb kann es sich für die Qualität schulischer Prozesse positiv auswirken, wenn die Leistungen der Lehrkräfte der Öffentlichkeit bewusst gemacht werden.[945]

(6) Kriterium: Ergebnisse in Bezug auf Schüler, Eltern, nachfolgende Bildungseinrichtungen und Arbeitswelt

„Für eine Schule ist es von entscheidender Bedeutung, was sie in Bezug auf Schüler, Eltern, nachfolgende Bildungseinrichtungen und Arbeitswelt erreicht."[946]

Dieses Kriterium umfasst zwei Teilkriterien:

„(6a) Messergebnisse aus Sicht von Schülern, Eltern, nachfolgenden Bildungseinrichtungen und Arbeitswelt."
(6b) Ergebnisse interner Leistungsindikatoren."[947]

Dieses ergebnisbezogene Kriterium versucht den starken Nachfragerbezug des Dienstleisters Schule (vgl. Kriterium (5) Prozesse) messbar zu gestalten. Dieser von einer berufsbildenden Schule mit Change Managementorientierung grundsätzlich nachvollziehbare Ansatz ist aber für den qualitativen Prozess der Leistungserstellung von Bildung und Erziehung (vgl. Kriterium (2) Ziele und Strategien) bzw. Qualifikationen und Kompetenzen nicht frei von Fallstricken. Bezogen auf die messbaren Beispiele des Kriteriums (6)[948] sollen exemplarisch die

---

[944] Vgl. Busemann (2003, S. 107) zur Stellung des Lehrers in der Gesellschaft.
[945] Vgl. Kotter (2003 (a), S. 39).
[946] Kotter (2003 (a), S. 41).
[947] Kotter (2003 (a), S. 41f.).
[948] Vgl. Kotter (2003 (a), S. 41f.).

234

folgenden Sachverhalte diese Problematik aufzeigen.[949]

- Schüler sind keine Rohstoffe, Halbfabrikate oder Werkstücke im Lehr/
  Lernprozess. Sie bestimmen wesentlich den Unterrichtserfolg der Mikroebene mit. Sie sind mit zunehmenden Alter bzw. Entwicklungsstand für
  ihren Lern- und Bildungserfolg, inkl. großer Teile ihres Return on Investments mitverantwortlich.[950] Sie sind somit in einer gespaltenen Rolle. Sie
  betrachten Schulleistungen und Schulergebnisse als Nachfrager, gleichzeitig sind sie aktive Elemente des Angebots. Dieser Zwiespalt spiegelt
  sich deutlich in ihrem Verhalten wider: bei Absenzen von Lehrkräften,
  Unterrichtsausfall, Verschiebung von Klausuren, Ablehnungen von Frei-
  stellungen für private Anlässe, zusätzlichen Unterrichtsangeboten im För-
  derbereich usw. Nachfragebezogen müssten die Schüler jedes Versäumnis,
  jeden Ausfall beklagen, vergleichbar zu bildungspolitischen Reaktionsweisen der Makroebene. Jedoch sind die zu beobachtenden Reaktionsweisen
  der Schüler auf Unterrichtsausfall durchaus positiv und auf Förderunter-
  richtsangebote negativ. Diese Reaktionsweisen mögen als menschlich verständlich und wenig schmeichelhaft für Schulen interpretiert werden, sie
  machen allerdings auch deutlich, dass sich das messbare Leistungsangebot
  berufsbildender Schulen und die Reaktionen darauf grundsätzlich von dem
  eines Industriebetriebes, z. B. eines Automobilherstellers unterscheiden.
  Kein Verbraucher würde sich gegen einen "kostenlos" zusätzlich mitgelie-
  ferten Satz Winterreifen sträuben, sondern diesen als besondere Leistungs-
  stärke des Herstellers verstehen.

- Die Messung quantitativer Leistungsbestandteile berufsbildender Schulen,
  z. B. Absenzen, lassen keine sicheren Rückschlüsse auf die Qualität des
  Leistungsangebots zu. Würde beispielsweise der von der Mesoebene zu
  vertretene Unterrichtsausfall auf Null Prozent gesenkt, dann würde dieser
  spektakuläre Wert möglicherweise das Image der berufsbildenden Schulen stärken. Bei einer genaueren Analyse müsste jedoch geprüft werden,
  ob es zu einem adäquaten Vertretungsunterricht gekommen ist, was in berufsbildenden Schulen angesichts der hohen Spezialisierung der Kollegen
  schwieriger als in Grundschulen zu realisieren sein dürfte. D. h. berufsbildende Schulen, die z. B. 10 % Unterrichtsausfall und 90 % adäquate Ver-
  tretungen anbieten können, müssten unter qualitativen Aspekten besser
  beurteilt werden als berufsbildende Schulen ohne Unterrichtsausfall, die
  aber 50 % der entsprechenden Stunden nur mehr oder minder sinnvolle

---

[949] Die Auswahl der Beispiele folgt einem pragmatischen Entschluss aus der Perspektive des
Verfassers auf der Basis des Diskussionsprozesses über das Modell "Selbstständige Schule".
Vgl. Niedersächsisches Kultusministerium (2002).
[950] Vgl. Abschnitt 3.2.1.3 in dieser Arbeit; vgl. auch Fend (1998), S. 321ff.).

Beschäftigungen anbieten.

- Eine ähnliche Problematik ergibt sich in den Bereichen Notendurchschnitte und Wiederholerquoten. Es scheint in einigen Qualitätskonzepten ein kardinaler Irrtum zu existieren, dass berufsbildende Schulen qualitativ besser arbeiten würden, deren Wiederholerquote geringer ausfiele.[951] Jede Lehrkraft weiß, dass gerade umgekehrt mit einer Senkung des Unterrichtsniveaus auch die Wiederholerquote gesenkt werde kann. Es müssten also erst verbindliche Eingangsstandards geschaffen werden, um darauf aufbauend, im Niveau vergleichbare, einem Curriculum-Controlling unterliegende Lehr- und Lerninhalte zu setzen, die dann in qualitativ vergleichbaren Abschlussprüfungen zu einem hohen Aussagewert über die Qualität einzelner berufsbildender Schulen führen könnten.

- Ähnlich problematisch scheint die Messung von Aspekten wie Führungsstil, Fairness, Atmosphäre, Schulklima usw.[952] zu sein. Für sie müssten Standard-Tests entwickelt werden, deren Qualität den Ansprüchen empirischer Sozialforschung entsprechen sollte. Bei allen diesen Gesichtspunkten können Interessendifferenzen der Betroffenen zum Tragen kommen. Sowohl innerhalb der Schüler- als auch der Lehrerschaft werden, möglicherweise aufgrund unterschiedlicher Sozialisationen,[953] verschiedene Führungs- bzw. Lehr-Lernstile bevorzugt.[954] Ebenso unterscheiden sich die Interessen der Eltern, nachfolgender Bildungseinrichtungen und der Arbeitswelt, wenn man Letztere mit Unternehmen gleichsetzt.[955] Es liegt die Vermutung nahe, dass Eltern gute Leistungen der Schule an einem reichhaltigen Unterrichtsangebot und guten Zensuren ihrer Kinder festmachen. Nachfolgende Bildungseinrichtungen, z. B. Hochschulen,[956] geben den Vorzug exakt eingehaltenen Curricula mit verbindlichem Wissen und Können der Schüler, das sie wissenschaftlich weiterentwickeln können. Am Markt befindliche "Nachhilfe-Institutionen" profitieren dagegen

---

[951] Vgl. Niedersächsisches Kultusministerium (2002, S. 5): „Die Schule sichert zu, die Qualität der Schulabschlüsse zu verbessern und die Wiederholer-, Abbrecher- und Absentismusquoten zu senken." Zumindest scheint dieser Satz nicht frei von Irritationspotenzial zu sein.

[952] Kotter (2003 (a), S. 41).

[953] Vgl. Beinke (2000) und (2003, S. 107ff.) zum Einfluss von Elternhäusern und peer-groups auf die Berufsent-scheidung Jugendlicher.

[954] Vgl. Fend (1998, S. 324ff.). Was der einen Lehrkraft den Freiraum für ihre pädagogischen Entscheidungen lässt, erscheint der anderen, klare Richtungsvorgaben vermissend, als Führungsschwäche.

[955] Noch deutlicher werden diese Unterschied, wenn man die "Arbeitswelt" in Arbeitgeber- und Arbeitnehmerinteressen aufteilt. Letztere vertreten durch Gewerkschaften fordern eine gänzlich anderes Leistungsangebot berufsbildender Schulen als Arbeitgeberorganisationen.

[956] Vgl. Kotter/Thum (2002, S. 43).

von den Schwächen der schulischen Leistungserstellung. Ausbildungsunternehmen mit mannigfachen unternehmensspezifischen Differenzen präferieren ein eingeschränktes aber verwertbares Angebot berufsbildender Schulen.

An dieser kurzen Aufzählung wird deutlich, dass die Systemumwelt berufsbildender Schulen interessengeleitete Ergebnisse bevorzugt und abgesehen von Messschwierigkeiten, Leistungsindikatoren unterschiedlich interpretiert. Es kann deshalb nicht im Interesse einer selbstbestimmten Organisationszielsetzung berufsbildender Schulen liegen, konträren, fremdbestimmten Zielsetzungen und Anforderungen der "Kundschaft" unreflektiert zu folgen. Vielmehr muss gerade auf der Grundlage selbstbestimmter Ziele und entwickelter Strategien für die Profilbildung und -stärkung von der Makroebene der Mesoebene die Chancen gegeben werden deutlich zu machen, dass das spezifische Angebot berufsbildender Schulen nicht alle Nachfragerinteressen befriedigen kann und soll. Das gilt für diverse messbare Elemente und Relationen berufsbildender Schulen sowohl auf der Meso- als auch auf der Mikroebene, z. B.

- ist nicht die Größe berufsbildender Schulen, gemessen an Schülerzahlen und unterschiedlichen Ausbildungsberufen, ausschlaggebend für ihre Qualität, sondern z. B. das Feedback der Ausbildungsunternehmen;[957]
- ist nicht der prozentuale Unterrichtsausfall gleichzusetzen mit der qualitativ besten Unterrichtsversorgung. Eine sinnvolle Vertretungsregelung hat sich am Curriculum zu orientieren und nicht an einer stundenfüllenden Beschäftigung.
- Die niedrigste Wiederholerquote ist nicht Spiegelbild des besten Unterrichtsqualität, sondern reflektiert beispielsweise die erzielten Ergebnisse in Abschlussprüfungen, die auf soliden Standards basieren.

Das Qualitätspotenzial berufsbildender Schulen wird maßgeblich und messbar von der bewussten Begrenzung ihres Angebots beeinflusst. Dies wird zum einen durch die gezielte Einstellungspolitik der Ausbildungsunternehmen hinsichtlich ausbildungsfähiger Auszubildender beeinflusst; zum anderen haben berufsbildende Schulen teilweise die Möglichkeit, Schülerzahlen im Vollzeitbereich über Kapazitätsgrenzen zu steuern; d. h. es werden leistungsbezogene Auswahlverfahren durchgeführt.

(7) Kriterium: Mitarbeiterbezogene Ergebnisse

„Für eine Schule ist es von entscheidender Bedeutung, was sie in Bezug auf ihre

---

[957] Vgl. bei Döbrich (2003) die Ergebnisse der Befragung von Ausbildungsleiterinnen und Ausbildungsleitern .

Mitarbeiter erreicht."[958]

Dieses Kriterium wird in zwei Teilkriterien unterteilt:

„(7a) Messergebnisse aus der Sicht der Mitarbeiter.
(7b) Ergebnisse interner Leistungsindikatoren."[959]

Wenn davon ausgegangen werden kann, dass die Lehrkräfte[960] die wichtigsten Qualitätsträger berufsbildender Schulen sind, dann ist es konsequent, ihre Motivation und Arbeitszufriedenheit zu eruieren. Im Kriterium 7, das in einem unmittelbaren inhaltlichen Zusammenhang zum Kriterium 3 steht, geht es um die Messung subjektiver Wahrnehmungen, z. B. Karriereentwicklung, Kommunikation, Handlungsfreiräume, Chancengleichheit, Entlohnung, Kollegialität und Anerkennung.[961] Völlig offen bleibt, wie diese Messungen vorgenommen werden sollen und welche Konsequenzen aus den Messergebnissen gezogen werden können bzw. sollen.[962] Ein Beispiel: "Messung – Entlohnung unter dem Aspekt der Leistungsgerechtigkeit"[963] Es handelt sich hierbei um eine vorrangig auf die Mikroebene zu beziehende persönliche Befindlichkeit (zu viel, zu wenig Gehalt – respektive Gerechtigkeit, Ungerechtigkeit für erbrachte Unterrichtsleistungen),[964] die möglicherweise die Motivation und die Veränderungsbereitschaft der Mesoebene beeinflusst, aber letztlich nur von den "Befähigern" der Makroebene gelöst werden kann. In derartigen Systemzuständen muss der Schulleiter als Change Manager schlicht seine Grenzen erkennen, weil er funktionsunfähig keinerlei Möglichkeiten hat, den Verdienst besonders leistungsstarker oder - schwacher Lehrkräfte im Rahmen der Vergütung direkt zu verändern.

Das EFQM-Modell in seiner systemischen Unausgewogenheit bietet keine Hilfestellungen für die Schulentwicklung in derartigen Situationen, weil es die Möglichkeit instrumentaler Transfers des erwerbswirtschaftlichen Systems suggeriert, die in der gegebenen Systemkonstellation berufsbildender Schulen wirkungslos sind. Trotz dieser Kritik scheint es grundsätzlich sinnvoll, das Kollegi-

[958] Kotter (2003 (a), S. 43).
[959] Kotter (2003 (a), S. 43f.).
[960] Der Begriff "Mitarbeiter" umfasst bei Kotter (2003 (a), S. 15) "Lehrkräfte" und "Verwaltung", was sprachlich als auch inhaltlich unzutreffend ist, beispielsweise können die wichtigen "Mitarbeiter" Hausmeister, Sozialpädagoge und Bibliotheksassistentin keineswegs der Verwaltung zugeordnet werden. Vgl. ebenso wenig überzeugend Kotter/Thum (2002, S. 17).
[961] Kotter (2003 (a), S. 43f.).
[962] Vgl. oben die Problematik des Kriteriums (6).
[963] Kotter (2003 (a), S. 44).
[964] Die Kürzungen der Beamtenbezüge im Rahmen des Urlaubs- und Weihnachtsgeldes geben dieser Problematik einen aktuellen Bezug. Vgl. Heitefaut (2003, S. 8).

um und die anderen Mitarbeiter zu befragen, um u. a. Schwachstellen berufsbildender Schulen zu erkennen und zu beheben. Indikatoren wie Versetzungsgesuche pro Lehrkraft, Anzahl der Beteiligungen der Lehrkräfte an Innovationsprojekten, Reaktionszeiten innerhalb vorgegebener Vorlagefristen, Anmeldungen zu Fort- und Weiterbildungen usw. können helfen, die personelle Leistungsbereitschaft berufsbildender Schulen zu erheben und zu steuern.

(8) Kriterium: Gesellschaftsbezogene Ergebnisse

"Für eine Schule ist es von entscheidender Bedeutung, was sie in Bezug auf die Gesellschaft leistet."[965]

Dieses Kriterium wird in zwei Teilkriterien unterteilt:

„(8a) Messergebnisse aus der Sicht der Gesellschaft.
(8b)   Ergebnisse interner Leistungsindikatoren."[966]

Wie beim siebten Kriterium kann auch beim Kriterium "Gesellschaftsbezogene Ergebnisse" – allerdings teilweise mit noch größeren technischen Schwierigkeiten – versucht werden, die Zufriedenheit wichtiger Partner in der Systemumwelt zu messen, z. B. Schulträger, Bistum, Presse, Unternehmen und Sponsoren. Um deren vielfältige Wahrnehmungen von Zufriedenheitsfaktoren zu bündeln, scheint es sinnvoll, nicht beliebig viele, sondern die für die berufsbildenden Schulen relevante Indikatoren auszuwählen, z. B. Presseartikel über die Schule, persönliche Besuche des Koordinators oder Fachgruppensprechers in Ausbildungsbetrieben, Lehrkräfte in Prüfungsausschüssen der Industrie- und Handelskammer, Schöffentätigkeiten bei Gerichten, Schulpartnerschaften und Praktika im Rahmen der Qualitätsmerkmale "Europa-Schule" und "Umweltschule", Homepage-Nutzerzugriffe, erworbene Preise der Schüler und Lehrer bei schulexternen Wettbewerben.

Diese Beispiele mögen andeuten, was im weiten Spektrum der Schulkultur[967] und ihrer Beziehungen zur Gesellschaft[968] gemacht werden kann, um die Veränderungsbereitschaft und -fähigkeit des Teilsystems berufsbildender Schulen bzgl. der Veränderungen seiner Systemumwelt abzugleichen.[969] Gewonnene Daten, die i. d. R. sehr vorsichtig zu interpretieren sind, weil die Beziehungen zur

---

[965] Kotter (2003 (a), S. 46).
[966] Kotter (2003 (a), S. 46f.).
[967] Vgl. den Abschnitt 2.4.2.4 in dieser Arbeit und dabei insbesondere die Abbildung 20.
[968] Vgl. Henrichvark (2003).
[969] Vgl. Luhmann (1999 (c), S. 35ff.) zur Analyse der Differenz von System und Umwelt.

Systemumwelt durchaus als labil einzuschätzen sind, können dazu beitragen, Maßnahmen des Change Managements sach- und zeitgerecht zu implementieren, z. B. lässt sich eine Solar-Anlage auf dem Dach einer Schule eher realisieren, wenn die Schule sich bereits als Umweltschule in der Öffentlichkeit profiliert hat.

(9) Kriterium: Weitere wichtige Ergebnisse

"Für eine Schule ist es von entscheidender Bedeutung, was sie in Bezug auf ihre geplanten Leistungen erreicht."[970]

Dieses Kriterium wird in zwei Teilkriterien unterteilt:

„(9a) Weitere wichtige leistungsbezogene Ergebnisse.
(9b) Ergebnisse wichtiger Leistungsindikatoren."[971]

Mit dem letzten Kriterium sollen noch einmal "weitere wichtige Ergebnisse" gemessen werden,[972] z. B. Gesamtnotendurchschnitt, Bestehensquote in Abschlussprüfungen, Kompetenzbereiche und Budgetpositionen.[973] Zur Messung sollen, wie in den vorhergehenden Kriterienbereichen, bestimmte Indikatoren benutzt werden. Eine Vielzahl der aufgeführten Indikatoren lässt allerdings kaum einen zweifelsfreien Rückschluss über positive Qualitätsentwicklungen der Schule zu. Es bleibt fragwürdig, ob beispielsweise eine 10-prozentige Senkung der Versorgungsleistungen im Energiebereich der Schule im Sinne des Kriteriums (4) höher zu bewerten ist, als eine 10-prozentige Steigerung der Intranetanschlüsse (Kriterium (9)).[974] Wobei bei Letzterem zu fragen bleibt, ob die Anzahl der Intranetanschlüsse ohne eine fundierte curriculare Verankerung überhaupt Auswirkungen auf die Schulqualität hat.

Die Indikatorenflut scheint problematisch. Das Controlling der Indikatoren kostet schulische Ressourcen. Das Gesamtverfahren suggeriert Qualitätszuwächse ohne die Relevanz der einzelnen Indikatoren für den schulischen Changeprozess im Sinne der Zielsetzung zu bestimmen. Eine auf dieser Basis zielunabhängige

---

[970] Kotter (2003 (a), S. 48).
[971] Kotter (2003 (a), S. 48ff.).
[972] Kötter (2003 (a), S. 48). Grundsätzlich sollte kritisch angemerkt werden, dass der von Kotter (2. Oktober 2003) geäußerte „Berechnungsmodus": „ Subjektiv gemessene Faktoren zählen dreimal soviel wie objektive Faktoren." wissenschaftlich unhaltbar ist.
[973] Dieser Punkt, z. B. Einhaltung des Haushalts, irritiert, weil die einzelne Schule faktisch gezwungen ist das Budget einzuhalten, weil mehr als der zugestandene Betrag vom Schulträger nicht auf das Konto überwiesen wird; ggf. mit der Konsequenz, dass ab November kein Kopierpapier mehr vorhanden ist.
[974] Kötter (2003 (a), S. 48).

Strategie nährt Hoffnungen und Erwartungen, begünstigt aber ebenso Fehlentscheidungen. Auch in erwerbswirtschaftlichen Unternehmen wird zum Erreichen der Unternehmensziele nicht jedes Messbare gemessen, sondern nur die Sachverhalte, die für die Entwicklung und Stabilisierung des Systems notwendig sind. Ebenso sollten die "Befähiger" der Mesoebene des Teilsystems berufsbildender Schulen vermehrt selbst bestimmen, welche Indikatoren wichtige Ergebnisse reflektieren. Die Einnahmen aus Vermietung und Ausleihe von Geräten[975] sagen als Indikator wenig über die Qualität berufsbildender Schulen aus – allenfalls würden sie fehlenden ökonomischen Sachverstand bzgl. des Begriffes "Leihe" dokumentieren.

4.3.2.2.3 Kritische Würdigung des EFQM-Modells

Die Vorgabe des EFQM-Modells, einen systematischen Ansatz für die Qualitätsverbesserungen in berufsbildenden Schulen anbieten zu können, lässt sich nur bedingt nachvollziehen. Fehlende systemtheoretische Implikationen und Differenzierungen erschweren den Transfer eines Ansatzes, der für das Teilsystem Wirtschaft entwickelt worden ist. Die kritische Analyse zentraler Funktionen der neun Kriterien führte zum Ergebnis,[976] dass das EFQM-Modell zwar Orientierungen für schulische Qualitätsbereiche bietet, andere Ansätze, z. B. der strategische Managementansatz von Bea/Haas, analytisch konsequenter erscheinen.[977]

Von besonderer Bedeutung sind die mit den neun Kriterien des EFQM-Modells verbundenen Indikatoren. Sie weisen deutlich auf die große Anzahl zu regelnder, teilweise zu messender Systemelemente und -relationen hin. Sie unterstreichen deutlich den Handlungsbedarf des Schulleiters als Change Manager im Entwicklungsprozess einer Schule. Allerdings fehlt es im EFQM-Modell an einer klaren analytischen Trennung zwischen didaktisch-methodischen und organisatorisch-verwaltenden Prozessen, wie es beispielsweise das Morphologische Modell zur Darstellung der Funktion des Schulleiters als Changemanager (vgl. Abb. 28) anbietet. Die dortige Trennung zwischen Führungs- und Leistungspotenziale, die auf den strategischen Ansatz von Bea/Haas zurückzuführen ist, ermöglicht es die Besonderheiten von Lehr-/Lernpro-zesse zu erfassen, die sich eben von industriellen Fertigungsprozessen unterscheiden. Die Darstellung von Qualitätsentwicklungsprozessen in geschlossenen Zyklen im EFQM-Modell bedeutet einen Rückschritt im Vergleich zu anderen Visualisierungen, die eine

---

[975] Kötter (2003 (a), S. 49).
[976] Vgl. zur kritischen Analyse den vorhergehenden Abschnitt.
[977] Vgl. Abschnitt 2.4.

progressive Entwicklung veranschaulichen.[978]

Die angebotene zentrale strategische Lösung, nämlich die Vorgehensweise des EFQM-Modells im Sinne des EFQM-Prozesses durchzuführen,[979] ist nicht fern eines sich selbst perpetuierenden Verfahrens mit tautologischem Charakter. Eine günstigere Einschätzung des EFQM-Modells für berufsbildende Schulen könnte sich möglicherweise für die Schulen ergeben, die erst am Beginn eines Change Management Prozesses stehen. Für sie könnte die Vielzahl von Anregungen im Sinne eines Orientierungsrahmens hilfreich sein, um bestimmte Elemente schulischen Qualitätsmanagements nicht zu vernachlässigen.[980] Für berufsbildende Schulen, die bereits vergleichbare Entwicklungsprozesse absolviert haben, scheint das Modell allenfalls als Kontrolle im Sinne einer "Checkliste" Vorzüge zu bieten. Eine Strategie in Form einer Kehrtwende, um noch einmal von vorne zu beginnen, erscheint angesichts der benannten diversen Schwachstellen des Modells wenig ratsam. Sie würde vermutlich die ohnehin vorhandenen Widerstände gegen ein Change Management berufsbildender Schulen auf allen Systemebenen stärken.

4.4 Widerstände als herausfordernde Elemente des Schulleiters im Changeprozesses
4.4.1 Widerstände auf den Systemebenen

Grundsätzlich ist jeder Veränderungsprozess auch durch Widerstände gekennzeichnet.[981] An dieser Stelle sollen exemplarische Widerstandselemente gekennzeichnet werden, die für die Funktion des Schulleiters als Change Manager berufsbildender Schulen von Bedeutung sind. Es handelt sich dabei um Widerstände, deren Ursachen und Erscheinungsformen vielfältig sein können,[982] die aber erkannt, benannt und behandelt werden müssen, um den geplanten Changeprozess erfolgreich gestalten zu können. Dabei können sich die Widerstände sowohl gegen eher geringfügige Veränderungen, z. B. Klassenbezeichnungen mit besserer EDV-Kompatibilität, als auch gegen fundamentale Innovationen im Rahmen des Qualitätsmanagements richten, z. B. jährliche Evaluationen der Lehrer durch ihre Schüler. Diese Widerstände, die möglicherweise ihre gemeinsame Ursache in einer tiefen Skepsis gegenüber dem Neuen gerade in Zeiten

---

[978] Vgl. Abbildung 3 in dieser Arbeit. Vgl. auch Thiel/Szewczyk (2003, S. 196f.).

[979] Kotter (2003 (a), S. 19).

[980] Berufsbildende Schulen der Region Hannover haben mit der Einführung eines prozessorientierten Managementsystems begonnen; vgl. QMS AG (2002, S. 1ff.). In Bayern folgen einige Gymnasien dem beschriebenen EFQM-Modell; vgl. Kotter (2002).

[981] Zu den grundsätzlichen theoretischen Implikationen vgl. Abschnitt 2.5.4 in dieser Arbeit.

[982] Vgl. Abschnitt 2.5.4.2 in dieser Arbeit. Vgl. auch Kotter (2003 (b), S. 30).

hoher Unsicherheit haben, treffen den Change Manager, ohne dass sie zwingend gegen ihn gerichtet sein müssen.[983] Er kann sie für sein eigenes Verständnis systemabhängig und verhaltensbedingt analysieren, dies umso leichter als das "kommunikative Geschehen"[984] nicht ohne Logik ist. Der Change Manager kann häufig ex ante nicht behaupten, dass das angestrebte Neue tatsächlich zu einer Verbesserung führt. Oder um ein Bild von Gadamer zu übertragen; der Change Manager bringt wie ein Steuermann seine Passagiere gut an Land – „aber ob es für sie gut ist anzukommen, darüber kann er nichts wissen."[985] Entscheidungen unter Unsicherheit setzen Vertrauen der interdependenten Akteure in die Möglichkeit des Erfolges voraus.[986] Diese Problematik ist auf und zwischen allen Systemebenen existent (vgl. Abb. 32).

Die in Abbildung 32 dargestellten Beispiele machen deutlich, dass auf allen Systemebenen Widerstandspotenziale vorhanden sind. Auf der Makroebene wechseln Entscheider, spätestens nach einem Regierungswechsel, und damit steigt die Wahrscheinlichkeit eines bildungspolitischen Wechsels. Aber selbst personelle Identitäten garantieren keine Kontinuität. Konnte in den letzten zehn Jahren in Niedersachsen[987] davon ausgegangen werden, dass berufsbildende Schulen mehr „Autonomie"[988] erhalten sollen, so scheinen die Verantwortlichen der Makroebene zu realisieren, dass damit nicht nur eine unterschiedliche Entwicklung der einzelnen Schulen ermöglicht wird, sondern auch, dass ihr Einfluss, vorrangig der der Kontrolle, schwindet. Dass auch dieses Rollback-Verfahren unter der Qualitätszielsetzung geführt wird, überrascht angesichts unklarer Qualitätsstandards und -strategien der Makroebene nicht.

---

[983] Vgl. Kühl (2000, S. 170f.). Die Herausforderung durch Widerstände kann zum Alptraum für den Schulleiter (nicht nur) als Change Manager werden; vgl. Buhren/Rolff (2002, S. 162).

[984] Luhmann (1999 (b), S. 14).

[985] Gadamer (1993, S. 166): „Dem Steuermann des Agamemnon mögen nach dem Mord an seinem Herrn Zweifel überkommen sein."

[986] Vgl. dazu auch grundlegend die Problematik des sogenannten „Gefangenen-Dilemmas", z. B. bei Watzlawick (1983, S. 103ff.).

[987] Nicht nur in Niedersachsen lässt sich dieses Phänomen beobachten. Nach Aussagen von Mitarbeitern und Betroffenen des Skolverkets (Gespräch vom 8. August 2003) lassen sich in Schweden vergleichbare Tendenzen feststellen.

[988] Die "Autonomiediskussion" begann offiziell spätestens mit Ahrens (1996, S. 480), vgl. auch Ahrens (0. J.).
Sie wird auch in der Diskussion um „regionale Kompetenzzentren" deutlich; vgl. Abschnitt 5.4 in dieser Arbeit.

243

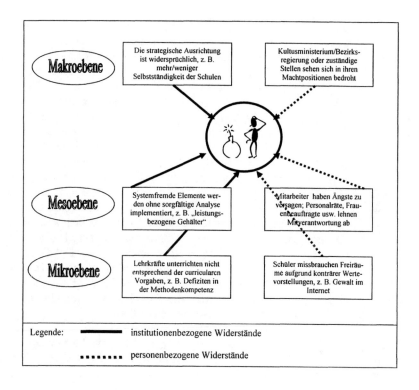

Abbildung 32: Widerstände aus der Sicht des Schulleiters als Change Agent

Auf der Mesoebene sind keinesfalls, wie es u. a. das EFQM-Modell unterstellt, alle Funktionsträger potenzielle Change Agent Alliierte. Innovationsvorhaben wie finanzielle Leistungsanreize oder leistungsbezogene Gehälter in Abhängigkeit einer zu definierenden Wertigkeit von Unterrichtsfächern stoßen auf den erbitterten Widerstand bestimmter Funktionsträger. Eher ist man bereit, einen Zustand zu tolerieren, von dem jede Lehrkraft weiß, dass er per se ungerecht im Sinne ungleicher Anstrengungen ist.[989]

Von erheblicher Tragweite sind verhaltensbedingte Widerstände auf der Mikro-

---

[989] Allgemein kann (wohl) davon ausgegangen werden, das die Vorbereitung, Durchführung und Nachbereitung einer Deutschstunde im Leistungskurs höher zu gewichten ist als eine Stunde "Gleiten auf Schnee". Sportlehrer werden dies anders einschätzen. Warum verweigern die Betroffenen aber unabhängigen Gutachtern einen für alle nachvollziehbaren Vergleichstest anhand relevanter Belastungskriterien?

ebene, die auf Kompetenzdefizite der Lehrkräfte zurückzuführen sind. Zum einen sind derartige Defizite oftmals nicht klar erkennbar, zum anderen greift das Allheilmittel Fort- und Weiterbildung nicht, wenn die Lehrkraft fortbildungsresistent auftritt. Begrenzte Fortbildungsbudgets und fehlende Disziplinierungsinstrumente erschweren ein wirkungsvolles Handeln des Schulleiters.[990] Die Auswirkungen schlagen auf die Systemebene durch und schädigen das Image und längerfristig die Konkurrenzfähigkeit berufsbildender Schulen. Trotz einer festzustellenden Heterogenität der Einstellungen der Lehrkräfte gegenüber Erneuerungen ist nicht erkennbar, dass die "Reformer" in einem Selbsterneuerungsprozess des Systems Willens sind, die Reformblockierer mit zu ziehen, zu mehr Initiative zu bewegen oder gar für ihren Ausschluss aus dem System zu votieren.[991] Der Widerstand ist somit ein beharrlicher, der das Change Management behindert. Gleiches gilt für Situationen, in denen die Wertevorstellungen einzelner Schüler nicht mit denen des Schulleiters, des Kollegiums und der Mehrheit der Schüler übereinstimmen. Problemfälle mögen zwar nicht immer als direkte Widerstände gegen schulische Innovationsvorhaben verstanden werden; sie können es aber im Einzelfall sein, z. B. dann wenn bewusst Freiräume, die als Teil eines Leitbildes vereinbart wurden, missbraucht werden.[992] Hier wird ein pädagogischer Umgang mit dem Widerstand seitens des Schulleiters notwendig, der sich von Situationen in anderen Organisationen unterscheidet.

Insgesamt ist erkennbar, dass der Schulleiter über wirkungsvolle Strategien zur Bewältigung von Widerständen verfügen muss, weil anderenfalls die Gefahr bestünde, dass Widerstände sich verfestigen oder epidemisch verbreiten und somit den Erfolg des Changeprozesses gefährden.

4.4.2 Überwindung der Widerstände als Voraussetzung für die Fortsetzung des Changeprozesses

Widerstände können nur überwunden werden, wenn es dem Schulleiter als Change Manager gelingt, geeignete Zugänge zu den entgegengesetzten Positionen zu finden. Dabei kann er analytisch von einem handlungs- und systemtheoretisch[993] begründeten Verhalten ausgehen. Seine Erfolgschancen werden wahr-

---

[990] Nach § 51 (2) NSchG ist jede Lehrkraft verpflichtet, sich zur Erhaltung der Unterrichtsbefähigung in der unterrichtsfreien Zeit fortzubilden. Mir (M. S.) ist aber kein Fall bekannt, dass eine Fortbildungsblockade direkte Sanktionen nach sich zog.

[991] Vgl. Buhren/Rolff (2002, S. 162).

[992] Die Palette möglicher Verstöße ist groß: Downloads pornographischer Inhalte im Unterricht, körperliche Gewaltanwendung zur Lösung von Konflikten, unentschuldigtes Fehlen usw.

[993] Vgl. Abschnitt 2.3.2 in dieser Arbeit.

scheinlich steigen, wenn er dabei die psychologische Disposition eines Innovationsblockierers in einem systemischen Zusammenhang erkennt und nutzen kann. „Zwischenmenschliche Systeme sind demnach zwei oder mehrer Kommunikanten, die die Natur ihrer Beziehung definieren."[994] Es gilt dabei zu beachten, dass nicht der Inhalt der Kommunikation, sondern der Beziehungsaspekt, systemtheoretisch formuliert als Relation zwischen Elementen, von besonderer Bedeutung ist.[995] Dieses Phänomen scheint durchaus im Schulalltag belegbar. Demnach können gemeinsame Muster, Rituale und bisher zusammen gemachte positive Erfahrungen, verstanden als Kommunikation, den Prozess begünstigen, Widerstände abzubauen. Insbesondere durch die Interpretation des Widerstandsverhältnisses als offenes System[996] kann es gelingen, für die Ziele des Change Managements zu werben. Sie legitimiert „... bei ‚defensiven Routinen' innerhalb der Organisation Reflexion anzustoßen oder anzuregen, die Relativität der internen Sicht der Dinge erlebbar zu machen und die Möglichkeit alternativer Entwürfe in den Bereich der Betrachtung zu bringen. Die Wirkungen können nur innerhalb des Systems realisiert werden, denn nur das, was dort aufgenommen und akzeptiert wird, kann zum Ausgangspunkt neuer und erfolgreicher Handlungsstrategien werden."[997] Vor diesem systemtheoretischen Hintergrund gewinnen die eher pragmatisch orientierten Ansatzpunkte von Kempfert zur Integration widerständischer Kollegen an Gewicht. Er schlägt drei grundsätzliche Ansatzpunkte vor: individuelle Akzeptanzzeiten der Lehrkräfte berücksichtigen, persönliche Lösungen suchen, ggf. die Anzahl der Innovationen verringern.[998]

Die individuellen Akzeptanzzeiten der Kollegen führen zu unterschiedlichen Entwicklungstempi im Kollegium. Dies spiegelt die grundsätzlichen Überlegung wider, dass zu jedem System implizit eine Zeitspanne gehört. „Seiner ganzen Natur nach besteht ein System aus einer Interaktion, und das bedeutet, dass ein Folgeprozeß von Aktion und Reaktion stattfinden hat, bevor wir einen Zustand des Systems oder eine Zustandsänderung beschreiben können."[999] In der Praxis kann das dazu führen, dass die bereits „Überzeugten" mit dem Change Manager an der Langsamkeit des Entwicklungsprozesses vermutlich nicht mehr oder weniger als die „noch nicht Überzeugten" an der Schnelligkeit leiden. Bei größeren Innovationsvorhaben ist davon auszugehen, dass es eines Zeitrahmens von drei bis fünf Jahren bedarf, um die Überzeugung im Kollegium nachhaltig

---

[994] Watzlawick/Beavin/Jackson (2000, S. 116).

[995] Watzlawick/Beavin/Jackson (2000, S. 116).

[996] Zum Unterschied zu geschlossenen Systemen vgl. Watzlawick/Beavin/Jackson (2000, S. 117). Eine andere Position vertritt Luhmann (1999 (b), S. 14).

[997] Freimuth/Hoets (1994, S. 123).

[998] Kempfert (2001, S. 11f).

[999] Lennard/Bernstein (1960, S. 13f.); zit. nach Watzlawick/Beavin/Jackson (2000, S. 116).

zu verankern, dass der Innovationsprozess sinnvoll ist oder war.[1000] Diese Zeitspanne kann der Change Manager nutzen, um mit den scheinbar veränderungsresistenten Lehrkräften Gespräche zu führen und Beteiligungsanlässe zu suchen. Gelingt es ihm dabei, ohne überzogenen Druck aufzubauen, den Nutzen für die Lehrkraft selbst, ihren Unterricht, ihre Schüler, ihre Schule oder ihr Land usw. zu verdeutlichen, d. h. letztlich das System zu stärken, dann wird sich der Betroffene möglicherweise am Veränderungsprozess beteiligen.

Dass dies nicht in jedem Fall erreicht werden kann bzw. auch nicht erreicht werden sollte, ist mehrfach betont worden. Dennoch kann es immer wieder sinnvoll sein, persönliche Lösungen zu suchen, die es der Lehrkraft ermöglichen, ihr Gesicht als „Widerständler" oder als neu gewonnener Protagonist der Veränderungen zu wahren. Bei individuellen Lösungen, die oftmals mit gewissen, als Zugeständnissen empfundenen Begleiterscheinungen verbunden sind, besteht stets die Gefahr, Ungleichheiten und Ungerechtigkeiten zu schaffen,[1001] die sogar oder gerade bei den „Innovatoren der 1. Stunde" zu Verbitterungen und Demotivation führen können. Daraus folgt, dass ein derartiges Verhalten des Schulleiters begründet werden und als transparente Entscheidung nachvollziehbar sein sollte.

Letztlich ist das Spannungsverhältnis zwischen Bewegern und Bewahrern permanent zu beobachten. Es darf nicht zu unüberbrückbaren, tiefen Rissen im Kollegium kommen, die jeglichen Innovationsprozess blockieren würden. Daraus kann abgeleitet werden, dass in einigen Phasen, in denen das Tempo des Change Managements zu hoch ist, die Anzahl der Innovationsvorhaben nahezu unüberschaubar wird, die Intensität des Widerstands als Gradmesser benutzt werden, um ggf. die Anzahl der Innovationen zu verringern. Dabei ist zwischen einem sofortigen Rücksteuern und einer zeitversetzten Reduzierung zu unterscheiden.

Gerade im ersten Fall besteht das Problem des „Gesichtsverlustes". Um die Rücknahme einer Maßnahme nicht als Führungsschwäche sondern als Stärke zu wenden, bedarf es überzeugender Argumente. Keinesfalls sollte der Eindruck entstehen, es werden willkürlich neue Prozesse initiiert, die genauso fahrlässig wieder abgebrochen werden können. Erst wenn es gelingt, deutlich zu machen, dass ein Zurück wichtig ist, um mit einem neuen längeren und kraftvolleren Anlauf weiter springen zu können als zuvor, scheinen direkte Innovations-Rücknahmen vertretbar.

Im Falle einer zeitversetzten Innovationsreduzierung besteht weniger das Problem, dass grundlegende Positionen verlassen werden müssen, sondern es bedarf

---

[1000] Buhren/Rolff (2002, S. 163).
[1001] Vgl. Buhren/Rolff (2002, S. 163).

einer „Kunst des Timings". Um Veränderungstempi zu variieren und mit den personellen Handlungsmöglichkeiten und systemischen Bedingungen abzustimmen, sollten objektive Daten analysiert werden, z. B. Anzahl der Projekte, Personenbindungen in den Projekten, Verlaufsdauer und Erfolgs-quoten, aber ebenso muss der Change Manager seine emotionale Intelligenz nutzen, um eine „Führung mit Herz"[1002] zu praktizieren. Wenn es richtig ist, dass Stress dumm macht, dann ist die zeitliche Gestaltung des Wandels mit der Konsequenzen zu beachten, dass es innovationsreichere und -ärmere Entwicklungsphasen gibt.[1003] Die interpersonalen Fähigkeiten des Change Managers zeigen sich u. a. darin, inwieweit es ihm gelingt, eine Balance zwischen diesen Entwicklungsphasen zu finden. Gerade unter systemischen Blickwinkel ist der Zeitaspekt – wie oben gezeigt wurde – für die Entwicklung von Innovationsprozessen und die Herausbildung belastbarer Strukturen wichtig. Mit dem Faktor „Zeit" können „Spielräume"[1004] gewonnen werden, die sich positiv auf die grundlegende Innovationsbereitschaft der Mitglieder einer Organisation auswirken können.[1005]

Die Innovationsbereitschaft berufsbildender Schulen sollte langfristig steigen, um die umfangreichen Systemanforderungen des Systems selbst und seiner Systemumwelt bewältigen zu können. Eine günstige Voraussetzung für eine Verstetigung des Changeprozesses sind positive Projekterfahrungen auf allen Systemebenen, weil in ihnen stets Prozesse der Innovation und der (überwundenen) Widerstände wiederzuerkennen sind. In ihnen wird auch die Fähigkeit der Steuerung durch Change Manager deutlich. Ob diese dabei immer das Steuern im Sinne Gadamers als eine zwei Momente beinhaltende Einheit berücksichtigt haben, nämlich: „die Aufrechterhaltung eines Gleichgewichts, das in einem genau umgrenzten Spielraum schwankt, und die Lenkung, d. h. die Bestimmung einer Richtung der Fortbewegung, die unter Wahrung dieses schwankenden Gleichgewichts möglich ist",[1006] bleibt u. a. im folgenden Kapitel zu hinterfragen.

[1002] Goleman (1997, S. 190ff.).
[1003] Vgl. Goleman (1997, S.191); vgl. auch DeMarco (2001, S. 154ff.).
[1004] Vgl. dazu grundlegend DeMarco (2001).
[1005] Vgl. Geißler (2000, S. 18f.)
[1006] Gadamer (1993, S. 165). Der ursprünglich 1965 geschriebene Aufsatz hat den „visionären" Titel: „Über die Planung der Zukunft".

5 Möglichkeiten und Grenzen des Change Managements in berufsbildenden Schule – dargestellt an aktuellen Problemfeldern

5.1 Ausgangsüberlegungen

Die Ambivalenz von Möglichkeiten und Grenzen des Change Managements in berufsbildenden Schulen ist in den vorausgegangenen Kapiteln dargelegt worden.[1007] Eine der zentralen Voraussetzungen für das Angehen innovativer Vorhaben sind positive Erfahrungswerte.[1008] Diese Erfahrungswerte müssen nicht zwingend von jedem Teilnehmer im Changeprozess selbst gemacht worden sein. Gelungene Entwicklungen vergleichbarer Systeme bzw. Systemstrukturen können übertragen werden. Beispiele für „best practices" in Theorie und Praxis finden sich in der aktuellen bildungs- und wirtschaftspädagogischen Diskussion auf allen Systemebenen wieder. Ohne Anspruch auf Vollständigkeit können u. a. blitzlichtartig benannt werden: Handlungsorientierung als konzeptioneller Ansatz in der Berufspädagogik[1009], Prozessorientierung als didaktisches Prinzip[1010], Schulprogrammentwicklung[1011], Netzwerkorganisation als Qualitätssteigerungsmaßnahme[1012], regionale Kompetenzentren[1013], gestreckte Abschlussprüfungen im Dualen System[1014], Personalkostenbudgetierung für Schulen[1015], Zentralabitur[1016], E-Learning[1017], interkulturelles Lernen[1018], Mediation[1019], Doppelqualifikationen[1020] usw.

Aus dieser Vielzahl innovativer Ansätze sollen drei aktuelle Problemfelder ausgewählt werden:

• Lernfelder als didaktisch-methodischer Beitrag im Changeprozess der

---

[1007] Vgl. Abschnitt 4.4.2 in dieser Arbeit.

[1008] Vgl. zur Problematik des „Erfahrungslernen" von Individuen und Organisationen, z. B. Kolb (1984) und Ammann (2002, S. 1ff.) und die dort angegebene Literatur.

[1009] Vgl. Czycholl (2001, S. 170ff.); vgl. auch Tramm/Rebmann (1999, S. 230ff.) und die dort angeführten Literaturhinweise (S. 256ff.).

[1010] Vgl. Goldbach (2003, S. 1ff.).

[1011] Joseph/Alexander (2002, S.121ff.) und die Literaturangaben im Abschnitt 5.3 dieser Arbeit.

[1012] Niedersächsisches Kultusministerium (2002 (b), S. 1ff.).

[1013] Vgl. Dobischat/Erlewein (2003, S. 1ff.); Barth/Henkel (2003, S. 244ff.) und die Literaturhinweise im Abschnitt 5.4 dieser Arbeit.

[1014] Vgl. BDA (2003, S. 1).

[1015] Vgl. Niedersächsisches Kultusministerium (2003).

[1016] Vgl. Galas (2003, S. 201f.).

[1017] Vgl. Bundesinstitut für Berufsbildung (2003, S. 53ff); vgl. auch Ross (2000, S. 35ff.).

[1018] Vgl. Nagel/Ellinger (2002, S. 207ff.).

[1019] Vgl. Dunkel/Wichterich (1999, S. 11ff.).

[1020] Vgl. Rückin (2002, S. 46).

Mikroebene
- Schulprogrammentwicklung als interner organisatorischer Beitrag im Changeprozess der Mesoebene
- Regionale Kompetenzzentren als externer organisatorischer Beitrag im Changeprozess der Makroebene.

Die Auswahl folgt einem pragmatischen Entschluss.[1021] Dieser scheint gerechtfertigt, da die ausgewählten Problemfelder ihre spezifischen Schwerpunkte auf jeweils einer Systemebene haben und dennoch als miteinander verknüpfbar angesehen werden können. Somit kann das in dieser Arbeit entwickelte bzw. vorgestellte Instrumentarium zur Analyse benutzt und die Ausführungen zum Change Management berufsbildender Schulen können konkretisiert werden.

5.2 Lernfelder als didaktisch-methodischer Beitrag im Changeprozess der Mikroebene

5.2.1 Leitidee und Zielsetzungen

Die Diskussion über Lernfelder als innovativer didaktisch-methodischer Beitrag[1022] ist in einer Spannweite von fundierter fachlicher Tiefsinnigkeit[1023] bis zur stammtischartigen Oberflächlichkeit[1024] breit gestreut. Die zentralen Gründe für eine derartig heftige Auseinandersetzung über ein didaktisch-methodisches Sujet mögen nicht nur im vermeintlichen Paradigmenwechsel „vom Fach zum Feld",[1025] sondern auch in der Implementierungsstrategie zu suchen sein. Dem vom Untersuchungsausschuss für berufliche Bildung der Kultusministerkonferenz eingebrachte Lernfeld-Konzept ist keine gründliche Diskussion und hinreichende Erprobung vorausgegangen.[1026] Vielmehr entspringt es einem Szenario, bei dem ein Gremium der Makroebene, Normen in Form von Ordnungsmitteln für die Mikroebene produzierte, deren organisatorische Umsetzung die Mesoebene herausfordert, u. a. bzgl. der Koppelungsproblematik der gesellschaftlichen

---

[1021] Zu den Kriterien pragmatischer Entschlüsse vgl. im methodologischen Teil dieser Arbeit Fußnote 158.

[1022] Vgl. u. a. Buschfeld/Twardy (1997, S. 143ff.), Goldbach (1998, S. 300ff.), Buschfeld (1999, S. 3ff.); Kremer/Sloane (1999, S. 37ff.), Reinisch 1999 (S. 411ff.), Bader (2000, S. 1ff.). Meyser (2001, S. 3) stellt eine Literaturauswahl zum Thema „Lernfeldorientierung" vor.

[1023] Dies trifft im Kern für alle in der vorhergehenden Fußnote genannten Autoren zu.

[1024] Vgl. dazu die wenig fundierten, häufig polemischen Erklärungsversuche von Stommel (1998).

[1025] Vgl. zu den begrifflichen „Unschärferelationen" Alexander (2002, S. 36).

[1026] Buschfeld (1999, S. 3). Zur Entstehungsgeschichte des Lernfelder-Konzeptes vgl. auch Herrmann (2001, S. 2ff.).

Teilsysteme Erziehung und Wirtschaft.[1027] Oktroi produziert Widerstände – eine systemtheoretisch begründbare Erkenntnis.[1028]

Wenn das Lernfeld-Konzept als ein strukturierendes Element beruflichen Lernens[1029] betrachtet werden kann, das die Mikroebene Unterricht verändert, dann scheint es gerecht-fertigt zu sein, seine systemtheoretischen Implikationen, Implementierungsprobleme und Umsetzungsmöglichkeiten, Widerstände und Folgen für zukünftige Unterrichtsentwicklungen näher zu betrachten.

Die Leitidee der Initiatoren des Lernfeld-Konzeptes war es, curriculare Vorgaben für den Unterricht in Fachklassen des dualen Systems zu entwickeln, die für die überarbeiteten bzw. neuentwickelten Ausbildungsordnungen besonders geeignet sein sollten. Demzufolge wurden Lernfelder in den KMK-Handreichungen folgendermaßen beschrieben: „Lernfelder sind durch Zielformulierungen beschriebene thematische Einheiten. Sie sollen sich an konkreten beruflichen Aufgabenstellungen und Handlungsabläufen orientieren. Indem die Berufsschule solche beruflichen Handlungsabläufe didaktisch aufbereitet, werden auch fachwissenschaftliche Anteile in den Erklärungszusammenhang des Lernfeldes einbezogen. Dabei können solche Inhalte, z. B. wenn es sich um Grundlagenwissen zu Beginn der Ausbildung handelt, so umfangreich sein, dass einzelne Lernfelder auch ausschließlich fachsystematisch gegliedert sein können. In jedem Fall ist auch für solche Lernfelder der Berufsbezug in den Zielformulierungen des Lernfeldes deutlich zu machen. Die Strukturierung des Rahmenlehrplans nach Lernfeldern soll nicht nur ganzheitliches Lernen anregen, sondern auch ganzheitliche, handlungsorientierte Prüfungen unterstützen."[1030]

Aus dieser Beschreibung lassen sich u. a. drei Gründe herausfiltern, die einen Changeprozess auf der Unterrichtsebene auslösen bzw. stützen können:[1031]

1. Lernfelder sind prozessorientiert strukturiert und sollen aus systemtheoretischer Sicht betriebliche Prozesse abbilden können.
2. Lernfelder schaffen die curricularen Voraussetzungen für einen handlungsorientierten Unterricht und verstärken den Druck auf eine adäquate Prüfungspraxis.

[1027] Zur Systemproblematik vgl. in dieser Arbeit Abschnitt 2.2.4. Vgl. die Problematik der Handlungsebenen grundlegend bei Kremer/Sloane (1999, S. 48f.) und im konkreten Beispiel bei Muster-Wäbs/Schneider (2001 (a), S. 10ff.).

[1028] Vgl. in dieser Arbeit Abschnitt 2.5.4.1

[1029] Lungershausen/Szewczyk (1999, S. 25).

[1030] Sekretariat der ständigen Konferenz der Kultusminister der Länder in der Bundesrepublik Deutschland (1996, S. 32).

[1031] Vgl. Buschfeld (1999, S. 4f.). Vgl. auch Seemann-Weymar (2001, S. 236ff.).

3. Lernfelder fordern und fördern die Eigenverantwortlichkeit der Meso- und der Mikroebene, weil die Reflexion und Interpretation der offenen Vorgaben dieses curricularen Ansatzes durch die Lehrkräfte vor Ort konstitutiv sind.[1032]

Dieses abgeleitete Zielbündel stellt kein streng wissenschaftliches Konstrukt auf der Basis einer „Theorie der Lernfelder" dar[1033] und sollte auch nicht als neues pädagogisches Dogma[1034] verstanden werden.[1035] Auch wenn insgesamt die Prozessorientierung an Bedeutung gewinnt, wird systematisch-strukturiertes Wissen nicht aus dem Fokus des Unterrichts verdrängt. Beides ist für die berufliche Handlungskompetenz unabdingbar. Somit scheint der Streit zwischen Anhängern der Prozessorientierung auf der einen und des systematischen Wissens auf der anderen Seite wenig geeignet zu sein, die zentrale Frage zu beantworten, nämlich durch welche Form der Systematisierung die Entwicklung der geforderten beruflichen Handlungskompetenz am besten gelingt.[1036]

Das analytische Modell von Bader unterscheidet drei Reflexionsstufen: Handlungsfeld, Lernfeld und Lernsituation.[1037] Folgt man der grundlegenden Zielsetzung des Lernfeld-Konzeptes, dann liegt die erfolgsrelevante Bedingung der Mikroebene letztlich im gelungenen Transfer vom Handlungsfeld zur Lernsituation. D. h. es muss demnach gelingen, Lernfelder so zu gestalten, dass aus einem komplexen Handlungsfeld heraus eine didaktisch-methodisch strukturierte und konkretisierte Lernsituation konstruiert werden kann. Dabei kann davon ausgegangen werden, dass die drei Reflexionsstufen in einem spezifischen Kontext zu den Systemebenen stehen[1038] (vgl. Abb. 33).

[1032] Buschfeld (1999, S. 5). Ob damit gleichzeitig den Bedürfnissen und Forderungen der Lehrkräfte entsprochen wird, die mit den Begriffen „subjektive Didaktik", „radikaler Konstruktivismus", „themenzentrierte Interaktion" und „Ermöglichungsdidaktik" verknüpft sind, mag angesichts der realen Umsetzungen fraglich sein. Vgl. Muster-Wäbs/Schneider (2001 (b), S. 18ff.).

[1033] Vgl. Bader (1999, S. 3)

[1034] Vgl. Reinisch (1999, S. 412ff.) zur historisch-systematischen Sicht von Lernfeldern.

[1035] Lungershausen/Szewczyk (1999, S. 25).

[1036] Bader (1999, S. 3f.).

[1037] Bader (2000, S. 15).

[1038] Vgl. Bader (2000, S. 15) und Kremer/Sloane (1999, S. 49).

253

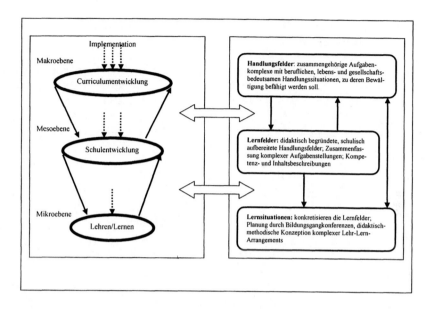

Abbildung 33: Systemebenen und Lernfelder[1039]

Während die zentrale Curriculumentwicklung auf der Makroebene Handlungsfelder reflektiert und zu Lernfeldern transformiert, beeinflusst sie gleichzeitig
den Prozess der Schulentwicklung auf der Mesoebene. Dies geschieht z. B.
durch die Entwicklung von Lernsituationen im Team von Bildungsgangkonfe-
renzen bzw. Fachgruppen.[1040] Die Güte der Lernsituationen zeigt sich im schulischen Kernprozess „Lehren und Lernen" auf der Mikroebene. D. h. es ist zu fragen, inwieweit es über die Lernfelder gelingt, die Schüler so zu befähigen, dass
sie in den realen Handlungsfeldern bestehen, die originär in den Curricula abgebildet werden sollten. Dies hat zur Folge, dass für den Erwerb nachhaltiger beruflicher Handlungskompetenz geeignete Möglichkeiten didaktisch-
methodischer Veränderungen notwendig sind. Somit stellt der Umgang mit
Lernfeldern gleichzeitig ein typisches Beispiel für schulisches Qualitätsmanagement dar, bei dem sowohl die Inhalte als auch die Prozesse, Unterrichtsprozesse und flankierende schulische Organisationsprozesse, zu beachten sind.

[1039] Die Darstellung orientiert sich an den Darstellungen von Bader (2000, S. 15), Kre-
mer/Sloane (1999, S. 49) und Seemann-Weymar (2001, S. 236ff.).
[1040] Einen Überblick über die vielfältigen Handlungsansätze auf der Mikroebene gibt: Landesinstitut für Schule Soest/Otto-von-Guericke-Universität Magdeburg (2003, S. 28).

5.2.2 Möglichkeiten didaktisch-methodischer Veränderungen der Elemente und
Relationen der Mikroebene

Folgt man Baders Ablaufstruktur zur Konstruktion von Lernfeldern, dann
scheint es sinnvoll, sich den Möglichkeiten didaktisch-methodischer Veränderungen über acht curriculare Schritte zu nähern (vgl. Tab. 21).[1041]

Ebenen	Schritte	Curriculare Konstruktionselemente
Makroebene	1.	Erfassen des Zusammenhangs zwischen Beruf und Arbeitsprozessen
	2.	Erfassen der Ausbildungsbedingungen im Beruf
	3.	Erfassen von Handlungsfeldern
	4.	Beschreiben einzelner Handlungsfelder
	5.	Beurteilen der erfassten Handlungsfelder hinsichtlich ihrer Eignung als Grundlage für Lernfelder (Grobeinschätzung) und Auswahl von Handlungsfeldern
	6.	Transformieren der ausgewählten Handlungsfelder zu einem Arrangement von Lernfeldern
Mesoebene	7.	Ausgestalten und Formulieren der einzelnen Lernfelder
Mikroebene	8.	Ausgestalten und Formulieren von Lernsituationen durch Konkretisieren der Lernfelder unter Orientierung an den Handlungsfeldern

Tabelle 21: Ablaufstruktur zum Konstruieren von Lernfeldern nach Bader

Während die Schritte 1. bis 6. vorrangig in die Verantwortung der Makroebene
fallen, ist die Formulierung und insbesondere die Ausgestaltung der einzelnen
Lernfelder (7. Schritt) ein Problem der Mesoebene. Zur vorbereitenden Unterrichtsarbeit der Mikroebene – in Abstimmung mit der Mesoebene – ist der 8.
Schritt zu zählen. Aber erst in der Durchführung dieses letzten Schrittes zeigt
sich, ob das Lernfeldkonzept einen Beitrag zur Steigerung der Effizienz neuer
Lernkonzepte und Unterrichtsmethoden in der dualen Berufsausbildung leisten
kann, wie es das Projekt „SELUBA"[1042] als Zielsetzung formuliert. D. h., es

---

[1041] Bader (2000, S. 15ff.).
[1042] „SELUBA" steht als Abkürzung für „Steigerung der Effizienz neuer Lernkonzepte und
Unterrichtsmethoden in der dualen Berufsausbildung". Es ist ein Modellversuch der Länder

kommt darauf an, wie Lernsituationen von Lehrkräften gestaltet werden. Dabei spielt die Simulation von Arbeitsprozessen, beispielsweise in geschäftsprozessorientierten Lernfeldern für Industriekaufleute[1043] eine große Rolle. Es geht somit um die Schaffung von didaktischer Parallelität zwischen Lern- und Arbeitssituation.[1044] Optimistisch ließe sich hoffen, dass in der Schaffung didaktischer Parallelität ein Versuch zu erkennen ist, die Kommunikation zwischen den beiden Teilsystemen zu verbessern. Systemisch betrachtet erfolgt jedoch auf der Mikroebene des gesellschaftlichen Teilsystems Erziehung eine Abbildung von Elementen und Relationen eines anderen gesellschaftlichen Teilsystems, nämlich der Wirtschaft. Diese Abbildung erfolgt in der Hoffnung, dass die lernenden Akteure, die Auszubildenden, die als Elemente in beiden Systemen agieren, letztlich effizienter ausgebildet werden. Somit müssen substanziell systemfremde Ansprüche erfüllt werden. Ob die Mikroebene des Systems berufsbildender Schulen dazu in der Lage ist, mag angesichts der komplexen systemtheoretischen Implikationen von differenzierter Beobachtungsproblematik, unterschiedlicher Kommunikations- und Medienstrukturen sowie divergierender Autopoiesen entscheidungsoffen bleiben.[1045] Möglicherweise ist diese systemtheoretische Gemengelage Teilursache für einige Implementierungsprobleme der Mikroebene. Zwar existieren für die Realisierung von Lernsituationen ambitionierte Innovationsziele, die mit Schlagwörtern benannt werden, z. B. Arbeitsprozessorientierung und der Zusammenhang von Arbeit und Lernen, selbstständiges und selbstorientiertes Lernen, berufliche Handlungsfähigkeit und Gestaltungskompetenz sowie ganzheitliches Lernen[1046]; konkrete schulische Beispiele sind jedoch (noch) selten zu finden.[1047] Dies mag u. a. daran liegen, dass auf der Forschungs-

---

Nordrhein-Westfalen und Sachsen-Anhalt und wird wissenschaftlich von Prof. Bader (Universität Magdeburg) begleitet; vgl. www.seluba.de. Der Modellversuch „SELUBA" lehnt sich thematisch eng an den Modellversuch „NELE" (= neue Unterrichtsstrukturen und Lernkonzepte durch berufliches Lernen in Lernfeldern) an, der von den Bundesländern Bayern und Hessen durchgeführt wurde. Vgl. u. a. Hessisches Landesinstitut für Pädagogik (2003) bzw. http://help.bildung.hessen.de/ abteilung_3/projekte/nele. Siehe auf dieser Basis zur Rolle des Schulleiters, Hasenbank (2001, S. 160ff.).

[1043] Vgl. Engelhardt/Budde (2003, S. 1ff.).

[1044] Vgl. Sloane (2002, S. 9ff.).

[1045]Es stellt sich auch an dieser Stelle erneut die Komplementaritäts-Problematik. Vgl. Jongebloed (1998, S. 9ff.). Eine autopoietisch orientierte, systemeigene Problemlösung erscheint nur dann möglich, wenn das Berufsbildungssystem, insbesondere das duale System als ein aus Erziehungs- und Wirtschaftssystem fusioniertes eigenes gesellschaftliches Teilsystem betrachtet werden könnte. Vgl. dazu die Ausführungen im Abschnitt 2.2.3 dieser Arbeit.

[1046] Vgl. Landesinstitut für Schule Soest/Otto-von-Guericke-Universität Magdeburg (2003, S. 35).

[1047] Beispiele sind oftmals im Zusammenhang mit Modellvorhaben entwickelt worden; z. B. für die Bildungsgänge „Mechatronikerin/Mechatroniker" und „Kaufmann/-frau" für audiovisuelle Medien"; Landesinstitut für Schule Soest/Otto-von-Guericke-Universität Magdeburg

und Modellversuchsebene die Mikroebene weitgehend ausgeblendet wurde[1048] und dass die Lernfeldumsetzung auf der Unterrichtsebene eine Fülle von Arbeitsschritten notwendig macht. Benutzt man in diesem Zusammenhang die Vorgehensweise von Muster-Wäbs/Schneider als Implementierungsfolie, dann sind die folgenden Schritte zu absolvieren:[1049]

1. Teamvereinbarungen treffen.
2. Bedingungsanalyse der Lerngruppe durchführen.
3. Wissensstrukturen anfertigen.
4. Allgemeine schulische Handlungskompetenzen, lerngruppenspezifische Kompetenzen und Inhaltsstruktur zusammenführen.
5. Umsetzung der Lernsituation planen.
6. Organisation planen.
7. Unterricht durchführen.
8. Schlussfolgerungen aus den Reflexions- und Evaluationsergebnissen des Unterrichts ziehen.
9. Schlussfolgerungen aus den Organisationsbedingungen ziehen.
10. Teamarbeit evaluieren.

Für diese Vorgehensweise ist es notwendig, dass auf der Mikroebene berufsbildender Schulen abgestimmte Funktionen der am Prozess beteiligten Lehrkräfte, im Sinne von Relationen der Systemelemente, existieren, um derartige Prozesse als Arbeitsroutinen ritualisieren zu können. Dies scheint (zur Zeit noch) die Ausnahme zu sein. Eine Erklärung dafür ist u. a. in der starken Herausforderung zu erkennen, die das Anspruchsprofil an Lehrkräfte stellt. So fordert Sloane[1050], dass die Lehrkräfte als Arbeitsgruppe didaktische Entwicklungsarbeit leisten müssen. Darüber hinaus haben sie ihre curricularen Produkte zu evaluieren und sukzessive zu optimieren. Grundlage dafür sind didaktische Leitfragen, z. B.:[1051]

• Worin besteht die Exemplarität der Lernsituation im Kontext zu den Lern- und Handlungsfeldern?
• Worin besteht die Exemplarität der Lernsituation für den Lernenden?
• Welche Applikation fachlicher Erkenntnisse auf die Lernsituation besteht?
• Welche Induktionsmöglichkeiten bestehen für den Lernenden?

(2003, S. 35). Vgl. auch Lehmann/Richter (2000, S. 153ff.) für den Bildungsgang „Bankkauffrau/Bankkaufmann" sowie Mai/Renzel (2001, S. 10ff.) für den Bildungsgang „Altenpflege".
[1048] Landesinstitut für Schule Soest/Otto-von-Guericke-Universität Magdeburg (2003, S. 80).
[1049] Muster-Wäbs/Schneider (2001, S. 13ff.).
[1050] Sloane (2000).
[1051] In Anlehnung an Kremer/Sloane (1999, S. 57f.).

- Welche Möglichkeiten existieren für eine narrative Einbettung der Lernsituation?
- Worin bestehen Chancen für eine Individualisierung des Lernprozesses?
- Wie unterstützt die Lernsituation metakommunikative und -kognitive Prozesse?

Auch wenn aufgrund der Bildungsbiographien der Lehrkräfte davon ausgegangen werden müsste, dass derartige Fragestellungen von jedem Lehrerteam beantwortet werden können, so wird deutlich:

- Lehrkräfte müssen fachwissenschaftlich und fachpraktisch auf einem hohen Niveau ausgebildet sein.
- Lehrkräfte müssen umfangreich fortgebildet werden, insbesondere bzgl. einer Anbindung an die betriebliche Praxis.
- Im Zusammenhang zur Organisationsentwicklung an berufsbildenden Schulen sind die Schulleiter als Change Manager in die Informations- und Fortbildungsprozesse einzubinden.[1052]

Ob diese Voraussetzungen immer erfüllt sind, mag fraglich sein. Damit wird zugleich ein erstes Indiz für die Ablehnung des Lernfeldkonzeptes deutlich. Teile der Lehrerschaft begegnen – auch dieser – Innovation mit Skepsis.[1053] Evaluationsergebnisse der Modellversuche scheinen diese Beobachtung zu stützen und unterstreichen, „dass die Person der Lehrkraft für die Förderung und Verbreitung von Innovationen im Schulalltag entscheidend ist."[1054]

5.2.3 Widerstände der Lehrkräfte als Systemgrenze

Wenn Lehrkräfte die zentralen Innovationsförderer aber auch fundamentalistische Verhinderer sein können,[1055] dann stellen sie die systemtheoretische conditio sine qua non eines didaktisch-methodischen Changeprozesses der Mikroebene dar. Ihr Widerstand, sollte er nicht überwunden werden können, verhindert die von der Makroebene ggf. auch von dem Schulleiter[1056] als Change Manager der Mesoebene gewollte Veränderung. Warum aber setzen Lehrkräfte dem Lern-

---

[1052] Vgl. Kremer/Sloane (1999, S. 37ff.).

[1053] Vgl. Szewczyk/Seemann-Weymar/Alexander (2002, S. 111ff.).

[1054] www.isb.bayern.de/bes/brenn/Lernfeldpl/wo-html/wt6t.htm, S. 1, (10.10.2003).

[1055] Das schließt nicht aus, dass auch Schulleiter und Schüler sowie Ausbildungsbetriebe gegen das Lernfeldkonzept agieren.

[1056] Zur Einschätzung von Implementierungsproblemen lernfeldstrukturierter Curricula aus Schulleitersicht vgl. Hasenbank (2001, S. 161ff.).

feldkonzept Widerstände entgegen, die sich nur teilweise auf bekannte Ursachen für den Widerstand im Changeprozess zurückführen lassen?[1057]

Der Erfolg didaktisch-methodischer Innovationen ist nach Holtappels von vier Bedingungen abhängig:[1058]

1. Innovationen müssen transparent, in ihren Zielsetzungen klar, in den Arbeitsschritten strukturiert und in der Umsetzung absehbar sein.
2. Innovationen müssen für die sie tragenden Lehrkräfte subjektiv bedeutsam und die Durchführung muss glaubwürdig sein.
3. Die Belastungen müssen kalkulierbar sein und in einer akzeptablen Relation zum erwarteten Nutzen stehen.
4. Die Innovationen müssen im Rahmen der gegenwärtigen Schule adaptierbar sein bzw. modifiziert werden können.

Nimmt man diese vier Bedingungen als Gütekriterien für das Lernfeldkonzept, dann werden einige innovationshemmende Elemente deutlich.

Zu 1.: Das Lernfeldkonzept scheint nicht für alle Lehrkräfte transparent und in seinen Zielsetzungen klar zu sein. Immerhin wurden bisher mit anderen didaktisch-methodischen Unterrichtskonzepten sichtbare Unterrichtserfolge in Form von Prüfungsergebnissen erzielt. Es wurde damit eine zentrale Zielsetzung erreicht. Ein Änderungs- bzw. Leidensdruck (war) ist deshalb nicht spürbar.

Die Arbeitsschritte vom Handlungsfeld zur Lernsituation sind keineswegs eindeutig definiert. Darüber hinaus ist die Umsetzung alles andere als absehbar, besonders dann, wenn die erwar-teten Prüfungsanforderungen als „heimliche Lehrpläne" nicht kongruent zum Lernfeldkonzept konstruiert sind. Dies betrifft auch die Integration der allgemein bildenden Fächer ins Lernfeldkonzept. Unstrittig ist, dass berufsbildende Schulen, inkl. Berufsschulen, einen Bildungsauftrag zu erfüllen haben, der allgemein bildende Inhalte einschließt.[1059] Die Annahme, dass es im Lernfeldkonzept schwieriger ist, allgemein bildende Fächer zu integrieren, unterstellt, dass es bisher eine Integration gab. Wenn Erfahrungswerte an dieser Stelle auch nur einen begrenzten Beobachtungshorizont widerspiegeln, so darf zurückhaltend behauptet werden, dass eine derartige Integration bisher eher situativ und/oder personenbedingt war. Somit würde dieser Zustand schlechtesten Falls nicht verbessert werden. Besseren Falls bietet die Intensivierung der Zusammenarbeit der Lehrkräfte in Bildungsgangs- oder Fachkonferenzen die Möglichkeit, didaktisch-methodische Probleme zu disku-

---

[1057] Vgl. dazu die Abschnitte 2.5.4 und 4.4 in dieser Arbeit.
[1058] Holtappels (1995, S. 327ff.).
[1059] Vgl. NSchG § 2 und § 15.

tieren und bei diversen Lehr-Lernanlässen zu kooperieren, z. B. Sprachgestal-
tung bei Präsentationen, mathematische Inhalte im Bereich von Tabellenkalkula-
tionen[1060], Politik beim Arbeitsrecht[1061] und Religion bei wirtschaftsethischen
Fragestellungen. Zugespitzt als These lässt sich formulieren, dass die Integration
bestimmter Inhalte in der Schulpraxis weniger von einer Fächer- oder Lernfeld-
systematik abhängig ist, sondern von der Bereitschaft und Fähigkeit der Lehrkräfte zur Kooperation.

Zu 2.: Die subjektive Bedeutsamkeit korreliert zum einen mit dem Selbstverständnis der Lehrkraft. Der „Fach-Lehrer" büßt als „Einzelkämpfer" an Einfluss
ein. Sein Domänenwissen verliert an Wert. Der Teamarbeiter ist gefordert. Bis-
herige Lehr-Lernerfolge sind Erfolge der Vergangenheit. Die Lager an fertigen
Unterrichtsvorbereitungen scheinen zur Makulatur zu werden. Es findet sozusagen eine subjektiv empfundene Enteignung statt. Eine Antizipation möglicher
zukünftiger Erfolge wird mangels klarer Handlungsstrategien erschwert. Somit
liegt zwar eine subjektiv bedeutsame Situation vor – allerdings eine negativ bewertete, welche die bekannte Palette an Reaktionen des Widerstands auslösen
kann.

Vergleichbare Verhaltensweisen lassen sich bei Studienreferendaren nur äußerst
selten beobachten.[1062] Sie lassen sich bereitwillig auf das Lernfeldkonzept ein.
Möglicherweise liegt es daran, dass sie über keine individuell erprobten Unterrichtsvorbereitungen verfügen. Allerdings reiben sie sich im Verlauf ihrer Ausbildung verstärkt im Schulalltag an den Relikten der Unterrichtsfächer und deren Befürwortern. Hilfestellungen erfahrener Lehrkräfte können teilweise nicht
umgesetzt werden, weil sie der Lernfeldstruktur nicht entsprechen, die auch (ü-
berwiegend) von den Studienseminaren eingefordert wird. Ist das Referendariat
geschafft und konnte eine Planstelle besetzt werden, stellt das Strukturierungs-
merkmal Lernfeld für sie keine Hürde dar. Sie transferieren ihr Wissen an neue
Studienreferendare und übernehmen Aufgaben in der Schule, welche die „Fach-
Lehrer" nicht mehr übernehmen wollen (oder können). Dieses innovationsoffene
Verhalten lässt sich z. B. durch regelmäßige Gespräche zwischen Kollegen und
Schulleiter fortschreiben. Diese Gespräche, die nicht den Instrumentalcharakter
von Zielvereinbarungsgesprächen haben müssen, sollten nach Rücksprache mit

---

[1060] Die Integration des Faches Mathematik in die Lernfelder des berufsbezogenen Bereichs
für Ausbildungsberufe im Berufsfeld Wirtschaft und Verwaltung kann als ein gelungener
Schritt didaktisch-methodischer Integration gewertet werden, auch wenn „klassische" Ma-
thematiklehrer dies anders interpretieren.
[1061] Gerade die relativ offen gestalteten Rahmenrichtlinien für das Unterrichtsfach Politik weisen ausreichend „Spielräume" aus.
[1062] Vgl. Lungershausen/Szewczyk (1999, S. 32).

den Betroffenen jährlich stattfinden. Ihre kommunikative Grundstruktur ist symmetrisch anzulegen. Vertraulichkeit ist zu gewährleisten.

Zu 3.: Dieser Punkt hängt eng mit dem 2. Punkt zusammen. Verfügt eine Lehrkraft über einen bewährten fachstrukturierten Fundus an Unterrichtsmaterialien, dann ist es unter arbeitsökonomischen Aspekten folgerichtig, nach dem persönlichen Nutzen der didaktisch-methodischen Innovation zu fragen. D. h. es ist zu klären, ob bzw. wann es einen „Return on Investment" gibt und wie groß dieser ist. Allerdings erfordert dieser Ansatz per se eine gewisse Risikobereitschaft und scheint dem Beamtenstatus zu widersprechen. Nicht zuletzt steht an dieser Stelle die Glaubwürdigkeit der Lehrkraft auf dem Prüfstand. Beamtenrechtlich ist eindeutig geklärt, dass die Lehrkraft Rechts- und Verwaltungsvorschriften, mithin auch didaktisch-methodische Vorgaben, einzuhalten hat. Das damit verbundene Drohszenario wirkt allerdings kontraproduktiv, weil es die subjektive Innovationsbereitschaft eher behindert als fördert. Setzt man dagegen auf Einsicht und Überzeugungskraft, scheint ein top-down-orientierter Prozess der Makroebene, wie das Lernfeldkonzept, zentrale Anforderungen an schulische Qualitätsentwicklungsprozesse nicht durchgängig zu erfüllen, da die Lehrkräfte den Eindruck fehlender Partizipationsmöglichkeiten zu haben scheinen.

An dieser Stelle macht sich eine Spaltung in der Beobachtung erster Ordnung[1063] der Akteure bemerkbar, die als Beobachtung zweiter Ordnung verstanden werden kann. Während die Lehrkräfte zu beobachten scheinen, dass es sich beim Lernfeldkonzept um einen historisch nachweisbaren Top-down-Prozess handelt, der von der Makro- über die Meso- auf die Mikroebene durchgedrückt wurde und ihnen deshalb Gestaltungschancen vorenthalten habe, scheinen sie auf der Meso- und insbesondere der Mikroebene die Konzeptoffenheit mit einer ausgesprochenen Fülle an Mitwirkungs- und Gestaltungsmöglichkeiten zu übersehen. In diese sind „alte Unterrichtsvorbereitungen" integrierbar, weil die Inhalte in weiten Bereichen nicht obsolet geworden sind. Allerdings erfordert dies die Bereitschaft zur Neustrukturierung im Team, womit auch individuelle arbeitsökonomische Benefits verbunden sein können.

Zu 4.: Die Adaptions- und Modifikationsfähigkeit kann zum gegenwärtigen Zeitpunkt allenfalls vorsichtig optimistisch eingeschätzt werden. Die vorhandenen Unterrichtskonzepte stellen weder mengenmäßig noch qualitativ einen langfristigen Erfolg sicher. In diesem Zusammenhang können auch die geäußerten Befürchtungen, dass betriebsübergreifende, berufsbezogene, berufsübergreifende wie auch lebens- und gesellschaftsbedeutende Bildungsinhalte beeinträchtigt werden und die Berufsschule zum regionalen betrieblichen „Erfüllungsgehilfen"

[1063] Vgl. Abschnitt 2.2.5 in dieser Arbeit.

degradiert würde, thematisiert werden.[1064] Diese Befürchtungen scheinen insbesondere dann gerechtfertigt zu sein, wenn die regionalen und betrieblichen Bezüge soweit interpretiert würden, dass nur noch die Belange eines Unternehmens im Mittelpunkt des Unterrichts stünden, z. B. Datenkranz, Personalpolitik und Sponsorentätigkeit. In diesem Falle wären jedoch die didaktischen Leitfragen nicht richtig gestellt bzw. beantwortet worden.[1065] Dies unterstreicht die Wichtigkeit der fachwissenschaftlichen und fachpraktischen Kompetenz der Lehrkräfte und die Gefahr bei Nichtvorhandensein derselben, dass berufsbildende Schulen in ihrer Substanz bedroht sind. Ob jedoch dies ein spezielles Phänomen des Lernfeldkonzeptes ist oder ein generelles Problem darstellt, scheint entschieden.

Lehrkräfte sind für ihren Unterricht verantwortlich. Innovationsentwicklungen auf dieser Ebene müssen sie mitgestalten können. Dabei ist darauf zu achten, dass die curricularen Ansprüche für die Lehrkräfte akzeptabel, d. h. unter pragmatischen Aspekten „handhabbar" und unter theoretischen Aspekten „plausibel" bzw. „konsistent" sind.[1066] Sollte dies vermehrt gelingen, scheinen die Gefahren für systemgefährdende Widerstände als eher gering einzuschätzen zu sein. Dies umso mehr als unterstützende, über die Mikroebene hinausgehende Maßnahmen angeboten werden, welche die Akzeptanz des Lernfeldkonzeptes als didaktisch-methodische Innovationen fördern, z. B. Fortbildungsmaßnahmen, Veränderungen in der Schulorganisation und kongruente Abschlussprüfungen.

5.2.4 Konsequenzen für weitere didaktisch-methodische Innovationen

Didaktisch-methodische Innovationen sollten von überzeugten Lehrkräften getragen werden. Um dies zu erreichen ist es u. a. notwendig:

- Lehrkräfte verstärkt an der Entwicklung neuer Konzepte zu beteiligen,
- innerschulische Diskussionsforen zur Thematik originärer Berufsinhalte, im Sinne eines didaktisch-methodischen Diskurses einzurichten,
- schulische Personalentwicklungskonzepte zu erarbeiten, die u. a. das Selbstverständnis von Lehrkräften bzgl. der Komponenten Lehren und Lernen thematisieren,[1067]
- eine aktive Partizipation an schulischen Changeprozessen zu ermöglichen, damit aus Betroffenen Beteiligte werden, die Ebenen übergreifende Zusammenhänge erkennen,

---

[1064] Vgl. Kirchhöfer (2002, S. 75).

[1065] Vgl. Kremer/Sloane (1999, S. 57f.). Vgl. auch Bader/Schäfer (1998, S. 230ff.).

[1066] Buschfeld/Twardy (1997, S. 152).

[1067] www.isb.bayern.de/bes/brenn/Lernfeldpl/wo-html/wt6t.htm (10.10.2003, S. 1).

- didaktisch-methodische Innovationen sind auf einen langfristigen und nachhaltigen Erfolg hin zu konzipieren, um den Eindruck modischer Wellen auszuschließen,
- vorhandene innerschulische Ressourcen sind im Sinne eines umfassenden schulischen Qualitätsmanagements zu aktivieren,[1068]
- außerschulische Unterstützungssysteme, z. B. für Fortbildungsmaßnahmen und Praktika für Lehrkräfte in Betrieben, müssen verstärkt angeboten und genutzt werden.

Positiv gedacht könnte somit das Lernfeldkonzept ein Ausgangspunkt im Kernfeld Unterricht sein, um Innovationen im Bereich neuer Organisations- und Führungsmodelle zu entwickeln und zu praktizieren. Damit bekämen berufsbildende Schulen einen zu ihrer Weiterentwicklungen notwendigen internen Anstoß.[1069]

5.3   Schulprogrammentwicklung als interner organisatorischer Beitrag im Changeprozess der Mesoebene

5.3.1 Leitidee und Zielsetzungen

„Die Arbeit an einem Schulprogramm ist ein intraorganisationaler Entwicklungsprozess...“[1070] Mithin geht es um komplexe Changeprozesse der Mesoebene. Ausgangspunkt für die Entwicklung von Schulprogrammen war die Überlegung, dass rigide Vorgaben der Makroebene aktiv handelnde Einzelschulen eher behindern denn fördern.[1071] Zunehmende Selbstständigkeitsanteile berufsbildender Schulen stärken deren Gestaltungsspielräume, vergrößern aber zugleich auch den Verantwortungsrahmen der Entscheider. Daraus lässt sich die Erwartung ableiten, dass Schulleiter, die mit hoher Eigenverantwortlichkeit agieren, systematisch die Qualität ihrer Schulen zu überprüfen haben und gegenüber der Öffentlichkeit rechenschaftspflichtig sind.[1072] Um dies zu realisieren sind Changeprozesse einzuleiten, und im Rahmen der Schulkultur ist die Qualität weiter zu entwickeln und zu evaluieren. In diesem Kontext sollen Schulprogramme

---

[1068] Vgl. dazu die Ausführungen im Abschnitt 4.3 dieser Arbeit.

[1069] Vgl. Beek/Binstadt/Zöller (2000, S. 67ff.).

[1070] Horschinegg (2002, S. 12).

[1071] Ob dies aufgrund einer theoretischen Analyse im Sinne Mayntz (vgl. Abschnitt 2.3.3 in dieser Arbeit) oder schlicht wegen knapper finanzieller Ressourcen zum Tragen kam, sei dahingestellt – möglicherweise vermengen sich auch beide Erklärungsansätze. Entscheidend für die Steuerung berufsbildender Schulen ist die Zunahme eigenständiger Steuerungsanlässe und -verpflichtungen.

[1072] Vgl. Posch/Krainz-Dürr/Rauch (2002, S. 16). Zu fragen bleibt allerdings, ob der Umkehrschluss jemals systematisch eingehalten wurde, d. h. ob die stärkere Verantwortung der Makroebene, z. B. Kultusministerium, diese in der Vergangenheit bewogen hat, vergleichbare Qualitätsanforderungen an Schulen und an sein eigenes Handeln anzulegen.

zum Kristallisationspunkt eines neuen Steuerungs- und Qualitätsverständnisses werden.

Dieser Anspruch führte in Niedersachsen zu ersten Formulierungsversuchen – interessanterweise zunächst auf der Makroebene. Mit dem Bericht der Kommission „Schulentwicklung, Beratung und Fortbildung"[1073] wurden im November 1996 der Stand, die Perspektiven und Empfehlungen für ein modernes Schulsystem veröffentlicht. In dem Bericht wurden erste kurze Ausführungen zum Thema Schulprogramme gemacht.[1074] Im Jahre 1998 brachte das Niedersächsische Kultusministerium eine Broschüre mit dem Titel „Schulprogramme – Niedersachsen macht Schule" heraus.[1075] Im selben Jahr folgte der Erlass „Pilotprojekt: Schulprogrammentwicklung, Beratung und Evaluation (1998-2001).[1076] Die daraufhin einsetzenden, über die Pilotschulen hinausgehenden Konstruktionsversuche von Schulprogrammen führten zu vielschichtigen Ergebnissen,[1077] die letztlich die spezifische Struktur und Arbeitsweisen der jeweiligen berufsbildenden Schulen abbilden. Sie orientieren sich jedoch alle an der Vorstellung, dass ein Schulprogramm ein schriftlich fixiertes Handlungskonzept einer Schule sein soll. In diesem Sinne ist auch die Definition zu verstehen: „Ein Schulprogramm ist „... eine schriftlich festgehaltene verbindliche Vereinbarung einer Schule [...], in der ein Leitbild Auskunft über gemeinsame Leitvorstellungen und pädagogische Grundwerte gibt, in der Ergebnisse der Evaluation bisheriger Aktivitäten mitgeteilt werden [...] und in der konkrete Vorhaben vorgestellt werden, mit denen der Entwicklungsprozess der Schule weiter geführt werden soll."[1078] Dieser pars pro toto stehende Deskriptionsversuch enthält keine etymologische Aufhellung, obwohl der Begriff „Programm" Interpretationen zwischen Aufgabenbereich, Plan, Grundsatzerklärung und Steuerungseinstellungen von Maschinen zulässt.[1079] Dies ist insofern bedenkenswert, als „das Schulprogramm [...] Ausdruck der pädagogischen Zielsetzungen einer Schule *ist*, indem es den pädagogischen Konsens, das Schulkonzept und die pädagogische Philosophie einer Schule formuliert und eine Aktionsplanung für deren Realisierung enthält."[1080] Gleichzeitig stellt es aber nicht die Wirklichkeit, sondern eine Absichtserklärung

[1073] Kommission „Schulentwicklung, Beratung, Fortbildung" beim Niedersächsischen Kultusministerium (1996). In Österreich ist eine vergleichbare, leicht vorgezogene Entwicklung zu verzeichnen. Vgl. Horschinegg (2002, S. 11).
[1074] Kommission „Schulentwicklung, Beratung, Fortbildung" beim Niedersächsischen Kultusministerium (1996, S. 79).
[1075] Niedersächsisches Kultusministerium (1998 (a)).
[1076] Niedersächsisches Kultusministerium (1998 (b), S. 222).
[1077] Vgl. u. a. für Niedersachsen: Berufsbildende Schulen des Landkreises Osnabrück in Bersenbrück (2003); für Nordrhein-Westfalen: Herwig-Blankertz-Kollegschule.
[1078] Posch/Krainz-Dürr/Rauch (2002, S. 16).
[1079] Vgl. Joseph/Alexander (2002, S. 121).
[1080] Fleischer-Bickmann (1994, S. 5).

dar,[1081] d. h. eine Wirklichkeit, die sich noch entwickeln bzw. die noch entwickelt werden soll. Hier stehen sich einmal mehr Systemtheorie mit einer autopoietisch orientierten Formulierung „sich entwickeln soll" und Handlungstheorie „soll entwickelt werden" gegenüber. Diese „nicht fertige" oder „nie fertige" Struktur als Ausdruck dynamisch prozessual agierender Elemente beinhaltet zum einen die stete Aufforderung zur Entwicklung, zur Veränderung der Mesoebene des Systems; zum anderen bietet es die Basis für eine unendliche Diskussion in den Kollegien der berufsbildenden Schulen und gleichsam den Nährboden lebensbegleitender Frustrationen.[1082]

Um aus dieser für die Entwicklung gefährlichen Gemengelage herauszukommen, scheint es wichtig, die Zielsetzungen, die mit einem Schulprogramm verfolgt werden, präzise zu formulieren,[1083] z. B.:

- Welche Qualitätsbereiche, z. B. Unterricht, Schulklima, Schulmanagement, Außenbeziehungen und Personalentwicklung, sollen bearbeitet werden?[1084]
- Welche Einzelprojekte sollen in das Schulprogramm aufgenommen werden?
- Wie sollen demokratische Entscheidungs- und Entwicklungsprozesse angelegt werden?
- Wie sollen gemeinsame Verantwortung und Einzelverantwortung realisiert werden?
- In welcher Form und mit welchen Instrumenten sollen Reflexionsprozesse und Evaluationen durchgeführt werden?

Zur Beantwortung dieser Fragestellungen ist es u. a. notwendig, auf einer demokratischen Basis klare Entscheidungsstrukturen zu vereinbaren.[1085]

[1081] Kommission „Schulentwicklung, Beratung, Fortbildung" beim Niedersächsischen Kultusministerium (1996, S. 79).

[1082] Aussage eines „genervten" Kollegen: „Auch mit einem Theaterprogramm möchte man einmal fertig werden." Vgl. auch Schwendter-Zott (2002, S. 87ff.).

[1083] In diesem Zusammenhang wird empfohlen die Dokumentation des Schulprogramms auf 10-20 Seiten zu beschränken. Die Kürze zwingt die Verfasser, sich auf die wesentlichen Aussagen zu konzentrieren. Vgl. Posch (2002, S. 27).

[1084] Posch (2002, S. 26f.).

[1085] In Niedersachsen sind für ein Schulprogramm die Voten des Schulelternrats und des Schülerrats sowie die Zustimmung der Gesamtkonferenz verbindlich vorgeschrieben. Vgl. Niedersächsisches Kultusministerium (1998 (a), S. 2).

5.3.2 Möglichkeiten der Entwicklung und Implementierung von Schulprogrammen

Während im deutschsprachigen Raum eine unübersichtliche Situation vorzufinden ist, die zwischen Freiwilligkeit, Projektschulen und Absichtserklärungen zur
Verbindlichkeit schwankt, existiert bei mehr als der Hälfte der EU-, EFTA- und
EWR-Staaten die Verpflichtung ein Schulprogramm bzw. einen Schulentwick-
lungsplan zu konzipieren und danach zu handeln.[1086]

Die Entwicklung eines Schulprogramms kann einer bestimmten Gliederungs-
struktur folgen, z. B.:[1087]

1. Situationsbeschreibung der Schule
2. Die pädagogische Grundorientierung der Schule
3. Konzepte und Perspektiven für die weitere Arbeit
4. Arbeitsprogramm
5. Unterstützungsbedarf
6. Ergebnisprüfung (interne Evaluation).

Mit der Entwicklung eines Schulprogramms sind eine Reihe von Erwartungen
und Befürchtungen verknüpft, wie sie u. a. auch im Innovationsbereich Lernfelder zu beobachten sind.[1088]

Die Abb. 34 spiegelt die kontroverse Diskussion in den Kollegien berufsbildender Schulen wider. Dabei hat sich der sogenannte „verbindliche Kern" als besonders brisant erwiesen. Der „verbindliche Kern" enthält die folgenden Elemente:[1089]

1. Unterrichtskonzepte, -methoden und Sozialformen
2. Förderung sozialen Lernens, Werteerziehung und Formulierung schul-
   und klassenbezogener Regeln
3. Grundsätze der Leistungsbewertung
4. Differenzierung und Förderung besonderer (z. B. leistungsschwacher und
   leistungsstarker) Schülergruppen
5. Öffnung von Schule und Kooperation mit gesellschaftlichen Partnern
6. Berufs- und Arbeitsweltorientierung

[1086] Horschinegg (2002, S. 11).
[1087] Niedersächsisches Kultusministerium (1998 (a), S. 2). In Österreich verfolgt man ein
vergleichbares Gliederungsschema: Entwicklungsziele der Schule, Rückblick, Vorausblick,
Aktionsplan; vgl. Posch (2002, S. 28f.).
[1088] Vgl. Abschnitt 5.2 in dieser Arbeit.
[1089] Niedersächsisches Kultusministerium (1998 (a), S. 4).

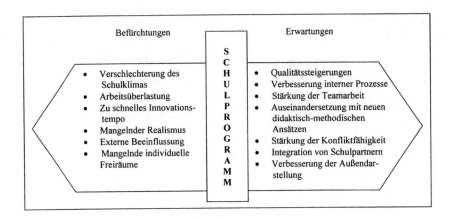

Abbildung 34: Befürchtungen und Erwartungen bei der Entwicklung eines Schulprogramms nach Posch[1090]

7. Einbeziehung der Schüler- und Elternschaft und Zusammenarbeit mit dem Schulträger
8. Grundsätze der Klassenzusammensetzung und der Unterrichtsverteilung
9. Fortbildungsplanung (schulbezogenes Fortbildungskonzept)
10. Grundsätze zur Verwendung des Schulbudgets.

Zu diesem umfangreichen Aufgabenpaket, das eine massive Vorgabe der Makroebene für die Mesoebene darstellt, sollen die Schulen Arbeitsprogramme und Vorschläge zur Evaluation entwickeln. Als eine mögliche Vorgehensweise wird die Projektmanagementmethode vorge-schlagen.[1091] Problematisch scheint jedoch dabei, dass ein Projekt per se zeitlich begrenzt ist, während ein Schulprogramm einer permanenten Weiterentwicklung bedarf. Insofern scheint es gerechtfertigt zu sein, dass sich das Projektmanagement „Schulprogramm" nur auf die Phase bis zur schriftlichen Erstellung und Beschlussfassung durch die Gesamtkonferenz erstreckt.[1092] Anschließend könnte z. B. eine über das Votum der Gesamtkonferenz demokratisch legitimierte Steuergruppe, deren Zusammensetzung veränderbar ist, eingesetzt werden.

[1090] Posch (2002, S. 32).
[1091] Vgl. Krainz-Dürr (2002 (a), S. 48ff.).
[1092] Krainz-Dürr (2002 (a), S. 48).

Eine Implementierungsvariante im Sinne strategischer Umsetzung bietet der Ansatz von Bea/Haas.[1093] Es scheint erfolgversprechend zu sein, diesen theoretisch konsistenten Ansatz an Stelle der Projektmanagementmethode anzuwenden. Er wird hier exemplarisch am Bereich der strategischen Planung, dem Ausgangspunkt der Schulprogrammerstellung, in kurzer Form dargestellt.

- Zielbildung

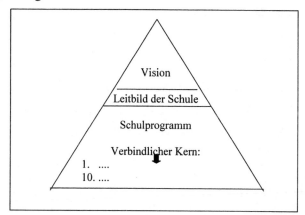

Abbildung 35: Schulprogramm als Element strategischer Zielbildung

In Variation zur Abbildung 17 könnte das Schulprogramm mit seinem verbindlichen Kern die Schulziele und die untergeordneten Ziele der Schulformen und der Fachgruppen ersetzen.

- Umweltanalyse

Die obige Zielbildung ist in die engere aufgabenspezifische Systemumwelt der Mesoebene berufsbildender Schulen und in die weitere gesellschaftliche Systemumwelt einzupassen. Konkret würden z. B. Fragen zu beantworten sein, inwieweit Unterrichtsangebote vermarktet werden können und welche Anforderungen die Gesellschaft an berufsbildende Schulen in den Bereichen Drogen-

---

[1093] Vgl. Abschnitt 2.4.2 in dieser Arbeit. Neben dem Prozess der strategischen Planung könnte mit vergleichbarer Intensität die strategische Kontrolle, Information, Organisation, Unternehmenskultur und die Leistungspotenziale dargestellt werden. Vgl. dazu die Abschnitte 2.4.2.2 - 2.4.2.6 in dieser Arbeit. Zentrale Aspekte werden zudem in der Tabelle 22 und im Abschnitt 5.3.4 markiert, so dass es gerechtfertigt erscheint, sich zu beschränken, nicht zuletzt um Redundanzen weitgehend zu vermeiden.

und Gewaltprävention sowie Gesundheitserziehung stellt, die im Unterricht behandelt werden sollen.

- Schulanalyse

Hierbei ginge es um eine Stärken-Schwächen-Analyse, für die ein vielfältiges Evaluationsinstrumentarium zur Verfügung steht, z. B. Fragebögen[1094], Interviews oder schulbezogene Scorecards. Der pragmatische Vorteil der Nutzung einer Scorecard für eine Istanalyse liegt in der Integration der schulischen Leistungspotenziale.[1095]

- Strategiewahl

Die Wahl der wirkungsvollsten Strategie setzt bei der Stärken-Schwächen-Analyse an. Sie ist jedoch – im Gegensatz zu einem erwerbswirtschaftlichen Unternehmen – nur in einem Umfang möglich, welcher berufsbildenden Schulen von der Makroebene durch Rechts- und Verwaltungsvorschriften zugebilligt wird. So könnte der Schulleiter beispielsweise über das Instrument der Personalkostenbudgetierung sogenanntes „nicht lehrendes Personal" selbstständig einstellen, um z. B. die Netzwerkadministration des EDV-Bereiches zu verbessern. Nicht erlaubt sind ihm dagegen, derartige Gelder am Kapitalmarkt mittelfristig anzulegen.

- Strategieimplementierung

Grundsätzlich müssen auch bei der Implementierung eines Schulprogramms drei Aufgaben bewältigt werden.

1. Organisatorische Aufgabe: Die Schulprogrammimplementierung ist in die schulische Ablauforganisation einzuplanen.
2. Sachliche Aufgabe: Die Implementierung des Schulprogramms ist in Einzelmaßnahmen zu zerlegen.
3. Personale Aufgabe: Personale Voraussetzungen und Verantwortungsbereiche müssen fixiert werden.

Einen beispielhaften Überblick über die Berücksichtigung dieser Aufgaben gibt die Tab. 22. In ihr werden Elemente schulischer Potenziale, strategischer Erfolgsverfahren, Kontrollmöglichkeiten und Aktionsplanung verknüpft und auf die Schulprogrammimplementierung bezogen.[1096]

[1094] Vgl. Döbrich/Steinert (2003, S. 1ff.).
[1095] Vgl. in dieser Arbeit Tabelle 5 und Abbildung 30.
[1096] Vgl. die Tabellen 4 und 7 in dieser Arbeit sowie Holztechnikum Kuchl (2002, S. 255ff.).

	Potenziale Kern des *Schulprogramms*	Strategische Erfolgsfaktoren	Messverfahren	Verantwortlich für Koordination	Zeitplan	Verantwortlich für Evaluation
Führungspotenziale	**Planung,** z. B. Gesamtstundenplan *8. Grundsätze...*	Flexibilität der Planung	Anzahl der Springstunden	B. Wolle	Mit Schuljahresbeginn 2003	B. Wolle
	Kontrolle z. B. Klassenbücher, Pausenaufsicht	Einsatz von Kontrolltechniken	Häufigkeit von Kontrollvorgängen	U. Merbach-Ranke	Zweimal jährlich – ab sofort	U. Merbach-Ranke
	Information z. B. Homepage *7. Einbeziehung...*	Computergestützte Info-Systeme	Tag der letzten Bearbeitung	S. Hilgert	Monatliche Datenanpassung	S. Hilgert
	Organisation z. B. Vertretungsregelungen *5. Öffnung und Kooperation...*	Flexibilität der Organisation	Anzahl der Vertretungen bzw. Prozent des Unterrichtsausfalls	B. Wolle A. Treiber	Konzept bis Ende September 03 Entscheidung bis Januar 04	A. Treiber
	Schulkultur z. B. Leitbild, Schulzeitung *2. Werteerziehung 4. Umgang mit leistungsschwachen/ -starken Schülern 5. Öffnung und Koop.*	Schulkultur und Außenorientierung	Befragungen, Häufigkeit von Außenkontakten	R. Ganz U. Merbach-Ranke K. Hausmann M. Rosenberg	Konzept bis Ende Januar 2004 Entscheidung bis Juni 2004	R. Ganz
Leistungspotenziale	**Curricula** z. B. Rahmenrichtlinien für einen Ausbildungsberuf *1. Unterrichtskonzept 6. Berufsorientierung*	Qualität der Curricula	Zahl der fachlichen Mängel	A. Schwätzer Externe Beratung durch O. Dellmann	Bis Januar 2005	A. Schwätzer
	Unterricht z. B. Blockunterricht für Fachklassen „Industriekaufmann/-frau" *1. Unterrichtskonzepte 2. Soziales Lernen... 4. Differenzierung und Förderung*	Zeitliche Flexibilität im dualen System	Zufriedenheitsmessung „scoring" durch die Ausbildungsbetriebe	A. Treiber K. H. Neider M. Rosenberg K. Hausmann	Bis September 2003	K. H. Neider M. Rosenberg
	Prüfung z. B. IHK-Abschlussprüfung *3. Leistungsbewertung*	Benchmarking mit anderen Schulen	Ergebnisse der Abschlussprüfungen	A. Treiber	Bis September 2003	A. Treiber
	Lehrkräfte/Schüler z. B. gemeinsam gesetzte Lernziele erreichen *9. Fortbildung...*	Qualifikation	Häufigkeit von Fort- und Weiterbildungsmaßnahmen	K. Hausmann	Bis Juni 2004	K. Hausmann
	Sächliche Ausstattung z. B. funktionierende EDV-Netzwerke und deren Administration *10. Grundsätze...*	Unterrichtsadäquate Einrichtungen	Entwicklung der Ausgaben	R. Ganz S. Hilgert	Jährliche Rechenschaftsberichte	R. Ganz

Tabelle 22: Überblick: Implementierung eines Schulprogramms (2002-2005) [1097]

[1097] Die nummerierten Anmerkungen beziehen sich auf den beschriebenen Kern des Schulprogramms. Die Zeitangaben und insbesondere die Personen stellen Fiktionen dar. Die Namen entstammen Thiel/Szewczyk (2003, S. 16ff.)

Es fallen u. a. zwei Sachverhalte besonders auf. Erstens, der Aspekt der Kontrolle wird im verbindlichen Kern des Schulprogramms weitgehend ausgeblendet.[1098] Er entzieht sich somit der zentralen Managementnotwendigkeit einer strategischen Kontrolle. Zweitens, die personale Aufgabe, d. h. die „soziale Architektur"[1099] des Projekts, bleibt offen. Letztere Problemstellung und deren Lösung ist aber für das Gelingen von entscheidender Bedeutung. D. h. es ist zunächst zwingend zu klären, wer die Projektleitung innehaben soll. Erste Erfahrungswerte weisen darauf hin,[1100] dass sowohl Schulleiter als auch Lehrkräfte die Projektleitung übernehmen können. Setzt man auf die zweite Variante, für die der stärkere „bottom-up"-Effekt spricht, dann ist festzustellen, dass Lehrkräfte die Projektleitung übernehmen, die

- sich freiwillig meldeten;
- über Projektmanagementerfahrungen verfügen;
- hohe Anerkennung im Kollegium genießen;
- mit dem Schulleiter in einem guten Kommunikationsverhältnis stehen.[1101]

Als zweites „Organ" der Schulprogrammentwicklung gilt es eine Steuergruppe einzurichten,[1102] die etwa 3-12 Mitglieder umfassen sollte. Es ist anzustreben, dass die Steuergruppe einen möglichst repräsentativen Querschnitt des Kollegiums abbildet. In ihr sollten Mitglieder des Personalrats und der Schulleiter vertreten sein. Steuergruppen stellen systemtheoretisch (kleinere) Teilsysteme – aber eben Systeme – der Mesoebene dar, die eigene Dynamiken entwickeln können. Durch ihre Abgrenzung von anderen Elementen erschließt sich die breite Palette möglicher interpersoneller Verhaltensweisen in den Relationen zu anderen Akteuren im Schulentwicklungsprozess, z. B. produktive Teamarbeit, Eigensinn von Gruppen und Ausgeschlossensein bzw. Ausgeschlossenfühlen von Nichtgruppenmitgliedern.

Darüber hinaus ist es notwendig, Arbeitsgruppen für einzelne eng umrissene Themenstellungen zu finden. Für das Leistungspotenzial „Unterricht" könnten folgende drei Beispiele gelten:

[1098] Bestenfalls könnte argumentiert werden, dass er in den Evaluationsbereich verlagert wird. Er entzieht sich somit einer direkten Steuerung.
[1099] Krainz-Dürr (2002 (a), S. 49).
[1100] Krainz-Dürr (2002 (a), S. 51).
[1101] Krainz-Dürr (2002 (a), S. 51). Im Sinne des Projektmanagements handelt der Schulleiter dann als Auftraggeber des Projekts. Vgl. Gütler (2002, S. 127f.).
[1102] Vgl. grundlegend Becker/Thomas (o. J., S. 1ff.).

271

Arbeits-gruppe	Ziele	Maßnahmen	Zeitplan	Verantwortliche/r
Betriebswirt-schaftslehre	Aufbau einer Datenbank	BSCW-Server Schulung	Ende des Schuljahres	Fachgruppensprecherin (leitend) und 5 Mitglieder der Fachgruppe
Deutsch	Einführung eines neuen Lehrbuchs	Sichtung, Diskussion und Entscheidung	8 Wochen	Fachgruppensprecher
Mathematik	Qualitätsverbesserung	Eine Stunde Mathematik zusätzlich in Klasse 11	Ab neuem Schuljahr	Koordinator

Tabelle 23: Auszug aus Schulprogrammentwicklung – Zielabsprachen der Fachgruppen

Dieser personalintensive Prozess führt nicht selten zu Differenzierungen innerhalb der Kollegenschaft.[1103] Gründe dafür liegen u. a. im ambivalenten Verhältnis der Lehrkräfte zur Funktion von Leitung und deren personeller Verankerung in der „sozialen Architektur". Sie reagieren asymmetrisch sensibel auf Kollegen, die (Projekt)leitungsfunktionen übernehmen. Als Reaktion darauf fordern derartigen Sensibilitäten ausgesetzte Projektleiter nur (zu) selten Verbindlichkeiten anderer Kollegen ein und delegieren Aufgaben eher zögerlich. Wenn die Erarbeitung eines Schulprogramms zudem nur außerhalb der dienstverpflichtenden Unterrichtszeit stattfinden muss, dann erschwert die gemeinsame Terminfindung den Schulentwicklungsprozess, weil die antizipierten Entwicklungstempi der einzelnen Kollegen differieren.[1104] Zwischen vermeintlich zeitbeschleunigenden Pragmatikern, für die jede Diskussion zu lange dauert und zeitentschleunigenden Kollegen, sogenannten „Zeiträubern", ist es für die Projektleitung häufig schwierig, einen Konsens zu finden. Nicht selten resultieren auch Widerstände[1105] aus unterschiedlichen Arbeitstempi der Kollegen.

Wenn davon ausgegangen werden kann, dass eine Umsetzung der anderen Segmente strategischen Managements ebenso möglich ist, wie die der strategischen Planung[1106], dann erfüllt das Instrumentarium des strategischen Managements die wesentlichen Voraussetzungen, um eine Erarbeitung des Schulprogramms systematisch anzuleiten und zu unterstützen sowie darüber hinaus kontinuierlich weiterzuentwickeln. Dazu ist es aber notwendig, ergebnisbezogen zu überprüfen, inwieweit das Schulprogramm umgesetzt werden konnte.

[1103] Krainz-Dürr (2002 (a), S. 58ff.).
[1104] Krainz-Dürr (2002 (a), S. 63).
[1105] Vgl. Abschnitt 5.2.3 in dieser Arbeit.
[1106] Es ist kein grundsätzliches Übertragungshindernis erkennbar.

272

5.3.3 Schulprogrammevaluation

Die Forderung Schulprogramme zu evaluieren, lässt sich aus den Erfordernissen ableiten, die Qualität schulischer Arbeit zu überprüfen.[1107] Dabei hat eine Evaluation mehr als nur die (gefürchtete) Kontrollfunktion, nämlich:[1108]

- Steuerungsfunktion, d. h. Evaluationsergebnisse werden genutzt, um schulische Prozesse besser zu steuern, z. B. Einschulungsverfahren und Festsetzung von Konferenzen bzw. Teambesprechungen.
- Stimulierungsfunktion, d. h. Ergebnisse von Evaluationen können Prozesse der Qualitätsentwicklung anregen, z. B. ein guter Feedback-Wert bzgl. des Unterrichtsausfalls führt zu vermehrtem Anstrengen diesen Wert zu halten bzw. zu steigern.
- Rechenschaftsfunktion, d. h. Evaluationsergebnisse können Auskunft darüber geben, ob die eingesetzten Ressourcen sinnvoll verwendet worden sind, z. B. zusätzliche Förderunterricht für lernschwächere Schüler führte/führte nicht zu besseren Prüfungsergebnissen.
- Außendarstellungsfunktion, d. h. die Imagewerte der Schule können ausgebaut werden, wenn es der Schule gelingt nachzuweisen, dass sie bestimmte quantifizierbare Leistungen erbracht hat.

An den vier Funktionen wird der Controllingaspekt von Evaluationen deutlich. Dieser ist aber nicht gleichzusetzen mit einer direkten Kontrolle einzelner Systemelemente bzw. Personen. Dennoch wird die Befürchtung von Lehrkräften geäußert, durch Evaluationen immer stärker kontrolliert zu werden.[1109] Darin spiegelt sich ein ambivalentes Verhältnis zur Kontrolle wider. Lehrkräfte sind Kontrollierende und fürchten die Kontrolle.[1110] Gerade bei Evaluationen von Lehrkräften durch Schüler tritt dieser Widerspruch offen zu Tage.[1111] Deshalb sollte in diesem Bereich mit größtmöglicher Sensibilität seitens des Schulleiters oder der Steuergruppe agiert werden, um Widerstände gering zu halten. Selbst wenn von der Gesamtkonferenz einstimmig ein Schulleitbild verabschiedet wurde, in dem es u. a. heißt: „Wir lassen uns evaluieren.", treten diese Phänomene auf. Werden dagegen „nur" einem Einzelelement bzw. einer Einzelperson nicht

---

[1107] Vgl. Posch (2002, S. 23). Hierbei handelt es sich bisher (November 2003) um theoretische Erkenntnisse – zumindest für Niedersachsen, da die ersten Schulprogramme gerade erst veröffentlicht aber noch nicht evaluiert worden sind.

[1108] Buhren/Rolff (2002, S. 164); vgl. auch Kempfert/Rolff (1999, S. 34ff). Zur Methode der Evaluation vgl. auch Bönsch (2003, S. 326ff.).

[1109] Selbst auf Lebenszeit verbeamtete Lehrkräfte äußern die Sorge, gekündigt – zumindest aber mit einem schlechteren Stundenplan abgestraft zu werden.

[1110] Marlies Krainz-Dürr (2002 (b), S. 205). Vgl. auch Eikenbusch (1997, S. 1): „Heiliger Sankt Florian – evaluier' die Schul' von nebenan!"

[1111] Zu den Vorzügen vgl. Bönsch (2003, S. 329).

direkt zurechenbare, allgemeine Prozesse evaluiert, scheint das Widerstandspotenzial geringer zu sein. Ob sich allerdings von einer eher allgemeinen Erkenntnisebene Schule qualitätssteigernd steuern lässt, kann bezweifelt werden.[1112] Der „Königsweg" über freiwillige personenbezogene Evaluationen Schulprozesse zu steuern, führt möglicherweise ebenso wenig zum angestrebten Ziel, weil derartige Evaluationen zu „vernebelten" Ergebnissen führen, da „leistungsstärkere" Lehrkräfte sich vermutlich eher evaluieren lassen als „leistungsschwächere" Lehrkräfte.[1113] Somit muss kritisch resümiert werden, dass die Grundeinstellung der Lehrkräfte zu Evaluationen gespalten ist und derartige Evaluationsergebnisse defensiv interpretiert werden sollten.

Durch die Art der jeweiligen Evaluation scheint die entsprechende Einstellung gestärkt oder geschwächt werden zu können. Grundsätzlich lassen sich zwei Arten der Evaluation unterscheiden: die interne und die externe Evaluation.

Im Rahmen einer internen Evaluation überprüfen berufsbildende Schulen selbst den Prozess ihrer Arbeit, die auf der Basis des Schulprogramms geleistet worden ist. Diese Evaluationsart kann als Beobachtung 1. Ordnung verstanden werden.[1114] Dabei gilt es Evaluationssubjekte, -objekte und -methoden zu klären. Evaluationssubjekte sind die Evaluierer, die i. d. R. der Mesoebene angehören.[1115] Es ist zu fragen, durch welche Sachverhalte sie zur Beobachtung legitimiert sind, z. B. Fachkompetenz, Mitbestimmungsregelungen (Gesamtkonferenz, Personalrat) oder Kraft Amtes. Zu Evaluationsobjekten können Elemente bzw. Personen, Relationen und Prozesse werden, z. B. Prozessmanagement, Arbeitsbelastungen, Lern- und Sozialverhalten sowie Leistungsergebnisse der Schüler, Kommunikationsstrukturen im Kollegium, Kooperation mit Eltern, anderen Schulen und gesellschaftlichen Institutionen.[1116] Der Bereich der Evaluationsmethoden ist ebenfalls breit gefächert, z. B. Kartenabfrage, Fragebogen, Interviews, Analyse von Dokumenten und Leistungsüberprüfungen. Inwieweit Evaluationen den wissenschaftlichen Standards Validität, Objektivität und Reliabilität entsprechen sollten, scheint strittig.[1117] Werden diese Gütekriterien jedoch vernachlässigt, stellt sich die Frage nach dem Aussagewert der ermittelten Ergebnisse. Dieses Manko kann auch nicht durch Ersatzforderungen nach ethischer Verantwortung, pädagogischem Konsens, Transparenz und pragmatischen

---

[1112] Eikenbusch (1997, S. 2).

[1113] Vgl. zu diesem Verfahren, Rückin (2002 (b), S. 169f.).

[1114] Vgl. zur Beobachtung 1. und 2. Ordnung Abschnitt 2.2.5 in dieser Arbeit. In der Literatur wird diese Vergleichsebene – nach meinem Kenntnisstand [M. S.] – noch nicht thematisiert.

[1115] Schüler als Beobachter wären vorrangig der Mikroebene zuzurechnen.

[1116] Vgl. dazu auch das EFQM-Modell im Abschnitt 4.3.2.2, Abb. 32, in dieser Arbeit.

[1117] Vgl. Eikenbusch (1997, S. 3), der diese Kriterien nur in bestimmten Bereichen, z. B. vergleichenden Schulleistungsmessungen für notwendig hält.

Lösungen[1118] ausgeglichen werden. Sind die Daten unsicher, wird der Steuerungsprozess der Schulleitung und/oder der Steuergruppe möglicherweise bestenfalls zu einer Kolumbusschen Entdeckungsreise. Um Havarien im Schulentwicklungsprozess jedoch zu vermeiden, sollten deshalb gerade im Bereich interner Evaluationen die Beobachtungsprobleme: Tautologie, Paradoxie, Selbsterzeugung und Selbstreferentialität besonders berücksichtigt werden.

Zur Überwindung der Schwächen interner Evaluationen kann es sinnvoll sein, externe Evaluationen durchzuführen. Dabei beobachten schulexterne Personen der Makroebene bzw. der Systemumwelt mit Hilfe bestimmter Instrumentarien schulische Ergebnisse, Strukturen und Prozesse. Derartige „Beobachtungen" scheinen als Beobachtungen 2. Ordnung aufgefasst werden zu können.[1119] Grundsätzlich sind an externe Evaluationen die gleichen Gütekriterien wie an interne Evaluationen zu stellen. Handelt es sich bei den externen Beobachtern um wissenschaftliche Einrichtungen, z. B. Universitäten oder Forschungsinstitute, kann davon ausgegangen werden, dass die Gütekriterien eingehalten werden. Handelt es sich jedoch z. B. um „kritische Freunde", Schulaufsicht oder Ausbildungsbetriebe, dann ist eher davon auszugehen, dass sowohl die Ermittlung als auch die Interpretation der Ergebnisse starken subjektiven Faktoren ausgesetzt sind. Ein Beispiel: In den Sommerferien besuchte ein Dezernent der Bezirksregierung im Rahmen des Qualitätsnetzwerkes niedersächsischer Schulen berufsbildende Schulen. Er stellte fest, dass in den Klassenräumen wenige bzw. gar keine Bilder an den Wänden hingen. Er schloss daraus auf ein eher „nüchternes", sachliches Lehr-/Lernklima und teilte dies der Schule mit. Für die Schule stellten sich u. a. folgende Fragen:

- Warum kam er in den Sommerferien – in eine „leere" Schule?
- Warum beobachtete er dies?
- Warum hielt er dies für ein Qualitätsmerkmal?
- Warum teilte er diese Beobachtung der Schule mit?

Die „internen" Beobachter hatten diesen Sachverhalt noch nie beobachtet bzw. thematisiert. An diesem Beispiel interessiert nicht, ob die Beobachtung 2. Ordnung richtig ist und ob die Schlussfolgerungen gerechtfertigt sind. Festzustellen ist nur, dass Beobachtungen 1. und 2. Ordnung nicht deckungsgleich sein müssen. Für den Schulleiter als Change Manager ergeben sich aus der Deckungsungleichheit der Beobachtungen und einem damit verbundenen Beharren auf

---

[1118] Forderungen von Eikenbusch (1997, S. 4).
[1119] Allerdings ist zu beachten, dass Beobachter 2. Ordnung, die mit dem Instrumentarium der „Zubeobachtenden", also im engeren Sinne den Beobachtern 1. Ordnung, arbeiten, letztlich nur eingeschränkte Beobachter 2. Ordnung sind, z. B. Schüler evaluieren ihre Lehrkräfte mit einem Fragebogen, den die Lehrkräfte selbst entwickelt haben.

dem jeweiligen Beobachtungsergebnis Konsequenzen beim Beheben der Schwachstellen. Grundsätzlich lassen sich 4 Fälle voneinander unterscheiden, vgl. Tabelle 24.

	1. Fall	2. Fall	3. Fall	4. Fall
Einschätzung des Beobachters 1. Ordnung	positiv	negativ	positiv	negativ
Einschätzung des Beobachters 2. Ordnung	positiv	negativ	negativ	positiv
	Gemeinsame Schlussfolgerungen möglich		Unterschiedliche Schlussfolgerungen wahrscheinlich	

Tabelle 24: Theoretische Fälle der Beobachtung 1. und 2. Ordnung
und mögliche Schlussfolgerungen

Für die Schulprogrammarbeit als Schulentwicklungsprozesse ergeben sich daraus u. a. folgende Konsequenzen für das weitere Handeln:

1. Fall: Beide Beobachter haben von einem Beobachtungsobjekt einen positiven Eindruck, z. B. Leistungsergebnisse der Schüler. Dieses Ergebnis ist in der Zukunft zu wiederholen, möglicherweise noch zu steigern.
2. Fall: Der Eindruck beider Beobachter ist negativ, z. B. EDV-Ausstattungen. Die Zielsetzung diese Situation zu verbessern ist eindeutig.
3. Fall: Schulinterne Beobachter schätzen einen Zustand im Gegensatz zum externen Beobachter positiv ein, z. B. Schüler-Lehrer-Verhältnis. Dieser Fall bedarf wie der folgende 4. Fall einer intensiveren Betrachtung
4. Fall: Schulinterne Beobachter schätzen einen Sachverhalt im Gegensatz zum externen Beobachter negativ ein; z. B. die Bezahlung der Lehrkräfte in Bezug auf die von ihnen erbrachten Leistungen.

Die Fälle 3 und 4 bedürfen der Klärung, um die geeigneten Handlungsstrategien einzuleiten. Es kann davon ausgegangen werden, dass Schulleiter, Steuergruppe und übrige Lehrerschaft in Abhängigkeit von ihrem eigenen Selbstbewusstsein handeln und externe Ergebnisse unterschiedlich akzeptieren werden. Handeln die Akteure der Mesoebene selbstkritisch, dann werden Sie sich mit den divergierenden externen Ergebnissen auseinandersetzen, insbesondere wenn es im Entwicklungsprozess der Schule gelang, Vertrauen zu externen Beobachtern aufzubauen. Ist dies nicht der Fall, besteht die Gefahr, dass die Beobachtungen 2. Ordnung wirkungslos bleiben, selbst wenn sie zutreffen sollten. Lehrkräfte werden sich weiterhin für unterbezahlt halten (Fall 4) und glauben, von einem intakten Schüler-Lehrer-Verhältnis an ihrer Schule (Fall 3) ausgehen zu können. Um diese Sackgassengefahr zu vermeiden, scheint es ratsam, vermittelnde Kommunikationsprozesse mit „neutralen" Moderatoren zu initiieren. Dies umso mehr, als berufsbildende Schulen Qualitätsnachweise bezüglich der von ihnen erbrachten Leistungen und zukunftsfähiger Potenziale gegenüber externen Anspruchspartnern erbringen müssen. Diese wiederum setzen eher auf Ergebnisse externer Evaluationen, weil sie ihnen einen höheren Objektivitätsgrad zuschreiben.

Die folgende Tabelle 25 gibt deshalb einen Überblick über ausgewählte externe Anspruchspartner, Anspruchsverpflichtungen und Begründungszusammenhänge.

Externe Anspruchspartner	Anspruchsver- pflichtung der BBS	Begründungszusammenhang
Schüler	Ganzheitliche Handlungskompe- tenz	Die Schüler sollen in die Lage versetzt werden, am Arbeitsmarkt und in weiterführenden Bildungsein- richtungen zu reüssieren.
Ausbildungs- betriebe	Betrieblich ver- wertbarer Kompe- tenzerwerb	Betriebliche Verwertungsinteressen im Sinne eines Investments in Humankapital.
Eltern	Bildungsstatus der Kinder	Schulerfolg als Erfolgskriterium elterlicher Einflüsse und als Voraussetzung einer chancenreichen Zukunft ihrer Kinder.
Öffentlichkeit	Sichtbarkeit schu- lischer Leistungen	Ökonomisierung bildungspolitischen Denkens fokus- siert sich auf die berufliche Verwertbarkeit in der Schule erworbener Qualifikationen.
Schulaufsicht (Ministerium/ Bezirksregierung)	Rechenschafts- pflicht	Die wachsende Selbstständigkeit und Problemlöseka- pazität der Mesoebene muss weiterhin in die Struktur des von der Makroebene gedachten Systems passen.

Tabelle 25: Externe Anspruchspartner und Anspruchsverpflichtungen berufsbildender Schulen im Überblick[1120]

[1120] Die inhaltlichen Aspekte der Tabelle folgen der Argumentation Poschs (2002, S. 23ff.).

Insgesamt unterstreicht der breite und vielschichtige Anspruchskanon die Notwendigkeit der Evaluation schulischer Arbeit und damit auch die Evaluation eines Schulprogramms. Nicht zuletzt stellt ein offensives schulisches Qualitätsmanagement, das mit einer angemessenen Öffentlichkeitsarbeit verknüpft sein sollte, einen wichtigen Schritt dar, das Image der Lehrkräfte und ihrer Schulen in der Gesellschaft zu verbessern.[1121] So gesehen könnte das Mesosystem das Instrument Schulprogramm autopoietisch nutzen, um sich selbst in seiner Systemumwelt zu stabilisieren und weiterzuentwickeln.

5.3.4 Konsequenzen für die weitere schulische Entwicklung

Soll die Mesoebene des berufsbildenden Schulsystems gestärkt werden, scheint es sinnvoll, wesentliche Ergebnisse der Schulprogrammentwicklung als Fundament für weitere Entwicklungen in Betracht zu ziehen.[1122] Zusammengefasst heißt das:[1123]

- Schulprogrammentwicklung zeigt, dass die Systemstabilität der Mesoebene und ihre möglichen Entwicklungschancen von der Zusammenarbeit aller Beteiligten abhängen, die berufsbildende Schulen mitgestalten.
- Die Organisation des Entwicklungsprozesses muss professionell angegangen werden. Mögliche Verfahren sind im Projektmanagement und übergreifender im strategischen Management anzusiedeln. Sie sind auf die Spezifika berufsbildender Schulen auszurichten.
- Schulische Entwicklungen benötigen Zeit, für die es im Schulalltag keine oder kaum Zeitfenster gibt. Ungeduld auf der einen und Entschleunigungen auf der anderen Seite stellen existenzgefährdende Momente für schulische Entwicklungsprozesse dar. Teilweise bedarf es des „gesetzeswidrigen" Zulassens von Zeiten für Teamsitzungen innerhalb originärer Unterrichtszeiten, um den Changeprozess am Leben zu erhalten.
- Der Schulleiter besetzt eine zentrale Rolle in allen Innovationsprozessen. Er übernimmt Vorbildfunktion. Seine Zielvorstellungen und die des Kollegiums müssen weitgehend übereinstimmen. Sein Instrumentarium zum Prozesscontrolling ist aufgrund mangelnder Anreize sehr begrenzt.
- Die Hauptarbeitsbelastung liegt bei den Lehrkräften und dem Schulleiter. Entlastende Momente durch Schüler, Eltern und andere Personengruppen

---

[1121] Posch (2002, S. 25).

[1122] Die folgenden Konsequenzen bauen auf den oben dargestellten theoretischen Zusammenhängen und den Erfahrungshorizonten bei der Erarbeitung von Schulprogrammen, vgl. Krainz-Dürr/Posch/Rauch (2002), sowie eigener Beobachtungen eines mehrjährigen Erstellungsprozess eines Schulprogramms auf.

[1123] Vgl. Krainz-Dürr (2002 (c), S. 240ff.).

und Institutionen stellen an berufsbildenden Schulen Ausnahmen dar. Unterstützung durch professionelle externe Berater, z. B. Unternehmensberater und Prozessberater der Bezirksregierung, sollte soweit inhaltlich und finanziell (Budgetierung) möglich konstruktiv kritisch genutzt werden.

- Die bisher von der Makroebene zur Verfügung gestellten Ressourcen bzw. Rahmenbedingungen für die Schulprogrammentwicklung sind unzureichend.
- Evaluationen können einen wichtigen Beitrag zur Schulentwicklung leisten. Gleich-zeitig stellen sie ein neuralgisches Element jedes Changeprozesses dar. Lehrkräfte tendieren zur Vermeidung von Individualfeedbacks von Schülern und Ausbildungsbetrieben, insbesondere wenn diese anderen Personen zugänglich gemacht werden sollen. Aus der Sicht der Lehrkräfte scheint es inakzeptabel, die personenbezogenen Evaluationsergebnisse für Gestaltungsprozesse der Schulleitung, z. B. Fortbildungsmaßnahmen, Stundenplangestaltungen und Personalentwicklungen zu nutzen.
- Schulprogrammentwicklungen erweitern die personale Verantwortung der Lehrkräfte für die Schule. Sie ermöglichen eine weitreichende Mitgestaltung, die sich positiv auf die Kommunikationsstrukturen und das Schulklima auswirken können. Verkehrt sich jedoch der Prozess der Schulprogrammentwicklung aufgrund von Managementfehlern oder externen Störungen,[1124] dann kann dies zu einer Art negativem „Leverage-Effekt" für die zukünftigen Innovationsprozesse der Schule führen.
- Erfolgreiche Schulprogrammentwicklung stärkt die Schule insgesamt und verbessert ihre Außendarstellung.

Wenn es berufsbildenden Schulen gelingt, ihre Schulprogramme so zu gestalten und weiterzuentwickeln, dass auch brisante Elemente schulischer Kernprozesse thematisiert und evaluiert werden, z. B. Beurteilung des Schulleiters durch das Kollegium, Schüler beurteilen ihre Lehrkräfte, Unterrichtsmethodik und Hospitationen, dann können sie einen wesentlichen Beitrag zur Qualitätsentwicklung leisten. Verpflichtet das Makrosystem alle berufsbildenden Schulen, Schulprogramme zu entwickeln, kann die Qualität des gesamten berufsbildenden Systems gestärkt werden. Eine Vernetzung einzelner Schulprogramme zu regionalen Schulprogrammen, die zu Bildungsplänen der Bundesländer und darüber hinaus zu nationalen Bildungsberichten erweitert werden könnten,[1125] würde einen Beitrag zur „Qualität in Schulen" leisten. Dieser würde seinen Ausgangspunkt in der Entwicklungsarbeit der Mesoebene haben, die in zentralen Punkten auf den Kernprozess der Mikroebene, den Unterricht, fokussiert ist und das gesamte Makrosystem erfasst. Ein zwar ursprünglich „Top-Down" initialisierter

---

[1124] Vgl. Krainz-Dürr (2002 (d), S. 193ff.).
[1125] Inwieweit die Kulturhoheit der einzelnen Bundesländer eine uneinnehmbare Grenze darstellt, mag als Frage hier unbeantwortet bleiben.

Prozess würde zu einem „Bottom-Up"-Prozess für das Gesamtsystem führen. Die Schlüsselfunktion käme dabei der Mesoebene zu, der Ebene, die über die größte Sachkompetenz verfügt[1126] – keine schlechte Voraussetzung für einen erfolgreichen Changeprozess.

5.4 Regionale Kompetenzzentren als externer organisatorischer Beitrag der Makroebene im Changeprozess

5.4.1 Leitidee und Zielsetzungen

Die Leitidee regionaler Kompetenzzentren beinhaltet den Versuch der Makroebene in Gestalt des Kultusministeriums und anderer am Changeprozess Beteiligter, z. B. Bezirksregierungen, kommunale Spitzenverbände, Kammern, Gewerkschaften und Arbeitgeberverbände[1127], berufsbildende Schulen so zu gestalten, dass diese in die Lage versetzt werden, die zunehmend komplexeren Anforderungen an berufliche Erstausbildung zu erfüllen.[1128] Zugleich sollen sie die Aufgabe wahrnehmen können, berufliche Fort- und Weiterbildungsmaßnahmen anzubieten.[1129]

Derartige Qualifizierungszentren für die Regionen zu entwickeln, scheint erklärter bildungspolitischer Wille[1130] zu sein, der auch in anderen Bundesländern festzustellen ist.[1131] Ob damit gleichzeitig berufsbildende Schulen in ihrer Selbstständigkeit gestärkt und weiterentwickelt werden sollen und/oder ob die knappen öffentlichen Mittel der bedeutende Beweggrund sind,[1132] mag offen bleiben. In Niedersachsen ist zur Erprobung des Konzepts „regionales Kompetenzzentrum" ein fünfjähriger Versuch ausgeschrieben worden, an dem sich

---

[1126] Zum Anstieg der Bedeutung mittlerer Systemebenen vgl. Krainz-Dürr (2002 (a), S. 54ff.) und DeMarco (2001, S. 158ff.).

[1127] Vgl. Abschnitt 5.4.2 in dieser Arbeit.

[1128] Vgl. Rittmeister (2002, S. 12f.).

[1129] Vgl. Szewczyk/Alexander (2002) zur Leitidee und zur Problematik des Begriffes ‚Kompetenzzentrum'. Zur Begriffsproblematik vgl. auch Erlewein (2003, S. 21).

[1130] Der Niedersächsische Landtag forderte in seiner 83. Sitzung am 17. September 2001 die Landesregierung auf, einen fünfjährigen Schulversuch „Berufsbildende Schulen in Niedersachsen als regionale Kompetenzzentren" (Drs. 14/2701) durchzuführen. Die Beschlussempfehlung des Kultusausschusses und der Beschluss des Landtages erfolgte einstimmig. Dies hatte zur Folge, dass auch die neue Landesregierung an diesem Schulversuch festhielt. Vgl. Bräth (2003, S. 269).

[1131] Beispielhaft sei verwiesen auf Baden-Württemberg (Projekt: teama), vgl. BLK-Programmträger „innovelle-bs" (2003); Rheinland-Pfalz und Saarland (Projekt: KOMPZET), vgl. Dobischat/Erlewein (2003). Vergleichbar sind ebenso die „regionalen Bildungszentren" in Schleswig Holstein.

[1132] Vgl. Henkel (2003, S. 18); vgl. auch BLK-Programmträger „innovelle-bs" (2003, S. 62).

19 berufsbildende Schulen beteiligen.[1133] Das Globalziel des Projekts besteht in der Entwicklung eines auf alle berufsbildende Schulen in Niedersachsen übertragbaren Modells, das durch ein geändertes Steuerungs- und Unterstützungssystem

1. berufsbildende Schulen zu regional- und kundenorientierten Dienstleistern der beruflichen Bildung entwickelt und
2. die Qualität ihrer schulischen Arbeit messbar verbessert.[1134]

Diese Globalzielsetzung kann in verschiedene Teilziele bzw. Projektziele segmentiert werden. Fünf Segmente, sogenannte „Strukturbausteine", sind dabei besonders hervorzuheben:[1135]

- Bildungsangebot
  Das Bildungsangebot eines regionalen Kompetenzzentrums ist auf den regionalen Bedarf abzustimmen und curricular bzgl. der Bereiche berufliche Erstausbildung, Fort- und Weiterbildung zu verzahnen. Eine Individualförderung lebensbegleitenden Lernens soll möglich sein. Das pädagogische Gesamtkonzept kann sich u. a. an folgenden Eckpunkten orientieren: Primat der Handlungsorientierung im Bereich der Didaktik und Methodik, selbstständiges und selbstgesteuertes Lernen, Leistungs-Portfolio und Zertifizierungen von Zusatz-/Wahlpflichtangeboten.[1136]
- Qualitätssicherung und Rechenschaftslegung
  Qualitätssicherung und Rechenschaftslegung bedarf der Einführung ggf., der Veränderung eines umfassenden Qualitätsmanagementsystems, das sich nicht nur auf das Qualitätsbewusstsein des Schulleiters im Sinne des § 43 NSchG bezieht, sondern alle Personen einbezieht, die im System des regionalen Kompetenzzentrums handeln. Instrumente können dabei sein: Schulprogramme inkl. Jahresbildungs- und Entwicklungsbericht, Selbstevaluation und Qualitätsnetzwerke.[1137]
- Personal[1138],
  Personalmanagement und entsprechende Unterstützungsinstrumente und -strukturen sind für ein regionales Kompetenzzentrum zu entwickeln. Dazu

---

[1133] Vgl. Barth/Henkel (2003, S. 244).
[1134] Barth/Henkel (2003, S. 246).
[1135] Vgl. Barth/Henkel (2003, S. 244), vgl. auch Niedersächsisches Kultusministerium (2002 (c), S. 8ff.).
[1136] Niedersächsisches Kultusministerium (2002 (c), S. 9f.).
[1137] Niedersächsisches Kultusministerium (2002 (c), S. 11).
[1138] Grundsätzlich scheint es problematisch, ein umfassendes Qualitätsmanagementsystem zu fordern und gleichzeitig zentrale Elemente eines solchen, nämlich Personalmanagement und Finanzen separat zu behandeln.

zählen u. a. Personalbewirtschaftung, -führung, -entwicklung und - honorierung. Als ein Leitsatz im Rahmen erweiterter Kompetenzen soll gelten: „Geld statt Stellen" zur selbstständigen Bewirtschaftung. Dies wird als eine Voraussetzung angesehen, um das eigenständige Handeln des Mesosystems in der Region, im Sinne von Qualifizierung der Menschen, zu ermöglichen.

- Finanzen
  Es ist zu klären, inwieweit eine Bewirtschaftung eines Totalbudgets, bestehend aus Personal- und Sachmitteln des Landes und der Schulträger, möglich ist. Die Budgetbestandteile müssten gegenseitig deckungsfähig und grundsätzlich übertragbar sein. Die Kameralistik ist durch eine kaufmännische Buchführung zu ersetzen. Die Bildungsangebote im Kurssystem sind kostendeckend und marktgerecht zu kalkulieren.[1139]
- Schulverfassung
  Die Beteiligung unterschiedlicher Interessengruppen an Entscheidungsprozessen auf der Mesoebene im Kontext umfassenderer Gesamtverantwortung berufsbildender Schulen führt im Sinne schulrechtlicher Einordnung dazu, dass das Projekt „regionale Kompetenzzentren" nicht nur ein Schulversuch sondern ebenfalls ein Schulverfassungsversuch ist.[1140]

Gerade der letzte Punkt macht den Einfluss der Makroebene deutlich. Es ist eine klassische hoheitliche Aufgabe des Makrosystems, die Schulverfassung für alle berufsbildende Schulen eines Landes zu ändern. Diese Aufgabe könnte nur dann von den einzelnen regionalen Kompetenzzentren selbst übernommen werden, wenn der Staat sich aus der Regulierung beruflicher Bildung vollständig zurückzöge und sie beispielsweise dem Wirtschaftssystem allein überließe.

Organisatorische Innovationen im Sinne von Veränderungen bestehender Funktionen und Strukturen sowie inhaltliche Klärungen der „Arbeitspakete" des Projekts erscheinen notwendig, um beurteilen zu können, wie es gelingen könnte, den umfangreichen Zielkatalog in das bestehende Mesosystem instrumentell zu implementieren und berufsbildende Schulen gleichzeitig substanziell weiterzuentwickeln. An dieser Stelle scheint eine Systementwicklungskomponente deutlich zu werden, die auf einen potenziellen Mangel an Klarheit in der Abgrenzung zwischen Zielsetzung und Instrumentarium hinweist. Auf der einen Seite wird z. B. ein verändertes schulisches Qualitätsmanagementsystem als Ziel definiert, auf der anderen Seite wird gerade dieses als Instrument zur Erreichung der komplexen Zielsetzung vorausgesetzt. Eine theoretische Kongruenz erscheint an dieser Stelle nur möglich, wenn schulisches Qualitätsmanagement eigendyna-

---

[1139] Niedersächsisches Kultusministerium (2002 (c), S. 14). Während der Begriff „kostendeckend" betriebswirtschaftlich eindeutig ist, gilt dies für den Begriff „marktgerecht" nicht.
[1140] Vgl. Bräth (2003, S. 269).

misch, sozusagen als sich selbstentwickelndes autopoietisches System begriffen wird. Ob dieses jedoch dann die angestrebten Ziele, z. B. Stärkung der Selbstständigkeit des Mesosystems, unterstützt oder zu einer Rückkehr in den entscheidungsärmeren, aber vermeintlich sicheren Schoß des Makrosystems führt, mag als entscheidungsoffener langfristiger Prozess beobachtet werden.

5.4.2 Möglichkeiten der Implementierung und Organisation des Projekts „regionale Kompetenzzentren"

Die Kombination der Begriffe „Projekt" und „regionale Kompetenzzentren" deutet bereits auf die Art der Implementierung und auf bestimmte Organisationselemente hin. Das Niedersächsische Kultusministerium hat sich entschlossen, regionale Kompetenzzentren im Sinne eines nach DIN 69901 normierten Projekts durchzuführen. Demnach versteht man unter einem Projekt „... ein Vorhaben, das im Wesentlichen durch die Einmaligkeit der Bedingungen in ihrer Gesamtheit gekennzeichnet ist, zum Beispiel: Zielvorgabe; zeitliche, finanzielle, personelle und andere Bedingungen; Abgrenzung gegenüber anderen; projektspezifische Organisation."[1141] Barth/Henkel betonen dabei den temporären Charakter des Projekts und die grundsätzliche Verträglichkeit mit einem Linienmanagement. Sie beschreiben den Schulversuch darüber hinaus mit der Begriffspalette: „einmalig/wichtig, fachlich und organisatorisch komplex, innovativ/interdisziplinär, hierarchie- und fachbereichsübergreifend, klar abgegrenzt in den Verantwortlichkeiten und der Aufgabenzuordnung zwischen einem/r Auftraggeber/in und einem/r Auftragnehmer/in."[1142]

Zu fragen ist an dieser Stelle u. a., wenn eine „Einmaligkeit der Bedingungen" existiert und die systemische Abgrenzung im Sinne einer „Abgrenzung gegenüber anderen" tatsächlich zu konstatieren ist, wie es dann gelingen kann, die Projektergebnisse entsprechend dem Globalziel auf andere berufsbildende Schulen zu übertragen. Wenn einem Projekt kein exemplarisches Potenzial im Verständnis induktiver Kraft unterstellt werden kann, bleiben die gewonnenen Erkenntnisse spezifische Projektergebnisse. In diesem Fall ist ein sinnstiftender Transfer auf andere Organisationen logisch nicht mehr zwingend gesichert. Dass derartige Systemübertragungen tatsächlich nicht unproblematisch sind, lässt sich an zwei Beispielen dokumentieren.

1) Schulprogramme: Der Modellversuch „Schulprogramm"[1143] führte zu sehr unterschiedlichen, letztlich schulspezifischen Ergebnissen, deren Übertrag-

---

[1141] Barth/Henkel (2003, S. 245).

[1142] Barth/Henkel (2003, S. 245).

[1143] Vgl. Niedersächsisches Kultusministerium (1998 (b), S. 222).

barkeit weder in den Zielsetzungen, den eingesetzten Instrumenten noch in den Organisationsformen gesichert ist. Ebenso unterscheiden sich die gewählten Unterstützungssysteme, wie Netzwerke, Unternehmensberatungen und schuleigene Initiativen.

2) Personalkostenbudgetierung: Der ursprüngliche Versuch sah beispielweise vor, einen Betrag von 1.457,18 € pro Vollzeitlehrereinheit den Schulen zur Verfügung zu stellen.[1144] Auf dieser Basis haben die Schulen kalkuliert – auch die Schulen, die erst im Laufe des Versuchs hinzukamen. Da allerdings die Nachfrage, an diesem Modell teilnehmen zu können, überraschend stark anstieg, schrumpfte der Budgetansatz auf 1.000 € je Vollzeitlehrereinheit[1145] – auch für die „Gründungsmitglieder". Die Gesamtentwicklung scheint im finanziellen Bereich für die Entscheider der Makroebene so schwierig abzuschätzen zu sein, dass sie zu folgender Formulierung griffen: „Was die Aufnahme weiterer Schulen in den Modellversuch betrifft, so soll dies voraussichtlich erst zum 01.08.2004 erfolgen – und zwar voraussichtlich letztmalig."[1146]

Es ist bei allen Projekten zu fragen , ob sie sich als Referenzsysteme eignen, beispielsweise ob die Stadt und die Region Osnabrück in der Lage wären, sieben regionale Kompetenzzentren zu steuern bzw. sich selbstständig steuern zu lassen. Dabei soll nicht nur auf die wenig überzeugende Sprachregelung hingewiesen werden,[1147] sondern besonders die Projektorganisation und die Vielzahl der Beteiligten näher betrachtet werden.

Am Projekt „regionale Kompetenzzentren" sind u. a. direkt oder indirekt beteiligt (vgl. Abbildung 36):[1148] Kultusministerium, 19 berufsbildende Schulen, 14 Schulträger, 4 Bezirksregierungen, Personalräte, Frauenbeauftragte, weitere Ministerien, Landesausschuss für Berufsbildung, kommunale Spitzenverbände, Kammern, Gewerkschaften, Arbeitgeberverbände und Bildungseinrichtungen in freier Trägerschaft. Barth/Henkel bezeichnen diese Aufzählung im Sinne einer offenen Projektarbeit als nicht abgeschlossen.[1149] Von besonderer Bedeutung ist dabei die Funktion des Kultusministers als Auftraggeber und finaler Entschei-

---

[1144] Niedersächsisches Kultusministerium (2003 (c), S. 1).
[1145] Stand: 31. Dezember 2003.
[1146] Bezirksregierung Weser-Ems (2003, S. 1).
[1147] Vgl. Szewczyk/Alexander (2002).
[1148] Barth/Henkel (2003, S. 245).
[1149] Barth/Henkel (2003, S. 245), was als Widerspruch zur grundlegend verankerten personellen Begrenzung verstanden werden kann.

der. Er „...bestimmt Ergebnis und Ziele des Projekts und gibt Gewichtungen vor."[1150]

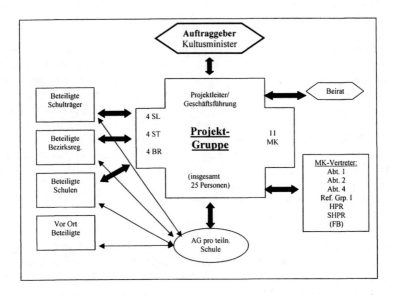

Abbildung 36: Projektbeteiligte „regionaler Kompetenzzentren"[1151]

Die Projektleitung wird von einem Abteilungsleiter des Niedersächsischen Kultusministeriums wahrgenommen. Zu seinem Aufgaben- und Verantwortungsbereich gehören insbesondere die fristgerechte Bereitstellung und die Qualitätssicherung der geforderten Leistungen sowie die Projektplanung, -diagnose, -steuerung und das Projektmarketing. Die Projektgruppe, die aus insgesamt 25 Personen besteht (vgl. Abb. 36), nimmt sich der „Arbeitspakete" an, die der Projektstrukturplan vorschreibt.[1152]

Erst auf der untersten Projektebene, die der Mesoebene entspricht, sind Arbeitsgruppen der beteiligten berufsbildenden Schulen in das Projekt involviert.[1153] Sie

---

[1150] Barth/Henkel (2003, S. 245). Diese Formulierung ist nicht frei von Irritationspotenzial. Das ‚finale' Projektergebnis steht erst am Prozessende fest. Sollte es ex-ante bestimmt sein, könnten allenfalls die Wege zum Ziel entscheidungsoffen angelegt werden.

[1151] Barth/Henkel (2003, S. 245).

[1152] Vgl. Barth/Henkel (2003, S. 245).

[1153] In der Projektgruppe arbeiten nur 4 Schulleiter der 19 teilnehmenden berufsbildenden Schulen mit. Somit sind ca. 80 Prozent, der direkt im Projekt agierenden Personen der Makroebene zuzurechnen.

sollen ebenfalls nach der Projektmethode gemäß DIN 69901 „eigenverantwort-lich" arbeiten.[1154] In ihnen ist der jeweilige Schulleiter der „geborene Vorsitzen-de". Er hat die vor Ort an der Berufsbildung Beteiligten, z. B. Schüler, Eltern, Schulträger, Kammern, Ausbildungsbetriebe und Bildungsträger in die Arbeits-gruppe einzubinden. Zusätzlich soll ein Beirat, der aus Mitgliedern der oben ge-nannten Vereinigungen, Verbänden und anderen Institutionen bestehen kann, beratend tätig sein.

Betrachtet man diesen institutionell komplexen, personenintensiven Aufbau, dann scheinen sich personaltechnische Grenzen der Übertragbarkeit abzuzeich-nen. Interpretiert man die Organisationsstruktur der Makroebene als versuchs-spezifischen Überbau, der bei einem Modelltransfer auf alle anderen berufsbil-denden Schulen abgebaut werden kann, so verbleibt dennoch auf der Mesoebene eine vielschichtige Struktur unterschiedlicher Interessenvertreter, die konstitutiv für regionale Kompetenzzentren zu sein scheint. Dabei ist es allerdings höchst ungewiss, ob die Schulträger, die Kammern und andere Bildungsträger quantita-tiv und qualitativ über die Manpower verfügen, in den schulischen Arbeitsgrup-pen permanent und konstruktiv mitzuarbeiten.[1155] Zudem bedingt, wie bereits oben erwähnt, ihre entscheidungsrelevante Mitarbeit erhebliche schulverfas-sungsrechtliche Veränderungen.

Als Grundmodell einer neuen Schulverfassung favorisiert die Projektgruppe eine fraktale Grundstruktur und eine Stärkung der Funktion des Schulleiters.[1156] Aus-drücklich wird Bezug auf die Change Managemententwicklung des Unterneh-menssektors genommen.[1157] Schulische Fraktale [vom lat. Fractus = gebrochen, fragmentiert] sollen zum Unternehmenssektor[1158] vergleichbare Eigenschaften haben, z. B. Selbstähnlichkeit, Selbstorganisation, Selbstoptimierung, Zielorientierung und Dynamik. Nicht verkannt wird dabei, dass berufsbildende Schulen keine Unternehmen sind. Es sind besondere Anstrengungen notwendig, schulische Geschäftsprozesse zu definieren und ein adäquates Handeln in neue Prozessstrukturen einzuführen, inkl. eines Denkens im Sinne kontinuierlicher Verbesserungsprozesse. „Um den Herausforderungen der Zukunft gewachsen zu sein, bedarf es einer offenen, dynamischen, flexiblen, lernenden berufsbildenden Schule, die die Potenziale ihrer Mitarbeiterinnen und Mitarbeiter ausschöpft, die

---

[1154] Barth/Henkel (2003, S. 246).
[1155] Vergleicht man z. B. die Teilnahmehäufigkeit der angesprochenen Institutionen an Ge-samtkonferenzen, dann scheint Skepsis angebracht.
[1156] Bräth (2003, S. 269).
[1157] Bräth (2003, S. 269); mit besonderem Bezug auf Warnecke (1993, S. 152ff.).
[1158] Zur Problematik „fraktales Unternehmen" vgl. Betzl (1996, S. 49ff.).

sich weg von der starren, „verwalteten Schule" hin entwickelt zur kommunikativen, sich ständig verändernden Schule."[1159]

Dieser nahezu idealtypische Beschreibungsversuch eines Change Management-ansatzes erstreckt sich teamorientiert auf die Arbeitsfelder: Bildungsangebot, Unterrichtsorganisation, Pädagogische Grundsätze und Regeln, Ressourcen, Fort- und Weiterbildung/Qualifizierung und Qualitätsentwicklung.[1160] Visionär wird weiterhin davon ausgegangen, dass jede Lehrkraft ausreichend teamfähig ist, um mit anderen Lehrkräften ein arbeitsfähiges Team zu bilden. Die Teams als „Schule in Schule" bilden sich nach schulstrukturellen Bedingungen, z. B. Bildungsgängen, Berufsgruppen, Unterrichtsfächern, Aufgaben und Projekten. In diesem Geflecht fraktaler Organisation wird jede Lehrkraft in mehreren Teams mitzuarbeiten haben. Die jeweiligen Teamsprecher sind in Teams „höherer Ebenen" zusammengefasst, die beispielsweise von einem Koordinator geführt werden könnten.

Fraktal organisierte Teams müssen im Einklang mit den strategischen Zielsetzungen handeln, um die operative Schulführung inhaltlich zu unterstützen. Setzt beispielsweise die strategische Zielsetzung einen internationalen Schwerpunkt, dann haben die fraktalen Teams „Fremdsprachen" und „interkulturelles Lernen" einerseits eine gute Basis für ihre Entwicklung, andererseits auch die Verpflichtung, die Qualitätsansprüche in ihren Bereichen zu sichern und weiterzuentwickeln. Um ein reibungsloses Miteinander der Teams unter einer einheitlichen strategischen Zielsetzung zu gewährleisten, bedarf es von den Beteiligten permanent genutzter optimaler Kommunikationsstrukturen bzw. eines transparenten Informationssystems[1161] sowie des Aufbaus eines Wissensmanagementsystems[1162]

Oberhalb der von Koordinatoren geführten Fraktale steht der „Schulvorstand".[1163] Er setzt sich z. B. zusammen aus: Schulleiter (Vorsitzender), Abteilungsleiter, Schulpersonalratsvorsitzender, Elternratsvorsitzender, Schulspre-

---

[1159] Bräth (2003, S. 270).

[1160] Bräth (2003, S. 270). Die Schnittmenge zum Ansatz von Bea/Haas, der Führungs- und Leistungspotenziale ins Zentrum der Betrachtung rückt und der in dieser Arbeit als Möglichkeit für die Entwicklung eines Schulprogramms weiterentwickelt wurde (vgl. Tab. 22), wird deutlich.

[1161] Diese Voraussetzungen erinnern stark an die Voraussetzung der Markttransparenz innerhalb der mikroökonomischen Theorie. Zynisch ließe sich behaupten, sowenig es einen „homo oeconomicus" gibt, sowenig gibt es einen rational handelnden „homo paedagogicus".

[1162] Moormann (2003, S. 273ff.).

[1163] Evident wird an dieser Stelle die Organstruktur von Kapitalgesellschaften mit Vorstand und Aufsichtsrat. Ebenso wird deutlich, dass die fraktale Organisation zu keiner „Verschlankung" von Entscheidungsebenen führt.

cher, Frauenbeauftragte, Verwaltungsleiter und anderen Mitgliedern.[1164] Diese Zusammensetzung garantiert keineswegs per se mehr Entscheidungskompetenz und -freiräume für den Schulleiter. Insbesondere dann, wenn ein zusätzliches Organ, der Schulbeirat, möglicherweise in der Funktion eines Aufsichtsrates, darauf achtet, dass „... die Balance zwischen Leistungsversprechen, der pädagogischen Umsetzung in der Schule sowie der Bewirtschaftung der Mittel- und Personalressourcen"[1165] eingehalten wird. Deshalb scheint es von besonderem Interesse zu sein, die Funktion und Aufgaben des Schulleiters in einem „regionalen Kompetenzzentrum" näher zu betrachten.

Der Schulleiter als „Geschäftsführer"[1166], der als Vorgesetzter möglicherweise auch als Dienstvorgesetzter handelt, soll nach Bräth folgende Aufgaben wahrnehmen:

„- Gesamtverantwortung
- Weiterentwicklung des Zielsystems/Leitbild der Schule
- Personalmanagement
- Vereinbaren von Einzelzielen für Kolleginnen/Kollegen und Teams aus dem Gesamtzielsystem (Leitbild/Schulprogramm) der BBS
- Strategie- und Zielmoderation
- Kontrolle der Zieleinhaltung
- Rechenschaftslegung/Berichte
- Konfliktmanagement
- Engpassmanagement
- Qualitätsmanagement
- Dienstliche Beurteilungen der Lehrkräfte."[1167]

Realistisch schränkt Bräth die Implementierungchancen des Gesamtansatzes zeitlich ein. Er fordert Geduld und das Ausprobieren konkreter Beispiele, z. B. Vertretungs- und Budgetplanung.[1168] Nur fragt sich dann, wie es innerhalb der Projektmethode möglich sein soll, einen neuen strategischen Schulverfassungsansatz ohne Zeitvorgaben implementieren zu wollen. Dies spricht gegen jede

---

[1164] Bräth (2003, S. 271).
[1165] Bräth (2003, S. 271).
[1166] Wenn man dem Sprachgebrauch der Organstruktur von Kapitalgesellschaften folgt, könnte es auch ein „Vorstandsvorsitzender" sein.
[1167] Bräth (2003, S. 271). Diese unsystematische Aufzählung reflektiert ein Konvolut fahrlässig voneinander abgegrenzter Einzelaufgaben, die für die Praxis unnötige Konfliktpotenziale im Sinne fehlerhafter Kompetenzzuordnungen und Partizipationsaspekte beinhalten; z. B gehören dienstliche Beurteilungen zum Personalmanagement, Engpässe tragen stets Konfliktpotenzial in sich und sind letztlich dem Qualitätsmanagement zuzuordnen, Ziele sollten **mit** den Teams und den Lehrkräften nicht **für** sie vereinbart werden.
[1168] Bräth (2003, S. 271).

betriebliche Praxis strategischen Managements. Sie offenbart einmal mehr die Systemdifferenzen zwischen erwerbswirtschaftlich geführten Unternehmen und sich aus den historisch[1169] und systemisch erklärbaren Verkrustungen ehemaliger Handelslehranstalten befreienden berufsbildenden Schulen.

5.4.3 Strukturelle und personelle Hemmnisse

Fraktale sollen die neuen Gestaltungsstrukturen in regionalen Kompetenzzentren in Niedersachsen sein.[1170] Für das Funktionieren der Fraktale ist es zwingend notwendig, dass die Fraktale und deren Elemente in einem Netzwerk bzw. Beziehungsgeflecht stehen, das durch einen Fluss von Material, Informationen und personellen Kontakten gekennzeichnet ist.[1171] Jedes regionale Kompetenzzentrum muss für sich selbst, von seinen eigenen dynamischen Zielsystemen ausgehend, die wichtigsten Fraktale der Aus-, Fort- und Weiterbildung usw. identifizieren und gestalten, um seine Führungs- und Leistungspotenziale entfalten zu können. Dabei hat es einer Globalzielsetzung zu folgen, deren Nukleus in einem am wirtschaftlichen Resultat ausgerichteten Denken und Handeln aller Bereiche und Beteiligten besteht.[1172] Die ökonomische Ebene ist im Bereich berufsbildender Schulen durch eine an pädagogischen Standards orientierte didaktisch-methodische Ergebnisebene zu ergänzen. Konsequent gedacht hat sich jedes schulische Fraktal als eigenständige Schule zu begreifen. Es ist aufgefordert, Leistungen und Problemlösungen ganzheitlich zu erbringen. Die Qualität seiner pädagogischen Leistungen ist auch vor dem Hintergrund des Umgangs mit Ressourcen, der Zuverlässigkeit, Geschwindigkeit und Termintreue zu bewerten. An diesen Faktoren lassen sich leicht die Quellen des fraktalen Ansatzes im System industrieller Produktionsabläufe erkennen. Deshalb scheint es gerechtfertigt zu sein, auf mögliche Transferhemmnisse bzgl. bestimmter Bildungs-prozesse zumindest hinzuweisen, die sich u. a. durch emotionale Aspekte des Lernens und affektive Lernziele bestimmen.

Für die schulischen Fraktale sind stets neue Erfolgsfaktoren zu finden, um die selbstständige Strukturierung der Fraktale langfristig sicherstellen zu können.[1173] „Fraktale sollen sich ohne äußeren Zwang selbständig gruppieren, um dem Gan-

---

[1169] Vgl. Manstetten (2002, S. 4f.).

[1170] In anderen Bundesländern wird dies nicht explizit gefordert; vgl. Dobischat/Erlewein (2003).

[1171] Betzl (1996, S. 50). Der Begriff „Material" kann in diesem Zusammenhang mit sächlicher Ausstattung, Nutzung von Personalcomputern usw. gleichgesetzt werden.

[1172] Betzl (1996, S. 50).

[1173] Vgl. Betzl (1996, S. 50).

zen zu dienen."[1174] Sie können seitens des Schulleiters bzw. des Schulvorstands nur über Ziele gesteuert werden. Somit ist die Bedeutsamkeit des Zielfindungsprozesses herausragend. Ziele dürfen nicht extern bzw. „von oben" bestimmt werden, „denn sonst verfehlen sie ihren Zweck."[1175] An dieser Stelle wird ein systemischer Konflikt des Schulversuchs „ProReKo" deutlich. Wenn der Minister als Auftraggeber des Projekts Ergebnisse, Ziele und Gewichtungen vorgibt (vgl. Abb. 36) und fundamentale Zielsetzungen, nicht in den einzelnen Fraktalen gemeinsam bestimmt werden, sondern durch Gesetze, Verordnungen und Erlasse „oktroyiert" werden, dann fehlen der Selbstständigkeit der Fraktale das partizipative Fundament und die notwendigen Gestaltungsspielräume. Somit scheint sich ein gravierendes Problem abzuzeichnen. In einem relativ konsequent am Stabliniensystem orientiertem Gesamtsystem, dem staatlichen Berufsbildungssystem, stellt der Versuch, die Mesoebene sich durch Fraktale selbst organisieren zu lassen, ohne deren Wesensmerkmale hinreichend zu schützen, einen (unnötigen) Systembruch dar (vgl. Abb. 37).

Es stellt sich somit die Frage, warum sowohl die Mikro- als auch die Makroebene strukturell unverändert bleiben, wenn Fraktale eine innovative Organisationsstruktur darstellen. Möglicherweise ist darin aber auch ein Beispiel partikularer Irrationalität zu erkennen, die gleichsam die „Struktur im Großen" ergänzt.[1176] Fraktale Organisationsstrukturen funktionieren im industriellen Bereich, insbesondere wenn es sich um relativ einfach zu lösende Aufgaben handelt.[1177] Das Auslösen eines maschinellen Elements bzw. einer Maschine, z. B. das Starten eines Fahrzeugs, funktioniert nur, wenn der Einfachheit der Handlung ein höchst komplexes System im Inneren des Produktes zur Verfügung steht. Die Einfachheit ihrerseits ist die Voraussetzung für die Automatisierung des Prozesses. Zu fragen ist jedoch, ob schulische Prozesse der Mesoebene, z. B. das Erarbeiten und Abstimmen bestimmter Curricula, das Erstellen des Jahresstundenplans, die Vorbereitung gemeinsamer Abiturvorschläge usw. die Kriterien der Einfachheit erfüllen. Positiv gewendet stellt sich darüber hinaus die Frage, warum auf der Mikroebene nicht auch Schülerteams als Fraktale begriffen werden. Diese könnten mit ihrer Lehrkraft als Lernprozessbegleiter Zielvereinbarungen treffen und z. B. das Erlernen einer bestimmten Technik kaufmännischen Rechnens oder die Interpretation komplexer volkswirtschaftlicher Zusammenhänge selbstständig organisieren und durchführen. Ob jedoch derartige Vorgehensweisen geeignet sind, über selbstentwickelte Formen der Komplexitätsreduktion grundlegende Strukturwissenselemente zielsicher zu erkennen, somit ein Kernstück pädagogi-

---

[1174] Betzl (1996, S. 50).
[1175] Warnecke (1992); zit. nach Betzl (1996, S. 51). Warnecke wird von Bräth (2003, S. 269) als die zentrale Referenzliteratur angegeben.
[1176] Adorno (1972, S. 127).
[1177] Betzl (1996, S. 51).

schen Handwerks zu praktizieren, ist als eher unwahrscheinlich einzuschätzen. Wählen aber alle Schülerfraktale höchst eigene Lerngegenstände aus und kommen sie bei diesen noch zu unterschiedlichen Ergebnissen, wird die Überprüfbarkeit der Leistungen zu einem pädagogischen Irrgarten. Zugespitzt formuliert heißt das, Fraktale und zentrale Prüfungen, z. B. Abitur, sind systemisch unvereinbar – letztere wären aber zur Sicherung der Qualität gerade dann unabdingbar.

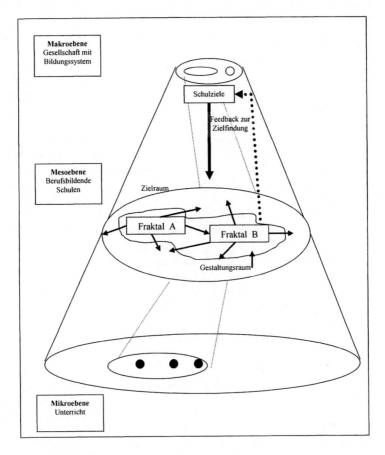

Abbildung 37: Systemaufbau mit fraktaler Organisation der Mesoebene[1178]

[1178] Vgl. Betzl (1996, S. 51).

In berufsbildenden Schulen bestimmen externe Prüfungsanforderungen den (heimlichen) Lehrplan. Deshalb stellt eine Navigation von Fraktalen,[1179] insbesondere derjenigen, die den schulischen Zielraum zu verlassen drohen, eine Herausforderung für den Schulleiter bzw. den Schulvorstand dar. Dieser „starke Kern", um den sich die Cluster von Fraktalen gruppieren, hat für einen Zusammenhalt und den „Gleichschritt der Teile" zu sorgen.[1180] Jedoch wird sein Handeln erschwert, da ihm eines der wichtigsten Instrumente für die Motivierung der Mitarbeiter, nämlich monetäre Anreize zu schaffen,[1181] nicht oder nur in sehr bescheidenem Maß zur Verfügung steht. Sollte der Schulleiter in Zukunft jedoch über ein derartiges Instrument verfügen, z. B. 10 Prozent der Gehaltssumme leistungsbezogen verteilen zu dürfen, dann wären geeignete Beurteilungsmaßstäbe zu finden. Hierzu müssten jedoch keine Individualbewertungssysteme eingeführt werden, sondern Bewertungssysteme, die eine leistungsgerechte Fraktalentlohnung sicherstellen, da das Fraktal einer eigenen Zielsetzung verpflichtet ist und die Individuen des Fraktals gemeinsam die Produktqualität zu verantworten haben. Zwingend müsste die Möglichkeit bestehen, z. B. die Sportgruppe des regionalen Kompetenzzentrums anders zu entlohnen als die Mathematikgruppe. Sollte es mehrere Mathematikgruppen geben, wäre grundsätzlich eine entsprechende monetäre Differenzierung denkbar. Gleiches gilt für fachgleiche Gruppen unterschiedlicher regionaler Kompetenzzentren. Um eine derartige personelle bzw. fraktale Einkommensgerechtigkeit zu erzielen, bedürfte es einer permanenten Messung und Bewertung der Fraktale.[1182]

Einige dieser Unwägbarkeiten in Kombination mit befürchteten und tatsächlichen Partizipationsverlusten der Gesamtkonferenz dürften mit dafür verantwortlich sein, warum in Niedersachsen von 141 nur 19 berufsbildende Schulen an dem Schulversuch teilnehmen. Darüber hinaus lehnen einige Schulträger, Handwerkskammern[1183] und mit anderer Akzentuierung die Deutschen Industrie- und Handelskammern das Modell in der vorliegenden Form ab. Sie sehen im Ausbau der berufsbildenden Schulen zu „regionalen Kompetenzzentren" durch die Länder eine Verstaatlichungstendenz der Weiterbildung, die zu gravierenden Wettbewerbverzerrungen führt.[1184] Mit dieser Argumentation wird ein bildungspolitisches Hemmnis aufgebaut, das nicht unterschätzt werden sollte.

[1179] Kirchhoff (1996, S. 953ff.).

[1180] Zahn (1996, S. 287).

[1181] Betzl (1996, S. 52).

[1182] Betzl (1996, S. 50). Letztlich wäre es zumindest denkbar, innerhalb eines Fraktals die Individuen leistungsadäquat unterschiedlich zu entlohnen, was tendenziell das innere strukturelle Gleichgewicht des Fraktals und dessen Teamgeist stören könnte.

[1183] Nordkonferenz der Hauptgeschäftsführer der nord- und nordostdeutschen Handwerkskammern (2002, S. 1).

[1184] Schües (2003, S. 6).

5.4.4 Konsequenzen für die weitere regionale Entwicklung

Regionale Kompetenzzentren unterscheiden sich von berufsbildenden Schulen grundsätzlich nicht durch eine mögliche fraktale Organisation. Fraktale wären letztlich auch in berufsbildenden Schulen mit vergleichbaren Schwierigkeiten zu implementieren. Die entscheidende Differenz liegt darin, dass „... durch spezifisch abgestimmte Angebote in der beruflichen Aus- und Weiterbildung die regionalen Personalressourcen positiv beeinflusst werden könnten und dass damit über die gezielte Humankapitalentwicklung ein betrieblich nutzbringender Beitrag für die Stärkung des regionalen Wirtschaftsstandortes potenziell möglich ist."[1185] Die Angebotserweiterung gegenüber berufsbildenden Schulen alter Prägung liegt vorrangig in den Bereichen der Fort- und Weiterbildung im Sinne lebensbegleitenden Lernens.

Die Erweiterung der Bildungsangebote kann sich u. a. auf drei Themenfelder erstrecken:[1186]

- Fachliche Qualifizierungsangebote, z. B. Fremdsprachen, Qualitätsmanagement und technisch-technologische Themen;
- Bildungsangebote zum persönlichen Verhalten, z. B. Teamfähigkeit, Präsentation/ Moderation, Konfliktverhalten und Zeit- und Selbstmanagement;
- Ergänzende Qualifizierungsangebote, z. B. Aufstiegsqualifizierung, Umschulung und Rehabilitation.

Die Angebote können von Region zu Region differieren. Um sie kundenorientiert zu gestalten und Synergien unterschiedlicher, sich teilweise im Wettbewerb zueinander befindlicher Bildungsanbieter nutzen zu können, sind deren Kooperationsmöglichkeiten zu klären. Ob die traditionellen Handlungspartner der Region: Berufsbildende Schulen, Kammern, überbetriebliche Ausbildungsstätten, Betriebe, Volkshochschulen u. a. m. dazu tatsächlich in der Lage sind, mag skeptisch eingeschätzt werden.[1187] Um aber die berufsbildenden Schulen als Einrichtungen zur Verbesserung der innovativen Potentiale in den Regionen entwickeln zu können, müssen bestimmte Handlungsfelder positiv besetzt sowie das Dienstleistungs- und Serviceprofil geschärft werden.[1188] Z. B.:

- Lehrkräfte müssen innovative Potenziale ihrer Arbeit selbst wahrnehmen, u. a. indem sich ihr Engagement auch auf die berufliche Fort- und Weiter-

[1185] Düsseldorff (2003 (a), S. 136).
[1186] Düsseldorff (2003 (a), S. 138f.).
[1187] Düsseldorff (2003 (b), S. 141).
[1188] Vgl. Stuhldreier (2003, S. 142ff.).

bildung erstreckt. Ihre Kompetenz sollte sie in die Lage versetzen, im Wettbewerb mit den Kollegen freier Bildungsträger zu bestehen.

- Die institutionellen Rahmenbedingungen sind zu flexibilisieren, um nachfrageorientiert handeln zu können, d. h. beispielsweise, curriculare Angebote sind offener zu gestalten, die Selbstständigkeit der Schulen, inkl. Budgetierung, muss gestärkt werden, die Tendenz zur Deregulierung der rechtlichen Vorgaben ist zu intensivieren.

- Schulleiter müssen in die Lage versetzt werden, die relevanten Ziele und Strategien für die Entwicklung der regionalen Kompetenzzentren zu formulieren und durchzusetzen.

- Externe Unterstützungsmaßnahmen durch die Makroebene und die Systemumwelt, z. B. im Bereich von Qualifizierungs- und Personalentwicklungsprozessen, würden sich günstig auf die Entwicklung regionaler Kompetenzzentren auswirken.

Das Service und Dienstleistungsprofil könnte u. a. aus den folgenden Faktoren bestehen:

Personalentwicklungs-/Organisationsentwicklungsberatung für kommunale Unternehmen, Verbesserung des Übergangs in den Arbeitsmarkt, Beratungsaktivitäten vielfältigster Art, ggf. in Kooperation mit dem Arbeitsamt, Weiterbildung für kommunale Unternehmen, Entwicklung neuer Lehr-/Lernarrangements – auch für andere Schulen und Ausbildungsberatung für abgebende Schulen.[1189] Diese Leistungspalette eines regionalen Kompetenzzentrums als „fast schon zum Mythos erhobene begrifflich gefasste Hoffnungsprojektion..."[1190] könnte für die Region spezifische Impulsfunktionen auslösen, die sich langfristig in konkreten beruflichen Bildungsaktivitäten bis hin zum Technologietransfer[1191] bündeln ließen. Diesem positiv besetztem Mythos steht die partielle Veränderungsresistenz des Systems gegenüber. Mögliche Widerstände korrespondieren mit teilweise bekannten Problembündeln, z. B.[1192]

- Anforderungen der Informations- und Wissensgesellschaft können aufgrund des Fehlens technischer und instrumenteller Ausstattungen nicht umfassend erfüllt werden.

- Die Diskrepanz zwischen fachlichen Qualifizierungsanforderungen und notwendigen Sozialisationsleistungen – aufgrund exogen verursachter Defizite – können nur bedingt überwunden werden.

[1189] Roß (2003, S. 166f.).

[1190] Düsseldorff (2003 (c), S. 232).

[1191] Bader (2001, S. 105).

[1192] Vgl. Düsseldorff (2003 (c), S. 234f.).

- Schulstrukturelle Entwicklungen in der Aufbau- und Ablauforganisation begünstigen Bildungsangebote, deren Marktfähigkeit nicht zwingend gegeben ist.
- Das traditionelle Rollenverständnis der Lehrkräfte als angebotsorientierten Fachpersonal steht einer nachfrageorientierten, schnelllebigen, leicht verwertbaren Bildung im Wege.

Ob berufsbildende Schule in ihrer Vielschichtigkeit durch nur bedingt übertragbare Ergebnisse aus Modellversuchen zu regionalen Kompetenzzentren entwickelt werden können, bleibt fraglich. Die projizierten Zeitabläufe strapazieren möglicherweise sowohl die interne „Geduld" der Organisationen als auch das Beharrungsvermögen ihrer Umwelt. Ebenso wenig können allerdings gesellschaftlich notwendige Umstrukturierungsprozesse „beiläufig" vollzogen werden.[1193] Die Erfüllung der komplexen Anforderungen der Gesellschaft an berufsbildende Schulen im Allgemeinen und regionale Kompetenzzentren im Besonderen sind verknüpft „... mit einem komplexen innerschulischen wie externen Maßnahmekatalog, dessen Kernpunkt auch Fortbildung und deren Ausgangspunkt zukünftig eine veränderte Lehrerausbildung sein sollte."[1194] Die Erfolgsaussichten würden steigen, wenn es den Ansprücheformulierern der Makroebene gelänge, die systemischen Potenziale aber auch die Systemgrenzen der Meso- und der Mikroebene in einem permanenten Reflektionsprozess auszuloten, um ein entwicklungsfähiges „Machbares" zu flankieren, dass aus sich selbst heraus gedeihen kann.

Als Zwischenfazit verstanden, scheint es sich zu bestätigen, dass Systemstrukturen in sich selbst problem- und spannungsgeladen sein müssen, um ihre Umwelt rezipieren zu können.[1195] Demzufolge macht es wenig Sinn, „den Systemmitgliedern, die an nicht einstehbaren Rollenkonflikten scheitern, die Schuld zu geben – also Probleme aus dem System in die Umwelt der Persönlichkeiten und ihres Versagens abzuschieben. Vermutlich käme es aber gerade darauf an, die Problematik aus der Umwelt in das System hineinzuziehen, um sie intern definieren und absorbieren zu können."[1196]

5.5 Kritische Würdigung der ausgewählten Changevorhaben

Die drei dargestellten Changevorhaben unterstreichen Möglichkeiten und Grenzen des Change Managements berufsbildender Schulen. Ihre wesentlichen Ele-

---

[1193] Düsseldorff (2003 (c), S. 235).
[1194] Düsseldorff (2003 (c), S. 237).
[1195] Vgl. Luhmann (1999 (a), S. 73).
[1196] Luhmann (1999 (a), S. 73f.).

mente können im Rahmen einer insgesamt qualitätsorientierten, flexibleren und nachfrageorientierten Systemausrichtung als zukunftsfähig und -notwendig eingestuft werden. Dennoch scheinen zentrale Kategorien, die auf die Organisation berufsbildender Schulen zu beziehen sind, bezogen auf ihre Ansprüche nicht widerspruchsfrei (vgl. Tab. 26).

Kategorien[1197]	Zentrale Ansprüche	Widersprüche
Klare Zielsetzungen der berufsbildenden Schulen	Orientierungsrahmen und Richtung für Innovationen müssen „Topdown" angelegt werden.	Grenzt Veränderungsmöglichkeiten ein, schließt Mitglieder von Entscheidungsprozessen aus.
Identifikation der Lehrkräfte mit ihrer Schule	Steigert die Einsatzbereitschaft und den Leistungswillen der Lehrkräfte, sich für die Ziele ihrer Schule einzusetzen.	Stärkt die Resistenz gegen Neuerungen, wenn die Vergangenheit positiv bewertet wird.
Lehrkräfte als zentrale Ressource	Festigt das Selbstwertgefühl der Lehrkräfte.	Behindert notwendige personale Austauschprozesse. Subjektbezogene Evaluationen werden ambivalent interpretiert.
Offene Kommunikationsstrukturen	Erhöht die Transparenz und Akzeptanz schulischer Entscheidungen.	Mitsprache und Partizipation komplizieren die Entscheidungsprozesse.
Zunehmende Selbstständigkeit	Innovative Lösungen können in jeder Einzelschule gefunden und ausprobiert werden.	Die Stabilität und Leistungsfähigkeit des Gesamtsystems werden u. a. durch den Mangel an Vergleichbarkeit der Leistungen potenziell gefährdet.
Veränderungswille und –ressourcen	Spielräume für Veränderungen werden geschaffen; veränderungswillige und –fähige Kollegen finden attraktive Aufgabenfelder	Mängel in der Organisation werden später bemerkt; „Spielwiesen" und „Fettpolster" verbrauchen notwendige Ressourcen des „Kerngeschäfts Unterricht".
Kontinuierlicher Verbesserungsprozess	Permanente Anpassung an neue Anforderungen der Umwelt, z. B. der Nachfrager werden möglich.	Permanente Veränderungen bedeuten permanente Verunsicherungen; die Struktursicherheit geht verloren.

Tabelle 26: Kategorien, Ansprüche und Widersprüche im Change Management berufsbildender Schulen

---

[1197] Die Kategorien orientieren sich an Kühl (2000, S. 96ff.).

Mögliche Auswege, Kompromisse, Strategien zur Überbrückung von Gegensätzen sollten u. a. in den folgenden Bereichen verankert werden:

- Es bedarf einer engeren Zusammenarbeit zwischen den Lernorten Unternehmen und berufsbildende Schulen auf der Ebene der Gleichwertigkeit.
- Die personellen Kompetenzen der Lehrkräfte sind zu stärken, inklusive eines Abbaus der „Misstrauenskultur".
- Der Berufsbildungsmarktes ist mit der Möglichkeit zu deregulieren, dass innovative berufsbildende Schulen marktfähige Angebote platzieren können.
- Es müssen monetäre Anreize für Lehrkräfte und Schulen geschaffen werden, z. B. Personalkostenbudgetierung.
- Die Notwendigkeit, Berechtigung und Differenz von „Geschäftsführerentscheidungen" und basisdemokratischen Entscheidungsprozessen sind situationsbezogen zu klären.
- Die Differenzen der Systemebenen bzw. der Teilsysteme sind im Kontext zum Gesamtsystem und seiner Umwelt herauszuarbeiten.

Gelingt es auf der Basis der jeweiligen Systemebene, den autopoietischen Kräften Entwicklungschancen einzuräumen, um diese Ansätze verstärkt zu realisieren, dann könnten zentrale Kritikpunkte am gegenwärtigen System beruflicher Bildung[1198], z. B. mangelndes Qualitätsbewusstsein, fehlende Nachfrageorientierung, Reaktionsfähigkeit auf gesellschaftliche Veränderungen und Flexibilität der Organisation, eliminiert werden.

[1198] Vgl. die Kritikpunkte S. 1f. in dieser Arbeit.

6 Konsequenzen für das Management berufsbildender Schulen und die Funktion des Schulleiters in der Zukunft

6.1 Ausgangspunkt: die untersuchungsleitenden Fragestellungen

Ausgangspunkt dieser Arbeit ist die Tatsache, dass berufsbildende Schulen in der Kritik stehen.[1199] Ihre Existenzberechtigung in der vorhandenen Form wird aufgrund schwerwiegender Mängel in Frage gestellt. Eine Schlüsselposition in dieser Problemlage wird dem Schulleiter in seiner Funktion als (Change) Manager zugeschrieben; denn er trägt die Gesamtverantwortung für die jeweiligen berufsbildenden Schulen. Er ist u. a. für die Qualitätssicherung und die Qualitätsentwicklung zuständig. Jedoch ist er offensichtlich nicht in der Lage, die herausfordernden Ansprüche umfassend zu erfüllen.

Aus dem Problemaufriss wurden die untersuchungsleitenden Fragestellungen abgeleitet und in sechs erkenntnisfördernde und strukturgebende Fragestellungen segmentiert.[1200] Ihre Beantwortung erfolgte sukzessive in Form einer wissenschaftlichen Untersuchung mit entsprechenden methodologischen und strukturellen Orientierungen. Dabei wurden abschnittsweise Schlussfolgerungen gezogen, die den weiteren Untersuchungsverlauf prägten. Deshalb scheint es an dieser Stelle gerechtfertigt zu sein, die wesentlichen 14 Konsequenzen für das Management berufsbildender Schulen und die Funktion des Schulleiters in der Zukunft in akzentuierter Form vorzulegen. Diese Vorgehensweise beinhaltet eine Zusammenfassung der wichtigsten Untersuchungsergebnisse.

Die Anordnung der Konsequenzen folgt dabei der Struktur der Untersuchung, beginnend bei einer intensiven, mehrstufigen Untersuchung theoretischer Erklärungsansätze und ihrer Überprüfung hinsichtlich einer Transferierung der Kernaussagen auf den Bereich des schulischen Change Managements, der sich eine Fokussierung auf die Funktion des Schulleiters anschließt und durch die Analyse dreier aktueller Problemfelder des Change Managements berufsbildender Schulen abgerundet wird. Als Quintessenz der Konsequenzen wird abschließend der Versuch unternommen, für die zukünftigen Entwicklungen berufsbildender Schulen, das Neue aufzuzeigen

Die gesamte Vorgehensweise ist bezüglich der problemhaltigen, komplexen Themenstellung als innovativ einzustufen. Die resultierenden Forschungsergebnisse können dementsprechend nicht als abgeschlossen betrachtet werden. Sie bedürfen der weiteren wissenschaftlichen Durchdringung und praktischen Über-

---

[1199] Vgl. S. 1f. in dieser Arbeit.
[1200] Vgl. S. 6 in dieser Arbeit.

prüfung. Der Abschnitt 6.4 ist in diesem Sinne auch als Ausblick mit herausfor-
derndem Charakter zu verstehen.

6.2 Konsequenzen aus der Analyse theoretischer Erklärungsansätze

Rezepturen zur Genesung berufsbildender Schulen scheinen unüberschaubar.
Oftmals sind sie mit bildungspolitischer Kurzatmigkeit verknüpft. Symptome
werden als Ursachen interpretiert und erfolglos therapiert. Es mangelt ihnen
grundsätzlich an einer tiefgreifenden Analyse und einer nachvollziehbaren Systematik. Ursache dafür ist u. a. das Fehlen einer überzeugenden wissenschaftstheoretischen Fundierung und einer praxisgerechten Ausgestaltung.

Im Bereich wissenschaftstheoretischer Erklärungsansätze sind prima vista wenige schlüssige Konzepte zu entdecken. Auch im engeren Bereich der Berufs- und
Wirtschaftspädagogik lässt sich keine Arbeit ausmachen, die als grundsätzlicher
Problemlösungsansatz allgemein anerkannt wird.[1201] Einzelne Ansätze zur Analyse und Behebung partikulärer Probleme, denen sich andere Autoren widmen,
sollen damit weder negiert noch in ihrem Wert geschmälert werden.[1202] Ihnen
fehlt es aber oftmals an der notwendigen Problemlösungsqualität, weil sie i. d.
R. das extrem komplexe System berufsbildender Schulen mit seiner Systemumwelt aus dem Systemkontext reißen. Typisch dafür sind Arbeiten, die sich mit
dem Management von Schulen oder Teilen davon, z. B. Evaluation und Personalentwicklung, beschäftigen. Sie untersuchen nicht die grundlegenden System-
eigenschaften berufsbildender Schulen, sondern stülpen Managementtechniken
bzw. -instrumente des gesellschaftlichen Teilsystems Wirtschaft über berufsbildende Schulen, deren funktionale gesellschaftliche Ansprüche sich aber grundlegend von denen des Wirtschaftssystems unterscheiden.[1203] Derartig isolierte,
nicht ganzheitliche Ansätze bergen jedoch immer die „Logik des Mißlingens"
(Dörner) in sich. Daraus resultiert die erste Konsequenz.[1204]

[1201] Nur wenige tiefgreifende Diskussionsangebote sind erkennbar, die fundamentale, systembezogene Fragestellungen aufwerfen. Zu diesen können gezählt werden: Jongebloed (1998
(a), S. 9ff.) und mit anderem Schwerpunkt Manstetten (2002 (b), S. 17ff.).
[1202] Vgl. stellvertretend für viele Buhren/Rolff (2002) und Hasenbank (2001). Weitere Litera-
turquellen sind in der Arbeit an den entsprechenden Stellen aufgeführt.
[1203] Als typisch dafür kann das EFQM-Modell gewertet werden; vgl. Abschnitt 4.3.2.2 in dieser Arbeit.
[1204] Die jeweiligen ausführlichen Argumentationsstrukturen finden sich in den entsprechenden
Abschnitten der Arbeit.

(1) Konsequenz: Notwendigkeit und Grenzen der Systemtheorie

Zur Untersuchung der Gesamtproblematik scheint die Systemtheorie unabding-
bar. Systeme besitzen „emergent qualities", die sie in die Lage versetzen, sich
aus sich selbst heraus zu verändern. Das theoretische Konstrukt der „Autopoie-
se" stützt diesen Sachverhalt. Systemfremde Eingriffe und Lenkungsversuche
sind hinsichtlich notwendiger Innovationen mit großen Potenzialen des Schei-
terns behaftet. Die Systemtheorie ihrerseits stößt im Erklärungsbereich mensch-
licher Handlungen an Grenzen.

Berufsbildende Schulen sind als Systeme bzw. Teilsysteme einer Systemumwelt
zu verstehen. Ihre jeweilige Positionierung im Gesamtsystem ist von der Beo-
bachtungsposition abhängig. Dabei gilt es, funktionale und strukturale Aspekte
(vgl. Abb. 6) zu beachten. Es empfiehlt sich bzgl. der Hierarchie des Systems
beruflicher Bildung zwischen der Makro-, der Meso- und der Mikroebene zu
unterscheiden (vgl. Abb. 11). Dies erleichtert die gedankliche Durchdringung
der Lenkungs- und Veränderungsmöglichkeiten des Systems berufsbildender
Schulen respektive die seines Schulleiters. Deutlich wird bereits bei der Untersuchung der allgemeinen Systemtheorie, dass eine Änderung eines Elements
eine Änderung in allen Systemteilen und somit eine Änderung des Gesamtsystems verursachen kann. D. h. es scheint möglich, durch Veränderungen der E-
lemente neue Organisationsformen zu bilden. Diese „emergent qualities" stellen
eine zentrale Transferhypothese für Changeprozesse berufsbildender Schulen
dar. Anders ausgedrückt: es konnten theoretische Befunde vorgelegt werden, die
darauf hinweisen, dass sich berufsbildende Schulen „autopoietisch", d. h. aus
sich selbst heraus, verändern können – und nicht zwingend von außen verändert
werden müssen!

Diese Selbststärke des Systems wird durch den systemtheoretischen Ansatz von
Niklas Luhmann gestützt. Neben den Problemschwerpunkten: Komplexität,
Kopplung und Beobachtung ist bei Luhmann die Autopoiese von besonderer
Bedeutung. Ihre Analyse schärft den Blick für die Veränderungsmöglichkeiten
von Systemen. Im Zusammenhang mit der Kopplungs-problematik stellt sich die
Frage, welche Chancen und Risiken bestehen, dass sich gesellschaftliche Teilsysteme, z. B. Wirtschaft und Erziehung, aufeinander hinbewegen, fusionieren
oder voneinander abkehren.[1205] Der Fortschritt in der Offenlegung der Systemdifferenzen ist darin zu erkennen, dass ein Transfer systemfremder Instrumente,
Methoden und Strategien zu keinen plan- und steuerbaren, sondern bestenfalls
zufälligen Erfolgen führen kann.

[1205] An dieser Stelle kann eine deutliche Forschungslücke konstatiert werden. Ihr Schließen
könnte gerade für das „duale System" und die damit verbundene Komplementaritätsproble-
matik Erkenntnisgewinne bedeuten.

Den förderlichen Ansätzen Luhmannscher Systemtheorie sind kritische Argumente entgegenzusetzen (vgl. Tab. 3). Daraus ergibt sich, dass die Systemtheorie nicht ausreicht, um die virulenten Probleme umfassend zu analysieren und daraus Lösungsansätze ableiten zu können. Besonders schwer haftet ihr der „Hautgout" an, Menschen als Individuen weitgehend aus der Theorie auszublenden.

(2) Konsequenz: Gesellschaftliche Veränderungen im systemtheoretischen Kontext

Die Systemtheorie muss um eine Handlungstheorie erweitert werden, in deren Zentrum der Mensch als agierendes Subjekt veränderbarer gesellschaftlicher Teilsysteme eine Schlüsselrolle besetzt.

Mit dem soziologischen Ansatz von Renate Mayntz gelingt es, die Ebenen der funktionalen Teilsysteme als Ausdifferenzierungsprozesse zu beschreiben und in dieser Form erstmals auf die Meso- und Mikroebene berufsbildender Schulen zu übertragen (vgl. Abb. 15). Dadurch besteht die Möglichkeit, das Teilsystem berufsbildende Schulen, handlungstheoretisch begründet, durch Akteure als Steuerungssubjekte steuern zu lassen. Neben den Steuerungssubjekten wird auch den Steuerungsobjekten eine autonome Existenz zugeschrieben, die eigenständige Wandlungsprozesse ermöglicht, womit die autopoietische Grundannahme erhärtet wird. Mit Nachdruck kann auch an dieser Stelle darauf hingewiesen werden, dass es für externe Steuerungssubjekte ausgesprochen schwierig bzw. partiell unmöglich ist, die innere Struktur und Dynamik von „fremden" Teilsystemen zu erkennen und adäquat zu steuern.

(3) Konsequenz: Selbstständigkeit berufsbildender Schulen

Aus der zunehmenden Steuerungsproblematik großer Systeme (Makroebene) ist eine Stärkung der Autonomie kleinerer gesellschaftlicher Teilsysteme abzuleiten. Dies trifft auch für berufsbildende Schulen zu. Damit kann die Forderung nach stärkerer Selbstständigkeit berufsbildender Schulen wissenschaftstheoretisch begründet werden.

Mit einer Stärkung der Selbstständigkeit des Teilsystems steigen die Ansprüche an die Verantwortlichkeit seiner Akteure. Parallel dazu kann abgeleitet werden, dass sich die Veränderungs- bzw. Problemlösungsfähigkeit der Betroffenen vor Ort verbessert. Dieser Prozess wird jedoch erst dann erfolgreich sein können, wenn die gestaltenden Akteure – insbesondere die Schulleiter – über strategisches Wissen und Lenkungsinstrumente verfügen, die sie in die Lage versetzen, ihre berufsbildenden Schulen entsprechend der selbstständig von der Mesoebene gesetzten Ziele zu managen.

(4) Konsequenz: Managementorientierung – eine Notwendigkeit

Für die Verantwortlichen ist es deshalb notwendig, ein Management Know-how aufzubauen; Managementlehren bieten entsprechendes Rüstzeug an. Jedoch ist aus den Konsequenzen (1) – (3) abzuleiten, dass Maßnahmen getroffen werden müssen, damit das Managementinstrumentarium nicht als externer Fremdkörper vom System abgestoßen wird. Es ist deshalb auf das System berufsbildender Schulen bezogen zu modifizieren.

Die zentrale Managementfunktion übernimmt in berufsbildenden Schulen der Schulleiter. Der Ansatz von Bea/Haas bietet für die Erfüllung dieser Funktion ein umfassendes betriebswirtschaftliches Instrumentarium an, das zum einen wissenschaftlichen Zielsetzungen entspricht,[1206] zum anderen vielfältige Transfermöglichkeiten für berufsbildende Schulen enthält (vgl. Abb. 20, Abb. 21, Abb. 29, Abb.35, Tab. 4-7 und Tab. 22). Dieser beachtliche Ertrag, den es wissenschaftlich weiter zu entwickeln und praktisch zu nutzen gilt, ist von besonderer Bedeutung für die Funktion des Schulleiters. Er erhält damit einen Orientierungsrahmen für seine strategischen Schwerpunktsetzungen im Zusammenhang mit der Nutzung von Leistungs- und Führungspotenzialen. Diese müssen jedoch noch präziser auf die Veränderungsnotwendigkeiten berufsbildender Schulen bezogen werden.

(5) Konsequenz: Change Management als Fokussierung der Managementorientierung

Der strategische Managementansatz ist auf die Komponente der Veränderungen zu fokussieren, um der gesellschaftlichen Problemlage, in der sich berufsbildende Schulen befinden, begegnen zu können. Der Change Managementansatz muss seinerseits mit der vorausgegangenen systemtheoretischen und handlungstheoretischen Fundierung kompatibel sein. Menschen, z. B. Schulleiter als Change Manager und Lehrkräfte mit bestimmten Kompetenzen, stehen im Mittelpunkt des Change Managements. Sie können Veränderungsprozesse fördern, akzeptieren oder gegen diese Widerstände aufbauen.[1207]

[1206] Vgl. Abschnitt 2.4.1 in dieser Arbeit.
[1207] Zur Problematik der Widerstände vgl. auch Konsequenz (11).

Der Ansatz von Dreesmann, Karmer-Fieger et. al. löst diese Ansprüche im großen Umfang ein. Insbesondere die Fokussierung auf die Analyse der Veränderung notwendiger menschlicher Kompetenzen – speziell der der „Change Agents" –, die letztlich in einer „Veränderungskompetenz" als Metakompetenz gebündelt werden können, unterstreicht die Möglichkeiten, soziale Systeme gestaltend verändern zu können. Der Erfolg von Innovationen hängt von der Bereitschaft und dem Willen der im System handelnden Menschen zur Erneuerung ab. Dabei sind neben dem Verstand auch die Emotionen der Akteure von Bedeutung. Gerade durch die Thematisierung strukturell und emotional bedingter Widerstände gewinnt die Analyse der Gesamtthematik an Tiefe; denn Widerstände sind Bestandteile jedes Veränderungsprozesses. Die Theorie des Change Managements gibt erste Hinweise zum Umgang mit Störungen und Widerständen. Dabei besitzt der Bereich Kommunikation – auch in seiner psychologisch begründbaren Dimension – einen hohen Stellenwert, weil sich aus ihm Chancen für einen konstruktiven Umgang mit den Betroffenen im (Schul)alltag herausfiltern lassen.

Eine Zusammenfassung des wissenschaftlichen Instrumentariums, der Systemzusammenhänge und der Ebenen schulischen Change Managements stellt die Abb. 23 dar. Diese kompakte Visualisierung unterstreicht die Komplexität und Mehrdimensionalität der Gesamtthematik. Sie wird durch die Tab. 12 erweitert, in der wesentliche Aspekte, Instrumente und Hinweise der theoretischen Grundlagen als „Bausteine" zu ihren Anwendungsmöglichkeiten im schulischen Change Management in Beziehung gesetzt werden.

(6) Konsequenz: Berufsbildende Schulen als Nonprofit-Organisationen

Berufsbildende Schulen können theoretisch als Nonprofit-Organisationen klassifiziert werden. Sie verfolgen deshalb grundlegend andere Leitbilder, Zielsetzungen und Zwecke als erwerbswirtschaftliche Unternehmen. Ihre Systemfunktion bzw. ihr gesellschaftlicher Auftrag sowie ihr Selbstverständnis erfordern ein eigenständiges Change Management.

Die bisher aus der Analyse theoretischer Erklärungsansätze abgeleiteten Konsequenzen sind um Konstruktionselemente der Bereiche: Umgang mit Systemdifferenzen und Lösungsansätze der Problemkomplexität zu erweitern.

Schüler stellen keine Halb- oder Fertigfabrikate dar. Sie sind auch nicht mit Dienstleistungen gleichzusetzen, auch wenn schulische Prozesse als Dienstleistungen verstanden werden können. Der „Produktionsprozess Erziehung" erfolgt innerhalb spezifischer Systemgegebenheiten, bei denen die Lehrkräfte und die

Schüler als Elemente in bestimmten Relationen stehend von besonderer Bedeutung sind. In der Methodik und Didaktik der Berufs- und Wirtschaftspädagogik scheint es unstrittig, dass die sozialen und anthropogenen Rahmenbedingungen den Lehr-Lernprozess beeinflussen.[1208] Diese sich primär auf Schüler und die Mikroebene auswirkenden Faktoren müssen bei Changeprozessen in berufsbildenden Schulen durch eine dezidierte Betrachtung der Lehrkräfte ergänzt werden. Ihr Selbstverständnis und ihre Professionalität, einschließlich aller daraus resultierenden Spannungsverhältnisse, ist nicht vorrangig auf ein ökonomisches Verwertungsinteresse im Sinne einer Lebenseinkommensmaximierung ausgerichtet – auch wenn sie einen Beruf ausüben, der Erwerbsarbeit darstellt.

Schlichte Marktanalogien sind zum Scheitern verurteilt, da berufsbildende Schulen sowohl formaltheoretisch erwerbswirtschaftliche als auch Nonprofit-Segmente einschließen und bedienen. Eine konsequente betriebswirtschaftliche Anwendung dieser Art von Dualität hätte allerdings schwerwiegende Auswirkungen auf die strategischen Zielsetzungen, den Input, den Lehr-Lernprozess, den Output und die Erfolgskontrolle (vgl. Tab. 13).

Das Fehlen des Marktmechanismus in weiten Teilen des Systems berufsbildender Schulen stellt ein grundlegendes Innovationshemmnis dar, das durch eine fehlende bzw. schwache innere Dynamik des Systems verstärkt wird. Die unterschiedliche Dynamik der Systeme Wirtschaft und Erziehung korrespondiert mit ihrer unterschiedlichen Einschätzung der Effizienz als Erfolgsmaßstab. Auch wenn ein effizienter Einsatz knapper Mittel zunehmend für berufsbildende Schulen gefordert wird, sind Bildungs- und Erziehungsprozesse und die damit angestrebten Wissens- und Kompetenzzuwächse sowie Verhaltensänderungen als zeitintensiver[1209] als Fertigungsprozesse im Industriebetrieb zu beurteilen.[1210]

Das Schulleiterhandeln wird zusätzlich durch demokratisch legitimierte Abläufe erschwert. Demokratie als grundsätzliches, systemeigenes Steuerungsprinzip schulischer Prozesse beinhaltet eine asymmetrisch verteilte Kompetenz der Machtzentren, die sich substanziell von Entscheidungsprozessen in erwerbswirtschaftlichen Unternehmen unterscheidet (vgl. Abb. 25).

[1208] Vgl. u. a. unter dem Aspekt der historischen Entwicklung der Fachdisziplin Manstetten (1983, S. 89ff.) und Speth/Nussbaum (1977) unter dem Gesichtspunkt der Rahmenbedingungen des Wirtschaftslehre-Unterrichts.

[1209] Möglicherweise sind sie systemisch bedingt auch widerstandsintensiver.

[1210] Ein chinesisches Sprichwort lautet: „Wer in Wochen denkt, sät Gras. Wer in Jahren denkt, pflanzt Bäume. Wer in Jahrhunderten denkt, erzieht Menschen." Zit. nach Vosgerau (1965, S. 434).

(7) Konsequenz: Management Know-how für Nonprofit-Organisationen

Schulleiter berufsbildender Schulen als Nonprofit-Organisationen werden ihre Funktion erfüllen können, wenn sie das Wollen, das Können und das Tun als Bedingungen des schulischen Change Managements positiv annehmen. In diesem Kontext haben Sie ihre eigenen Einstellungen zu ihrer Funktion selbstkritisch zu überprüfen und ein spezielles Management Know-how aufzubauen.

Diese Grundeinstellung kann als conditio sine qua non angesehen werden, um mit einem systemisch orientierten Handlungsrepertoire im schulischen Change Management die tatsächliche Komplexität der Probleme einschätzen zu können. Der auf diesem Fundament aufbauende Ansatz von Probst/Gomez[1211] bietet ein Instrumentarium an, die wesentlichen schulischen Relationen hinsichtlich ihrer Intensitäten und zeitlichen Wirkungen praxisbezogen abzubilden (vgl. Abb. 27 und Tab. 15) und zu analysieren. Diese Novität in der Diskussion des Change Managements berufsbildender Schulen spiegelt Tätigkeiten wider, die zu einem theoretischen Anforderungskatalog an den Schulleiter als Praktiker zu zählen sind. Erste Ergebnisse deuten an, dass die das schulische Management betreffenden Faktoren „Einflussnahme" und „Beeinflussbarkeit" unterschiedlich starke Intensitätseigenschaften besitzen (vgl. Abb. 28). Eine empirische Überprüfung dieser Intensitäten kann im Rahmen dieser Arbeit „nur" angedeutet werden. Sie scheint aber einen fruchtbaren Ansatz für weitere wissenschaftliche Forschungen darzustellen.

(8) Konsequenz: Rechtliche Rahmenbedingungen als Determination
der Funktion des Schulleiters als Change Manager

Die rechtlichen Rahmenbedingungen determinieren die Handlungsmöglichkeiten des Schulleiters als Change Manager – ohne dessen tatsächliche Tätigkeiten adäquat zu erfassen.

Der Schulleiter als Beamter, rechtlich abgesichert u. a. durch einen Amtseid, hat die umfangreichen rechtlichen Bestimmungen, die sich von Bundesland zu Bundesland unterscheiden, einzuhalten. Innerhalb dieses Rahmens, der sich fundamental von dem eines Geschäftsführers oder Vorstandsvorsitzenden eines mittelständischen Unternehmens unterscheidet, lässt sich sein umfangreiches Aufgabenprofil in einen kleinen primär pädagogisch orientierten Bereich und in einen größeren vorrangig rechtlich-verwaltenden Bereich aufsplitten (vgl. Tab. 17). Für den letztgenannten Bereich ist der Schulleiter i. d. R. nicht (ausrei-

---

[1211] Vgl. Abschnitt 3.3 in dieser Arbeit.

chend) ausgebildet. Fortbildungsmaßnahmen finden selten statt, so dass er verwaltungsrechtlich häufig aus Unkenntnis heraus unsicher handelt. Dies ist umso schwerwiegender als die Rechtsvorschriften, die sein „legales Handeln" absichern sollen, extrem umfangreich sind und teilweise schwerwiegende Folgen nach sich ziehen, z. B. versicherungstechnische Absicherungen bei Klassenfahrten, Umgang mit suchtgefährdeten Lehrkräften und Anerkennung weiterführender Schulabschlüsse.

Dennoch bilden diese Vorschriften keineswegs sein ganzes tatsächliches Handeln ab, das überwiegend aus rechtlich nicht normierter Kommunikation besteht. In diesem umfangreichen Arbeitsfeld „gut zu sein", ist eine bedeutende Voraussetzung für einen erfolgreichen Change Manager. Kommunikation als komplexes Gebilde kann ihrerseits in mehrere Dimensionen unterteilt werden (vgl. Tab. 19).

(9) Konsequenz: Morphologisches Modell als Orientierungsrahmen
für den Schulleiter als Change Manager

Mit Hilfe eines morphologischen Modells als Strukturierungs- und Klassifikationsinstrument können die Funktionen des Schulleiters als Change Manager dargestellt und analysiert werden (vgl. Abb. 29).

Die systemtheoretisch kompatible Anwendung des morphologischen Modells ermöglicht es, die drei wichtigsten Dimensionen des Schulleiterhandelns als Change Manager zu erfassen:

- Führungs- und Leistungspotenziale im Sinne der strategischen Ausrichtung berufsbildender Schulen;
- Kompetenzen als personale Voraussetzungen des Schulleiters;
- pädagogische Funktionen im berufs- und wirtschaftspädagogischen Verständnis.

Sie sind geeignet, den Schulleiter in die Lage zu versetzen, modifizierte Instrumente des betrieblichen Change Managements, z. B. Balanced Scorecard (vgl. Abb. 29) und Innovations-Potential-Analyse (vgl. Tab. 20), zu analysieren, zu bewerten und praxisgerecht in berufsbildenden Schulen anzuwenden. Die Erfolgswahrscheinlichkeit des Schulleiterhandelns wird durch die Orientierung am morphologischen Modell gestützt, da dieses Modell hervorragend geeignet scheint, mehrdimensionale Zusammenhänge abzubilden. Es ist deshalb als eine neue, sinnvolle Ergänzung der bisher bekannten Instrumente in diesem Forschungs- und Praxissegment anzusehen. Allerdings wird auch hierbei kein „Totalitätsanspruch" erhoben, vielmehr angeregt, partielle Imponderabilien als grundsätzliche, ex-ante nicht näher zu klassifizierende Möglichkeiten mitzudenken.

(10) Konsequenz: Schulisches Qualitätsmanagement als zentrale Aufgabe des Change Managers

Schulisches Qualitätsmanagement benötigt systembezogene Strategien und Instrumente. Voraussetzung dafür ist u. a. eine eindeutige Zielsetzung im Sinne „Wir wollen unsere schulische Qualität im Unterricht und in den begleitenden Prozessen verbessern". Dazu ist es notwendig, sich über den Inhalt des Begriffes „Qualität" zu verständigen.

Der Schulleiter hat im verstärkten Maße darauf hinzuwirken, dass Zielsetzungen der Qualitätssicherung und -entwicklung verwirklicht werden. Zur Erfüllung dieser zentralen Aufgabe benötigt er ein Qualitätsmanagement, das er in Zusammenarbeit mit den Lehrkräften und anderen Mitarbeitern weiterzuentwickeln hat. Überraschenderweise ist bei der Untersuchung der einschlägigen Qualitätskonzepte festzustellen, dass der Qualitätsbegriff nicht verbindlich bzw. nicht übereinstimmend definiert ist. Wenn aber nicht verbindlich festgelegt wird, was gut ist, dann kann auch nicht sicher festgestellt werden, ob etwas verbessert werden muss oder verbessert worden ist. Fordernd formuliert folgt daraus, dass schulische Change Manager, die sich die Verbesserung der Schulqualität durch Innovationen zum strategischen Ziel gesetzt haben, konkrete Handlungsparameter für ihre Führungsentscheidungen benötigen.

Evident wird in diesem Zusammenhang einmal mehr, dass die aus dem Teilsystem Wirtschaft zum Transfer für das Teilsystem berufsbildende Schulen adaptierbaren Ansätze eines Qualitätsmanagements genau die Probleme beinhalten, die in der theoretischen Systemanalyse dieser Arbeit herausgearbeitet wurden, nämlich die Gefahr bzw. Unmöglichkeit der Übertragung externer, systemfremder Strategien und Instrumente. Exemplarisch trifft dies auch für das EFQM-Modell als dem Anschein nach idealem Modell für den schulischen Bereich zu.[1212] Trotz der dem Modell innewohnenden vielfältigen Orientierungspunkte für schulische Qualitätsbereiche, ist vor seiner Implementierung in das System berufsbildender Schulen aus den oben genannten Gründen zu warnen.[1213]

[1212] Vgl. Abschnitt 4.3.2.2 in dieser Arbeit.

[1213] Dem Verfasser dieser Arbeit [M. S.] ist bewusst, dass er sich damit außerhalb des sich entwickelnden Mainstreams befindet.

(11) Konsequenz: Widerstände der Lehrkräfte als Herausforderungen
des Change Managers

Aus der systemtheoretischen Analyse sind Widerstände als Teile von Verände-
rungsprozessen bekannt. Ihre vielfältigen Ursachen und Erscheinungsformen
sind zu analysieren und weitgehend offen zu legen. Der praktische Umgang mit
ihnen, mit dem Ziel ihrer Überwindung, stellt eine schwierige, zeitintensive
Herausforderung für den Schulleiter als Change Manager dar.

Zum Umgang mit Widerständen böten sich einem – in der Theorie von Widerständen kompetenten – Schulleiter weite Bereiche der Kommunikation an. Umso erstaunlicher ist es, feststellen zu können, dass dieses Segment sowohl in der
wissenschaftstheoretischen Betrachtung berufsbildender Schulen als auch in der
Schulpraxis weitgehend unbeachtet – möglicherweise tabuisiert – wird.[1214] Trotz
dieser Einschränkungen deuten sich erfolgversprechende Handlungsweisen an.
Denen zufolge hat der Schulleiter im Schulalltag die Widerstände der Lehrkräfte
zunächst zu analysieren, um im Anschluss handeln zu können. Mögliche, auf
den ersten Blick sehr „weich" unter Umständen sogar „zu weich" erscheinende
Vorgehensweisen, z. B. Berücksichtigung individueller Akzeptanzzeiten
und/oder zeitversetzter Innovationsreduzierungen, passen einerseits nicht (immer) in das Bild eines stringent handelnden, durchsetzungsstarken Change Managers als „Macher" (vgl. Tab. 10). Sie können aber trotzdem erfolgreich sein.
Andererseits sollte auch nicht der Eindruck erweckt werden, dass der Schulleiter
als Change Manager sich in scheinbar unendlichen Zeiträumen noch bemühen
sollte, letzte Innovationsverweigerer vom Sinn bestimmter Veränderungsmaß-
nahmen zu überzeugen. Denn eine Erfahrung lässt sich in allen berufsbildenden
Schulen machen – es gibt eine starke Gruppe veränderungswilliger Lehrkräfte.
Gelingt es, diese Gruppe zu aktivieren und die Gruppe der noch nicht Entschie-
denen für einen Erneuerungsschritt zu gewinnen, dann ist mit dieser Mehrheit
ein Changeprozess erfolgreich durchzuführen. Gerade die innovationsfreudige
Gruppe der Lehrkräfte hat einen Anspruch darauf, nicht permanent in ihrem
Vorwärtsdrängen behindert zu werden – bildet sie sich doch i. d. R. aus den leis-
tungsstärkeren Lehrkräften. Berufsbildende Schulen können es sich angesichts
der gesellschaftlichen Anforderungen, die an sie gestellt werden, und ihrer eige-

[1214] Gerade für die Schulpraxis stellt sich vor dem Hintergrund der Gesundheit der Lehrkräfte
die Frage, ob der Dienstherr nicht partiell seine Fürsorgepflicht außer Acht lässt. Möglicherweise können Widerstände (gerade) in innovationsreichen Zeiten auch als Schutz, z. B. vor
dem „Burnout-Syndrom", interpretiert werden. Von der Wissenschaft wäre es deshalb interes-
sant zu erfahren, ob derartige Zusammenhänge feststellbar sind und wie sie sich auf das Verhalten von Lehrkräften auswirken können. Für die „Lernende Organisation Schule" wird die
Problematik erstmals thematisiert bei Thiel/Szewczyk (2003, S. 54ff.).

nen Zielsetzungen, die wiederum Reflex dieser Anforderungen sein können, nicht leisten, der Mediokrität das Gesetz des Handelns zu überlassen.

6.3 Konsequenzen aus der Analyse aktueller Problemfelder der Praxis

Anhand der theoretischen Erklärungsansätze konnten Belege herausgearbeitet werden, die signifikant verdeutlichen, dass berufsbildende Schulen die Möglichkeiten haben, sich aus sich selbst heraus positiv zu entwickeln (Autopoiese). Dennoch kommen fast ausschließlich Anstöße zur Veränderung berufsbildender Schulen aus der Systemumwelt oder von der Makroebene. Dieser Sachverhalt kann an drei Beispielen verdeutlicht werden, die gleichfalls geeignet sind, Möglichkeiten und Grenzen des Change Managements berufsbildender Schulen aufzuzeigen.

(12) Konsequenz: Lernfelder als Changeprozess der Mikroebene

Das Lernfeldkonzept kann als ein Ausgangspunkt für den Changeprozess der Mikroebene genutzt werden. Dabei stehen didaktisch-methodische Innovationen im Mittelpunkt. Diese können sich auch auf die Organisations- und Führungsmodelle auswirken. Grundsätzlich sind die Lehrkräfte als „Transporteure" der Leitidee des Lernfeldkonzepts in den Unterricht zu überzeugen, um es als erfolgreiches Innovationsbeispiel ausbauen zu können.

Mit der Implementierung des Lernfeldkonzepts wird tendenziell der Versuch unternommen, eine didaktische Parallelität von Lern- und Arbeitssituationen zu schaffen und methodisch umzusetzen. Der in der Fachliteratur umfassend beschriebene und unterschiedlich bzgl. seiner Sinnhaftigkeit bewertete Sachzusammenhang, wird in der vorliegenden Arbeit mit dem Instrumentarium der Systemtheorie neu analysiert und unter Change Managementaspekten genuin beleuchtet. Demnach kann das Lernfeldkonzept als Chance interpretiert werden, die Kommunikation zwischen den beiden Teilsystemen Wirtschaft und Erziehung zu verbessern. Damit können gerade berufsbildende Schulen dem Vorwurf der bewussten Nichtwahrnehmung betrieblicher Realitäten entgegentreten. Allerdings kann kritisch angemerkt werden, dass es sich – aus der Perspektive der Berufspädagogik betrachtet – beim Lernfeldkonzept um eine von der Strukturierung ökonomischer Prozesse im Unternehmen ausgehende asymmetrische Vorgehensweise in eine Richtung handelt, die keinerlei Feedbackprozesse aus unterrichtlicher Erkenntnis Richtung Unternehmen intendiert.

309

Diese Vorgehensweise greift grundlegend in die didaktischen Strukturen der Mikroebene ein. Die Folge davon ist, dass intensive didaktische „Basisarbeit" für den Unterricht, dem Kernprodukt berufsbildender Schulen, gefordert werden muss. Zudem sind derartige Innovationen innerschulisch in einem mehrstufigen Prozess aufzuarbeiten und unterrichtswirksam zu verarbeiten. Sie erfordern auf der Seite der Lehrkräfte bestimmte Kompetenzen und insbesondere ihre Bereitschaft, didaktische Entwicklungsarbeit zu leisten. Der als äußerer Zwang empfundene Implementierungsansatz lässt aber einen Ansatz zum Commitment weitgehend vermissen. Widerstände resultieren demzufolge auch aus der Vernachlässigung notwendiger Innovationsbedingungen, z. B. klare Zielsetzungen, Transparenz der Entscheidungsprozesse und positiver Bedeutsamkeit für die Betroffenen.[1215] Für die Konzeptionierung zukünftiger Innovationen ist daraus abzuleiten, dass Lehrkräfte verstärkt in deren Entstehungs-, Ausformungs- und Übertragungsprozesse einbezogen werden sollten und entsprechende schulische und außerschulische Ressourcen, Fortbildungen und Betriebspraktika, zur Verfügung zu stellen sind. Damit scheint der Sprung zu einem Commitment leichter zu vollziehen zu sein und zwar im Sinne eines 100-prozentigen „Ja" – für eine 70-prozentige (innere) Zustimmung.[1216] Auch Lehrkräfte sagen dann: „Ja, ich tue es, obwohl einige Wünsche unerfüllt bleiben." Im Sinne eines schulischen Change Managements der Mikroebene wäre dies ein bedeutsamer Schritt zu einem mehrheitlichen Schauen auf das, was möglich ist und nicht auf das, was fehlt.

(13) Konsequenz: Schulprogrammentwicklung als Changeprozess der Mesoebene

Mit der Arbeit an Schulprogrammen ist ein komplexer Changeprozess der Mesoebene verbunden. Dieser löst bei den Betroffenen Erwartungen und Befürchtungen aus (vgl. Abb. 34). Internationale Erfahrungsberichte unterstreichen diese Polarisierung – weisen aber die Entwicklung von Schulprogrammen als einen erfolgversprechenden Weg eines kontinuierlichen schulischen Verbesserungsprozesses aus.

Die in einzelnen Ländern, z. B Österreich, angewendete Projektmethode zur Implementierung von Schulprogrammen kann als bedingt erfolgreich eingestuft werden. Sie scheint aber durch eine konsequente Vorgehensweise nach dem strategischen Managementansatz von Bea/Haas optimierbar (vgl. Tab. 22). Dabei sind insbesondere die Aspekte der Kontrolle und der „sozialen Architektur" genau zu klären. Dies führt unmittelbar zum Problembereich der Evaluation.

[1215] Vgl. Abschnitt 5.2.3 in dieser Arbeit.
[1216] Vgl. Sprenger (1996, S. 218f.)

Obwohl nur wenige Instrumente eine direkte Kontrolle der Lehrkräfte beabsichtigen, herrscht an den berufsbildenden Schulen eine tiefgehende Skepsis der Betroffenen. Die Erkenntnisse aus der Systemtheorie bzgl. der Beobachtungen erster und zweiter Ordnung können dazu beitragen, das Instrumentarium der Evaluation von Schulprogrammen zur Stärkung und Weiterentwicklung der Mesoebene zu nutzen.

Insgesamt muss es im Sinne eines Changeprozesses gelingen, die Entwicklung von Schulprogrammen als langfristige, überprüfbare Gestaltungsmöglichkeit für die Arbeit in berufsbildenden Schulen innerschulisch zu kommunizieren. Die Arbeit an Schulprogrammen stellt systemtheoretisch einen Ansatz basaler Selbstreferenz dar.[1217] Sie schafft damit einen Aktionsrahmen für die „autopoietische Reproduktion temporalisierter Systeme"[1218] Diesem Verständnis folgend, könnte es gelingen, den ursprünglich (exogen) Top-Down initiierten Prozess, in einen von einer breiten Mehrheit der (intern) Betroffenen akzeptierten und mitgetragenen Bottom-Up-Prozess zu transformieren. Daraus ergäben sich gute Chancen für einen nachhaltigen Changeprozess berufsbildender Schulen.

(14) Konsequenz: regionale Kompetenzzentren als Beitrag der Makroebene im Changeprozess

Regionale Kompetenzzentren stellen gegenwärtig den exponiertesten Versuch dar, berufsbildende Schulen und Teile ihrer Systemumwelt grundlegend zu verändern. Neben die berufliche Erstausbildung treten u. a. Fort- und Weiterbildungsmaßnahmen sowie vielfältige Beratungstätigkeiten. Um derartig ambitiöse Zielsetzungen erfüllen zu können, ist es notwendig, dass die Akteure des Changeprozesses einen breiten regionalen Querschnitt der an Bildungsprozessen Beteiligten repräsentieren (vgl. Abb. 36).

Die Rolle berufsbildender Schulen als regionale, kundenorientierte Dienstleister, deren Arbeitsqualität messbar verbessert werden soll, wird im niedersächsischen Modell regionaler Kompetenzzentren gemäß einer nach DIN 69901 normierten Projektmethode durchgeführt. Daran nehmen nur eine begrenzte Anzahl berufsbildender Schulen teil. Diese nicht zwingende Vorgehensweise zur Implementierung regionaler Kompetenzzentren beinhaltet eine Reihe vermeidbarer systemischer und organisatorischer Schwierigkeiten, die u. a. durch das „Muss" fraktaler Organisationsentwicklung, die Rolle des Schulleiters als Geschäftsführer

---

[1217] Vgl. Luhmann (1999 (c), S. 600f.).
[1218] Luhmann (1999 (c), S. 600).

und einer befürchteten Zurückdrängung der Rechte der Gesamtkonferenz, dokumentiert werden können.

Strukturelle und personelle Hemmnisse scheinen schon im Vorfeld des Projektversuchs den Willen der Mehrheit berufsbildender Schulen zur Teilnahme begrenzt zu haben. Trotzdem könnten regionale Kompetenzzentren einen positiven Beitrag zur Entwicklung berufsbildender Schulen der Zukunft leisten, wenn es zum einen gelänge, die unterschiedlichen Interessengruppen über einen dialogischen Prozess, zu gemeinsamen Zielsetzungen zu führen. Zum anderen müsste es den Akteuren der Makroebene – aber auch den Schulleitern – gelingen, die Potenziale und Grenzen der Meso- und Mikroebene in einem dauerhaften Reflexionsprozess auszuloten, um Entwicklungsansätze für Innovationen aus sich selbst heraus zu fördern und zu steuern. Die autopoietischen Kräfte der einzelnen berufsbildenden Schulen könnten die Fehlallokationen der Ressourcen durch die Makroebene verringern. Dazu ist es u. a. unentbehrlich, dass die Lehrkräfte ihre eigenen innovativen Potenziale wahrnehmen und durch Fortbildungsmaßnahmen weiterentwickeln, die institutionellen Rahmenbedingungen nachfrageorientiert flexibler gestaltet und nicht zuletzt die Schulleiter materiell und kompetenzbezogen in die Lage versetzt werden, die relevanten Ziele und Strategien zu formulieren, durchzusetzen und zu kontrollieren – somit Managementaufgaben wahrnehmen zu können, die allerdings systemspezifisch modifiziert sind und deren Nukleus „Mensch" in einem berufs- und wirtschaftspädagogischen Bezugsfeld verankert ist.

Als Quintessenz bleibt zu konstatieren, dass Changevorhaben – mögen sie auch im Einzelfall nicht frei von Schwächen sein – gefördert und weiterentwickelt werden müssen, um berufsbildende Schulen als gesellschaftlich anerkannte funktionelle Teilsysteme mit der Fähigkeit zur Grenzerhaltung und Identitätsbewahrung gegenüber ihrer Systemumwelt zu stärken. Dazu sind sowohl Erfahrungsberichte der Praxis systematisch auszuwerten, als auch die Forschungsaktivitäten u. a. bzgl. einer wissenschaftlichen Projektbegleitung zu intensivieren.

6.4 Schluss- und Ausblickspunkt: Berufsbildende Schulen im Wandel
– Notwendigkeit, Chance und Herausforderung weiterer wissenschaftlicher Untersuchungen

Die Kernerkenntnis der vorliegenden Untersuchung lautet: es besteht sowohl aus der Sicht der Gesellschaft als Systemumwelt als auch aus der Eigenbetrachtung des Mesosystems berufsbildender Schulen die Notwendigkeit zur Veränderung. Die Untersuchung unterstreicht deutlich die Chance berufsbildender Schulen, diese Veränderungen, in größerem Umfang als allgemein angenommen, selbst-

312

ständig realisieren zu können, wenn bestimmte Entwicklungsbedingungen beachtet werden.

Um diese Entwicklung nachhaltig zu unterstützen, ist es notwendig, dass die Akteure der Makroebene ihre aufkeimende Einsicht stabilisieren, den berufsbildenden Schulen einen möglichst weiten Handlungsrahmen für den Ausbau ihrer Selbstständigkeit einzuräumen. Darauf deutet auch die – in der Literatur weit unterschätzte – Problematik der Autopoiese hin. Auf der Meso- und Mikroebene wird es vorrangig darauf ankommen, die eigenen Stärken zu erkennen, mögliche Defizite zu beseitigen und Widerständen systemisch zu begegnen. Das vorrangige Ziel Qualitätssicherung und -entwicklung kann von allen an Schulprozessen Beteiligten akzeptiert und angestrebt werden. Dabei übernimmt der Schulleiter die zentrale Funktion des Change Managers in dem Sinne, die Menschen und die Organisation vom Land des Guten zum Ufer des Besseren zu bringen – und zwar systemisch und handlungstheoretisch betrachtet – innerhalb eines funktionellen Teilsystems. Ob dabei in jedem Fall quantifizierbare Ergebnisse seinen Kurs bestimmen können, ist eher skeptisch einzuschätzen. Häufig wird er sich auch auf seine Erfahrungswerte und Intuition verlassen müssen, die aber über Feedback-Verfahren kontrolliert und korrigiert werden können.

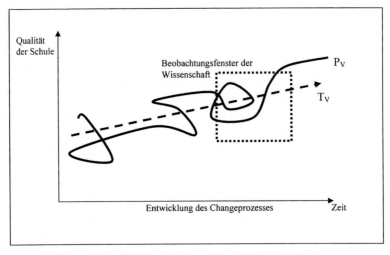

Abbildung 38: Qualität der Schule und Entwicklung des Changeprozesses

Möglicherweise werden auch in der Zukunft ex-ante keine linearen Trends der Verbesserung (T$_V$) (vgl. Abb. 38) angestrebt, geschweige denn ex-post festgestellt werden können.[1219] Es wäre aber durchaus auch schon als ein Fortschritt zu werten, wenn sich in der Retrospektive ein „schlängelnder Pfad" der Verbesserung (P_V) identifizieren ließe. Dieser schlösse Volten, Drehungen und temporäre Stagnationen nicht aus. Für die wissenschaftliche Analyse böten sich Beobachtungsfenster an. Es wäre eine Herausforderung aus diesen, mit einem strukturierten interdisziplinären Forschungsansatz aus Systemtheorie, Handlungstheorie, Theorie der Wirtschafts- und Berufspädagogik u. a. m. zu untersuchen, welche Ursachen für einzelne Bewegungen verantwortlich sein könnten und wie sie möglicherweise zu steuern bzw. zu korrigieren wären. Dadurch könnten Handlungen des Schulleiters als Change Manager in einem Veränderungsprozess nicht nur legitimiert sondern auch optimiert werden, was zu einer Gesamtverbesserung der Schulqualität führen könnte.

Diese Grundskizze reflektiert gleichzeitig die Struktur und die Vorgehensweise der vorliegenden beschreibenden Analyse. Die gesammelten Ergebnisse haben einen heuristischen Wert, der u. a. darin zu erkennen ist, dass „...Hinweise auf die Notwendigkeit, Zielrichtung und Ansatzpunkte weiterer Forschungsprojekte..."[1220] abgeleitet werden können. Angesichts der Komplexität der Gesamtproblematik erfordert ein derartiges Vorgehen Ressourcen – nicht zuletzt in Form von Zeit. Aber, da es sich beim Untersuchungsobjekt um kein geringeres Teilsystem der Gesellschaft handelt, als das der beruflichen Bildung, von dem die Zukunft des gesellschaftlichen Gesamtsystems (mit)abhängt, ist zu wünschen, dass die Entscheider der Makroebene die Relationen richtig erkennen und weise entscheiden.

In Anlehnung an Luhmann[1221] bleibt als Schlusserkenntnis für Schulleiter als Change Manager, für Lehrkräfte und für Wissenschaftler festzuhalten, dass bei allem Bemühen um bestmögliches Denken und Handeln nicht alle logischen, erkenntnistheoretischen und praktischen Probleme geklärt bzw. beseitigt werden können, bevor man sich auf einen Changeprozess begibt. In dieser Arbeit konnten aber u. a. wesentliche Systemzusammenhänge analysiert und Konsequenzen abgeleitet sowie wirkungsvolle Instrumente der Prozesssteuerung vorgestellt und entwickelt werden. Es ist somit an der Zeit, in allen berufsbildenden Schu-

---

[1219] Auch wenn es wünschenswert wäre, mit der Szenario-Technik in diesem Bereich einen Beitrag zur Prognoseproblematik leisten zu können; vgl. Alexander (1996). Dieser reizvollen wissenschaftlichen Aufgabenstellung stellen sich in der Zukunft vielleicht andere Autoren.
[1220] Beinke (2000, S. 169).
[1221] Luhmann (1999 (c), S. 661).

len „...der Eule Mut [zu]zusprechen, nicht länger im Winkel zu schluchzen, sondern ihren Nachtflug zu beginnen."[1222]

[1222] Zum Metapher der Eule vgl. Luhmann (1999 (c), S. 661). Als Koinzidenz ist die grafische Gestaltung (R. Klink) des Buches von Alexander/Kafsack/Manstetten/Szewczyk (2002) zu verstehen.

Literaturverzeichnis

Abraham, Karl: Wirtschaftspädagogik. Grundfragen der wirtschaftlichen Erziehung. 2. Aufl., Heidelberg 1966

Adorno, Theodor W.: Zur Logik der Sozialwissenschaften. In: Adorno, Theodor W./Dahrendorf, Ralf/Pilot, Harald/Albert, Hans/Habermas, Jürgen/Popper, Karl R.: Der Positivismusstreit in der deutschen Soziologie. 2. Aufl., Neuwied 1972, S. 125-143

Aebli, Hans: Die geistige Entwicklung als Funktion von Anlage, Reifung, Umwelt- und Erziehungsbedingungen. In: Roth, Heinrich (Hrsg.): Begabung und Lernen. Ergebnisse und Folgerungen neuer Forschungen. [Deutscher Bildungsrat: Gutachten und Studien der Bildungskommission 4], 12. Aufl., Stuttgart 1980, S. 151-191

Ahrens, Jens-Rainer: 50 Jahre Schulentwicklung in Niedersachsen – Zur Entwicklung im allgemeinbildenden Schulwesen 1946 -1996. In: SVBl 12/96, S. 472-481

Ahrens, Jens-Rainer: Schulautonomie nur ein modischer Hit? (o.J.), S. 1-8

Alexander, Peter-Jörg: Strukturanalyse der betrieblichen Umwelt auf systemtheoretischer Basis. Freie wissenschaftliche Arbeit zur Erlangung des akademischen Grades "Diplom-Handelslehrer", Nürnberg 1978

Alexander, Peter-Jörg: Szenario-Technik als Beitrag zur Prognoseproblematik in der wirtschaftsberuflichen Curriculumdiskussion. Köln 1996. Zugl. Osnabrück, Univ., Diss., 1996

Alexander, Peter-Jörg: Vom Lernfeld zum Reisfeld? In: berufsbildung 74, 56. Jg., April 2002, S. 36

Ammann, Claus-Henning: Organisationslernen: Theorien in der Übersicht. In: http://home.t-Online.de/home/c.ammann/paed/lernen/vergleich.html. (01.10.2003), S. 1-4

Ansoff, H. I.: Corporate Strategy. New York 1965

Ansoff, H. I.: Management-Strategie. München 1966

Ansoff, H. I./Declerck, R. P./Hayes, R. L.: From Strategic Planning to Strategic Management, London u. a. 1976

Antoni, Conny/Hofmann, Karsten/Bungard, Walter: Gruppenarbeit. In: Bullinger, Hans-Jörg/Warnecke, Hans Jürgen (Hrsg.): Neue Organisationsformen im Unternehmen. Ein Handbuch für das moderne Management. Berlin-Heidelberg-New York-Barcelona-Budapest-Hong Kong-London-Mailand-Paris-Tokio 1996, S. 489-498

Arbeitsstab Forum Bildung in der Geschäftsstelle der Bund-Länder-Kommission für Bildungsplanung und Forschungsförderung (Hrsg.): Bildungs- und Qualifikationsziele von morgen. Vorläufige Leitsätze und Expertenbericht. Bonn 2001, S. 6-42

Arnold, Rolf: Veränderungskompetenz – Wandel gestalten und Krisen überwinden. In: Berufsbildung, H. 72/2001, S. 2

Arnold, Rolf/Müller, Hans-Joachim: Handlungsorientierung und ganzheitliches Lernen in der Berufsbildung - 10 Annäherungsversuche. In: Erziehungswissenschaft und Beruf, Jg. 41, H. 4, 1993, S. 323-33

Arnold, Rolf/Krämer-Stürzl, Antje: Berufs- und Arbeitspädagogik. Leitfaden der Ausbildungspraxis in Produktions- und Dienstleistungsberufen. Berlin 1996

Arnold, Rolf/Faber, Konrad: Qualität entwickeln – aber wie? Qualitätssysteme und ihre Rele-vanz für Schule: – Einführung und Überblick –. Seelze/ Velber 2000

Bach, Hans: Die rechtliche Ordnung des Berufsschulwesens. In: Blättner, Fritz/ Kiehn, Ludwig/Monsheimer, Otto/Thyssen: Handbuch für das Berufsschulwesen. Heidelberg 1960, S. 94-105

Bader, Reinhard: Lernfelder – eine Chance zur Stärkung beruflicher Handlungskompetenz. Handreichungen zu einem Referat im Rahmen einer Schulleitungsfortbildung „Lehren und Lernen in Lernfeldern" des Instituts für Lehrerfortbildung Hamburg am 18.01.1999

Bader, Reinhard: Entwickeln von Rahmenlehrplänen nach dem Lernfeldkonzept. Handreichung zum Referat im Rahmen einer Fachtagung der KMK für Mitglieder von Rahmenlehrplan-Ausschüssen, ausgerichtet vom Landesinstitut (LISA) Sachsen-Anhalt am 10.04.2000 Halle, S. 1-21

Bader, Reinhard/Schäfer, Bettina: Lernfelder gestalten. Vom komplexen Handlungsfeld zur didaktisch strukturierten Lernsituation. In: Die berufsbildende Schule (BbSchh), 50. Jg., Heft 7-8, 1998, S. 229-234

Bandler, R./Grinder, J.: Neue Wege der Kurzzeittherapie. Bd. 1, Paderborn 1990

Bank, Volker/Reckstadt, Randolph: Schlüsselqualifikation zwischen Verehrung und Verzehrung. In: Jongebloed, Hans-Carl (Hrsg.): Wirtschaftspädagogik als Wissenschaft und Praxis – Oder: Auf dem Wege zur Komplementarität als Prinzip. Festschrifdes Kieler Lehrstuhls für Berufs- und Wirtschaftspädagogik dem VLW-Landesverband Schleswig-Holstein anlässlich seines fünfzigjährigen Bestehens im Jahre 1998. Kiel 1998, S. 143-183

Barth, Friedrich Wilhelm: Arbeitsplatz Schulleitung. Mitschrift (M. S.) eines Vortrages im Rahmen der Veranstaltung: "Berufliche Bildung im Umbruch!?". Etelsen, 12. März 2002

Barth, Friedrich Wilhelm/Henkel, Bernd: Schulversuch ProReKo. Teil I: Organisation, Methode und Ziele des Schulversuches. In: SchulVerwaltung NI SH, Nr. 9/2003, S. 244-247

BA Stuttgart: Fachrichtung Dienstleistungsmanagement Nonprofit-Organisationen. In: www.ba-stuttgart.de/studienangebot/wirtschaft/sozeinr.html., S. 1-3, (14.03.03)

Bauer, Siegfried: Perspektiven der Organisationsgestaltung. In: Bullinger, Hans-Jörg/Warnecke, Hans Jürgen (Hrsg.): Neue Organisationsformen im Unternehmen. Ein Handbuch für das moderne Management. Berlin-Heidelberg-New York-Barcelona-Budapest-Hong Kong-London-Mailand-Paris-Tokio 1996, S. 87-118

Baumgardt, Johannes: Berufspädagogik – Sozialpädagogik – Wirtschaftspädagogik. In: Röhrs, H. (Hrsg.): Die Wirtschaftspädagogik eine erziehungswissenschaftliche Disziplin? Frankfurt a. M., S. 86–105

Bea, Franz Xaver/Göbel, E.: Organisation. Stuttgart 1999

Bea, Franz Xaver/Haas, Jürgen: Strategisches Management. 3. Aufl., Stuttgart 2001

Bechtler, T. W.: Management und Intuition. Zürich 1986

Beck, Herbert: Schlüsselqualifikationen. Bildung im Wandel. Darmstadt 1993

Becker, Andreas/Thomas, Lutz: Die Steuergruppe im Schulentwicklungsprozess. O. J., S. 1-19

Becker, Fred G./Fallgatter, Michael J.: Unternehmensführung. Einführung in das strategische Management. Bielefeld 2002

Beek, H./Binstadt, P./Zöller, A.: Lernfeldstrukturierte Rahmenlehrpläne – Anstoß zu einer intensiven Diskussion curricularer Arbeit auf Bundes- und Landesebene. In: Bader, Reinhard/Sloane, Peter F. E. : Lernen in Lernfeldern, Markt Schwaben 2000, S. 51–69

Berufsbildende Schulen des Landkreises Osnabrück in Bersenbrück: Schulprogramm. Bersenbrück 2003

Begley, Paul/ Slater, Carol (Hrsg): School Leadership in Canada. 2. Aufl. 2000. Zusammengefasst in: Bertelsmann Stiftung (Hrsg.): Podium Schule, 1/2001, S. 1

Beinke, Lothar: Elterneinfluß auf die Berufswahl. Bad Honnef 2000

Beinke, Lothar: Peer-groups und ihr Einfluss auf die Berufsentscheidung Jugendlicher. In: Gießener Universitäts-Blätter, 2003, S. 107-112

Bellinger, Bernhard: Geschichte der Betriebswirtschaftslehre. Stuttgart 1967.

Bennett, S./Brown, J.: Mindshift: Strategic Dialogue for Breakthrough Thinking. In: Chawla, S./Renesch, J. (Hrsg.): Learning Organizations. Portland 1995

Bertalanffy, Ludwig von: General System Theory. In: General Systems Yearbook, Vol. I, 1956, S. 1-10

Bertalanffy, Ludwig von: General System Theory - A Critical Review. In: General Systems Yearbook, Vol. VII, 1962

Bertalanffy, Ludwig von: Vorläufer und Begründer der Systemtheorie. In: Kurzrock, R. (Hrsg.): Systemtheorie, Berlin 1972, S. 17-27

Berufsbildende Schulen des Landkreises Osnabrück in Bersenbrück (Hrsg.): Schulprogramm. Bersenbrück 2003

318

Betzl, Konrad: Entwicklungsansätze in der Arbeitsorganisation und aktuelle Unternehmenskonzepte - Visionen und Leitbilder. In: Bullinger, Hans-Jörg/ Warnecke, Hans Jürgen (Hrsg.): Neue Organisationsformen im Unternehmen. Ein Handbuch für das moderne Management. Berlin-Heidelberg-New York-Barcelona-Budapest-Hong Kong-London-Mailand-Paris-Tokio 1996, S. 29-64

Bezirksregierung Weser-Ems: Personalkostenbudgetierung. Osnabrück 2003, S. 1-3 Bildungskommission NRW: Zukunft der Bildung – Schule der Zukunft. Denkschrift der Kommission „Zukunft der Bildung – Schule der Zukunft" beim Ministerpräsidenten des Landes Nordrhein-Westfalen. Neuwied-Kriftel-Berlin 1995

Birkenbihl, Vera F.: Kommunikationstraining. Zwischenmenschliche Beziehungen erfolgreich gestalten. 21. Aufl., Landsberg 1999

Blankertz, Herwig: Theorien und Modelle der Didaktik. 10. Aufl., München 1977

Bleicher, K.: Organisation, Strategien – Strukturen – Kulturen. 2. Aufl., Wiesbaden 1991

Bleicher, K.: Unternehmenskultur und strategische Unternehmensführung. In: Hahn, D./Taylor, B. (Hrsg.): Strategische Unternehmensführung. 8. Aufl., Heidelberg 1999, S. 223-265

BLK-Programmträger „innovelle-bs" (Hrsg.): Professionalität in der Berufsbildung entwickeln und erweitern. 28 innovative Konzepte der Lehrerbildung (2. und 3. Phase) für berufsbildende Schulen. Kronshagen 2003

Blumenhagen, Uwe/Galas, Dieter/Habermalz, Wilhelm: Ist die Schule hilflos gegenüber Gewalt? In: SVBL, April 1996, S. 126-129

Bönsch, Manfred: Methodik der Evaluation. In: Schulverwaltung NI SH, Nr. 12/2003, S. 326-331

Bolsenkötter, H.: Management von Non-Profit-Organisationen. In: Corsten/Reiß (Hrsg.), S. 799-804

Bonsen, Martin/Iglhaut, Claus/Pfeiffer, Hermann: Schulleitungshandeln aus Schulleitungssicht. Handlungsdimensionen, Handlungsrepertoires und Handlungsrahmen. Dortmund 1999

Bott, Wolfgang: Der Schulleiter als Dienstvorgesetzter. In: www. Schulleitung.de/sl/schulrecht/dienstvorgesetzter.htm. Stand 5. Mai 1999. (02-02-17)

Boudon, Raymond: La Logique du Social. Paris 1979

Bräth, Peter: Schulversuch ProReKo. Teil II: Neues Schulmanagement. In: SchulVerwaltung, Nr.10/2003, S. 269-272

Braun, Jochen: Aufgaben und Ziele der Organisationsgestaltung. In: Bullinger, Hans-Jörg/Warnecke, Hans Jürgen (Hrsg.): Neue Organisationsformen im Unternehmen. Ein Handbuch für das moderne Management. Berlin-Heidelberg-New York-Barcelona-Budapest-Hong Kong-London-Mailand-Paris-Tokio 1996, S. 7-27

Breger, Wolfgang: Was erwarten Unternehmen von der Berufsschule. In: berufsbildung, 48. Jg., Heft 49, 1998, S. 12-13

Büeler, Xaver: Schulqualität und Schulwirksamkeit. In: Altrichter, Herbert/Schey, Willfried/Schratz, Michael (Hrsg.): Handbuch zur Schulentwicklung. Innsbruck-Wien 1998, S. 661-693

Bühl, W.: Grenzen der Autopoiesis. In: Kölner Zeitschrift für Soziologie und Sozial-Psychologie, Jg. 39, 1987, S. 225-254

Büschges, Günter/Abraham, Martin: Einführung in die Organisationssoziologie. 2. Aufl., Stuttgart 1997

Buhren, Claus G./Rolff, Hans-Günter: Personalentwicklung in Schulen. Konzepte, Praxisbau-Steine, Methoden. Weinheim-Basel 2002

Bundesarbeitsgemeinschaft SCHULE WIRTSCHAFT: Ist unser Bildungssystem leistungsfähig? In: Forum Schule Wirtschaft, Jg. 12, Heft 3, 2000, S. 1

Bundesinstitut für Berufsbildung: Berufsbildung für eine globale Gesellschaft. Perspektiven im 21. Jahrhundert. 4. BIBB-Fachkongress 2002. Ergebnisse und Ausblicke. Forum 4 „E-Learning" – Anspruch und Praxis. Bonn 2003, S. 53-61

Bundesministerium für Wirtschaft und Arbeit: Leitfaden für Arbeitsschutzmanagementsysteme. In: Arbeitsschutz 1/2003, S. 101-110

Bundesvereinigung der Deutschen Arbeitgeberverbände (Hrsg.) : Schule braucht Qualität. Ein europäisches Arbeitgeber-Konzept. Berlin 2001

Bundesvereinigung der Deutschen Arbeitgeberverbände: Gestreckte Abschlussprüfung. In: www.bda-online.de (27.09.2003)

Bund-Länder-Kommission für Bildungsplanung und Forschungsförderung (BLK): Qualitätsverbesserung in Schulen und Schulsystemen (Quiss) – Laufzeit: 1998-2004, Bonn www.blk-quiss.de (2003-07-15)

Bunk, Gerhard P.: Einführung in die Arbeits-, Berufs- und Wirtschaftspädagogik. Heidelberg 1982

Buschfeld, Detlef: Umgang mit Lernfeldern – Lernfelder umgehen. In: Kölner Zeitschrift für Wirtschaft und Pädagogik, 14. Jg. 1999, H. 26, S. 3-24

Buschfeld, Detlef/Twardy, Martin: Fächerübergreifender Unterricht in Lernfeldern – neue Rahmenbedingungen für didaktische Innovationen? In: Euler, Dieter/Sloane, Peter, F. E. (Hrsg.): Duales System im Umbruch. Eine Bestandsaufnahme der Modernisierungsdebatte. Pfaffenweiler 1997, S. 143-159

Busemann, Bernd: Brief an die Mitarbeiterinnen und Mitarbeiter. In: Schulverwaltungsblatt 4/2003, S.107

Bußhoff, H.: Der politische Code. Ein neuer Mythos in systemtheoretischer Sicht. In: Kölner Zeitschrift für Soziologie und Sozialpsychologie, Jg. 28, Heft 2, 1976, S. 335-351

Chandler, Alfred D.: Strategy and Structure: Chapters in the History of the American Industrial Enterprise. Cambridge (Mass.), London 1962

Chmelik, Günter/Kappler, Ekkehard: Konstitutive Entscheidungen. In: Heinen, Edmund (Hrsg.): Industriebetriebslehre. Entscheidungen im Industriebetrieb. 6. Aufl., Wiesbaden 1978, S. 79-218

Coase, R. H.: The Nature of the Firm. In: Economica, 1937, H. 4, S. 386-405

Coy, Wolfgang: Dem Wahren, Schönen, Guten. Die künstliche Botschaft der Mathematik. In: Michel, Karl Markus/Spengler, Tilman (Hrsg.): Kursbuch 98 "Das Chaos", Berlin 1989, S. 43-58

Crozier, Michel/Friedberg, Erhard: L'Acteur et le Système. Paris 1977.

Czycholl, Reinhard: Handlungsorientierung und Kompetenzentwicklung in der beruflichen Bildung. In: Donz, Bernhard (Hrsg.) Didaktik der beruflichen Bildung. Band 2. Baltmannsweiler 2001, S. 170-186

Deal, T. E./Kennedy, A. A.: Corporate Cultures. The Rites and Rituals of Corporate Life. Reading (Mass.) 1982

De Bono, Edward: Edward De Bono's Denkschule. Zu mehr Improvisation und Kreativität. 2. Aufl., München 1990

DeMarco, Tom: Spielräume. Projektmanagement jenseits von Burn-out, Stress und Effizienzwahn. München-Wien 2001

Deutscher Bildungsrat: Empfehlungen der Bildungskommission zur Neuordnung der Sekundarstufe II. Bonn 1974

Diederichsen, Uwe: Einführung in das wissenschaftliche Denken. Düsseldorf 1970

Diedrich, Kurt: Leitung und Verwaltung einer Schule in pädagogischer Sicht. 2. Aufl., Neuwied-Berlin 1961

Dobischat, Rolf/Erlewein, Werner (Hrsg.): Modellversuch KOMPZET. Berufsbildende Schulen als Regionale Kompetenzzentren für Aus- und Weiterbildungspartnerschaften. Mainz-Duisburg 2003

Döbrich, Peter: Pädagogische EntwicklungsBilanzen mit BerufsBildenden Schulen (BBS) in Niedersachsen. PEB – Projektbericht 7. Frankfurt am Main 2002

Döbrich, Peter/Steinert, Brigitte: Projekt: „Schulentwicklung, Qualitätssicherung und Lehrerberuf" DIPF-SEL. PEB – Pädagogische EntwicklungsBilanz. Auswertung der Befragung von Ausbildungsleiterinnen und Ausbildungsleitern BBS Schölerberg, Osnabrück. 2003

Dörschel, Alfons: Einführung in die Wirtschaftspädagogik. 3. Aufl., München 1971

Dörner, Dietrich, et al.: Vom Umgang mit Unbestimmtheit und Komplexität. Bern 1983

321

Dörner, Dietrich: Die Logik des Mißlingens. Strategisches Denken in komplexen Situationen. 14. Aufl., Reinbek 2001

Doppler, Klaus/Lauterburg, Christoph: Changemanagement. Den Unternehmenswandel gestalten. 9. Aufl., Frankfurt/Main-New York 2000

Dreesmann, Helmut: Die Systematik des Erfolgs. In: Dreesmann, Helmut/ Kraemer-Fieger, Sabine: Moving. Neue Managementkonzepte zur Organisation des Wandels. Frankfurt am Main-Wiesbaden 1994 (a), S. 55-85

Dreesmann, Helmut: Die Innovations-Potential-Analyse (IPA) – Manual und Anwendungsmöglichkeiten. In: Dreesmann, Helmut/Kraemer-Fieger, Sabine: Moving. Neue Managementkonzepte zur Organisation des Wandels. Frankfurt am Main-Wiesbaden 1994 (b), S. 331-347

Drucker, Peter F.: Neue Management-Praxis. 1. Bd., 1974

Dubs, Rolf: Führung in der Schule und in der Wirtschaft. In: Zeitschrift für Berufs- und Wirtschaftspädagogik, 88. Bd., Heft 6, 1992, S. 443-446

Dubs, Rolf: Lehrerverhalten. Zürich 1995

Dubs, Rolf: Die Bedeutung der Führung in einer Schule mit mehr Selbstverantwortung. In: SchulVerwaltung NI SH, Nr.10/2003 (a), S. 261-263 und Nr. 11/2003 (b), S. 292-295

Dürr, Walter: Fachdidaktik als strategisches Instrument der mitarbeiterorientierten Organisationsentwicklung – Perspektiven und Möglichkeiten –. In: Twardy, Martin (Hrsg.): Fachdidaktik und Organisationsentwicklung. Sonderband 3, Köln 1990, S. 101-111

Düsseldorff, Karl: Wo liegen Möglichkeiten aber auch Grenzen, Aufgaben der beruflichen Bildung, die durch den gesetzlichen Rahmen vorgegeben sind, durch neue Informations-, Qualifizierungs- und Beratungsangebote zur Entwicklung der betrieblichen Humanressourcen in der Region zu ergänzen und qualitativ zu verbessern? In: Dobischat, Rolf/Erlewein, Werner (Hrsg.): Modellversuch KOMPZET. Berufsbildende Schulen als Regionale Kompetenzzentren für Aus- und Weiterbildungspartnerschaften. Mainz-Duisburg 2003 (a), S. 136-139

Düsseldorff, Karl: Welche organisatorischen Strukturen sind für diese Zielsetzung zu entwickeln? In: Dobischat, Rolf/Erlewein, Werner (Hrsg.): Modellversuch KOMPZET. Berufsbildende Schulen als Regionale Kompetenzzentren für Aus- und Weiterbildungspartnerschaften. Mainz-Duisburg 2003 (b), S. 140-141

Düsseldorff, Karl: Berufliche Schulen als Ausgangsort für Lernortkooperationen und regionale Vernetzungsaktivitäten. Ansprüche an die innere Schulentwicklung. In: Dobischat, Rolf/Erlewein, Werner (Hrsg.): Modellversuch KOMPZET. Berufsbildende Schulen als Regionale Kompetenzzentren für Aus- und Weiterbildungspartnerschaften. Mainz-Duisburg 2003 (c), S. 228-238

Dunkel, Lothar/Wichterich, Heiner: Mediation in der Schule – Schulpsychologie und Mediation. Aachen 1999, S. 1-11

Ebers, Mark/Gotsch, Wilfried: Institutionenökonomische Theorien der Organisation. In: Kieser, Alfred (Hrsg.): Organisationstheorien. 4. Aufl., Stuttgart-Berlin-Köln 2001, S. 199-251

ECOS Japan Consult: Schaffung von transnationaler Kompetenz in KMU am Beispiel der Erarbeitung und Umsetzung eines Markteintrittskonzeptes für den japanischen Umweltmarkt. Osnabrück 2001

Ehebrecht, Heinz-Peter: Produktionsfaktoren – Um Wirtschaftsgüter herzustellen. In: RENO, Heft 1, 2001, S. 18-21

Ehebrecht, Heinz-Peter: Bluttat von Erfurt. In: Wirtschaft und Erziehung. 54. Jg., Heft 6, 2002, S. 201

Ehrenberg, Helmut/Maiß, Joachim: Klassenbildung an berufsbildenden Schulen. In: SVBL, Juni 1996, S. 195-201

Ehrke, Michael/Hesse, Jörg: Das neue IT-Weiterbildungssystem. Eine Neuordnung mit hohem Reformanspruch. In: Gewerkschaftliche Bildungspolitik 11/12, 2002, S. 4-8

Ehrlicher, Werner: Geldtheorie. In: Ehrlicher, Werner/Esenwein-Rothe, Ingeborg/Jürgensen, Harald/Rose, Klaus: Kompendium der Volkswirtschaftslehre. 4. Aufl., Göttingen 1973, S. 339-407

Eikenbusch, Gerhard: Evaluation – eine Sache für Lehrerinnen und Lehrer? Soest 1997

Elias, Norbert: Über den Prozeß der Zivilisation. Soziogenetische und psychogenetische Untersuchungen. Bd. 2: Wandlungen der Gesellschaft. Entwurf zu einer Theorie der Zivilisation. Frankfurt a. Main 1976

Elias, Norbert: Was ist Soziologie. München 1981

Engelhardt, Peter/Budde, Roland: Ein kundenorientiertes Unternehmensmodell zur inhaltlichen Strukturierung von nach Geschäftsprozessen ausgerichteten Lernfeldern im Ausbildungsberuf Industriekaufmann/-kauffrau. In: www.ibw.uni-hamburg.de/bwpat/ausgabe4/engelhardt_budde_bwpat4. html, S. 1-14 (11.10.2003)

Erlewein, Werner: Der Modellversuch KOMPZET.RP aus der Perspektive der Projektleitung. In: Dobischat, Rolf/Erlewein, Werner (Hrsg.): Modellversuch KOMPZET. Berufsbildende Schulen als Regionale Kompetenzzentren für Aus- und Weiterbildungspartnerschaften. Mainz-Duisburg 2003, S.10-23

Euler, Dieter: Betrachtung des Modellversuchs unter dem Aspekt der Organisationsentwicklung – einige Thesen zur Diskussion –. Unveröffentlichtes Typoskript. Köln 1988Euler, Dieter: Förderung von Sozialkompetenzen – Eine Überforderung für das duale System? In: Euler, Dieter/Sloane, Peter, F. E. (Hrsg.): Duales System im Umbruch. Eine Bestandsaufnahme der Modernisierungsdebatte. Pfaffenweiler 1997, S. 263-288

European Foundation for Quality Management: Das EFQM-Modell für Excellence. Brüssel 2001

Fachhochschule Solothurn: Wissensmanager/in für Nonprofit-Organisationen. In: www.fhso.ch/wb/informations/ndk_wissen_npo.htm, S. 1-2, (14.03.03)

Fachhochschule Würzburg: www.fh-wuerzburg.de/professoren...er/Links/ Morphologischer%20Kasten1.htm

Feld, Friedrich: Wirtschaftspädagogik. Heidelberg 1944

Fend, Helmut: Qualität im Bildungswesen. Schulforschung zu Systembedingungen, Schulprofilen und Lehrerleistung. Weinheim-München 1998

Fleischer-Bickmann, Wolff: Schulprogramm. In: Pädagogik, H. 1, 1994, S. 5

Forcht, Dominikus: Allgemeine Systemtheorie und Kritik. Erläuterungen zur Präsentation "Systemkommunikation". Korrektur vom 22. März 2002. Ludwigsburg 2002. Der Artikel findet sich unter: www.systemkommunikation.de/ pardoc070.html

Forum Bildung (Hrsg.): Qualitätsentwicklung und Qualitätssicherung im internationalen Wettbewerb. Vorläufige Empfehlungen und Expertenbericht. Bd. 8, Bonn 2001

Frank, Helmar: Kybernetische Grundlagen der Pädagogik. Baden-Baden 1969

Freimuth, Joachim: Wie weit sind organisatorische Veränderungsprozesse planbar? In: Dreesmann, Helmut/Kraemer-Fieger, Sabine: Moving. Neue Managementkonzepte zur Organisation des Wandels. Frankfurt am Main-Wiesbaden 1994, S. 87-105

Freimuth, Joachim/Hoets, Anna: Umgang mit Widerständen in organisatorischem Veränderungsprozessen. In: Dreesmann, Helmut/Kraemer-Fieger, Sabine: Moving. Neue Managementkonzepte zur Organisation des Wandels. Frankfurt am Main-Wiesbaden 1994, S. 107-126

Friedman, Milton: Kapitalismus und Freiheit. München 1976

Furtkamp, Norbert/Schuler Karl Hermann: Mitarbeitergespräch und Führungsfeedback – Elemente moderner Unternehmensführung. In: BankInformation 8/2001, S. 34-36

Fulmer, Robert M. The New Management. 2. Aufl., New York-London 1978

Füssel, K./Jansen, R./Schwermann, K.: Mathematik für Fachoberschulen. 8. Aufl., Köln 1986

Gadamer, Hans-Georg: Hermeneutik I. Wahrheit und Methode. Grundzüge einer philosophischen Hermeneutik. Tübingen 1990

Gadamer, Hans-Georg: Hermeneutik II. Wahrheit und Methode. Ergänzungen. Register. Tübingen 1993

Galas, Dieter (dg): Schulversuche für berufsbildende Schulen. In: SchulVerwaltung Ni, Jg. 11, Heft 10, 2001, S. 277

Galas, Dieter: Landtag beschließt „Gesetz zur Verbesserung von Bildungsqualität und zur Sicherung von Schulstandorten. In: SchulVerwaltung NI SH, Nr. 7/8, 2003, S. 200-203

Geißler, Karlheinz A.: Zeit – verweile doch... Lebensformen gegen die Hast, 5. Aufl. Freiburg 2000

Giegel, H.-J.: Über Systeme und Lebenswelten. In: Soziologische Revue, Jg. 14, Heft 1, 1991, S. 14-20

Gleick, J.: Chaos. München 1988

Göbel, E.: Theorie und Gestaltung der Selbstorganisation. Berlin 1998

Goeudevert, Daniel: Der Horizont hat Flügel. Die Zukunft der Bildung. München 2001

Golas, Heinz G.: Organisation und Datenverarbeitung in Wirtschaft und Verwaltung. Essen 1983

Goldbach, Arnim: Lerngebiete/Lernfelder oder Unterrichtsfächer für die Berufsschule? – Ein Positionspapier – . In: Wirtschaft und Erziehung, Heft 9/1998, S. 300-306

Goldbach, Arnim: Arbeits- und/oder Geschäftsprozessorientierung vs. Fach- und/oder Wissenschaftsorientierung? – Ein ‚Scheingefecht' zwischen zwei curricularen Gestaltungskriterien. Beitrag zur Fachtagung Culik. Hamburg 2003, S. 1-16

Goleman, Daniel: Emotionale Intelligenz. München 1997

Gomez, Peter/Probst, Gilbert J. B.: Vernetztes Denken im Management. Eine Methodik des ganzheitlichen Problemlösens. In: Die Orientierung, Nr. 89, Schweizerische Volksbank, Bern 1987

Gomez, Peter/Probst, Gilbert J. B.: Vernetztes Denken für die strategische Führung eines Zeitschriftenverlages. In: Probst, Gilbert J. B./Gomez, Peter (Hrsg.): Vernetztes Denken. Ganzheitliches Führen in der Praxis. 2. Aufl., Wiesbaden 1991, S. 23-39

Greinert, Wolf-Dietrich: Marktmodell – Schulmodell – duales System. In: Die berufsbildende Schule. 40. Jg., Heft 3, 1988, S. 145-156

Grochla, E. (Hrsg.): Handwörterbuch der Organisation. Stuttgart 1973

Grundmann, Hilmar: Wohin treiben Hamburgs berufsbildende Schulen? In: Flügelstift, 1/2003, S. 2-10

Günther, Gotthard: Beiträge zur Grundlegung einer operationsfähigen Dialektik. 1. Bd., Hamburg 1976

Günther, Gotthard: Beiträge zur Grundlegung einer operationsfähigen Dialektik. 2. Bd., Hamburg 1979

Gütler, Herwig: Der Schulleiter als interner Auftraggeber. In: Krainz-Dürr, Marlies/Posch, Peter/Rauch, Franz (Hrsg.): Schulprogramme entwickeln. Erfahrungen aus einem Pilotprojekt an berufsbildenden Schulen. Innsbruck 2002, S. 127-128

Gurbaxani, Indira: Management ohne sieben Siegel. In: Frankfurter Allgemeine Zeitung vom 11. Juni 2001

Gutenberg, Erich: Grundlagen der Betriebswirtschaftslehre. 1. Bd. Die Produktion. 21. Aufl. Berlin-Heidelberg-New York 1975

Habermalz, Wilhelm: Die Stellung des Schulleiters – eine Momentaufnahme. In: PädF. 2. Jg., Heft 3, 1991, S. 126-130

Habermalz, Wilhelm: Der verfassungsrechtliche und schulgesetzliche Auftrag der Schulaufsicht. In: Schulverwaltung NI SH, 12. Jg., Nr. 3/2002, S. 74-76

Habermas, Jürgen: Was heißt Universalpragmatik? In: Apel, Karl-Otto (Hrsg.): Sprachpragmatik und Philosophie. Frankfurt a. Main 1976, S. 174-272

Habermas, Jürgen: Theorie des kommunikativen Handelns. 2 Bände, Frankfurt a. Main 1981

Habermas, Jürgen: Der philosophische Diskurs der Moderne. Zwölf Vorlesungen. Frankfurt a. Main 1985

Hall, A. D./Fagen, R. E.: Definition of System. In: general systems Yearbook I. 1956

Hamann, Uwe: Strokes. In: http://home.t-online.de/home/reinhard.foos/ta/stoke.htm, S. 1-5, (17.03.03)

Hambusch, Rudolf (Hrsg.): Organisationslehre. 11. Aufl., Darmstadt 1980

Hanusch, H.: Theorie des öffentlichen Gutes. Göttingen 1972

Hartmann, Nicolai: Nikomachische Ethik. In: Borden, Friedrich (Hrsg.): Das Problem der Freiheit. Philosophische Quellentexte. Paderborn 1962, S. 9-16

Hasenbank, Thomas: Führung und Leitung einer Schule (FleiS) als Dimension und Rahmenbedingung berufsschulischer Entwicklung - eine Illustration am Beispiel bayerischer Berufsschulleiter vor dem Hintergrund der Einführung lernfeldstrukturierter Curricula, Paderborn 2001. Zugl.: München, Univ., Diss., 2001

Hauk, Bernd: Gruppenarbeit als Konzept betrieblicher Reorganisation. In: Hauk, Bernd (Hrsg.): Wie Unternehmen erfolgreich reorganisieren. Theoretische Grundlagen und Beispiele aus der Praxis. Frankfurt a. M. 1998, S. 13-38

Hegner, Fiedhart: Solidarity and Hierarchy. Institutional Arrangements for the Coordination of Actions. In: Kaufmann, Franz-Xaver et al. (Hrsg.): Guidance, Control, an Evaluation in the Public Sector. Berlin 1986, S. 407-430

Heid, Helmut: Der Wirtschaftspädagoge im Spannungsfeld ökonomischer und pädagogischer Rationalität. In: Tramm, Tade/ Sembill, Detlef/Klauser, Fritz/John, Ernst G.: Professionalisierung kaufmännischer Berufsbildung. Beiträge zur Öffnung der Wirtschaftspädagogik für die Anforderungen des 21. Jahrhunderts. Festschrift zum 60. Geburtstag von Frank Achtenhagen. Frankfurt a. M.-Berlin-Bern-Bruxelles-New York-Wien 1999, S. 292-299

Heidenreich, Martin: Einführung in die Organisationssoziologie (WS 2000/01). In: www.uni-bamberg.de/sowi/europastudien/orgein.htm, S. 1-9, (25.05.2002)

Heinen, Edmund: Industriebetriebslehre als Entscheidungslehre. In: Ders. (Hrsg.): Industriebetriebslehre. Entscheidungen im Industriebetrieb. 6. Aufl., Wiesbaden 1978, S. 21-78

Heintel, P./Krainz, E. E.: Beratung als Projekt. Zur Bedeutung des Projektmanagements in Beratungsprojekten. In: Wimmer, R. (Hrsg.): Organisationsberatung. Neue Wege und Konzepte. Wiesbaden 1992

Hempfling, Thomas: Funktionentheorie. In: Microsoft (Hrsg.): Encarta Enzyklopädie Plus 2001

Henkel, Bernd: Schulversuch ProReKo gestartet. In: SchulVerwaltung NI SH, Nr. 1, 2003, S. 18

Henrichvark, F.: Schule ist Teil des Gemeinwesens. In: Neue Osnabrücker Zeitung vom 7. September 1999

Herrmann, Gernot G.: Zum Lernfeldkonzept in Rahmenlehrplänen der Kultusministerkonferenz. In: Unterricht Pflege Heft 1/2001, S. 2-9

Hersey, P./Blanchard, K. H.: Management of Organizational Behavior. Prentice-Hall 1977

Herwig-Blankertz-Kollegschule (Hrsg.): Schulentwicklungskonzept 1997-2000. Recklinghausen, o. J.

Hessisches Landesinstitut für Pädagogik: Modellversuch NELE – Neue Unterrichtsstrukturen und Lernkonzepte durch berufliches Lernen in Lernfeldern. In: http://help.bildung.hessen.de/abteilung_3/projekte/nele (03.07.2003)

Hichert, Rolf: Führungsinformationssysteme zur Unterstützung bei der Entscheidungsfindung in komplexen Organisationen. In: Bullinger, Hans-Jörg/ Warnecke, Hans Jürgen (Hrsg.): Neue Organisationsformen im Unternehmen. Ein Handbuch für das moderne Management. Berlin-Heidelberg-New York-Barcelona-Budapest-Hong Kong-London-Mailand-Paris-Tokio 1996, S. 657-666

Hoerner, Rolf/Vitinius, Katharina: Der Wendehammer. Changemanagement. In: Dies.: Heiße Luft in neuen Schläuchen. Ein kritischer Führer durch Managementtheorien. Frankfurt am Main 1997, S. 82-91

Hoffmann, Erich: Schulleiterin oder Schulleiter als Beruf – Teil I: Aufgaben und rechtliche Stellung. In: SchulVerwaltung NI SH, Nr. 1/2003, S. 10-14

Hofmann, Michael: Einführende und grundsätzliche Überlegungen zum funktionalen Management. In: Hofmann, Michael/Von Rosenstiel, Lutz (Hrsg.): Funktionale Managementlehre. Berlin-Heidelberg-New York, 1988, S. 7-37

Hofstede, G.: Kultur und Organisation. In: Handwörterbuch der Organisation. 2. Aufl., Stuttgart 1980, Sp. 1168-1182

Holtappels, Heinz Günter: Innere Schulentwicklung: Innovationsprozesse und Organisationsentwicklung. In: Rolff, Hans-Günter (Hrsg.), Zukunftsfelder von Schulforschung. Weinheim 1995, S. 327-354

Holztechnikum Kuchl: Schulprogramm 2001/2002. In: Krainz-Dürr, Marlies/ Posch, Peter/Rauch, Franz (Hrsg.): Schulprogramme entwickeln. Erfahrungen aus einem Pilotprojekt an berufsbildenden Schulen. Innsbruck 2002, S. 255-277

Horschinegg, Jürgen: „Schulprogramme entwickeln". Erfahrungen eines Pilotprojektes an berufsbildenden Schulen. In: Krainz-Dürr, Marlies/Posch, Peter/Rauch, Franz (Hrsg.): Schulprogramme entwickeln. Erfahrungen aus einem Pilotprojekt an berufsbildenden Schulen. Innsbruck 2002, S. 11-13

Horster, Detlef: Jürgen Habermas zur Einführung. 2. Aufl., Hamburg 2001.

Horstmann, Tamara/Wilheine-Rusch, Evelyn/Szewczyk, Michael: Allgemeine Wirtschaftslehre. Groß- und Außenhandel. Köln 1998

Hrubi, F. R.: Kommunikationsmanagement. In: Hofmann, Michael/Von Rosenstiel, Lutz (Hrsg.): Funktionale Managementlehre. Berlin-Heidelberg-New York, 1988, S. 59-94

Imai, Massaki: Kaizen. The Key to Japan's Competitive Success. Singapore 1991

Informationsdienst des Instituts der deutschen Wirtschaft: Ausbildungskosten. Ein Teil fließt Zurück. In: IWD, 9. Januar 2002, S. 8

Jaeger, Herbert: Komplexe Systeme. Eine Schule der Bescheidenheit. In: Michel, Karl Markus/Spengler, Tilman (Hrsg.): Kursbuch 98 "Das Chaos", Berlin 1989, S. 149-163

Jahns, Christopher: Unternehmensstrategie und Unternehmenskultur. In: WISU, 2/02, S. 211-216

Jallade Jean-Pierre: Education Finance and Income Distribution. In: World Development, Bd. 4., Nr. 5, 1976, S. 435-443

Jansen, Thomas: Einsatz von Personalcontrolling - Kennzahlen. Messung der Effektivität des Personalmanagements. In: Bilanzbuchhalter und Controller, 26. Jg., 3/2002, S. 49-51.

Jencks, Christopher: Chancengleichheit. Reinbek 1973

Johnson, Spencer: Sie Mäuse-Strategie für Manager. Veränderungen erfolgreich begegnen. 8. Aufl., Kreuzlingen-München 2001

Jongebloed, Hans-Carl: Wirtschaftspädagogik: Gedanken zu einem Verhältnis. In: Jongebloed, Hans-Carl (Hrsg.): Wirtschaftspädagogik als Wissenschaft und Praxis – Oder: Auf dem Wege zur Komplementarität als Prinzip. Festschrift des Kieler Lehrstuhls für Berufs- und Wirtschaftspädagogik dem VLW-Landesverband Schleswig-Holstein anlässlich seines fünfzigjährigen Bestehens im Jahre 1998. Kiel 1998 (a), S. 9-55

Jongebloed, Hans-Carl: Komplementarität als Verhältnis: Lernen in dualer Struktur. In: Jongebloed, Hans-Carl (Hrsg.): Wirtschaftspädagogik als Wissenschaft und Praxis – Oder: Auf dem Wege zur Komplementarität als Prinzip. Festschrift des Kieler Lehrstuhls für Berufs- und Wirtschaftspädagogik dem VLW-Landesverband Schleswig-Holstein anlässlich seines fünfzigjährigen Bestehens im Jahre 1998. Kiel 1998 (b), S. 259-286

Jongebloed, Hans-Carl/Twardy, Martin: Wissenschaftstheoretische Voraussetzungen. In: Twardy, Martin (Hrsg.): Kompendium Fachdidaktik Wirtschaftswissenschaften. Band 3, Teil 1, Düsseldorf 1983, S. 1-73

Joseph, Norbert: Schulprogrammentwicklung (SPRE) an den BBS am Schölerberg in Osnabrück. In: berufsbildung 74, 56. Jg., April 2002, S. 18-19

Joseph, Norbert/ Alexander, Peter-Jörg: Schulprogrammentwicklung als Instrument der "Corporate Identity" berufsbildender Schulen. In: Alexander, Peter-Jörg/Kafsack, Klaus W./Manstetten, Rudolf/ Szewczyk, M. (Hrsg.): Berufsbildende Schulen in Osnabrück im Wandel der Zeit. Osnabrück 2002, S. 121-125

Jürgens, Eiko: Alle reden von Qualität und Leistung. Was soll Bildungsqualität sein und was kann Schule leisten? In: Erziehungswissenschaft und Beruf. 49. Jg., H. 1, 2001, S. 3-13

Jungk, Robert/Müllert, Norbert R. Zukunftswerkstätten. Mit Phantasie gegen Routine und Resignation. München 1989

Kaplan, R. S./Norton, D. P.: Balanced Scorecard: Strategien erfolgreich umsetzen. Deutsche Ausgabe, Stuttgart 1997

Karpen, Klaus: Standards für den Schulunterricht – ein Beitrag zur Sicherung der Qualität von Schule. In: SchulVerwaltung NI SH, Nr. 5, 2003, S. 138-140

Kempfert, Guy/Rolff, Hans-Günter: Pädagogische Qualitätsentwicklung. Weinheim-Basel 1999

Kempfert, Guy: Die widerspenstige Zähmung. In: Lernende Schule 16/2001, S.10-13

Kerschensteiner, Georg: Berufs- oder Allgemeinbildung? (1904). In: Grundfragen der Schulorganisation. Leipzig 1931

Kiehn, Ludwig: Gedanken zur wissenschaftstheoretischen Grundlegung der Wirtschafts- und Berufspädagogik von der philosophischen Anthropologie her. In: Abraham, Karl (Hrsg.): Gedanken zur Wirtschaftspädagogik. Festschrift für Friedrich Schlieper zum 65. Geburtstag am 5. März 1962. Freiburg 1962, S. 107-116

Kieser, Alfred: Der Situative Ansatz. In: Kieser, Alfred (Hrsg.): Organisationstheorien. 4. Aufl., Stuttgart-Berlin-Köln 2001, S. 169-198

Kieser, Alfred/Kubicek, H.: Organisation, 3. Aufl., Berlin 1992

Kieser, Alfred/Woywode, Michael: Evolutionstheoretische Ansätze. In: Kieser, Alfred (Hrsg.): Organisationstheorien. 4. Aufl., Stuttgart-Berlin-Köln 2001, S. 253-285

Kirchhöfer, Dieter: Neue Lernkulturen im Spannungsfeld von staatlicher, öffentlicher und privater Verantwortung. In: Lohmann, Ingrid/Rilling, Rainer: Die verkaufte Bildung. Kritik und Kontroversen zur Kommerzialisierung von Schule, Weiterbildung, Erziehung und Wissenschaft. Opladen 2002, S. 69-85

Kirsch, Hanno: Bewertung von Fehlzeiten. In: Anders, Peter E.: Betriebswirtschaftslehre humoris causa, 2. Aufl., Wiesbaden 1992, S. 87-91

Klafki, Wolfgang: Didaktische Analyse als Kern der Unterrichtsvorbereitung. In: Roth, Heinrich/Blumenthal, Alfred: Grundlegende Aufsätze aus der Zeitschrift Die Deutsche Schule. Hannover-Dortmund-Darmstadt-Berlin 1964, S. 5-34

Klafki, Wolfgang: Hermeneutische Verfahren in der Erziehungswissenschaft. In: Klafki, Wolfgang u. a.: Erziehungswissenschaft 3. Eine Einführung. Frankfurt a. M., S. 126-153

Klafki, Wolfgang: Gesellschaftliche Funktionen und pädagogischer Auftrag der Schule in einer demokratischen Gesellschaft. In: Klafki, Wolfgang: Schultheorie, Schulforschung und Schulentwicklung im politisch-gesellschaftlichen Kontext. Ausgewählte Studien. Herausgegeben von Koch-Priewe, Barbara/Stübig, Heinz/Hendricks, Willfried. Weinheim-Basel 2002, S. 41-62

Kleinschmidt, Gottfried: Schule als "Lernorganisation" – Schulmanagement – Schulleitung – Schulentwicklung. In: Erziehungswissenschaft und Beruf, 44. Jg, Heft 1, 1996, S. 3-23

Klingebiel, Norbert: Steuerungserfordernisse in Non-Profit Organisationen. In: Kostenrechnungspraxis, 43. Jg., 1999, H. 6, S. 372-379

Klippert, Heinz: Systematische Unterrichtsentwicklung. In: SchulVerwaltung NI SH, 12. Jg., Nr. 11, 2002, S. 292-295

Kneer, Georg/Nassehi, Armin: Niklas Luhmanns Theorie sozialer Systeme. Ein Einführung. 4. Aufl., München 2000

Knetsch, W.: Organisations- und Qualifizierungskonzepte bei CAD/CAM-Einführung. Berlin 1987

330

Koch, Christian: Welches Controlling benötigen Nonprofit-Organisationen. In: www.socialnet.de/materialien/rw_npocontrolling.html., S. 1-5, (14.03.03)

Kolb, David A.: Experientel Learning. Experience as the Source of Learning and Development. New York 1984

Kommission „Schulentwicklung, Beratung, Fortbildung" beim Niedersächsischen Kultusministerium. Hannover1996

Kosiol, Erich: Die Unternehmung als wirtschaftliches Aktionszentrum. Einführung in die Betriebswirtschaftslehre. Reinbek 1966

Kotter, Karl-Heinz/Thum, Hans W.: Unser Gymnasium auf dem Weg in die Zukunft. Schulentwicklung nach dem EFQM-Modell. München 2002

Kotter, Karl-Heinz: Unsere Schule auf dem Weg in die Zukunft. Schulentwicklung nach dem EFQM-Modell. Wolnzach 2003 (a)

Kotter, Karl-Heinz: Schulentwicklung auf der Grundlage des EFQM-Modells für Excellence. Eine Kurz-Einführung für die Lerngemeinschaft Lingen. 2. Oktober 2003

Kouzes, J. M./Posner, B.Z.: The Leadership Challenge. How to get extraordinary things done in organizations. San Francisco 1987

Kraemer-Fieger, Sabine: Promotoren des Wandels: die Moving-Manager. In: Dreesmann, Helmut/ Kraemer-Fieger: Moving. Neue Managementkonzepte zur Organisation des Wandels. Frankfurt am Main-Wiesbaden 1994, S. 129-155

Krainz-Dürr, Marlies: Schulprogrammentwicklung als Projekt. In: Krainz-Dürr, Marlies/Posch, Peter/Rauch, Franz (Hrsg.): Schulprogramme entwickeln. Erfahrungen aus einem Pilotprojekt an berufsbildenden Schulen. Innsbruck 2002 (a), S. 48-64

Krainz-Dürr, Marlies: Schulprogrammarbeit bedeutet Paradigmenwechsel. In: Krainz-Dürr, Marlies/Posch, Peter/Rauch, Franz (Hrsg.): Schulprogramme entwickeln. Erfahrungen aus einem Pilotprojekt an berufsbildenden Schulen. Innsbruck 2002 (b), S. 199-239

Krainz-Dürr, Marlies: Zusammenfassung. In: Krainz-Dürr, Marlies/Posch, Peter/Rauch, Franz (Hrsg.): Schulprogramme entwickeln. Erfahrungen aus einem Pilotprojekt an berufsbildenden Schulen. Innsbruck 2002 (c), S. 240-247

Krainz-Dürr, Marlies: Warum Schulen aus dem Entwicklungsprozess ausgestiegen sind. In: Krainz-Dürr, Marlies/Posch, Peter/Rauch, Franz (Hrsg.): Schulprogramme entwickeln. Erfahrungen aus einem Pilotprojekt an berufsbildenden Schulen. Innsbruck 2002 (d), S. 193-198

Krainz-Dürr, Marlies/Posch, Peter/Rauch, Franz (Hrsg.): Schulprogramme entwickeln. Erfahrungen aus einem Pilotprojekt an berufsbildenden Schulen. Innsbruck 2002

Krause, Detlef: Luhmann-Lexikon. Eine Einführung in das Gesamtwerk von Niklas Luhmann mit 27 Abbildungen und über 500 Stichworten. 2. Aufl., Stuttgart 1999

Kremer, H.-Hugo/Sloane, Peter F. E.: Lernfelder – Motor didaktischer Innovation. In: Kölner Zeitschrift für Wirtschaft und Pädagogik, 14. Jg. 1999, H. 26, S. 37-60

Krieger, D. J.: Einführung in die allgemeine Systemtheorie. München 1996

Krohn, Wolfgang/Küppers, Günter: Rekursives Durcheinander. Wissenschaftsphilosophische Überlegungen. In: Michel, Karl Markus/Spengler, Tilman (Hrsg.): Kursbuch 98 "Das Chaos", Berlin 1989, S. 69-81

Kühl, Stefan: Das Regenmacher-Phänomen. Widersprüche und Aberglaube im Konzept der lernenden Organisation. Frankfurt a. Main 2000

Kultsministerkonferenz: Rahmenlehrplan für den Ausbildungsberuf Industriekaufmann/Industriekauffrau. Entwurf (Stand: 17.05.2002), S. 4

Lambacher/Schweizer: Analysis. Mathematisches Unterrichtswerk für das Gymnasium. Ausgabe A. Stuttgart-Düsseldorf-Leipzig 2001

Lamping, Manfred: Koordination und Kooperation in der Ausbildung von Verwaltungsfachangestellten in Niedersachsen. In: berufsbildung 74, 56. Jg., April 2002, S. 23-29

Landesinstitut für Schule Soest/Otto-von-Guericke-Universität Magdeburg: Abschlussbericht zum Modellversuch SELUBA Nordrhein-Westfalen, o. O., 2003

Lehmann, Karin/Richter, Dirk: Wie steht's um die Neuordnung der Ausbildung zur Bankkauffrau/zum Bankkaufmann? Potsdamer Erfahrungen und Perspektiven. In: Wirtschaft und Erziehung, Heft 4, 2000, S. 153-156

Leimer, Henry W.: Vernetztes Denken im Schweizerischen Bankverein. In: Probst, Gilbert J. B./Gomez, Peter (Hrsg.): Vernetztes Denken. Ganzheitliches Führen in der Praxis. 2. Aufl., Wiesbaden 1991, S. 41-65

Lennard, Henry L./Bernstein, Arnold in Zusammenarbeit mit Hendin/Helen C./Palmore, Erdman B.: The Anatomy of Psychotherapy. New York 1960

Lenzen, Andreas: Sozialkompetenz durch Gruppenarbeit. Darmstadt 1997

Lerner, A. P.: The Economics of Control. New York 1944

Liebe, Gustav: BBS I Wolfsburg (aktuelle Situation). In: 50 Jahre Berufsbildende Schulen Wolfsburg. Wolfsburg 1996, S. 18-19

Loerick, Petra: Markierungsalgorithmen auf Graphen. Göttingen 1978

Lohmann, Armin: Führungsverantwortung der Schulleitung. Handlungsstrategien für eine innere Schulentwicklung. Neuwied-Kriftel 1999

Lohmann, Ingrid: After Neoliberalism. Können nationalstaatliche Bildungssysteme den 'freien Markt' überleben? In: Lohmann, Ingrid/Rilling, Rainer: Die verkaufte Bildung. Kritik und Kontroversen zur Kommerzialisierung von Schule, Weiterbildung, Erziehung und Wissenschaft. Opladen 2002, S. 89-107

Lübbe, Hermann: Im Zug der Zeit. Verkürzter Aufenthalt in der Gegenwart. 2. Aufl., Berlin-Heidelberg-New York, 1994

Lübbe, Ulrich: Qualitätsmanagementsysteme. In: Bullinger, Hans-Jörg/ Warnecke, Hans Jürgen (Hrsg.): Neue Organisationsformen im Unternehmen. Ein Handbuch für das moderne Management. Berlin-Heidelberg-New York-Barcelona-Budapest-Hong Kong-London-Mailand-Paris-Tokio 1996, S. 769-785

Lüpertz, Viktor: Vernetztes Denken im Unterricht. Grundlagen und Einführung in die Methodik. 2. Aufl., Haan-Gruiten 1994

Lueken, G. L.: Inkommensurabilität als Problem rationalen Argumentierens. Stuttgart- Bad Cannstatt 1992

Luhmann, Niklas: Funktion und Kausalität. In: Kölner Zeitschrift für Soziologie und Sozialpsychologie 14, 1962, S. 617-644

Luhmann, Niklas: Sthenographie und Euryalistik. In: Gumbrecht, Hans Ulrich/ Pfeiffer, K. Ludwig (Hrsg.): Paradoxien, Dissonanzen, Zusammenbrüche, Situationen offener Epistemologie. Frankfurt a. Main 1991, S. 58-82

Luhmann, Niklas: Sthenographie. In: Luhmann, Niklas/Maturana, Humberto/ Namiki, Mikio/Redder, Volker/Varela/Francisco (Hrsg.): Beobachter. Konvergenz oder Erkenntnistheorien? 2. Aufl., München 1992, S. 119-137

Luhmann, Niklas: Warum "Systemtheorie"? In: Boronoev, A. (Hrsg.): Probleme der theoretischen Soziologie. St. Petersburg 1994 (a), S. 25-42. Der Artikel findet sich auch unter: www.soc.pu.ru:8101/persons/golovin/ d_luhmann2.htmle, S.1-10

Luhmann, Niklas: Die Gesellschaft und ihre Organisationen. In: Derlien, H.-U./ Gerhardt, U./Scharpf, F. W. (Hrsg.): Systemrationalität und Partialinteresse. Festschrift für Renate Mayntz. Baden-Baden 1994 (b), S. 189-201

Luhmann, Niklas: Die Kunst der Gesellschaft. Frankfurt a. Main 1996

Luhmann, Niklas: Die Gesellschaft der Gesellschaft. 2 Bände. Frankfurt a. Main 1997

Luhmann, Niklas: Zweckbegriff und Systemrationalität. 6. Aufl., Frankfurt a. Main 1999 (a)

Luhmann, Niklas: Die Wirtschaft der Gesellschaft. 3. Aufl., Frankfurt a. Main 1999 (b)

Luhmann, Niklas: Soziale Systeme. Grundriß einer allgemeinen Theorie. 7. Aufl., Frankfurt a. Main 1999 (c)

Lundin, Stephen C./Paul, Harry/Christensen, John: Fish. Ein ungewöhnliches Motivationsbuch. Wien-Frankfurt a. Main 2001

Lungershausen, Helmut/Szewczyk, Michael: Lernfelder als strukturierende Einheiten beruflichen Lernens. In: Kölner Zeitschrift für Wirtschaft und Pädagogik, 14. Jg. 1999, H. 26, S. 25-36

Mai, Carsten/Renzel, Brigitte: Vom Lehrplan zum Lernfeld, zur Lernsituation: „Einen alten Menschen mit Obstipation pflegen und beraten". In: Unterricht Pflege, Heft 2/2001, S. 10-16

Malm, Ylva: Schwedische Berufsbildung – ein Modell für Deutschland. In: berufsbildung 74, 56. Jg., April 2002, S. 41

Manstetten, Rudolf: Zur Theorie und Praxis der Kommunikation und Interaktion im wirtschaftsberuflichen Unterricht – eine fachdidaktische Analyse. Habilitationsschrift. Köln 1982

Manstetten, Rudolf: Historische Entwicklung. In: Twardy, Martin (Hrsg.): Kompendium Fachdidaktik Wirtschaftswissenschaften. Band 3, Teil 1, Düsseldorf 1983, S. 75-110

Manstetten, Rudolf: Handlung und System als Komplemente wirtschaftspädagogischer Praxis. In: Twardy, Martin (Hrsg.): Handlung und System. Beiträge zum 2. Symposium Fachdidaktik Wirtschaftswissenschaften vom 21. Mai bis 23. Mai 1986 der Universität zu Köln. Düsseldorf 1988, S. 5-27

Manstetten, Rudolf: Welchen Beitrag leistet die Berufsschule? In: berufsbildung, 49. Jg, Heft 36, 1995 (a), S. 33-36

Manstetten, Rudolf (Hrsg.): Begabtenförderung in der beruflichen Bildung. Empirische und konzeptionelle Beiträge zur Begabungsforschung. Göttingen-Bern-Toronto-Seattle 1996

Manstetten, Rudolf: "Monalität" – eine Alternative zur Dualität der Berufsausbildung? In: Berufsbildung 45, 1997, S. 4

Manstetten, Rudolf: Aktionsformen zwischen Tradition und Innovation: Eine kritische Analyse didaktischer Differenzierungsansätze. In: Euler, Dieter/ Jongebloed, Hans-Carl/Sloane, Peter F. E. (Hrsg.) : Soziökonomische Theorie – soziökonomisches Handeln. Konturen und Perspektiven der Wirtschafts- und Sozialpädagogik. Festschrift für Martin Twardy zum 60. Geburtstag. Kiel 2000, S. 293-308

Manstetten, Rudolf: Berufsschule – Auslauf- oder Ausbaumodell? In: berufsbildung 74, 56. Jg., April 2002 (a), S. 3-8

Manstetten, Rudolf: Die Berufsschule zwischen Tradition und Innovation. In: Alexander, Peter-Jörg/Kafsack, Klaus W./Manstetten, Rudolf/Szewczyk, Michael (Hrsg.): Berufsbildende Schulen in Osnabrück im Wandel der Zeit. Osnabrück 2002 (b), S. 17-26

Manturana, Humberto R.: Was ist Erkennen? Die Welt entsteht im Auge des Betrachters. München 2001(a)

Manturana, Humberto R.: Abschied vom Absoluten. Die Gewissheit der Ungewissheit. 2001(b)

Manturana, Humberto R./Varela Francisco J.: Auotpoiesis and Cognition. The Realization of the Living. Dordrecht 1980

Marquard, Odo: Skepsis und Zustimmung. Philosophische Studien. Ditzingen 1995

Maslow, Abraham H.: Motivation und Persönlichkeit. 9. Aufl., Reinbek 2002

Mathes, Rainer/Hauk, Bernd: Die Bewertung von teamorientierten Arbeitsstrukturen aus Expertensicht. Ergebnisse einer Studie. In: Hauk, Bernd (Hrsg.): Wie Unternehmen erfolgreich reorganisieren. Theoretische Grundlagen und Beispiele aus der Praxis. Frankfurt a. M. 1998, S. 39-73

Mattern, Cornelia: Bildungsfinanzierung. Probleme und neue Ansätze. Frankfurt a. Main-Berlin-München 1979

Maydl, E.: Technologie-Akzeptanz im Unternehmen. Wiesbaden 1987

Mayntz, Renate: Soziologie der Organisation. 6. Aufl., Reinbek 1972 (a)

Mayntz, Renate: Soziales System. In: Bernsdorf, Wilhelm (Hrsg.): Wörterbuch der Soziologie 3. Frankfurt a. Main 1972 (b), S. 757-761

Mayntz, Renate: Strukturell-funktionale Theorie. In: Bernsdorf, Wilhelm (Hrsg.): Wörterbuch der Soziologie 3. Frankfurt a. Main 1972 (c), S. 836-839

Mayntz, Renate: Soziologie der öffentlichen Verwaltung. 4. Aufl., Heidelberg 1997

Mayntz, Renate: Die gesellschaftliche Dynamik als theoretische Herausforderung. In: Lutz, Burkhard (Hrsg.): Soziologie und gesellschaftliche Entwicklung. Verhandlungen des zweiundzwanzigsten Deutschen Soziologentages in Dortmund 1984. Frankfurt a. Main 1984, S. 27-44. Übernommen in Mayntz, Renate: Soziale Dynamik und politische Steuerung. Theoretische und methodologische Überlegungen. Frankfurt a. Main 1997, S. 15-37, (Zitiergrundlage)

Mayntz, Renate: Politische Steuerung und gesellschaftliche Steuerungsprobleme – Anmerkungen zu einem theoretischen Paradigma. In: Ellwein, Thomas et. al. (Hrsg): Jahrbuch zur Staats- und Verwaltungswissenschaft, Bd. 1, 1987, S. 89-110. Übernommen in Mayntz, Renate: Soziale Dynamik und politische Steuerung. Theoretische und methodologische Überlegungen. Frankfurt a. Main 1997, S. 186-208, (Zitiergrundlage)

Mayntz, Renate: Funktionelle Teilsysteme in der Theorie sozialer Differenzierung. In: Mayntz, Renate et al.: Differenzierung und Verselbständigung. Zur Entwicklung gesellschaftlicher Teilsysteme. Frankfurt a. Main 1988, S. 11-44. Übernommen in Mayntz, Renate: Soziale Dynamik und politische Steuerung. Theoretische und methodologische Überlegungen. Frankfurt a. Main 1997, S. 38-69, (Zitiergrundlage)

Mayntz, Renate: Politische Steuerbarkeit und Reformblockaden. In: Staatswissenschaft und Staatspraxis. 1, 1990, S. 283-307. Übernommen in Mayntz, Renate: Soziale Dynamik und politische Steuerung. Theoretische und methodologische Überlegungen. Frankfurt a. Main 1997, S. 209-238, (Zitiergrundlage)

Mayntz, Renate: Naturwissenschaftliche Modelle, soziologische Theorie und das Mikro-Makro-Problem. In: Zapf, Wolfgang (Hrsg.): Die Modernisierung moderner Gesellschaften. Frankfurt a. Main, 1991, S. 55-68. Übernommen in Mayntz, Renate: Soziale Dynamik und politische Steuerung. Theoretische und methodologische Überlegungen. Frankfurt a. Main 1997, S. 312-327, (Zitiergrundlage)

Mayntz, Renate: Policy-Netzwerke und die Logik von Verhandlungssystemen. In: Adrienne Héritier (Hrsg.): Policy-Analyse. Kritik und Neuorientierung. Politische Viertel-jahresschrift, Sonderheft 24. Opladen 1993, S. 39-56. Übernommen in Mayntz, Renate: Soziale Dynamik und politische Steuerung. Theoretische und methodologische Überlegungen. Frankfurt a. Main 1997, S. 239-262, (Zitiergrundlage)

Mayntz, Renate: Politische Steuerung: Aufstieg, Niedergang und Transformation einer Theorie. In: Beyme, Klaus von/Offe, Claus (Hrsg.): Politische Theorien in der Ära der Transformation. Opladen 1996, S. 146-168. Übernommen in Mayntz, Renate: Soziale Dynamik und politische Steuerung. Theoretische und methodologische Überlegungen. Frankfurt a. Main 1997, S. 263-292, (Zitiergrundlage)

Mélenchon, Jean-Luc: Avant-propos. In: Ministère délégué à l'enseignement professionnel (Hrsg.): Enseignement professionnel, Les avancées de la voie des métiers. Paris 2000, S. 1-5

Mertens, Dieter: Schlüsselqualifikationen - Thesen zur Schulung für eine moderne Gesellschaft. In: Mitteilungen aus der Arbeitsmarkt- und Berufsforschung, H. 1, 1974, S. 36-43

Merton, Robert K.: Social Theory an Social Structure, Glencoe/III 1949

Metz, Günter: Schulverfassung - §§ 32 bis 49 NSchG -. In: Schulrecht für die Praxis. Kommentare. Band 2, Ausgabe: Niedersachsen. Essen 1997, S. 1-15

Metz, Günter: Vorgesetzter - Dienstvorgesetzter - Oberste Dienstbehörde. In: Metz, Günter/Crysmann, Petra/Bade, Rolf: Schulrecht für die Praxis. Kommentare. Bd. 2, 19. Erg.-Lfg. WT 27, Essen 1998, S. 1-2

Meyer, Hilbert: Unterrichtsmethoden. 1. Theorieband. 6. Aufl., Frankfurt a. Main 1994

Meyer, Hilbert: Unterrichtsmethoden. 2. Praxisband. 6. Aufl., Frankfurt a. Main 1994

Meyer, Hilbert: Was ist eine lernende Schule? Supplement zu: Lernende Schule. Seelze 1998

Meyers Handbuch über die Mathematik: Begriff "Abbildung" (oder "Funktion"), 2. Aufl., Mannheim-Wien-Zürich 1972, S. 13

Meyers Neues Lexikon: Begriff "Funktion". 3. Bd. Mannheim-Wien-Zürich 1979, S. 192

336

Meyser, Johannes: Literaturauswahl: Lernfeldorientierung. In: berufsbildung. Heft 70/2001, S. 3

Michel, Karl Markus/Spengler, Tilman (Hrsg.): Kursbuch 98 "Das Chaos", Berlin 1989, S. 69-81

Microsoft: Encarta Enzyklopädie Plus 2001

Miller, Reinhold/Posse, Norbert: Anfangen und gestalten ... In: Lernende Schule, Heft 1, 1998, S. 18-23

Mintzberg, Henry: The Nature of Managerial Work. New York 1973

Mischel, Walter: Introduction to Personality. 6. Aufl. New York 1996

Moormann, Jossie/Schmidt, Frank: Handlungsorientierter Unterricht in den Berufsbildenden Schulen - auch im Berufsbereich Wirtschaft und Verwaltung? In: SVBL 3/94, S. 73-77

Moormann, Jossie: Wissensmanagement für die Organisation des Schulalltags nutzen. In: SchulVerwaltung, NI SH, Nr. 10/2003, S. 273-276

Morgenstern, Martin/Zimmer, Robert: Karl Popper. München 2002

Münch, Richard: Soziologische Theorie. Bd.1, Grundlegung durch die Klassiker. Frankfurt a. M. 2002

Musgrave, Richard A,: The Theory of Public Finance. New York-Toronto-London 1959

Musgrave, Richard A.: Finanztheorie. Studienausgabe, Tübingen 1974

Musgrave, Richard A./Musgrave, Peggy B./Kullmer, L.: Die öffentlichen Finanzen in Theorie und Praxis. 1. Bd. Tübingen 1975

Muster-Wäbs, Hannelore/Schneider, Kordula: Lernfeldumsetzung in der Ausbildungslandschaft. In: Unterricht Pflege, Heft 1/2001 (a), S. 10-15

Muster-Wäbs, Hannelore/Schneider, Kordula: Theoretische Grundlagen und ausgewählte Methoden eines handlungstheoretischen Konzeptes zur Umsetzung des Lernfeldkonzeptes. In: Unterricht Pflege, Heft 1/2001 (b), S. 16-36

Nagel, Birgit, Ellinger, Hermann: Bridging Cultures – Interkulturelles Lernen an unseren Berufsbildenden Schulen am Pottgraben und am Schölerberg. In: Alexander, Peter-Jörg/Kafsack, Klaus W./Manstetten, Rudolf/ Szewczyk, M. (Hrsg.): Berufsbildende Schulen in Osnabrück im Wandel der Zeit. Osnabrück 2002, S. 207-210

Nagel, Ernest: On the Statement "the Whole is more than the Sum of its Parts". In: Lazarsfeld, Paul F./Rosenberg, Morris (Hrsg.): The Language of Social Research. Glencoe/III, 1955, S. 519-527

Narr, Wolf-Dieter: Theoriebegriffe und Systemtheorie. 4. Aufl., Stuttgart 1976.

Neue Osnabrücker Zeitung: Leserbriefe. Osnabrück, 1. Juni 2002, S. 41.

Neumann, John von: Allgemeine und logische Theorie der Automaten. In: Enzensberger, Hans Magnus (Hrsg.): Kursbuch 8. Neue Mathematik, Grundlagenforschung, Theorie der Automaten. Frankfurt a. Main 1967, S. 139-175

337

Nibbrig, Bernhard: Fachdidaktik als strategisches Instrument der mitarbeiterorientierten Organisationsentwicklung – Perspektiven und Möglichkeiten –. In: Twardy, Martin (Hrsg.): Fachdidaktik und Organisationsentwicklung. Sonderband 3, Köln 1990, S. 113-133

Nicklis, H.: Qualitätsentwicklung an Berufsschulen – Modellversuch QUABS. In: Pädagogische Nachrichten Rheinland Pfalz, 1-2000, S. 47

Niedersächsisches Kultusministerium: Studiendirektoren zur Koordinierung schulfachlicher Aufgaben an Gymnasien und berufsbildenden Schulen. RdErl. d. MK v. 27.12.1976, zuletzt geändert am 25. 6. 1997 (SVBl, 8/1997, S. 302)

Niedersächsisches Kultusministerium: Richtlinien für den berufsspezifischen Unterricht im Ausbildungsberuf Industriekaufmann/Industriekauffrau. Hannover 1997(b)

Niedersächsisches Kultusministerium: Schulprogramme. Niedersachsen macht Schule. Hannover 1998 (a)

Niedersächsisches Kultusministerium: Erlass „Pilotprojekt: Schulprogrammentwicklung, Beratung und Evaluation (1998-2001)". In: SVBl 1998 (b), S. 222

Niedersächsisches Kultusministerium: Modernisierungskonzept für die berufsbildenden Schulen 2000 in Niedersachsen. Qualifizierung für die Region. Hannover 1999

Niedersächsisches Kultusministerium: Durchführung der Verordnung über die Ausbildung und die Zweiten Staatsprüfungen für Lehrämter (PVO-Lehr II). In: SVBl 12/2001, Hannover, S. 490-495

Niedersächsisches Kultusministerium: Projekt „Qualitätsentwicklung in Netzwerken". In: www.nibis.ni.schule.de/haus/mk/proquali. 2001, S. 1-4

Niedersächsisches Kultusministerium: Schulqualität in Niedersachsen. Ein Orientierungsrahmen: Qualitätsbereiche und Qualitätsmerkmale guter Schulen. Hannover 2001 (c)

Niedersächsisches Kultusministerium: Niedersachsen macht Schule mit der Selbstständigen Schule. Mustervertrag. Hannover 2002 (a)

Niedersächsisches Kultusministerium: Qualitätsnetzwerke. Qualitätsentwicklung in Netzwerken. Hannover 2002 (b)

Niedersächsisches Kultusministerium: Schulversuch „Berufsbildende Schulen in Niedersachsen als regionale Kompetenzzentren" – Projektbeschreibung – (Stand: Juni 2002). Hannover 2002(c)

Niedersächsisches Kultusministerium: Informationen zu Änderungen beim Modellversuch: „Personalkostenbudgetierung an allgemein bildenden und berufsbildenden Schulen in Niedersachsen". Hannover 2003 (a)

338

Niedersächsisches Kultusministerium: Niedersächsisches Schulgesetz (NSchG) in der Fassung vom 3. März 1998 (Nds. GVBl. S. 137), zuletzt geändert durch Artikel 1 des Gesetzes vom 2. Juli 2003 (Nds. GVBl. S. 244). Hannover (b) 2003

Niedersächsisches Kultusministerium: Informationen zu Änderungen beim Modellversuch „Personalkostenbudgetierung an allgemein bildenden und berufsbildenden Schulen in Niedersachsen". Hannover 2003 (c), S. 1-4

Niedersächsischer Landtag: Drucksache 14/2623, Hannover 2001, S.1-4

Nöthen, Karl-Georg/Thelen, Lutz: Bewertung von Projektarbeiten unter Berücksichtigung didaktisch-methodischer Ansätze handlungsorientierten Unterrichts. Bewertungs-Modell auf der Basis einer Methode des Qualitätsmanagements. Köln-München 1996.

Ott, Alfred E.: Preistheorie. In: Ehrlicher, Werner/Esenwein-Rothe, Ingeborg/ Jürgensen, Harald/Rose, Klaus (Hrsg.): Kompendium der Volkswirtschaftslehre. Bd. 1, 4. Aufl. Göttingen 1973

Nordkonferenz der Hauptgeschäftsführer der nord- und nordostdeutschen Handwerkskammern: Abstimmungsgespräch Kompetenzzentren. Auszug aus dem Protokoll der Tagung vom 16. Januar 2002. Hamburg 2002

O. V.: Das Satellitenmodell des Deutschen Industrie- und Handelstages (DIHT). In: Die Wirtschaftsschule, X Jg., Heft 5, 1999, S. 345-349

O. V.: Entschließung von allen Fraktionen getragen. Der Niedersächsische Landtag zur künftigen Struktur der berufsbildenden Schulen als „regionale Kompetenzzentren". In: Erziehung und Wissenschaft. Heft 10, 2001, S. 15

O. V.: IT-Berufsschule nun doch zum Hasepark? In: Neue Osnabrücker Zeitung vom 6. Juni 2002

O. V.: Zeitgleich zum Abitur die theoretische Ausbildung. In: Neue Osnabrücker Zeitung vom 25. November 2003

Parsons, Talcott: The Structure of Social Action. 2. Aufl., Gencoe/III 1949

Parsons, Talcott: Gesellschaften als Systeme der Wirklichkeitsbeherrschung. In: Tjaden, K. H. (Hrsg.): Soziale Systeme. Neuwied-Berlin 1971 (a), S. 335-345

Parsons, Talcott: Grundstrukturen und Grundfunktionen sozialer Systeme. In: Tjaden, K. H. (Hrsg.): Soziale Systeme. Neuwied-Berlin 1971 (b), S. 164-170

Parsons, Talcott: Das System moderner Gesellschaften. München 1972

Parsons, Talcott: Einige Paradigmata zur Analyse sozialer Systeme. In: Mühlfeld, Claus/Schmid, Michael: Soziologische Theorie. Hamburg 1974, S. 147-155

Perczynski, Hans: Prüfungen auf den Prüfstand. In: Wirtschaft und Erziehung, 52. Jg., Heft 11, 2000, S. 373

Pestalozzi, Johann Heinrich: Sämtliche Werke. Bd. 7, Berlin 1940

Peters, Thomas J./Waterman, Robert H.: Auf der Suche nach Spitzenleistung. 8. Aufl., Landsberg 2000

Pfeiffer, Werner/Randolph, Rainer: Einflussgrößen und Entscheidungsrechnungen für die Einsatzplanung von Handlinggeräten – ihre theoretische Untersuchung und empirische Erhebung zur Bildung von Indikatoren für den Marktzyklusverlauf von Technologien der Werkstückhandhabung. Nürnberg 1976

Philipp, Elmar: Teamentwicklung in der Schule. Konzepte und Methoden. 2. Aufl., Weinheim-Basel 1998

Philipp, Elmar: Organisationsdiagnose: Methoden und Konzepte. In: Altrichter, Herbert/Schey, Wilfried/Schratz, Michael (Hrsg.): Handbuch zur Schulentwicklung. Innsbruck-Wien 1998 (b), S. 239-262

Picht, Georg: Die deutsche Bildungskatastrophe. Olten-Freiburg 1964

Picot, A.: Transaktionskostenansatz in der Organisationstheorie: Stand der Diskussion und Aussagewert. In: Die Betriebswirtschaft, 42. Jg., 1982, S. 267-284

Pigou, A. C.: A Study in Public Finance. London 1928

Pleiß, Ulrich: Berufs- und Wirtschaftspädagogik als wissenschaftliche Disziplin. Eine wissenschaftstheoretische und wissenschaftshistorische Modellstudie. In: Lassahn, Rudolf/Ofenbach, Birgit (Hrsg.): Arbeits-, Berufs- und Wirtschaftspädagogik im Übergang. Festschrift zum 60. Geburtstag von Gerhard P. Bunk. Frankfurt a. M.-Bern-New York, 1986, S. 79-130

Pommerehne, Werner W.: Private versus öffentliche Müllabfuhr: Ein theoretischer und empirischer Vergleich. In: Finanzarchiv N. F., 35, Heft 2, 1976, S. 272-294

Popper, Karl R.: Logik der Forschung. 4. Aufl., Tübingen 1971

Popper, Karl R.: Von den Quellen unseres Wissens und unserer Unwissenheit. In: Mannheimer Forum 75/76. Mannheim 1976, S. 9-52

Porter, M. E.: Wettbewerbsvorteile. Spitzenleistungen erreichen und behaupten. 5. Aufl., Frankfurt a. M. 1999

Posch, Peter: Das Schulprogramm. In: Krainz-Dürr, Marlies/Posch,Peter/Rauch, Franz (Hrsg.): Schulprogramme entwickeln. Erfahrungen aus einem Pilotprojekt an berufsbildenden Schulen. Innsbruck 2002, S. 23-47

Posch, Peter/Krainz-Dürr, Marlies/Rauch, Franz: Einleitung. In: Krainz-Dürr, Marlies/Posch, Peter/Rauch, Franz (Hrsg.): Schulprogramme entwickeln. Erfahrungen aus einem Pilotprojekt an berufsbildenden Schulen. Innsbruck 2002, S. 16-22

Posth, Martin: Warum sich die betriebliche Bildung ändert. In: Meyer-Dohm, Peter/Schneider, Peter (Hrsg.): Berufliche Bildung im lernenden Unternehmen. Neue Wege zur beruflichen Qualifizierung. Stuttgart-Dresden 1991, S. 13-18

Probst, Franz: Die Pharmaindustrie und die Herausforderung des europäischen Binnenmarktes. Dargestellt am Beispiel CIBA-GEIGY. In: Probst, Gilbert J. B./Gomez, Peter (Hrsg.): Vernetztes Denken. Ganzheitliches Führen in der Praxis. 2. Aufl., Wiesbaden 1991, S. 107-142

Probst, Gilbert J. B.: Selbst-Organisation. Berlin-Hamburg 1987

Probst, Gilbert J. B./Gomez, Peter (Hrsg.): Vernetztes Denken. Ganzheitliches Führen in der Praxis. 2. Aufl., Wiesbaden 1991

Qualitätszentrum Dortmund: www.qz-do.de/seite813.htm

Quality-Management-Service AG: Berufsbildende Schulen auf dem Weg in die Selbstständigkeit. Das Gute bewahren, das Neue gestalten. Hagen a. T. W. 2002

QuiBS-Projekt-Team (Hrsg.): Untersuchung von Ansätzen zur Optimierung und Flexibilisierung des Systems Berufsschule vor dem Hintergrund strukturellen Wandels. 3. Zwischenbericht zum Projekt. Aachen-Geilenkirchen-Köln 1998

Quinn, J. B.: Strategies for Change. Logical Incrementalism. Homewood (III.) 1980

Radnitzky, Edwin/Iby, Manfred: Q.I.S. Qualität in Schulen. Leitfaden. Wien 1999

Reetz, Lothar: Zum Zusammenhang von Schlüsselqualifikationen – Kompetenzen – Bildung. In: Tramm, Tade/ Sembill,Detlef/Klauser, Fritz/John, Ernst G.: Professionalisierung kaufmännischer Berufsbildung. Beiträge zur Öffnung der Wirtschaftspädagogik für die Anforderungen des 21. Jahrhunderts. Festschrift zum 60. Geburtstag von Frank Achtenhagen. Frankfurt a. M.-Berlin-Bern-Bruxelles-New York-Wien 1999, S. 33-51

Regenthal, Gerhard: Lebens- Leitbilder, Braunschweig 1992

Regenthal, Gerhard: Vom Schul-Management zur Motivation aller Beteiligten. Historischer Vergleich der Führungs- und Organisations-Strategien für Organisationen und Schulen. In: La 22 (1996), H. 2, S. 38-41

Regenthal, Gerhard: Coporate Identity an Schulen. In: La 22 (1996), H. 4, S. 10-16

Reinisch, Holger: "Lernfeldstrukturierte" Lehrpläne – Didaktische Mode oder begründetes Modernisierungskonzept zur Konstruktion der Rahmenlehrpläne für den berufsbezogenen Unterricht an der Berufsschule? In: Wirtschaft und Erziehung, H. 12/1999, S. 411-420

Reip, Hubert: Die Methodik des Lehraufgaben-Programms. In: Wirtschaft und Erziehung, H. 5/1968, S. 211-215

Reiß, Michael: Wandel im Management des Wandel. In: Scheer, A. W. (Hrsg.): Neue Märkte, neue Medien, neue Methoden. Roadmap zur agilen Organisation. Heidelberg 1998, S. 263-276. Ebenso unter: http://Ifo.uni-stuttgart.de/ web/downloads/Wandel.pdf

Rittmeister, Friedrich-Wilhelm: Lernen ist Schwimmen gegen den Strom ... Die berufsbildende Schule als lernende Organisation. In: SchulVerwaltung NI, Nr. 4, 1996, S. 111-115

Rittmeister, Friedrich-Wilhelm: Berufsbildende Schulen als Zentren regionaler Kompetenz-Entwicklung. In: Alexander, Peter-Jörg/Kafsack, Klaus W./ Manstetten, Rudolf/ Szewczyk, Michael (Hrsg.): Berufsbildende Schulen in Osnabrück im Wandel der Zeit. Osnabrück 2002, S. 27-30

Rittmeister, Friedrich-Wilhelm/Schnelle, Frank: Qualitätssicherung als ein Ziel Der Organisationsentwicklung in berufsbildenden Schulen. In: Schul-Verwaltung NI, Nr. 11, 1994, S. 228-230

Rittmeister, Friedrich-Wilhelm/Schnelle, Frank: Organisation für eine berufsbildende Schulemit Zukunft. In: SchulVerwaltung NI, Nr. 12, 1995, S. 278-282

Ritzel, Wolfgang: Aktuelle Fragen der Wirtschaftspädagogik und des wirtschaftspädagogischen Studiums. In: Deutsche Berufs- und Fachschule, Wiesbaden 1961

Robinson, Joan: Doktrinen der Wirtschaftswissenschaft. 3. Aufl., München 1972

Rolff, Hans-Günter: Schulentwicklung und Qualitätssicherung. Ein Gutachten für die GEW-Niedersachsen zur Schulverwaltungsreform: Evaluation, Beurteilung von Lehrkräften, Stufigkeit von Schulaufsicht sowie Organisation von Beratung und Fortbildung. Ohne Ortsangabe 1997

Rolff, Hans-Günter: Qualitätsmanagement durch Schulleitung – Modelle und Methoden. Skript eines Workshops. Dortmund 2001

Rolff, Hans-Günter: Skript zum: Workshop für Schulleiter/innen auf der Meilensteintagung „Qualitätsnetzwerke". Loccum 2002

Roll, Evelyn: Der Westfale mit der Löwennummer. Ein erprobter Sanierer, der vom Staat nichts geschenkt will, sieht sich durch die Vorschläge der Hartz-Kommission in seinen Konzepten bestätigt. In: Süddeutsche Zeitung Nr. 154, 6./7. Juli 2002, S. 3

Ropohl, Günter: Einführung in die allgemeine Systemtheorie. In: Lenk, Hans/ Ropohl, Günter (Hrsg.): Systemtheorie als Wissenschaftsprogramm. Königstein 1978, S. 9-49

Ross, Ernst: Telelernen. In: Bundesinstitut für Berufsbildung (Hrsg.): Ausbilden und Lernen mit Multimedia. Bonn 2000, S. 35-60

Roß, Ruth: Die Befragungsergebnisse im Überblick. In: Dobischat, Rolf/Erlewein, Werner (Hrsg.): Modellversuch KOMPZET. Berufsbildende Schulen als Regionale Kompetenzzentren für Aus- und Weiterbildungspartnerschaften. Mainz-Duisburg 2003, S. 156-168

Roth, Heinrich: Einleitung und Überblick. In: Roth, Heinrich (Hrsg.): Begabung und Lernen. Ergebnisse und Folgerungen neuer Forschungen. [Deutscher Bildungsrat: Gutachten und Studien der Bildungskommission 4], 12. Aufl., Stuttgart 1980, S. 17-67

342

Rottluff, Joachim: Berufsbildende Schulen Niedersachsen. BBS als Kompetenz-zentrum.

Rückin, Günter: Doppelqualifikation. In: BBS am Schölerberg – Schulzeitung. Osnabrück 2002 (a), S. 46

Rückin, Günter: Das Wirtschaftsgymnasium Osnabrück. In: Alexander, Peter-Jörg/Kafsack, Klaus W./Manstetten, Rudolf/ Szewczyk, Michael (Hrsg.): Berufsbildende Schulen in Osnabrück im Wandel der Zeit. Osnabrück 2002 (b), S. 165-172

Rusche, T.: Philosophische versus ökonomische Imperative einer Unterneh-mensethik. Münster-Hamburg 1993

Saller, Ralf D.: Das Verfahren der Anordnung von Ordnungsmaßnahmen nach § 61 NSchG (Teil 1-3). In: SchulVerwaltung NI, Nr.11/2001, S. 310-312; Nr. 12/2001, S. 344-346; Nr. 1/2002, S. 24-25

Samuelson, Paul A.: Volkswirtschaftslehre, Bd. I, Köln 1973

Sauter, Edgar: Qualitätssicherung und Qualitätsmanagement in der beruflichen Aus-und Weiterbildung. In: Bundesinstitut für Berufsbildung (Hrsg.): Qualitätsentwicklung – in der beruflichen Aus- und Weiterbildung. Bonn 2000, S. 7-14

Schein, Edgar H.: Organizational Culture and Leadership. San Francisco 1985

Scherer, Andreas Georg: Kritik der Organisation oder Organisation der Kritik? – Wissenschaftstheoretische Bemerkungen zum kritischen Umgang mit Or-ganisationstheorien. In: Kieser, Alfred: Organisationstheorien. 4. Aufl., Stuttgart-Berlin-Köln 2001, S. 1-37

Schley, Wilfried: Change Management: Schule als lernende Organisation. In: Altrichter, Herbert/Schey, Wilfried/Schratz, Michael (Hrsg.): Handbuch zur Schulentwicklung. Innsbruck-Wien 1998 (a), S. 13-53

Schley, Wilfried: Teamkooperation und Teamentwicklung in der Schule. In: Altrichter, Herbert/Schey, Wilfried/Schratz, Michael (Hrsg.): Handbuch zur Schulentwicklung. Innsbruck-Wien 1998 (b), S. 111-159

Schlieper, Friedrich: Allgemeine Berufspädagogik. Freiburg 1963

Schmidt, Frank: Fortbildungsmanagement an berufsbildenden Schulen. Von der Angebotsorientierung zur Nachfrageorientierung. In: www.nibis.ni. schule.de, Hannover 2002 (a), S. 1–26

Schmidt, Frank: Die bildungspolitische Bedeutung der Berufsschule in Nieder-sachsen. In: berufsbildung 74, 56. Jg., April 2002 (b), S. 9-11

Schmidt, Kasimir: Total Quality Management. Skript zum SIL-Kurs 16310, Speyer 1999

Schneider, Peter: Selbstqualifizierung und Selbstorganisation: Zwei Leitideen einer neuen Berufsbildung. In: Meyer-Dohm, Peter/ Schneider, Peter (Hrsg.): Berufliche Bildung im lernenden Unternehmen. Neue Wege zur beruflichen Qualifizierung. Stuttgart-Dresden 1991, S. 45-71

Schneck, Ottmar: Erfahrungen bei der Einführung der Balanced Scorecard. In: Erziehungs-Wissenschaft und Beruf. 51. Jg., 1/2003, S. 57-60

Schratz, Michael: Schulleitung als change agent: Vom Verwalten zum Gestalten von Schule. In: Altrichter, Herbert/Schey, Willfried/Schratz, Michael (Hrsg.): Handbuch zur Schulentwicklung. Innsbruck-Wien1998, S. 160-189

Schratz, Michael: Festvortrag zur Eröffnung der Beratungs-Agentur für Schulentwicklung und Evaluation. (Mitschrift – M. S.). Osnabrück, 18. September 2000

Schratz, Michael/Iby, Manfred/Radnitzky, Edwin: Qualitätsentwicklung. Verfahren, Methoden, Instrumente. Weinheim-Basel 2000

Schreyögg, G./Steinmann, H.: Strategische Kontrolle. In: Zeitschrift für betriebswirtschaftliche Forschung, 37. Jg., 1985, S.391-410

Schröder, Gerhard: "Ein Gesetz für alle Schulen" – Pisa und die Konsequenzen für das deutsche Schulsystem. In: Die Zeit Nr. 27, 27. Juni 2002, S. 33

Schubert, U.: Der Management-Kreis. In: Management für alle Führungskräfte in Wirtschaft und Verwaltung, Bd. I, Stuttgart 1972

Schües, Nikolaus W.: Rede auf dem DIHK-Ausbildungskongress am 26. Juni 2003. Frankfurt-Main 2003

Schürger, Klaus: Wahrscheinlichkeitstheorie. München-Wien 1998

Schultz, Theodore W.: Resources for Higher Education. An Economist's View. In: The Journal of Political Economy. Mai/Juni 1968, S. 327-347

Schwarz, Peter: Management in Nonprofit-Organisationen. Öffentliche Verwaltungen und Betriebe, Verbände, Vereine, Parteien, Kirchen, Sozialwerke. In: Die Orientierung, Nr. 88, Schweizerische Volksbank, Bern 1986

Schwendter-Zott, Magdalena: Eine Schule knüpft an ... Aus dem Prozessbericht der Höheren Bundeslehranstalt für Tourismus und wirtschaftliche Berufe Bergheidengasse. In: Krainz-Dürr, Marlies/Posch, Peter/Rauch, Franz (Hrsg.): Schulprogramme entwickeln. Erfahrungen aus einem Pilotprojekt an berufsbildenden Schulen. Innsbruck 2002, S. 78-92

Seemann-Weymar, Heiko: Lernfelder in der dualen Berufsausbildung. In: SchulVerwaltung NI, 9/2001, S. 236-238

Seiffert, Helmut: Einführung in die Wissenschaftstheorie. 1. Bd., 8. Aufl., München 1975

Seiffert, Helmut: Einführung in die Wissenschaftstheorie. 3. Bd., 2. Aufl., München 1992

Sekretariat der ständigen Konferenz der Kultusminister der Länder in der Bundesrepublik Deutschland: Handreichungen für die Erarbeitung von Rahmenlehrplänen der Kultusministerkonferenz für den berufsbezogenen Unterricht in der Berufsschule und ihre Abstimmung mit Ausbildungsordnungen des Bundes für anerkannte Ausbildungsberufe. Bonn 1996

344

Senge, Peter, M.: Die fünfte Disziplin. Kunst und Praxis der Lernenden Organisation. 4. Aufl., Stuttgart 1997

Seyfried, Brigitte: Die Abschlussprüfung in der Beraufsausbildung – ein ‚Bremsklotz' für Innovation? In: Euler, Dieter/Sloane, Peter, F. E. (Hrsg.): Duales System im Umbruch. Eine Bestandsaufnahme der Modernisierungsdebatte. Pfaffenweiler 1997, S. 345-360

Shaftesbury, Earl of (Anthony Soliloquy): Characteristics of Men, Manners, Opinions, Times. 2. Aufl., o. O. 1714, Nachdruck UK 1968. Bd. 1, S. 290. Zitiert nach Luhmann, Niklas: Warum "Systemtheorie"?. In: Boronoev, A. (Hrsg.): Probleme der theoretischen Soziologie. St. Petersburg 1994, S. 25-42. Aus: www.soc.pu.ru: 8101/persons/golovin/d_luhmann2

Shannon, Claude Elwood: A mathematical theory of communication. In: Bellsytem Tech. J. 27, S. 379-423, S. 623-656

Sievers, Burkhard: Der menschliche Faktor. Möglichkeiten und Grenzen in der Praxis der Organisationsentwicklung. In: Twardy, Martin (Hrsg.): Fachdidaktik und Organisationsentwicklung. Sonderband 3, Köln 1990, S. 61-72

Sikora, Klaus: Das Rationalitätsverständnis der Organisationswissenschaft als retardierendes Moment der praktischen Organisationsentwicklung? In: Twardy, Martin (Hrsg.): Fachdidaktik und Organisationsentwicklung. Sonderband 3, Köln 1990, S. 75-98

Simon, Walter: Moderne Managementkonzepte von A-Z, Offenbach 2002

Singh, Simon: Fermats letzter Satz. Die abenteuerliche Geschichte eines mathematischen Rätsels. 5. Aufl., München 2000

Sloane, Peter F. E.: Neue Unterrichtsstrukturen und Lernkonzepte durch berufliches Lernen in Lernfeldern. In: Staatsinstitut für Schulpädagogik und Bildungsforschung – Abt. Berufliche Schulen. NELE Modellversuchsinformationen Nr. 2, München 2000

Sloane, Peter F. E.: Schulorganisation und Curriculum. In: Bader, Reinhard/ Sloane, Peter F. E. (Hrsg.): Bildungsmanagement im Lernfeldkonzept – curriculare und organisatorische Gestaltung. Paderborn 2002, S. 9-28

Sloane, Peter F. E./Euler, Dieter: Vorwort der Herausgeber. In: Hasenbank, Thomas: Führung und Leitung einer Schule (FleiS) als Dimension und Rahmenbedingung berufsschulischer Entwicklung – eine Illustration am Beispiel bayerischer Berufsschulleiter vor dem Hintergrund der Einführung lernfeldstrukturierter Curricula, Paderborn 2001. Zugl.: München, Univ., Diss., 2001

Smolka, Dieter: Stressberuf Lehrer: Ausgepowert oder voll motiviert? Motivation und Führung in der Schule. In: Pädagogische Führung, 12. Jg., Heft 1, 2001, S. 2-7

Sonderegger, Marcel: Schulleiter/in: Rollenvielfalt zwischen Profi, Oberkellner und Dompteur. In: PädF, 7. Jg., Heft 8, 1997, S. 168-173

Speckle, Kaspar/Frank, Markus: Qualität und Kundennutzen: Bullinger, Hans-Jörg/Warnecke, Hans Jürgen (Hrsg.): Neue Organisationsformen im Unternehmen. Ein Handbuch für das moderne Management. Berlin-Heidelberg-New York-Barcelona-Budapest-Hong Kong-London-Mailand-Paris-Tokio 1996, S. 758-768

Spencer Brown, George: Laws of Form. London 1971

Speth, Hermann/Nussbaum, Rolf: Die sozialen und anthropogenen Rahmenbedingungen und ihr Einfluß auf den Wirtschaftslehre-Unterricht, Rinteln 1977

Spitzer, Manfred: Geist im Netz. Modelle für Lernen, Denken und Handeln. Heidelberg-Berlin-Oxford 1996.

Spranger, Eduard: Lebensformen. 9. Aufl., Tübingen 1966

Sprenger, Reinhard K.: Das Prinzip Selbstverantwortung. Wege zur Motivation. 5. Aufl., Frankfurt a. Main 1996

Staatskanzlei (Niedersachsen): Bildungsrat für Förderung lebensnahen Lernens. Empfehlung an Gabriel übergeben. Hannover 6. Juni 2001. Die Langfassung findet sich unter: www.niedersachsen.de/STK_bildungsrat.htm

Stachowiak, Herbert: Allgemeine Modelltheorie. Wien-New York 1973

Statistics Sweden: Sweden 2000. A knowledge society. Halmstad 2000

Stein, Alois von der: Der Systembegriff in seiner geschichtlichen Entwicklung. In: Diemer, Alwin (Hrsg.): System und Klassifikation in Wissenschaft und Dokumentation. Meisenheim 1968, S. 1-14

Steinbach, Pitter A.: Organisation. 2. Aufl., Ludwigshafen 1979

Steiner-Khamsi, Gita: School Choice – wer profitiert, wer verliert? In: Lohmann,Ingrid/ Rilling, Rainer: Die verkaufte Bildung. Kritik und Kontroversen zur Kommerzialisierung von Schule, Weiterbildung, Erziehung und Wissenschaft. Opladen 2002, S. 133-151

Steinmann, Bodo: Verankerung von Methoden in einem auf ökonomische Handlungskompetenz ausgerichteten Curriculum. In: Steinmann, Bodo/Weber, Birgit (Hrsg.): Handlungsorientierte Methoden in der Ökonomie. Neusäß 1995, S. 10-16

Steffens, U./Bargel, T.: Erkundungen zur Qualität von Schule. Neuwied 1993

Stern, Cornelia/Mahlmann, Julia/Vaccaro, Eric: Weiterentwicklung durch internationalen Qualitätsvergleich. In: Bertelsmann Stiftung (Hrsg.): Podium, 2/2001, S. 1

Steuer, Eckhard: Unter der Lupe: Schulleiter-Alltag. In: Schul- und Unterrichtsorganisation, 3/74, S. 15-22

Stommel, Axel: Lernfeldstrukturierte Rahmenlehrpläne. Amtlich verordnetes Durcheinander als neue Ordnung des Unterrichts. Beilage zu Winklers Flügelstift 2/98. Darmstadt 1998

346

Stuhldreier, Jens: Welche personellen und institutionellen Rahmenbedingungen sind erforderlich, um die beruflichen Schulen als Einrichtungen zur Verbesserung des innovativen Potenzials in den Regionen nach innen und nach außen fortzuentwickeln? In: Dobischat, Rolf/Erlewein, Werner (Hrsg.): Modellversuch KOMPZET. Berufsbildende Schulen als Regionale Kompetenzzentren für Aus- und Weiterbildungspartnerschaften. Mainz-Duisburg 2003, S. 142-148

Szewczyk, Michael: Die curricularen Voraussetzungen schaffen. Handlungsorientierter Unterricht im Groß- und Außenhandel. In: Erziehung und Wissenschaft, Heft 2, 1997, S. 13

Szewczyk, Michael: Staatliche Eingriffe in die Preisbildung exemplarisch dargestellt am Wohnungsmarkt. In: Erziehungswissenschaft und Beruf, 46. Jg., Heft 1, 1998, S. 80-108

Szewczyk, Michael: Projektarbeit. In: Arbeitskreis Lungershausen: ABC der Kurs- und Seminargestaltung. Haan-Gruiten 2000 (a), S. 215-225

Szewczyk, Michael: Rollenspiele. In: Arbeitskreis Lungershausen: ABC der Kurs- und Seminargestaltung. Haan-Gruiten 2000 (b), S. 201-213

Szewczyk, Michael: Qualitätsmanagement in der Berufsschule – (nicht nur) eine Leitungsaufgabe. In: berufsbildung 74, 56. Jg., April 2002 (a), S. 15-17

Szewczyk, Michael: Management berufsbildender Schulen – ein Beitrag zur Qualitätsdiskussion. In: Erziehungswissenschaft und Beruf, 50. Jg., Heft 2, 2002 (b), S. 149-160

Szewczyk,, Michael: 75 Jahre Vergangenheit! - 75 Jahre Zukunft? 75 Jahre auf dem Weg von der angebotsorientierten Handelslehranstalt zum nachfrageorientierten Kompetenzzentrum – wie bitte? In: Alexander, Peter-Jörg/ Kafsack, Klaus W./Manstetten, Rudolf/Szewczyk, Michael (Hrsg.): Berufsbildende Schulen in Osnabrück im Wandel der Zeit. Osnabrück 2002 (c), S. 31-42

Szewczyk, Michael/Alexander, Peter-Jörg: Kompetenzzentrum. In: berufsbildung 74, 56. Jg., April 2002, o. S.

Szewczyk, Michael/Aarnio, Jari/Koch, Günter/Lipira, Massimo/Marguerettaz, Oscar/Martinez Munoz, Francisco/Yus Carmen: Rapport Général: Programme Socrates Arion. Title. 15,08 - Fr - The heads of schools. Clermont Ferrand 2001

Szewczyk, Michael/Seemann-Weymar, Heiko/Alexander, Peter-Jörg: Lernfelder – ein Beitrag zur Optimierung einer curricularen Innovation. In: berufsbildung 74, 56. Jg., April 2002, S. 20-22

Tacke, Marion: Das Image von Schule und Lehrkräften. In: SchulVerwaltung NI, SH, Nr. 6, 2003, S. 178-183

Terhart, Ewald: Qualität und Qualitätssicherung im Schulsystem. In: Zeitschrift für Pädagogik. H. 6, 2000, S. 809 ff

Teubner, Gunther/Willke, Hellmut: Kontext und Autonomie: Gesellschaftliche Selbststeuerung durch reflexives Recht. In: Zeitschrift für Rechtssoziologie 6, S. 4-35

Thiel, Reinhold: Supervision und Coaching für Berufsschullehrer – eine Voraussetzung für die Berufsschule als Ausbaumodell. In: berufsbildung 74, 56. Jg., April 2002, S. 32-35

Thiel, Reinhold/Szewczyk, Michael: Lernende Organisation Schule – ein Arbeitsbuch. Rinteln 2003

Tramm, Tade/Rebmann, Karin: Veränderungen im Tätigkeitsprofil von Handelslehrern unter dem Signum handlungsorientierter Curricula. In: Tramm, Tade/ Sembill,Detlef/ Klauser, Fritz/John, Ernst G.: Professionalisierung kaufmännischer Berufsbildung. Beiträge zur Öffnung der Wirtschaftspädagogik für die Anforderungen des 21. Jahrhunderts. Festschrift zum 60. Geburtstag von Frank Achtenhagen. Frankfurt a. M.-Berlin-Bern-Bruxelles-New York-Wien 1999, S. 231-259

Turing, Alan M.: Kann eine Maschine denken? In: Enzensberger, Hans Magnus (Hrsg.): Kursbuch 8. Neue Mathematik, Grundlagenforschung, Theorie der Automaten. Frankfurt a. Main 1967, S. 106-138

Twardy, Martin (Hrsg.): Kompendium Fachdidaktik Wirtschaftswissenschaften. Düsseldorf 1983

Twardy, Martin: Organisationsentwicklung im Lichte wirtschaftspädagogischen Erkenntnisinteresses. In: Twardy, Martin (Hrsg.): Fachdidaktik und Organisationsentwicklung. Sonderband 3, Köln 1990, S. 11-26

Uchatius, Wolfgang: "Geldverdienen ist eine Gottesgabe" In: DIE ZEIT, Nr. 14 vom 27. März 2003, S. 35

Ulrich, H./Probst, Gilbert J. B.: Anleitung zum ganzheitlichen Denken und Handeln. Bern-Stuttgart 1988

Utikal, Hannes: Von der Strategie zur Struktur. In: Frankfurter Allgemeine Zeitung, 29. Juni 2002, S. 68

Vester, Frederic: Neuland des Denkens. München 1980

Vester, Frederic: Denken, Lernen, Vergessen. 7. Aufl., Stuttgart 1981

Vosgerau, Hans-Jürgen: Kosten und Erträge von Ausbildungsinvestitionen. In: Kyklos, Bd. 18 (1965). S. 434-449

Warnecke, H.-J.: Revolution der Unternehmenskultur: Die Fraktale Fabrik. 2. Aufl., Berlin 1993

Watzlawick, Paul: Wie wirklich ist die Wirklichkeit? Wahn – Täuschung – Verstehen. 10. Aufl., München-Zürich 1983

Watzlawick, Paul/ Beavon, Janet H./Jackson, Don D.: Kommunikation – Formen, Störungen, Paradoxien.10. Aufl., Bern-Göttingen-Toronto-Seattle 2000

348

Weber, Hans: Die Unterrichtsvorbereitung als Planungs- und Organisationsproblem, dargestellt im Vergleich mit der betriebswirtschaftlichen Organisationstheorie. In: Gönner, Kurt/Reip, Hubert: Unterrichtsplanung für kaufmännische Schulen. Einführung in die Theorie und Praxis des Unterrichts.
Bad Homburg von der Höhe-Berlin-Zürich 1979, S. 23-32

Webers, Thomas: Die Voraussetzung: Erfolgs- und Kapitalbeteiligung brauchen
Unternehmenskultur. In: www.symposium.de/erfolg/ek_01.htm. 2002,
S. 1-6

Weinbrenner, Peter: Können Lehrpläne die Praxis des politischen Unterrichts
verändern? Anmerkungen zu den neuen Rahmenrichtlinien des Landes
Niedersachsen für das Unterrichtsfach Politik in berufsbildenden Schulen.
In: Schriften zur Didaktik der Wirtschafts- und Sozialwissenschaften, Bd.
40, Bielefeld 1994

Weinbrenner, Peter/Häcker, Walter: Zur Theorie und Praxis von Zukunftswerk
stätten. Ein neuer Methodenansatz zur Verknüpfung von ökonomischem,
ökologischem und politischem Lernen. In: Bundeszentrale für politische
Bildung (Hrsg.): Methoden in der Politischen Bildung – Handlungsorientierung. Schriftenreihe Bd. 304, Bonn 1991

Weete, Heinz/Rüdiger, Wilfried: Berufsbildende Schulen – Gliederung, Organisation, Schulpflicht. In: Metz, Günter/Crysmann, Petra/Bade, Rolf: Schulrecht für die Praxis.Kommentare. Bd. 2, 15. Erg.-Lfg. WT 27, Essen
1997, S. 1-23

Werner, Heinz/Bennett, Roger/König, Ingeborg: Glossare zur Arbeitsmarkt- und
Berufsforschung. Begriffe zu Arbeitsmarkt, Bildung und Sozialem. Eng-
lisch-Deutsch/Deutsch-Englisch. Nürnberg 1994

Werner, Jobst: Das Berufsbild der Schulleitung. Nicht nur, aber auch eine Lehrkraft. In: SchulVerwaltung NI, Nr. 9, 1997, S. 234-237

Weyer, J.: Wortreich drumherumgeredet. Systemtheorie ohne Wirklichkeitskon-
takt. In: Soziologische Revue, Jg. 10, 1994, S. 18-29

Wildemann, Horst: Visualisierung als Controlling-Instrument. In: Bullinger,
Hans Jörg/ Warnecke, Hans Jürgen (Hrsg.): Neue Organisationsformen im
Unternehmen. Ein Handbuch für das moderne Management. Berlin-Hei-
delberg-New York-Barcelona-Budapest-Hong Kong-London-Mailand-
Paris-Tokio 1996, S. 937-952

Willke, Helmut: Strategien der Intervention in autonome Systeme. In: Baecker,
D. et al. (Hrsg.): Theorien als Passion. Frankfurt a. M. 1987

Willke, Helmut: Beobachtung, Beratung und Steuerung von Organisationen in
systemtheoretischer Sicht. In: Wimmer, R. (Hrsg.): Organisationsberatung. Neue Wege und Konzepte. Wiesbaden 1992

349

Wimmer, Michael: Bildungsruinen in der Wissensgesellschaft. Anmerkungen zum Diskurs über die Zukunft der Bildung. In: Lohmann, Ingrid/Rilling, Rainer: Die verkaufte Bildung. Kritik und Kontroversen zur Kommerzialisierung von Schule, Weiterbildung, Erziehung und Wissenschaft. Opladen 2002, S. 45-68

Wirries, Ingeborg: Die Einzelschule - eine komplexe Organisation - aus schulrechtlicher und organisationstheoretischer Sicht. In: Metz, Günter/ Crysmann, Petra/Bade, Rolf: Schulrecht für die Praxis. Kommentare. Bd. 2, 12. Erg.-Lfg. WT 27, Essen 1995, S. 1-22

Wöhe, Günter: Einführung in die Allgemeine Betriebswirtschaftslehre. 11. Aufl., München 1973

Wohlgemuth, A. C.: Das Beratungskonzept der Organisationsentwicklung. Bern-Stuttgart 1982

Woll, Artur: Allgemeine Volkswirtschaftslehre, 4. Aufl., München 1974

Woltering, Herbert/Bräth, Peter: Niedersächsisches Schulgesetz (NSchG). Handkommentar. 3. Aufl., Stuttgart-München-Hannover-Berlin-Weimar-Dresden 1994

www.isb.bayern.de/bes/brenn/Lernfeldpl/wo-html/wt6t.htm, S. 1-2, (10.10.2003)

www.seluba.de: SELUBA – Steigerung der Effizienz neuer Lernkonzepte und Unterrichtsmethoden in der dualen Berufsbildung, (10.10.2003)

Wyssusek, Boris/Schwartz, Martin/Kremberg, Bettina/Mahr, Bernd: Erkenntnistheoretische Aspekte bei der Modellierung von Geschäftsprozessen. In: WISU, 2, 2002, S. 238-246

Zabeck, Jürgen: Didaktik der Berufserziehung. Heidelberg 1984

Zahn, Erich: Führungskonzepte im Wandel. In: Bullinger, Hans-Jörg/Warnecke, Hans Jürgen (Hrsg.): Neue Organisationsformen im Unternehmen. Ein Handbuch für das moderne Management. Berlin-Heidelberg-New York-Barcelona-Budapest-Hong Kong-London-Mailand-Paris-Tokio 1996, S. 279-296

Zimmermann, Tim P.: Vernetztes Denken in einer Werbeagentur. In: Probst, Gilbert J. B./Gomez, Peter (Hrsg.): Vernetztes Denken. Ganzheitliches Führen in der Praxis. 2. Aufl., Wiesbaden 1991, S. 81-106

Zink, Manfred: Moving – Betrachtungen aus systemischer Sicht. In: Dreesmann/ Kraemer-Fieger (1994) a. a. O., S. 23-54

Zinser, Stephan: Kennzahlensysteme. In: Bullinger, Hans-Jörg/Warnecke, Hans Jürgen (Hrsg.): Neue Organisationsformen im Unternehmen. Ein Handbuch für das moderne Management. Berlin-Heidelberg-New York-Barcelona-Budapest-Hong Kong-London-Mailand-Paris-Tokio 1996, S. 971-983

Zwicky, Fritz: Entdecken, Erfinden, Forschen im morphologischen Weltbild. München-Zürich 1966

Peter Lang · Europäischer Verlag der Wissenschaften

Jürgen van Buer / Olga Zlatkin-Troitschanskaia (Hrsg.)

Berufliche Bildung auf dem Prüfstand

Entwicklung zwischen systemischer Steuerung, Transformation durch Modellversuche und unterrichtlicher Innovation

Frankfurt am Main, Berlin, Bern, Bruxelles, New York, Oxford, Wien, 2003.
410 S., zahlr. Abb. und Tab.
Berufliche Bildung im Wandel. Herausgegeben von Jürgen van Buer. Bd. 5
ISBN 3-631-52103-0 · br. € 79.50*

Seit geraumer Zeit wird eine intensive Debatte über Effektivität und Effizienz beruflicher Bildung geführt. Im Zentrum stehen Fragen der Optimierung von beruflichen Bildungs- und Qualifizierungsprozessen sowie der Qualitätsentwicklung und -sicherung in den Berufsbildungsinstitutionen. Die Formulierung *auf dem Prüfstand* verweist darauf, dass es in den meisten Beiträgen um die Darstellung empirischer Befunde zu ausgewählten Aspekten der Struktur des Berufsbildungssystems, der Ebene der einzelnen Berufsbildungsinstitutionen und der Ebene der Lehr-Lern-Prozesse geht. Untereinander verknüpft sind diese Beiträge vor allem dadurch, dass die empirischen Studien im Rahmen von Modellversuchen bzw. von Veränderungen in den Lehr-Lern-Kontexten entstanden sind. Damit geraten Fragen von Effektivität und Effizienz notgedrungener Weise in das Blickfeld und sie werden zu Teilen auch so beantwortet, dass bisher favorisierte *pädagogische Illusionen*, bislang nicht einbezogene *Nebeneffekte* etc. deutlich sichtbar werden.

Aus dem Inhalt: Empirische Evaluierung von Inputs in Lehr-Lern-Prozessen sowie Outputs und Outcome von beruflichen Bildungsgängen bzw. Evaluierung einzelner Lehr-Lern-Kontexte innerhalb eines Bildungsgangs · Empirische Befunde zu ausgewählten Aspekten des Berufsbildungssystems auf der strukturellen bzw. institutionellen Ebene sowie zu professionellem Handeln von Lehrpersonal sowie von Leitungspersonal in beruflichen Schulen · Diskussion der Qualitätsfrage in der beruflichen Bildung aus interdisziplinärer Sicht

Frankfurt am Main · Berlin · Bern · Bruxelles · New York · Oxford · Wien
Auslieferung: Verlag Peter Lang AG
Moosstr. 1, CH-2542 Pieterlen
Telefax 00 41 (0) 32 / 376 17 27

*inklusive der in Deutschland gültigen Mehrwertsteuer
Preisänderungen vorbehalten
Homepage http://www.peterlang.de